城市与区域规划研究

本期执行主编 武廷海 杨 滔 刘 宛

创于1897 商務印書館 The Commercial Press

图书在版编目（CIP）数据

城市与区域规划研究. 第17卷. 第1期：总第43期 / 武廷海，杨滔，刘宛主编. -- 北京：商务印书馆，2025. -- ISBN 978-7-100-25548-6

Ⅰ. TU984-55；TU982-55

中国国家版本馆CIP数据核字第20253PZ235号

城市与区域规划研究

本期执行主编　武廷海　杨　滔　刘　宛

商　务　印　书　馆　出　版

（北京王府井大街36号　邮政编码 100710）

商　务　印　书　馆　发　行

北京新华印刷有限公司印刷

ISBN　978－7－100－25548－6

2025年6月第1版　　开本 787×1092　1/16

2025年6月北京第1次印刷　　印张 $15\frac{3}{4}$

定价：86.00元

主编导读
Editor's Introduction

With the breakthrough developments in technologies such as generative artificial intelligence, large language models, and spatio-temporal intelligence, the research and technical methods of urban planning and design are undergoing profound changes. AI technology not only provides a new perspective for analyzing the generation mechanism of urban planning, but also injects new driging forces into the transformation of planning practice and teaching paradigms. This issue explores how AI technology influences the generation, governance models, professional education, and implementation of urban spaces as well as the ethical risks and future challenges in its application.

One is the reconstruction of urban planning and design paradigms triggered by AI large models. The paper entitled "Generative Artificial Intelligence and Urban Spatial Morphology: Manifold Approaches for Future Cities" by Yang Tao *et al.* proposes the concept of "spatial manifold", which captures the complexity of urban space through multidimensional data and constructs a six-dimensional framework for intelligent life beings that encompasses perception, computation, vitality, genes, twins, and morphology, revealing the potential of AI in addressing uncertainties in urban planning, enhancing human-machine collaboration, and promoting sustainable urban development. The paper entitled "Large Artificial Intelligence Models in Territorial Spatial Planning: Application Scenarios, Technical Paths, and Case Studies" by Han Xuehua *et al.* systematically constructs a large model application system that integrates government, business, and

随着生成式人工智能（AI）、大语言模型、时空智能等技术的突破性发展，城市规划设计研究与技术方法正经历深刻变革。AI技术不仅为解析城市生成机制提供了新视角，也为规划实践与教学范式的转型注入了新动能。本期探索 AI 技术影响城市空间生成、治理模式、专业教育及实施落地的路径，同时关注技术应用中的伦理风险与未来挑战。

一是 AI 大模型引发的城市规划设计范式重构。杨滔等在“生成式人工智能与城市空间形态——未来城市的流形方法”中提出“空间流形”概念，通过多维数据捕捉城市空间的复杂性，构建“感知-计算-活力-基因-孪生-形态”六维智能生命体框架，揭示了AI在应对城市规划不确定性、增强人机协作及促进可持续发展中的潜力。韩雪华等在“国土空间规划领域人工智能大模型应用场景、技术路径与案例研究”中系统构建了政务、业

academia, and proposes an industry large model technology path based on Retrieval Enhanced Generations (RAG), providing a new paradigm for intelligent decision-making in national spatial planning. The paper entitled "A Multi-Agent Collaborative Framework for Urban Service Facility Optimization Using Large Language Models and Spatial Configuration" by Gan Wei *et al.* innovatively integrates the large language model and the multi-agent system, and constructs a dual workflow of "demand generation and spatial reasoning" to achieve dynamic collaboration between semantic analysis of citizens' demands and facility layout optimization, providing human-centered technical tools for urban renewal. The paper entitled "Assessment of Large Language Models' Abilities in Urban Planning Policy Analysis: A Case Study of Housing Planning in the United Kingdom" by Wang Hejin *et al.* constructs a four-dimensional evaluation system based on Bloom's Taxonomy of Cognitive Domain. The findings reveal that while large language models perform fairly well in both the reasoning process and the theoretical understanding, it falls short of expectations in terms of practical value and policy matching, providing direction for the development of specialized large models for planning.

The second is the innovation of AI-driven planning education models. The paper entitled "The Application of AIGC Tools in the Curriculum Teaching of Urban and Rural Planning: An Example from the Course 'Technology and Information for Urban and Rural Planning'" by Li Bingxin *et al.* reconstructs the "ideological and political, technological, and cognitive" trinity teaching mode, and achieves dynamic generation of teaching content and critical thinking through AIGC tools, promoting the transformation of educational goals from skill imparting to the pursuit of technology for social good. The paper entitled "IC-RICE Teaching Innovation Model Empowered by GenAI and Metaverse" by Li Yuan *et al.* proposes the IC-RICE model of Ideological Cultivation, Content Reconstruction, Resource Enrichment, Intelligent Environment, Classroom Co-creation, and Evaluation Diversity, and integrates GenAI and metaverse technology,

务与学界协同的大模型应用体系，提出基于检索增强生成的行业大模型技术路径，为国土空间规划的智能决策提供新范式。甘惟等在“基于大语言模型与空间配置多智能体协作的城市服务设施优化方法”中创新性地整合了大语言模型与多智能体系统，构建了“需求生成-空间推理”双工作流，实现市民需求语义解析与设施布局优化的动态协同，为城市更新提供人本化技术工具。王鹤锦等在“大语言模型在城市规划政策分析中的能力评估——以英国住宅规划为例”中基于布鲁姆认知分类法构建四维评估体系，发现大模型在政策推理与理论理解上表现突出，但实践价值与政策匹配度仍需领域知识增强，为规划专用大模型开发指明方向。

二是AI驱动的规划教育模式革新。李冰心等在“AIGC工具在城乡规划专业课程中的应用探索——以‘城乡规划技术与信息’课程为例”中重构了“思政-技术-认知”三位一体教学模式，通过 AIGC 工具实现课程内容的动态生成与批判性思辨，推动教育目标从技能传授向“科技向善”的价值引领转型。李渊等在“生成式人工智能与元宇宙赋能 IC-RICE 教学创新六举措”中提出

aiming to explore the new engineering education ecology empowered by digital intelligence technology.

The third is the integration practice of professional rules and digital intelligence technologies. The paper entitled "Digital Technology Framework Construction and Application for the Revitalization and Utilization of Beijing's Central Axis" by LU Peijun *et al.* integrates a cluster of technologies, including artificial intelligence, blockchain, and digital twins, to construct a digital framework for cultural heritage and pioneers a new paradigm for cultural heritage revitalization — "spatial assetization, diversified displays, and socialized participation". The paper entitled "Exploring the Impact of Land Subdivision on Street Networks Based on Generative Algorithms" by Feng Chen develops four generative algorithms to simulate the process of land subdivision, and quantitatively reveals the correlation mechanism between design principles and street networks, providing a calculable tool for spatial form control. The paper entitled "Research on the Spatiotemporal Behavioral Network of Employed Population in the Central District Based on Crowd Digital Profile: A Case Study of Nanjing Xinjiekou" by Shi Yi *et al.*, through modeling the digital portrait and spatiotemporal behavior network, analyzes the spatial agglomeration patterns of employed population in Xinjiekou, Nanjing, and proposes a refined spatial organization strategy, indicating the human-centered logic of technology application. The paper entitled "Study on Intelligent Enhancement of Multi-Dimensional Fire Resilience in Historic Heritage Spaces" by Xu Zihan *et al.* constructs a fire risk simulation model for historical districts and takes Jinze Ancient Town in Shanghai as an example to quantify the resilience level of different planning scenarios so as to achieve an intelligent closed-loop from risk identification to intervention strategies. The paper entitled "New Urban Governance Framework and Practice Based on the City Information Modeling: Taking Ningde Lakeside Area as an Example" by Li Miaoyi *et al.* proposes a CIM governance framework of "Data

"思政引领-内容重构-立体资源-信息环境-课堂教学-多元评价"的 IC-RICE 模型，结合元宇宙构建沉浸式教学场景，探索数智技术赋能下的新工科教育生态。

三是专业规则与数智技术的融合实践。卢培骏等在"北京中轴线活化利用数字技术框架建构与应用"中融合了人工智能、区块链、数字孪生等技术集群，建构了文化遗产数字化框架，创新了"空间资产化-展示多元化-参与社会化"的文化遗产活化利用新范式。封晨在"基于生成式算法探讨城市土地细分策略对街网形态的影响"中开发了四种生成式算法模拟土地细分过程，定量揭示设计准则与街网形态的关联机制，为空间形态控制提供可计算工具。史宜等在"基于人群数字画像的中心区就业人群时空行为网络研究——以南京新街口中心区为例"中通过数字画像与时空行为网络建模，解析南京新街口就业人群的空间集聚规律，提出精细化空间组织策略，凸显人本导向的技术应用逻辑。徐子寒等在"历史遗产空间多维防火韧性智能提升研究"中构建了历史街区火灾风险仿真模型，以上海金泽古镇为案例量化不同规划情景的韧性水平，实现从风险识别到干预策略的智能闭环。李苗裔

Perception-Intelligent Analysis-Multi-subjects Co-governance", promoting the transformation of urban governance from one-way control to dynamic interaction through multi-source data integration and subject collaboration mechanism.

This issue also reveals the complexity of urban spatial ontology objects from aspects such as national spatial planning, urban renewal, and healthy cities. The paper entitled "Research on Township Subdivision of Main Functional Zones in the Territorial Spatial Planning and Governance System" by Cui Yin *et al.* constructs township subdivision regulations of the main functional zones (MFZs) based on the practice in Guangxi, promoting the deep integration of the main functional zone system with the "four systems" of planning, and providing grassroots governance samples for the implementation of national land spatial planning. The paper entitled "Analysis of the History and Mode of Stock Land Renewal of State-owned Enterprises in Beijing and Exploration on the Integrated Renewal Model" by Qi Yiyi *et al.* systematically analyzes the policy evolution and mode characteristics of the stock land renewal of state-owned enterprises in Beijing, and proposes a coordinated renewal path of "property rights reorganization-benefit sharing-function composite" to respond to the complex challenges of spatial regeneration in the era of existing stock land. The paper entitled "A Review of Research on the Impact of Neighborhood Environment on the Risk of Overweight and Obesity" by Zeng Xiangming *et al.* reveals the internal mechanism by which neighborhood environment affects health through multiple paths such as physical activities and psychological stress, providing interdisciplinary evidence support for healthy city planning. The paper entitled "Prequel to the Theory of Production of Space: An Interpretation of Lefebvre's *The Urban Revolution*" by Yang Yuzhen reinterprets Lefebvre's critique of the relationship between industrialization and urbanization, emphasizing the theoretical significance of urban revolution for reconstructing urban social relations, and providing a philosophical basis for spatial production

等在“基于城市信息模型的新型城市治理框架与实践探索——以宁德湖滨片区为例”中提出“数据感知-智能分析-多元共治”CIM 治理框架，通过多源数据融合与主体协同机制，推动城市治理从单向管控向动态交互转型。

本期还从国土空间规划、城市更新、健康城市等方面揭示城市空间本体对象的复杂性。崔音等在“国土空间规划与治理体系中的主体功能区乡镇细化”中基于广西实践构建乡镇主体功能区细化规则，推动主体功能区制度与规划“四体系”深度衔接，为国土空间规划实施提供基层治理样本。齐轶昳等在“北京市国企存量用地更新历程与模式梳理及统筹更新探索”中系统剖析了北京国企用地更新的政策演进与模式特征，提出“产权重组-利益共享-功能复合”的统筹更新路径，回应存量时代空间再生的复杂性挑战。曾祥鸣等在“邻里环境对超重和肥胖的影响研究综述”中揭示了邻里环境通过体力活动、心理压力等多路径影响健康的内在机制，为健康城市规划提供跨学科证据支持。杨宇振在“空间生产理论前传——列斐伏尔的《都市革命》释读”中重释了列斐伏尔对工业化与城市化关系的批判，强调都市革命对重构城市

research in the era of AI.

This issue indicates that AI technology is driving urban planning to shift from "experience-driven" to "data-knowledge collaborative-driven", and we must be wary of the trend towards technological instrumentalization. In the future, it is necessary to deepen exploration in three aspects: firstly, to construct a hybrid intelligent paradigm of "domain knowledge + AI model" to enhance the interpretability of planning large models and its reliability of decision-making. Secondly, to improve the collaborative mechanism of "technology application-institutional innovation-ethical constraints" to balance efficiency and fairness, as well as innovation and risks. Thirdly, to promote the integration of interdisciplinary theories, and to reconstruct the urban cognitive framework with complex and systematic thinking to respond to the generation logic of cities as "living beings" in the AI era.

社会关系的理论意义，也为AI时代空间生产研究提供哲学思辨基础。

本期研究表明，AI技术正推动城市规划从“经验驱动”向“数据-知识协同驱动”跃迁，必须警惕技术工具化倾向。未来需深化三方面探索：其一，构建“领域知识+AI模型”的混合智能范式，增强规划大模型的可解释性与决策可靠性；其二，完善“技术应用-制度创新-伦理约束”协同机制，平衡效率与公平、创新与风险；其三，推动跨学科理论融合，以复杂系统思维重构城市认知框架，回应AI时代城市作为“生命体”的生成逻辑。

城市与区域规划研究

目　　次

[第 17 卷 第 1 期 （总第 43 期）2025]

Journal of Urban and Regional Planning

CONTENTS [Vol.17, No.1, Series No.43, 2025]

生成式人工智能与城市空间形态

——未来城市的流形方法

杨　滔　林旭辉

Generative Artificial Intelligence and Urban Spatial Morphology: Manifold Approaches for Future Cities

YANG Tao[1], LIN Xuhui[2]
(1. School of Architecture, Tsinghua University, Beijing 100084, China; 2. The Bartlett School of Sustainable Construction, London WC1E 7HB, United Kindom)

Abstract The rapid development of Artificial Intelligence (AI) has opened up new avenues for understanding and generating urban spatial forms. This paper examines recent studies on generation mechanisms of urban forms and the application of AI technologies in urban studies, and redefines spatial patterns from the perspective of human spatial utilization and introducees the concept of spatial manifolds to capture the complex and multidimensional characteristics of urban spaces. By exploring new symbiotic models between humans and AI in the generation of urban morphology, this paper proposes a conceptual framework for intelligent beings in urban spaces that encompasses perception, computation, vitality, genes, twins, and morphology. Our research findings highlight the potential of AI-driven methods in addressing uncertainties in urban planning, enhancing human-machine collaboration, and promoting sustainable urban development.

Keywords generative AI; spatial manifolds; urban morphology; smart cities; future cities; emergence; complex systems

作者简介
杨滔，清华大学建筑学院；
林旭辉，伦敦大学学院巴特莱特可持续建造学院。

摘　要　人工智能（AI）的快速发展为理解和生成城市空间形态开辟了新途径。文章综合了近期关于城市形态生成机制和AI技术在城市研究中应用的研究，从人空间利用的角度重新定义空间形态，引入空间流形的概念，以捕捉城市空间的复杂多维特性；通过探索人与AI在城市形态生成中的新型共生模式，提出了一个涵盖感知、计算、活力、基因、孪生和形态的城市空间智能生命体概念框架。文章强调了AI驱动的方法在应对城市规划设计的不确定性以及增强人机协作和促进可持续城市发展方面的潜力。

关键词　生成式AI；空间流形；城市形态；智慧城市；未来城市；涌现；复杂系统

1　引言

城市形态学——研究城市空间的形式、结构和演变——由于快速城市化、技术进步和现代城市的多面性而变得日益复杂。传统的城市规划和设计方法在应对城市环境的动态与涌现特性方面往往不足。生成式模型和流形学习技术等AI的出现，为理解和塑造城市空间提供了新的可能性。

本文旨在梳理关于城市空间形态生成机制和AI在这一过程中的作用研究，重新审视了城市空间如何生成和演变的基本问题，将城市视为一个人、建成环境和自然环境共同/相互作用的复杂系统。通过从流形和人行为的视角重新定义空间，本文提出了利用人与AI共生的城市形态生成新模式，通过数学统一性与AI计算效能，解决城市形态生成中多维耦合与动态涌现的复杂性问题。

2 城市空间形态生成机制

2.1 城市空间形式与功能的演变

城市空间不仅支持城市社会的功能运作，本身也是社会功能的重要组成部分。城市空间形态反映了物理几何形式与社会经济活动之间的复杂关系，一直是城市科学研究的焦点。

19世纪早期，地理学家强调空间形态涉及城市的物质空间形式和社会经济环境的功能形式，强调了它们的相互影响，这为分析城市形式如何与社会需求同步演变奠定了基础（Conzen，1960）。19世纪后期，建筑师路易斯·沙利文（Sullivan，1896）提出了“形式追随功能”的原则。这一概念在建筑和城市规划领域引发了广泛的讨论，至今仍在持续。它建议建筑或城市空间的形状应主要基于其预期功能，推动设计师在实用性和美学之间取得平衡。20世纪后期，能源危机和可持续发展推动了新城市主义与紧凑城市等运动的兴起（Batty and Marshall，2009）。这些运动旨在将几何物质空间与功能形态相结合，创建宜居高效的城市环境，强调步行性、混合用途开发和社区导向的设计原则。

然而，尽管有这些努力，城市功能要素与空间形式之间的不匹配仍然日益明显，特别是在像中国这样快速发展的国家。空置的办公楼、低效的产业园区和衰落的商业街等问题，凸显了设计的空间形式与实际功能需求之间的脱节（黄玫，2023）。这些不匹配强调了深入理解城市空间形态生成机制的必要性。

2.2 数字化转型的影响

数字时代加速了城市功能要素的流动，显著影响了城市生产方式和生活方式。虚拟会议、远程工作、电子商务和快递服务等技术重塑了城市功能的空间分布（Batty，2013a，2018a；孔宇等，2022；龙瀛等，2023）。这些变化使得城市空间研究从关注“空间位置”转向审视“流动空间”和“网络”（Batty，2018b；沈尧，2019；甘惟等，2023）。

研究者开始更加关注高频率的城市功能变化如何影响空间形态及其生成。传统的静态城市空间观被考虑现代城市生活流动性的动态模型所取代。这一转变提出了关键的研究问题：

（1）城市空间的自主性：城市空间是否具有自身的自主性，能够推动经济社会发展？理解这一点有助于设计更具适应性和响应性的空间。

（2）生成机制：在快速技术进步和人行为变化的背景下，城市空间如何生成？识别潜在的模式和机制对于有效的城市规划设计至关重要。

（3）AI的作用：在AI时代，机器学习机制能否揭示空间生成的更本质过程？AI为建模复杂系统提供了工具，同时有潜力提供对涌现空间模式的洞见。

因此，重新审视空间本身的定义至关重要。空间不应仅被视为物理容器，而应被视为与社会、经济和文化维度交织的动态实体（Hillier，1996；段进，2006）。这一视角需要将人行为和体验纳入对空间形态的理解。

3　AI 在生成城市空间形态中的应用

3.1　参数化模型及其局限性

参数化控制模型在探索功能规则与空间形态的相互作用中起到了核心作用（Richthofen *et al.*，2018）。这些模型使用可调参数定义空间属性，允许通过调整容积率、绿地率、建筑高度和风环境等变量来实现所需的城市形态（杨滔等，2021）。

早期方法，如希列尔和汉森（Hillier and Hanson，1984）提出的空间句法，量化了城市空间的组织构成，揭示了物理特征如何影响人行为和社会结构。空间句法分析空间布局，以理解城市中的可达性和人车交通模式之间的互动机制。同样，斯蒂尼（Stiny，1980）引入的形态语法提供了一种使用生成规则描述和控制城市形态的形式化设计方法。之后，较多研究者开始转向更为丰富的形态控制规则，如天空可视率、天际线变化、温度等（Joshi and Kono，2009；李飚等，2015；龙瀛、叶宇，2016；Shi *et al.*，2018；韩昀松等，2022）。这些参数不仅塑造了城市的物理形态，还直接影响到城市的生态环境和居民的生活质量。

在规则化生成领域，一些专门从事城市生成模型开发的团队也探索了多种规则的互动，包括 CityEngine（Badwi *et al.*，2022）、Decoding Spaces Toolbox（Fink and Koenig，2019）、Google Sidewalk Lab 的 Delve 工具（Jiang *et al.*，2023）、小库（XKool）（He，2020）以及 UrbanXTools（杨滔等，2022）。这些工具虽然不同程度地运用了一些 AI 技术，然而绝大部分还是基于规则的生成式设计以及相关模拟。但这也为城市空间形态生成的研究提供了技术验证方法。

尽管参数化模型提高了设计效率，强化了知识图谱（杨俊宴等，2023），并为城市设计提供了系统的方法，但它们往往依赖固定的规则，可能限制设计的多样性和灵活性。这些模型内在的刚性可能无法完全捕捉城市环境的复杂性和动态性。随着城市空间变得更加复杂，越来越需要能够适应变化条件且纳入涌现行为的模型。

3.2 大数据挖掘与模拟

大数据的出现大大推动了社会经济功能要素空间分布的模拟（Batty，2013b；Dietmar and Carlo，2014；Kandt and Batty，2021）。研究者利用社交媒体活动、手机信号、交通流监测和物联网传感器等多样的数据源来分析城市模式（龙瀛、沈尧，2015；叶宇等，2019；Alhasoun and González，2019）。这些数据驱动的方法使得能够在更精细的尺度上检查动态的功能空间模式。例如，街景图像被用于分析城市三维景观与功能之间的关系，提供了关于建成环境如何影响人感知和活动的思考（李智、龙瀛，2018；Biljecki and Ito，2021）。空间可达性的研究识别了不同兴趣点（POI）如何依赖空间尺度从而影响城市规划设计决策（Yang *et al.*，2015；杨滔，2018）。

然而，这些研究往往侧重于局部统计分析或宏观层面的模拟，缺乏对多尺度三维城市空间形态的深入探索。尽管一些研究者尝试通过整合多源数据创建三维城市模型以模拟环境影响（Chen *et al.*，2018），但在反映详细的功能分布和形态变化方面仍然存在挑战。将大数据挖掘与三维城市空间生成模型相结合，可能提高模拟的分辨率和准确性。这样的整合需要能够处理大型数据集并捕捉城市形态复杂性的高级计算模型。

3.3 AI 驱动模型的兴起

AI 引入了模拟和生成城市空间形态的新方法，特别是通过数据和模型驱动的协作（Batty，2024）。例如，图神经网络（GNN）在建模城市空间内复杂关系方面越来越重要，包括几何形式和功能连接（Xue *et al.*，2022）。图卷积网络（GCN）为处理图数据提供了框架，能够有效地从城市网络的节点和边中学习特征（Kipf and Welling，2016）。这些技术已被用于理解城市空间的结构和功能，如三维空间形式与 POI 拓扑之间的相关性分析（林旭辉等，2024）。

一些学者使用 GNN 研究三维形式与街道功能之间的交互变化，展示了这些网络在模拟城市空间形态方面的潜力（Ma *et al.*，2022；杨俊宴等，2023，杨滔，2024）。然而，如何将这些模型直接关联到几何形式的生成仍存在挑战，特别是捕捉跨多重网络的形式与功能之间的耦合机制，还存在未解之谜。

结合数据和知识先验的生成式 AI 模型已成为近期研究的焦点（Duering，2020；Agirbas，2020；Zheng *et al.*，2023）。这些模型利用大型数据集并结合城市规划知识，更准确地模拟和预测城市空间发展趋势。例如，将深度学习与城市形态理论相结合，已创建了符合设计原则的模型。吴志强的团队提出了“人-AI”混合设计过程，强调 AI 在城市设计和决策中的助手作用（吴志强等，2022）。此外，神经辐射场（NeRF）（Yu *et al.*，2021）和高斯散射（Gaussian Splatting）（Kerbl *et al.*，2023）等先进技术也被引入用于合成新场景视角，尽管它们不能完全取代基于规则的城市形态生成模型。

虽然 AI 在城市形体生成方面具有潜力，但现有研究往往缺乏对耦合空间形态生成与空间功能的深层规则和动态机制的深入考虑。诸如功能拓扑空间的流动和折叠等问题，反映了空间功能的跨维度和跨尺度扩展，目前依赖欧式空间假设而难以捕捉城市功能的高维非线性耦合，这仍要进一步探索空间的本体意义。

4 重新定义空间：空间流形与人行为

4.1 空间的本体论与人互动

数字时代城市空间的动态性和多维性（如虚拟-物理交互、社会-环境耦合）已超越传统几何框架的表述能力，因此需要基于流形重新定义空间本体论。在之前大部分研究中，空间的定义往往是隐含的或假定的，缺乏对其本质的清晰描述。社会经济活动表现为空间分布，但其本质在于空间本身的创造、建造、使用、更新和消解等就是实现社会经济活动的方式。作为生产和生活的载体与工具，城市空间体现了人性化的空间生命体，回归到城市的核心——人和资源的聚集、交流与交换，孕育城市文明。

从本体论的角度看，城市空间是人与建成环境、自然环境交织的系统（段进，2006），它服务于人的日常活动，具有生命特征，类似于具有物理、生化、社会、经济和文化内涵的人体。城市空间形态基于这些机制实时自我生成，表现出类似于生物体的复杂多样的涌现特性。

4.2 空间形态的复杂性与涌现

预测城市空间形态涉及理解路径依赖的概率变化，包括不可逆的可能性。城市空间的演变在短期内往往显示出随机特性，但从长期的历史视角来看，会展示出共同的规律特征，其挑战在于统一这些短期的随机性与长期的共性模式。在规划和设计过程中，人们往往从鸟瞰视角思考和表达城市空间形态，而在日常使用中则采用局部视角，基于移动轨迹形成独特的认知框架。日常的空间使用涉及复杂的行为，包括感知、认知、推理以及与真实空间相关的行动。因此，空间演变中固有的不确定性源于人空间使用的复杂性。

理解城市系统复杂演化的关键在于认识到城市并非静止不变，而是不断被个体和集体行动或行为所塑造。城市空间形态是不同主体（包括居民、企业、政策制定者和基础设施提供者）之间复杂互动的结果。这些互动产生了涌现的模式，随着时间的推移塑造了城市的空间组织构成方式。AI 驱动的模型通过纳入个体主体的行为，为模拟城市系统的动态演化提供了机会。

4.3 空间流形与多维扩展

为了捕捉城市空间的这些复杂特征，本文提出空间流形的概念，重新定义空间（杨滔等，2023）。空间流形代表了空间的自然延展，包括局部的欧式几何及其对应的社会、经济、环境、文化维度；强调空间本身的延展行为，反映了一种难以用语言描述但具有丰富形态特征的无定形过程。它针对任意局部二、三维空间本体（如基于等视线域 Isovist），从人与社会行为的视角，提出涵括功能、社会、经济、环境等要素的高维度空间张量模型（图 1），以行为轨迹的方式将空间延展过程表达出来，而伴随的功能、社会、经济、环境等延展的方式则有可能被统一关联起来。

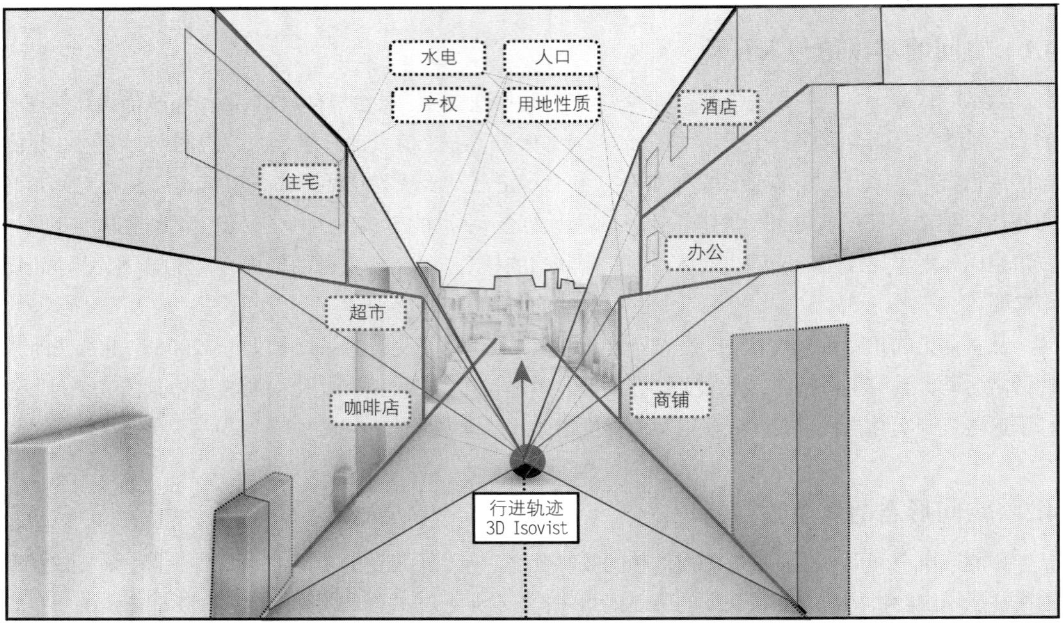

图1 基于城市空间等视域的张量空间示意

注：深灰色：有视角限制的三维等视域及其对应的功能与实体界面要素；水电、人口、产权、用地性质：隐藏在城市空间表现背后的社会经济属性；行为轨迹与功能联系将三维等视域整合为复合空间网络表达形式。

从空间流形的角度而言，几何空间的生成源自多主体和社会经济文化要素的时空延展。不连续性定义了空间认知要素，而连续性则定义了这些要素之间的关系。这些空间认知要素遵循人使用空间的行为模式，自然汇聚形成不同类型的空间体验场景。这些场景的尺度和维度驱动了空间延展的动态感知与体验行为。参与场景的实体选择形式、社会、经济和文化等参数，定义了各种子系统类型的互动，形成了人工演化的空间形态生成机制。个人通过其在空间中的行为构建了集体的复杂空间网络。在数字模拟环境中，人对各种变量或参数的选择驱动着子系统的交互和演化，从而通过人机交互优化空间流形，构建了大规模城市系统的涌现机制。

4.4 空间流形的信息表达

在城市之中，信息在物理和虚拟领域之间不断流动，形成了动态的反馈循环，允许实时监测和适应性决策（Goodchild，2007）。这些信息流可被概念化为一种流形表示，其中流形代表了城市空间的各种维度——物理、生化、社会、经济和环境等。流形上的每个点对应于城市系统的特定状态，代表城市不同方面的向量特征化。

信息流可以使用微分几何进行数学建模，这为分析流形的性质提供了工具（Coifman and Lafon，2006；Laurens and Hinton，2008）。例如，拉普拉斯-贝尔特拉米算子可用于模拟信息在流形上的扩散，捕捉信息如何在城市系统中传播，影响城市形态的不同维度。设流形 M 表示城市属性的高维空间，函数 f:M→R 捕捉了特定的城市特征，如交通密度或空气质量。拉普拉斯-贝尔特拉米算子 Δ_M 可用于模拟信息在流形上的扩散：

$$\Delta_M f= \mathrm{div}_M(\Delta_M f)$$

其中，$\Delta_M f$ 表示 f 在流形上的梯度（表征函数在流形切空间中的最大变化方向与速率），div_M 表示流形上的散度（度量向量场在无穷小邻域内的净通量）。

该方程模拟了由函数 f 表示的信息如何在流形 M 上扩散，反映了关于城市特征的信息如何在城市空间环境中共享和传播。算子 Δ_M 提供了信息在城市空间形态不同维度上的扩散速率——无论是涉及社会经济活动、物理基础设施、环境条件，还是生化互动。因此，空间流形本质是时空信息的流动与交互过程。

针对几何形态与功能之间的流形表达，建立几何流形（G_i，如三维建筑实体、路网拓扑等）与功能流形（F_i，如人流、商业流）的数学映射模型；从而，图对比学习（GraphCL）优化流形投影算子（Proj_M），损失函数需同时约束几何-功能耦合与社会经济公平性，量化功能梯度对几何曲率的驱动效应。例如，假设商业热区功能热度每提升 1 单位，驱动建筑密度曲率增长 0.8%。又以四阶时空张量构建为例，定义 $T_{ijk}(t)$ 的维度为空间坐标（i，j）、功能属性（k）、时间（t），通过张量分解（CPD），提取主成分特征；基于微分几何理论，展开协变导数计算，求解流形空间中的 Christoffel 符号 Γ_{ij}^{k}，量化功能梯度对几何形式的驱动效应，为空间流形的 AI 训练，搭建相关数据与知识的训练集。因此，基于流形概念，将空间的复杂几何形状、功能构成等信息有机整合在统一的数学表达之中。

5 城市形态生成中"人-AI 共生"新范式

5.1 从控制到协作

历史上，城市规划和设计往往强调控制，常将城市视为可通过自上而下的方法精确管理的系统（Hillier and Hanson，1984；Batty，2013a）。然而，现代城市环境的复杂性和动态性要求转向包含人与 AI 智能体的协作、自组织过程。数字技术通过实现跨时间的综合协作，促进了这一转变。它们聚焦涉及几何形式、材料、生化、社会、经济和文化因素的空间交互机制，使空间形态的生成被视为基于多要素、多机制、多模态交互的涌现过程。空间流形的数学表达方法提供了探究这种涌现现象的切入点，而 AI 则加速了空间流形的计算过程。

5.2 空间基因与涌现的作用

在上述新范式中，数据、基因和场景是空间的基本驱动要素，互相关联形成自组织机制。空间场景代表了城市空间形态的运行现象，存在于真实的生态、生产和生活环境中。而这些场景生成空间数据，按照人们有意或无意建立的规则，成为空间现象记录的抽象表达。从这些数据中挖掘出历时性稳定的空间构成规律，构成“空间基因”（段进等，2019）并不断地驱动新空间场景的生成。

这个循环过程涉及降维和升维。复杂的空间场景现象被感知并被简化为数据表达，然后，通过人的认知，这些数据被进一步萃取为体现空间规律性构成的空间基因。这是某种降维过程，空间信息得以压缩，称为编码过程。与之同时，这些空间基因被内化为人的认知及其（无意识或有意识的）行为，从而复制或创造出新的空间场景。这是某种升维过程，空间信息得以扩展，称为解码过程。因此，在这种意义上，“空间基因”蕴含在空间场景之中，而人则成为“空间基因”信息的编码器和解码器。当今，AI 智能体模拟人的认知方式，转化为空间流形的信息表达方式，加速流形本身的降维和升维过程。例如，功能场（如商业热度场）可被映射为高维功能流形，然后采用扩散映射（Diffusion Maps）被降维至与几何流形同构的低维嵌入空间，建构起空间功能信息与几何构成的联动机制。

上述体现了“学习-应用”的循环。通过学习，人和/或 AI 智能体研究空间现象，分解空间要素，关联内涵，提取规律，最终形成稳定的空间知识体系或认知逻辑，其中最稳定的构成性规律表现为空间基因。通过应用，人和 AI 智能体基于空间基因和认知逻辑，共同构建新的空间场景，迭代新的思想和知识，生成新的空间形态。基于空间流形的数学表达，这种“人-AI 共生”模式增强了创新性城市规划设计的能力。

5.3 构建人-AI 协作框架

AI 模拟人的空间行为，如感知、认知、推理和操作，整合数据驱动和知识驱动的方法。这将构建形态与知识之间的互动迭代模型，其中 AI 智能体在设计过程中充当助手（吴志强等，2021）。人-AI 协作涉及如下三个部分（图 2）：

（1）数据整合：基于张量空间及其流形空间网络，聚合城市之中多源异构数据，建构多维度和多尺度的改进型复合图网络（即有视角限制的三维等视域及其对应的功能与实体界面要素构成的复合图网络），从数据整合和知识学习的角度形成新的规划设计方法。

（2）知识学习：基于城市数据、规则和知识等，探查复合图网络在编码器与解码器之间的“隐空间”动态耦合模式，建构相关的多专业模拟过程，学习出跨维度的功能扩散的生成机制。

（3）互动迭代：通过人-AI 互动，促进多维生成的城市空间形态演化，迭代出多尺度的几何与功能生成模型，探查涌现规律，增强创造力和适应性。

该框架强调了人和 AI 在生成城市空间形态方面的共同演化，认可了两者在塑造未来城市中的优势。

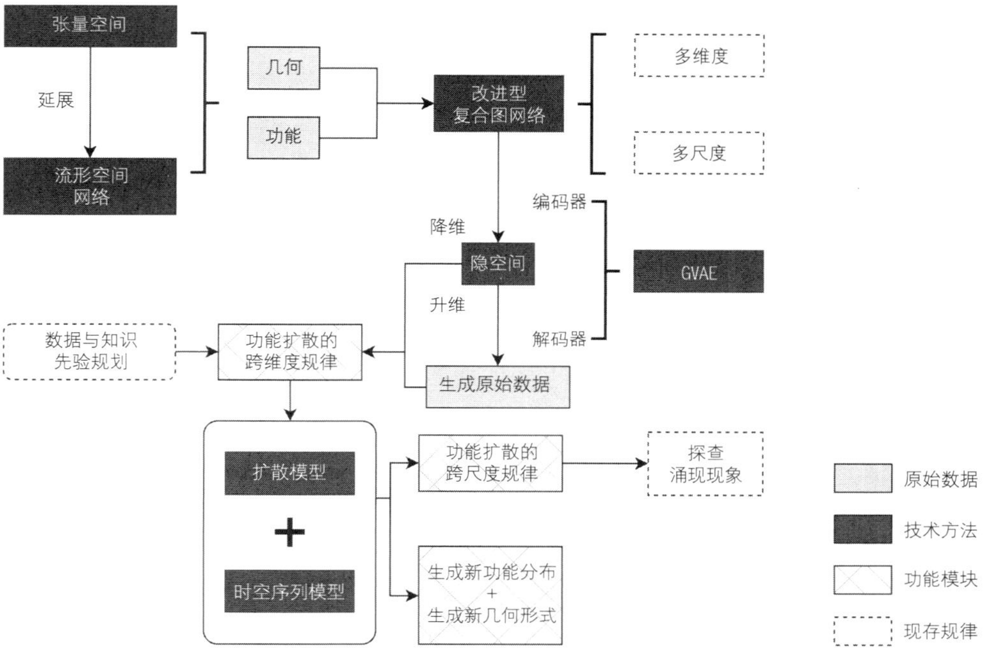

图 2　城市空间形态交互迭代的 AI 学习示意

6　理论整合：城市智能生命体模型

6.1　框架的组成部分

我们提出了一个由六个相互关联的组成部分构成的城市智能生命体概念框架：

（1）全面感知：传感器和可穿戴设备的广泛部署增强了空间感知能力。城市微气候、交通状况、污染物扩散、公共服务和个人健康等元素被更精确地捕获，形成了一个“感知-边缘计算-反馈”的网络系统。这赋予了城市空间类似于生命体的基本感知和反应能力，同时也建构了跨专业的张量空间集合及流形空间网络。

（2）实时计算：实时的空间计算能力联通了微观、中观和宏观的空间活动，支持虚拟和现实空间之间的实时连接与转换。计算能力成为未来城市空间的核心支持能力，重新定义了城市空间形态及其生成过程。

（3）人本活力：空间活力源于人、机器人、自动驾驶车辆和智能体等多样的空间主体之间的协同性互动。空间活力的定义演变，强调以人为中心的多样性和共生性，从人机共存的角度增加了空间形态生成的约束条件。

（4）数字基因：空间基因是数字化识别的模式，表现为多模态的知识网络、空间语义推理能力和专业领域本体继承。在不同城市发展周期内，这体现为城市空间的最基本底层构成规律，并借助于人的认知与 AI 赋能，成为空间生成的原动力。

（5）交互孪生：交互式数字孪生代表了人与 AI 之间的实时共同演化和共创，整合了多领域、多部门和多主体的行为模式。数字孪生不仅仅是静态的复制品，而且是动态的交互生成过程。

（6）自主形态：新兴的空间形态是上述元素相互作用的实时生成结果，迭代地创建了物理和虚拟领域的孪生空间。这增强了人或机器使用空间形态的创造力、洞察力和价值转化能力。

6.2 城市空间智能生命体的本质

通过感知、计算、活力、基因、孪生和形态的动态互动，城市空间成为智能生命体，即具备实时生成能力的“物体”（杨滔等，2024）。这个框架反映了空间自我感知、学习和演化的新特征。通过利用强大的空间计算能力与增强的空间感知，城市空间支持交互式的数字孪生环境。这些环境使多主体协商和互动的空间生成成为空间的本体，改善了真实城市空间的质量和运行状态并迭代了新的空间形态基因。

这种方法认识到：城市空间形态不仅是社会经济活动的产物，而且是其不可分割的组成部分。人、AI 智能体与物理和虚拟建成环境之间的互动，以自组织的方式生成了动态的空间形态，涉及多个维度、尺度和动态机制。

7 讨论

7.1 应对城市规划设计的不确定性

整合 AI 驱动的模型增强了模拟、预测和适应城市规划设计中固有不确定性的能力。通过纳入人行为和多模态数据，这些模型提供了对城市动态的更深入洞见，使规划设计者能够制定更具弹性和适应性的策略。例如，基于代理的模型可以模拟个人如何与城市空间互动，帮助预测各种规划设计方案生成的结果。这种方法承认了城市系统的复杂性，超越了静态的自上而下的规划方法（Batty，2024）。

7.2 增强人机协作

城市形态生成中的人-AI 共生促进了新的协作形式。AI 智能体协助编码和解码空间基因，加速了涌现空间形态的生成。这种合作利用了人和机器的优势——人的创造力和直觉，以及 AI 的计算能力和数据处理。这种协作可以增强规划设计过程，允许更为创新而高效的城市解决方案。它还通过提供可供更广泛的利益相关者使用的工具，包括社区成员和非专业参与者，促进了城市规划设计的公众化。

7.3 促进可持续城市发展

通过捕捉物理、生化、社会、经济和文化维度之间的复杂互动，流形空间与 AI 驱动的方法支持可持续的城市发展。这些方法使规划者和设计师能够创造响应人需求、环保意识及文化敏感的空间。例如，将环境数据纳入流形空间模型可以帮助优化绿地、改善空气质量并高效管理资源，而文化考量则确保发展尊重历史遗产并促进社会凝聚力。

7.4 未来方向

流形学习和 AI 技术展示了这些方法在增强我们对城市复杂性和空间不连续性的理解方面的潜力。通过将城市空间形态表示为流形空间网络，我们能够建模城市空间不同专业维度（物理、生化、社会、经济和文化等）之间的互动，理解这些互动如何塑造城市环境的演化。

（1）多维度的整合：城市形态由多个维度的复杂互动所塑造，包括物理基础设施、社会经济条件、文化实践和环境因素。流形网络和张量表示为建模这些跨专业维度的互动、理解其中一个维度变化如何影响其他维度的方式，提供了强有力的工具。

（2）空间不连续性的识别：空间不连续性——即城市空间形态中出现突变的区域——是城市规划中的重大挑战。通过应用流形学习技术，我们能够识别这些不连续性，理解其潜在原因。这种理解对于制定解决不平等、增强连通性的干预措施至关重要。

（3）人机协作：将 AI 整合到城市形态学中，不仅涉及使用先进的算法，还涉及促进人机深度协作。通过将人专业知识与 AI 驱动的模型相结合，我们可以制定更具适应性和韧性的城市规划设计策略，响应城市居民的需求。

（4）城市形态的动态演化：城市是动态实体，通过不同主体的互动而随时间持续演化。通过将城市空间形态建模为流形网络，我们可以模拟城市环境的变迁，理解驱动其增长和转型的过程。这种方法使我们能够制定更为灵活与适应性的城市规划设计策略，响应变化的约束条件。

生成式 AI 与城市空间形态的融合将为塑造未来城市提供变革性的潜力，然而，将这些技术完全整合到实践中仍存在不少挑战：需要解决数据隐私、伦理和跨学科合作需求等问题；需要持续的研究来完善 AI 模型、改进数据整合方法并开发对城市专业人士来说可访问且实用的框架；需要关注 AI 的幻觉现象，同时警惕导致城市不公平发展的因素被纳入 AI 学习之中，反而影响了 AI 学习的效果。

此外，教育和能力建设也将是必要的，这将会帮助规划师、设计师和政策制定者有效使用这些 AI 数字化的工具，推动人与 AI 协同生成的未来城市社会。

参考文献

[1] AGIRBAS A. Macro-scale complex form generation through a swarm intelligence-based model with urban morphology constants[J]. Architectural Science Review, 2020, 64: 504-521.

[2] ALHASOUN F, GONZÁILEZ M C. Streetify: using street view imagery and deep learning for urban streets development[J]. IEEE International Conference on Big Data (Big Data), 2019: 2001-2006.

[3] BADWI I M, ELLAITHY H M, YOUSSEF H E. 3D-GIS parametric modelling for virtual urban simulation using CityEngine[J]. Annals of GIS, 2022, 28: 325-341.

[4] BATTY M. The new science of cities[M]. Cambridge MA: MIT Press, 2013a.

[5] BATTY M. Big data, smart cities and city planning[J]. Dialogues in Human Geography, 2013b, 3(3): 274-279.

[6] BATTY M. Inventing future cities[M]. Cambridge MA: MIT Press, 2018a.

[7] BATTY M. Artificial intelligence and smart cities[J]. Environment and Planning B: Urban Analytics and City Science, 2018b, 45(1): 3-6.

[8] BATTY M. AI and design[J]. Environment and Planning B: Urban Analytics and City Science, 2024, 51(4): 4.

[9] BATTY M, MARSHALL S. The evolution of cities: Geddes, Abercrombie and the new physicalism[J]. Town Planning Review, 2009, 80(6): 551-574.

[10] BILJECKI F, ITO K. Street view imagery in urban analytics and GIS: a review[J]. Landscape and Urban Planning, 2021, 215: 104217.

[11] CHEN K, LU W, XUE F, *et al*. Automatic building information model reconstruction in high-density urban areas: augmenting multi-source data with architectural knowledge[J]. Automation in Construction, 2018, 93: 22-34.

[12] COIFMAN R R, LAFON S. Diffusion maps[J]. Applied and Computational Harmonic Analysis, 2006, 21(1): 5-30.

[13] CONZEN M R G. Alnwick, northumberland: a study in town-plan analysis. Institute of British Geographers Publication 27[M]. London: George Philip, 1960.

[14] DIETMAR O, CARLO R. Decoding the city: urbanism in the age of big data[M]. Birkhauser Verlag AG, 2014.

[15] DUERING S, CHRONIS A, KOENIG R. Optimizing urban systems: integrated optimization of spatial configurations[C]//Symposium on Simulation for Architecture and Urban Design, 2020: 503-509.

[16] FINK T, KOENIG R. Integrated parametric urban design in grasshopper/rhinoceros 3D demonstrated on a master plan in Vienna[J]. Blucher Design Proceedings, 2019: 313-322.

[17] GOODCHILD M F. Citizens as sensors: the world of volunteered geography[J]. GeoJournal, 2007, 69(4): 211-221.

[18] HE W. Urban experiment: taking off on the wind of AI[J]. Architectural Design, 2020, 90(3): 94-99.

[19] HILLIER B. Space is the machine: a configurational theory of architecture[M]. Cambridge: Cambridge University Press, 1996.

[20] HILLIER B, HANSON J. The social logic of space[M]. Cambridge: Cambridge University Press, 1984.

[21] JIANG F, MA J, WEBSTER C J, *et al*. Generative urban design: a systematic review on problem formulation, design generation, and decision-making[J]. Progress in Planning, 2023, 180: 100795.
[22] JOSHI K K, KONO T. Optimization of floor area ratio regulation in a growing city[J]. Regional Science and Urban Economics, 2009, 39(4): 502-511.
[23] KANDT J, BATTY M. Smart cities, big data and urban policy: towards urban analytics for the long run[J]. Cities, 2021, 109: 102992.
[24] KERBL B, KOPANAS G., LEIMKUEHLER T, *et al*. 3D gaussian splatting for real-time radiance field rendering[J]. ACM Transactions on Graphics, 2023, 42: 1-14.
[25] KIPF T, WELLING M. Semi-supervised classification with graph convolutional networks[J]. ArXiv, 2016. DOI: 10.48550/arXiv.1609.02907.
[26] LAURENS V D M, HINTON G. Visualizing data using t-SNE[J]. Journal of Machine Learning Research, 2008, 9: 2579-2605.
[27] MA L, SEIPEL S, BRANDT S, *et al*. A new graph-based fractality index to characterize complexity of urban form[J]. ISPRS International Journal of Geo-Information, 2022, 11: 287.
[28] RICHTHOFEN A, KNECHT K, MIAO Y, *et al*. The "urban elements" method for teaching parametric urban design to professionals[J]. Frontiers of Architectural Research, 2018, 7(4): 573-587.
[29] SHI Y, XIE X, FUNG C H, *et al*. Identifying critical building morphological design factors of street-level air pollution dispersion in high-density built environment using mobile monitoring[J]. Building and Environment, 2018, 128: 248-259.
[30] STINY G. Introduction to shape and shape grammars[J]. Environment and Planning B: Planning and Design, 1980, 7: 343-351.
[31] SULLIVAN H L. The tall office building artistically considered[J]. Lippincott's Magazine, 1896, March.
[32] XUE J, JIANG N, LIANG S, *et al*. Quantifying the spatial homogeneity of urban road networks via graph neural networks[J]. Nature Machine Intelligence, 2022, 4: 246-257.
[33] YANG T, LI M, SHEN Z. Between morphology and function: how syntactic centers of the Beijing city are defined[J]. Journal of Urban Management, 2015, 4: 125-134.
[34] YU A, YE V, TANCIK M, *et al*. pixelNeRF: neural radiance fields from one or few images[J]. IEEE/CVF Conference on Computer Vision and Pattern Recognition (CVPR), 2021: 4576-4585.
[35] ZHENG Y, LIN Y, ZHAO L, *et al*. Spatial planning of urban communities via deep reinforcement learning[J]. Nature Computational Science, 2023, 3: 748-762.
[36] 段进. 城市空间发展论[M]. 南京：江苏科学技术出版社, 2006.
[37] 段进，邵润青，兰文龙，等. 空间基因[J]. 城市规划, 2019, 43(2): 14-21.
[38] 甘惟，吴志强，王元楷，等. AIGC 辅助城市设计的理论模型建构[J]. 城市规划学刊, 2023(2): 12-18.
[39] 韩昀松，赵昕，孙澄. 风环境性能驱动的寒地街区计算性设计方法研究与实践[J]. 当代建筑, 2022(6): 19-23.
[40] 黄玫. 存量空间 增量价值：国土空间详细规划转型及实施路径改革[J]. 规划师, 2023, 39(9): 9-15.
[41] 孔宇，甄峰，张姗琪. 智能技术影响下的城市空间研究进展与思考[J]. 地理科学进展, 2022, 41(6): 1068-1081.
[42] 李飚，郭梓峰，季云竹. 生成设计思维模型与实现——以"赋值际村"为例[J]. 建筑学报, 2015(5): 94-98.

[43] 李智，龙瀛．基于动态街景图片识别的收缩城市街道空间品质变化分析——以齐齐哈尔为例[J]．城市建筑，2018(6): 21-25.
[44] 林旭辉，彭炜程，杨滔．人工智能视角下的未来城市结构：发掘复杂网络背后的空间特征[J]．城市与区域规划研究，2024, 16(1): 62-78.
[45] 龙瀛，李伟健，张恩嘉，等．未来城市的空间原型与实现路径[J]．城市与区域规划研究，2023, 15(1): 1-17.
[46] 龙瀛，沈尧．数据增强设计——新数据环境下的规划设计回应与改变[J]．上海城市规划，2015(2): 81-87.
[47] 龙瀛，叶宇．人本尺度城市形态：测度、效应评估及规划设计响应[J]．南方建筑，2016(5): 41-47.
[48] 沈尧．动态的空间句法——面向高频城市的组构分析框架[J]．国际城市规划，2019, 34(1): 54-63.
[49] 吴志强，甘惟，刘朝晖，等. AI 城市：理论与模型架构[J]．城市规划学刊，2022(5): 17-23.
[50] 吴志强，甘惟，臧伟，等．城市智能模型(CIM)的概念及发展[J]．城市规划，2021, 45(4): 106-113+118.
[51] 杨俊宴，邵典，汪鹏，等．集成・拓扑・转译：一种基于知识图谱的城市形态深度解析方法[J]．城市规划，2023, 47(6): 57-67.
[52] 杨滔．基于大数据的北京空间构成与功能区位研究[J]．城市规划，2018, 42(9): 28-38.
[53] 杨滔．人工演进的生成式数字城市设计框架探究[J]．城乡建设，2024(3): 74-76.
[54] 杨滔，林旭辉，刘歆婷，等．空间句法的流形理论探讨[J]．城市环境设计，2023(4): 337-340.
[55] 杨滔，林旭辉，逯百慧．人工演进的生成式城市空间形态研究[J]．北京规划建设，2024(4): 45-49.
[56] 杨滔，罗维祯，林旭辉，等．城市空间设计的数字化创新方法探讨[J]．城市设计，2021(4): 18-23.
[57] 杨滔，罗维祯，林旭辉，等．人工演进的元城市系统：城市空间形态的一种智能生成[J]．上海城市规划，2022(3): 14-22.
[58] 叶宇，张昭希，张啸虎，等．人本尺度的街道空间品质测度——结合街景数据和新分析技术的大规模、高精度评价框架[J]．国际城市规划，2019, 34(1): 18-27.

[欢迎引用]
杨滔，林旭辉．生成式人工智能与城市空间形态——未来城市的流形方法[J]．城市与区域规划研究，2025，17(1): 1-14.
YANG T, LIN X H. Generative artificial intelligence and urban spatial morphology: manifold approaches for future cities[J]. Journal of Urban and Regional Planning, 2025, 17(1): 1-14.

国土空间规划领域人工智能大模型应用场景、技术路径与案例研究

韩雪华　张晓东　张文佳　张　敏　王　良　许丹丹

Large Artificial Intelligence Models in Territorial Spatial Planning: Application Scenarios, Technical Paths, and Case Studies

HAN Xuehua[1], ZHANG Xiaodong[1,2], ZHANG Wenjia[3], ZHANG Min[1], WANG Liang[1], XU Dandan[1]
(1. Beijing Municipal Institute of City Planning & Design, Beijing 100045, China; 2. School of Architecture, Tsinghua University, Beijing 100084, China; 3. College of Architecture and Urban Planning, Tongji University, Shanghai 200092, China)

Abstract Large models, with their powerful generation, comprehension, and generalization capabilities, offer new possibilities for digital, intelligent, and refined decision-making support in territorial spatial planning and urban governance. This paper systematically reviews the concepts and current development of large models, and constructs an application scenario system for large-scale models in territorial spatial planning targeting three user groups: government, business and academia. It conducts an in-depth exploration on the implementation pathways and key technologies for developing industry-specific large models in territorial spatial planning, including a case study based on Retrieval-Augmented-Generation and Large Language model. Finally, the paper offers future perspectives on building specialized large models, developing interpretability, facilitating lightweight deployment, and addressing societal impacts, aiming to promote intelligent and sustainable development in territorial spatial planning.

Keywords territorial spatial planning; Artificial Intelligence; large models; application scenarios

作者简介
韩雪华、张敏、王良、许丹丹，北京市城市规划设计研究院；
张晓东（通讯作者），北京市城市规划设计研究院，清华大学建筑学院；
张文佳，同济大学建筑与城市规划学院。

摘　要　大模型技术以其强大的生成能力、理解能力和泛化能力，为国土空间规划和城市治理领域的数字化、智能化、精细化决策支持提供新可能。文章系统梳理大模型的概念与发展现状，构建面向政务、业务、学界三类用户群体的国土空间规划领域大模型应用场景体系；深入探讨国土空间规划行业大模型的实施路径和关键技术，开展基于检索增强生成和知识库的行业大模型案例研究；最后从构建专用大模型、发展可解释性、轻量化部署和社会影响等方面进行了未来展望，以期推动国土空间规划的智能化和可持续发展。

关键词　国土空间规划；人工智能；大模型；应用场景

1　引言

2022年11月，OpenAI发布基于大语言模型GPT-3.5（Generative Pre-trained Transformer 3.5）的聊天机器人ChatGPT（OpenAI，2022），引发了新一轮人工智能（Artificial Intelligence，AI）全球浪潮，AI进入快速发展的大模型时代。从Transformer到ChatGPT，从自然语言处理（NLP）、计算机视觉（CV）等单一模态，到“图生文”“文生图”等多模态和跨模态，大模型在降本增效、体验增强和业务创新等方面的价值日益凸显，正在催生新一轮技术创新与产业变革，引领AI发展的新范式，也将为国土空间规划和城市治理领域数字化转型与高质量发展注入新的动力。

国土空间规划和城市治理面临日益复杂的挑战，例如城镇化进程加快、资源环境约束加剧以及对精细化、动态、高效率治理的需求不断提升（叶裕民、王晨跃，2022）。大模型通过对海量数据的自监督学习，在文本生成、图像识别、地理空间数据分析等方面展现出显著优势，从而能够处理国土空间规划中涉及的复杂数据关系和多元化信息，为精细化治理和决策支持提供了新可能。2023 年 8 月 15 日，国家正式发布《生成式人工智能服务管理暂行办法》，促进生成式人工智能健康发展和规范应用（张学府，2024）。在这样的背景下，探索如何将 AI 大模型的优势与国土空间规划的需求相结合，已成为推动国土空间规划高质量发展的重要方向。

近年来，AI 技术在国土空间规划领域的应用研究取得了相应进展。例如土地利用变化预测模型（陈俞池等，2024）、基于 AI 图像智能识别的“城市树”（City Tree）模型、收缩城市演变过程预测模型（Zhai *et al.*，2022）、AI 技术与街景影像融合的城市视觉智能（Zhang *et al.*，2024）、智能技术与智慧社区多领域协同（夏静怡等，2024）、AI 驱动的城市道路网络复杂性研究（林旭辉等，2024），这些新技术新方法促进了城市研究和规划决策方式的变革（党安荣等，2019；武廷海等，2020；甄峰、谢智敏，2021；杨天人等，2022；龙瀛等，2024），但这些传统的 AI 模型通常依赖于特定任务的数据集和算法，泛化能力有限，难以应对国土空间规划中复杂多变的场景和需求（谢花林等，2022）。大模型的出现为解决这些问题提供了新的契机。其强大的知识表示和推理能力以及跨领域迁移学习的潜力，有望为国土空间规划带来更智能化、精细化和高效化的解决方案。

然而，大模型在国土空间规划行业应用中仍面临数据训练集缺失、知识体系庞大、规划实施不确定性、规划管理严肃性等诸多挑战，在此背景下，本文系统梳理大模型的发展现状和应用模式，构建面向政务、业务、学界三类用户的大模型支撑国土空间规划场景体系，并探索国土空间规划行业大模型的技术路径与应用实践，为未来大模型技术在国土空间领域的深度应用提供参考。

2 大模型概念分类与发展现状

2.1 大模型概念

大模型通常指参数量巨大、层数众多、训练数据规模庞大的深度学习模型，亦有学者称其为基础模型（Foundation Model，FM）或者预训练模型（Pre-trained Models，PTM）（Bommasani *et al.*，2021；Zhou *et al.*，2023）。其主要特点包括参数规模大、泛化能力强和支持多模态等。常规的 AI“小模型”针对某一种任务或场景进行专门训练，用于执行单一的任务，而大模型则具备了类人的通用智能“涌现”能力，在海量数据、大规模算力和超大规模参数的神经网络训练下由“量变”引起“质变”，能够学习多个领域知识、处理多种任务，在 NLP、CV、语音识别以及跨领域任务中展现出了革命性的能力（Zhao *et al.*，2023；Gao *et al.*，2024），因此也被称为通用大模型。

2017 年，瓦斯瓦尼（Vaswani）等研发的 Transformer 神经网络架构，模型参数突破 1 亿规模，奠定了大模型领域主流的算法架构基础。2018 年，谷歌和 OpenAI 分别发布 BERT 和 GPT 系列模型（Devlin，2018；Radford *et al.*，2023），大规模预训练模型开始走进人们的视野。2020 年，OpenAI 推出拥有 1 750 亿参数的 GPT-3，成为当时规模最大、性能最先进的语言模型（Brown *et al.*，2020）。2021 年 1 月，谷歌推出的 Switch Transformer 模型以高达 1.6 万亿的参数量成为史上首个万亿级语言模型（张乾君，2023）。2022 年 11 月，OpenAI 率先发布了基于 GPT-3.5 的人工智能聊天机器人 ChatGPT，获得全球的广泛关注。2023 年 3 月，OpenAI 发布的多模态预训练大模型 GPT-4 具备多模态理解与多类型内容生成能力（OpenAI，2023）。2024 年 2 月，OpenAI 发布最新文生视频模型 Sora，谷歌发布最新一代多模态大模型 Gemini1.5，开启了多模态新纪元。

2.2 大模型分类

从功能角度，大模型可分为 NLP 大模型、CV 大模型、科学计算大模型以及多模态大模型。其支持的任务类型也从单一模态（如文本、图像）下的单一任务，逐步发展到多种模态下的多任务处理（车万翔等，2023）。NLP 大模型专注于处理文本数据，进行文本分类、情感分析、机器翻译、文本生成等；CV 大模型专注于处理图像和视频数据，进行图像分类、目标检测、图像分割、图像生成等；科学计算大模型主要用于解决科学领域的计算问题，需要处理大规模数值数据，例如华为的盘古气象模型；多模态大模型能够处理多种模态数据（文本、图像、音频、视频等）并进行跨模态的理解和生成。

按照应用领域大模型可划分为通用大模型和垂类行业大模型。通用大模型通常在海量数据上进行预训练，具备强大的通用能力，可以应用于各种不同的任务，例如 GPT-3、BERT、PaLM 等。行业大模型则是在通用大模型的基础上，针对特定行业的数据和任务进行微调或专门训练的大模型及应用，具备更强的行业专业性和应用价值，例如金融大模型、医疗大模型、法律大模型以及后文讨论的国土空间规划大模型等。

3 AI 大模型在国土空间规划中的应用场景体系

传统的 AI 赋能模式主要采用“单个场景+AI 小模型”的方式，针对特定规划问题构建专门的模型，存在模型泛化能力弱、开发成本高、难以适应复杂多变的规划需求等局限性。随着 AI 大模型的兴起，国土空间规划的 AI 赋能模式正在向“AI 大模型+全流程”转变。大模型强大的知识表示和推理能力以及跨领域迁移学习的潜力，能够更好地应对国土空间规划中复杂多变的场景和需求，为规划全流程提供智能化支撑。本研究综合运用 NLP、CV 和多模态等各类大模型能力，面向规划政务、业务和学界三类用户群体，建立基于 AI 大模型的国土空间规划支撑场景体系（图 1）。

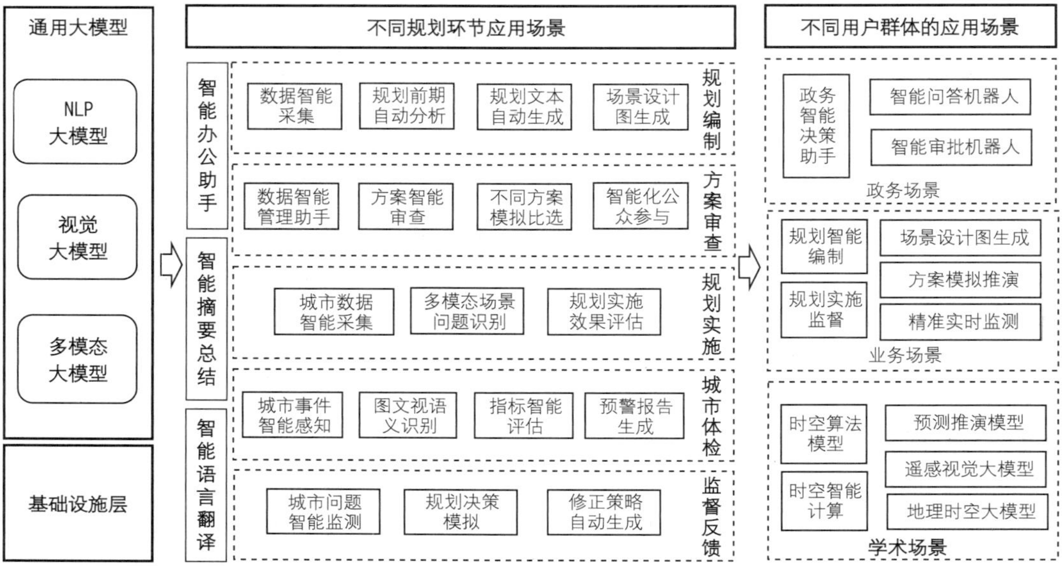

图1 AI大模型支撑国土空间规划场景体系

3.1 面向不同用户群体的应用场景

政务场景，面向政府部门的规划管理和决策需求，大模型可以提供以下支持：智能规划编制审查，辅助规划人员进行规划方案的编制和审查，例如自动检查规划方案是否符合相关法规和规范，提供优化建议等；规划指标预测与预警，基于历史数据和实时数据，预测规划指标的变化趋势并对可能出现的风险进行预警，例如人口增长、土地利用变化、环境污染等；模拟推演与辅助决策，构建城市发展模拟平台，对不同规划方案的实施效果进行模拟推演，辅助政府部门进行科学决策；“一张图”动态更新与管理，基于大模型的图像识别和分析能力，实现对国土空间规划“一张图”的动态更新和管理，及时反映规划实施情况；规划知识库构建与问答，构建面向规划领域的专业知识库并提供智能问答服务，方便政府部门获取规划相关信息。

业务场景，面向规划设计机构业务需求，大模型可以提供以下支持：智能设计方案生成，根据规划需求和设计规范，自动生成多种设计方案并提供评估和优化建议；参数化城市设计，结合参数化设计工具，实现更精细、更灵活的城市设计，并支持快速迭代和优化；虚拟现实与增强现实应用，结合虚拟现实和增强现实技术，构建更直观、更具沉浸感的规划场景，方便设计师和公众进行方案的体验与交流；规划方案的成本效益分析，对不同规划方案的成本和效益进行分析，辅助企业进行投资决策；市场分析与需求预测，基于大模型的数据分析和预测能力，对房地产市场、产业发展等进行分析和预测，为企业提供决策支持。

学术场景，面向科研机构和高校的学术研究需求，大模型可以提供以下支持：规划理论研究与模型构建，利用大模型的知识推理和学习能力，探索新的规划理论和模型，例如构建更精细的城市发展模型、土地利用变化模型等；跨学科研究与数据融合，将规划领域的数据与其他领域的数据进行融合，例如人口数据、经济数据、环境数据等，进行跨学科研究；规划大数据分析与挖掘，利用大模型的数据分析和挖掘能力，从海量规划数据中提取有价值的信息，例如发现城市发展规律、识别规划问题等；学术文献检索与知识图谱构建，构建面向规划领域的学术文献知识图谱，方便研究人员进行文献检索和知识发现。

3.2 面向不同规划环节的应用场景

数据采集与处理环节，数据是国土空间规划的基础，国土空间数据通常来源于遥感影像、地理信息系统（GIS）和交通监测等多种渠道。大模型通过深度学习和多模态学习能力，可以优化数据采集与处理过程。例如遥感影像自动分类与标注，多模态大模型（如 CLIP）结合遥感影像和文本描述，可以实现高精度的影像分类和语义分割，为国土空间规划提供精细的数据支持。多源数据融合方面，国土空间规划的数据通常具有多样性和异质性，大模型的多模态处理能力可将其进行统一表征，实现多源数据的高效融合与协同分析（Chowdhery *et al.*，2022）。

规划编制环节，大模型的应用场景包括规划文本自动生成、场景设计图生成和规划前期分析等。规划文本自动生成中，大模型可以根据规划目标、指标要求、相关政策法规等输入信息，自动生成规划文本草案，例如土地利用规划、城市总体规划等，大幅提高规划编制效率并确保规划文本的规范性和一致性。基于多模态生成的场景设计图，大模型可以根据规划文本描述，自动生成对应的场景设计图，例如三维模型、效果图等，将抽象的规划方案可视化，方便规划师和公众理解及参与。基于数据智能采集和分析的规划前期分析，大模型可以整合多源数据，例如人口数据、经济数据、环境数据等，进行智能分析，为规划编制提供数据支撑。

方案审查环节，大模型可以自动比对规划方案与相关法规政策，识别潜在的合规性问题并提供修改建议，提高方案审查的效率和准确性；大模型可以模拟不同规划方案的实施效果，例如对交通流量、环境影响等进行预测和评估，辅助规划师进行方案比选和优化；大模型可以搭建智能化的公众参与平台，方便公众提出意见和建议并对规划方案进行评价，提高规划的透明度和公众参与度。

规划实施环节，大模型可以实时监测规划实施进度并对潜在的风险和问题进行预警，例如进度滞后、成本超支等，辅助规划管理部门进行动态调整和控制；大模型可以对规划实施后的实际效果进行评估，例如对土地利用变化、环境改善等进行监测和分析，为规划调整和优化提供依据。

城市体检和监督反馈环节，大模型可以整合城市体检数据，自动生成体检报告并提出针对性的改进建议，为城市管理部门提供决策支持；大模型可以搭建智能问答平台，方便公众查询规划信息、反映问题并获取相关政策解读，提高规划的透明度和服务水平；大模型可以收集和分析公众的反馈意见并将其转化为规划调整与优化的依据，形成闭环的监督反馈机制。

3.3 大模型在国土空间规划中的应用挑战

虽然大模型在国土空间规划多个环节中展现出广阔的应用前景，但其在该领域的实际应用仍处于初步探索阶段，相关研究和工程实践尚不成熟。在充分肯定大模型赋能规划工作潜力的同时，也应理性看待其当前的能力边界与面临的关键挑战。

首先，大模型在处理多源异构的空间数据方面仍存在短板。国土空间规划涉及遥感影像、GIS 数据、法规文本、统计信息等多种模态和尺度的数据类型，当前主流大语言模型以文本处理为主，对于高精度地理空间数据的理解和表达能力有限。未来需要引入多模态大模型，但数据对齐、语义统一与尺度适配等复杂问题仍是国土空间规划领域大模型面临的挑战。

其次，大语言模型应对多主体博弈与动态反馈机制方面仍面临困难。国土空间规划往往涉及政府、社会、市场等多方参与者，其行为具有高度的不确定性和非线性。大模型虽具备一定的推理能力，但当前仍缺乏对规划过程中“因果—反馈—调适”链条的建模能力，难以替代规划师在复杂决策中的专业判断与经验积累。未来需要进一步与规划业务人员专业能力进行学习微调，更好地辅助规划业务，形成“人机协同”的创新模式。

再次，大模型在处理模糊政策与抽象规范方面存在理解偏差。规划法规、标准、政策文件中常含有大量含混性、模糊性与弹性空间，模型容易出现过度简化或误读的情况，影响输出结果的准确性与可用性。尤其在合规性审查等高严谨性任务中，模型输出仍需人工复核。

最后，当前国土空间规划领域尚缺乏高质量、结构化的训练语料，导致大模型在该领域的预训练或精调效果有限。相比于医疗、金融等高度结构化数据丰富的行业，规划行业的数据采集、标注与整合成本更高，知识体系更为分散，构建高质量知识库与训练集仍是技术瓶颈。

因此，大模型在国土空间规划中的应用应坚持“能力导向、任务适配、技术补位”的原则，发挥其在信息生成、规则匹配与语义理解等方面的优势，同时明确其在复杂推理、空间决策与价值判断等任务中的局限性。当前阶段更应聚焦于“人类主导、AI 辅助”的人机协同机制的探索，将大模型的生成能力与人类专家的经验判断、政策敏感性相结合，将其作为提高规划效率与辅助判断的有力工具。

4 国土空间规划领域大模型应用路径与关键技术

4.1 国土空间规划领域大模型应用路径

国土空间规划中的大模型应用路径包括基于 MaaS（Model as a Service）服务构建行业大模型、基于开源大模型构建行业大模型、直接调用大模型 API 和使用已有大模型智能产品四种应用模式（图 2）。

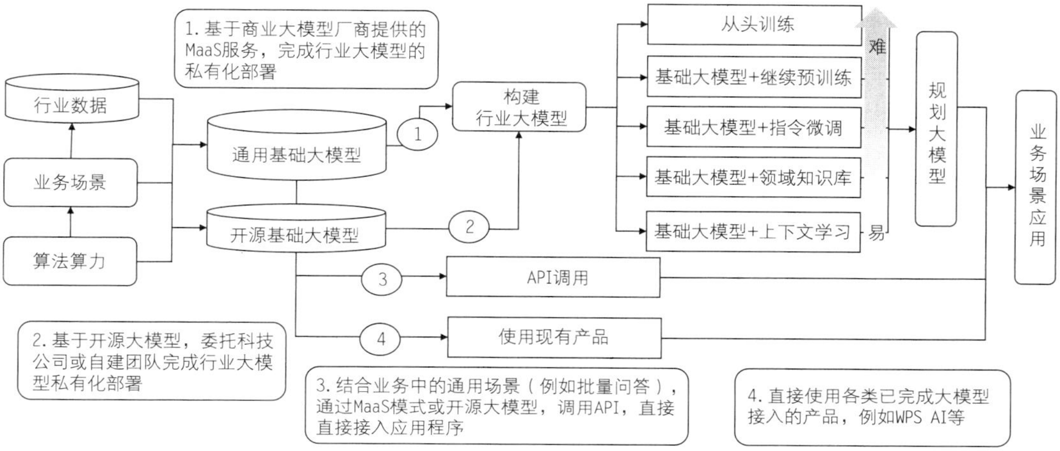

图 2　国土空间规划领域大模型应用路径

模式一：基于商业大模型厂商提供的 MaaS 服务完成行业大模型的私有化部署。通常利用 MaaS 提供商提供的平台和工具进行模型的私有化部署；用户需要提供行业数据，根据需求选择合适的模型和计算资源；MaaS 提供商通常会提供数据安全和隐私保障并提供技术支持与培训；私有化部署可以选择在云端或本地进行；适合对数据安全和隐私要求较高的场景以及需要满足特定业务需求的场景；可以获得较高的模型性能和更强的控制能力，成本投入较高。

模式二：基于开源大模型，委托科技公司或自建团队完成行业大模型私有化部署。需要自行搭建或租用计算集群，成本取决于模型规模和训练数据量；数据资源与 MaaS 模式类似，需要自行收集和处理行业数据。取决于计算资源的投入、团队规模和项目周期；适合对模型定制化程度要求较高的场景；可以获得更高的灵活性，需要承担较高技术风险和管理成本；初期投入可能较高，从长远角度，可以更灵活地控制成本。

模式三：通过 MaaS 模式或开源大模型，调用 API 接入到业务场景（例如批量问答）应用程序中；计算任务由 API 提供商处理，几乎无须额外的计算资源投入；适合一些简单通用的场景，例如问答、文本生成、情感分析等；快速便捷、成本低，但定制化程度有限。

模式四：直接使用各类已完成大模型接入的产品，例如 WPS AI 等。无须任何计算资源投入；通常直接使用产品提供的数据接口或导入自己的数据；几乎不需要 AI 专业人才，只需要了解产品的使用方法即可；适合一些标准化的场景，最便捷的应用方式，但功能和定制化程度受限于产品本身；成本投入最低。

4.2 国土空间规划行业大模型关键技术

国土空间规划与城市治理具有显著的多学科交叉、多领域协作和多部门参与特性，涉及多源复杂的数据资源以及丰富的行业知识。直接将通用大模型应用于该领域仍面临一定局限。例如通用大模型难以准确识别规划专业领域的数据与指标，缺乏对行业特有术语及政策法规的深入认知与理解，难以有效应对复杂的规划场景和需求。构建国土空间规划行业大模型则具有显著优势，其基于通用大模型构建的对领域知识的深度理解与推理能力，能够为规划编制、方案审查和实施评估等环节提供更精确、专业的技术支持，从而提升规划工作的效率和科学性，推动国土空间规划的精细化和高质量发展。目前，行业大模型的构建方式从易到难主要包括提示工程（prompt engineering）、检索增强生成（retrieval augmented generation，RAG）、精调（fine-tuning）和预训练（pre-training）四种模式（图3）。

	提示工程	检索增强生成	精调	预训练
资源需求	需要较少的计算资源； 需要行业上下文数据； 成本较低	适当计算资源，较为灵活； 需要构建行业向量知识库； 成本相对较低	需要一定的计算资源； 行业内的特定数据； 成本相对较高	需要大量的计算资源； 需要大量高质量数据； 成本较高
实现特点	大模型不用调整； 非常轻量化的技术开发； 依赖通用大模型自身知识； 一般与其他方式联合使用	大模型不用调整； 难度不大，性价比较高； 利用外部知识库； 目前使用广泛	局部调整大模型； 比较复杂； 高质量数据集是关键； 目前使用较广泛	全面调整或构建大模型； 投入大、周期长； 大量学习掌握行业专业知识； 目前较少使用
适用场景	快速探索应用，如对话系统、文案创作等； 优化提示词，可以显著提升生成内容的质量	需要大量外部知识的应用，如问答系统、专业咨询等； 生成内容准确性高，保障自有数据所有权	希望通用大模型在行业应用专业场景表现更好； 具有较好的行业泛化能力	通用大模型缺乏目标任务相关知识和能力； 专业性高，能准确理解并执行特定任务

图3 行业大模型构建方式对比

4.2.1 提示工程

提示工程的核心在于设计有效的输入提示词（prompt），引导大模型生成符合特定应用场景的输出（Sahoo *et al.*，2024）。利用关键词、语法结构和上下文信息等对提示进行优化，需要大语言模型、领域专家知识以及LangChain等开源提示工程工具平台的技术支持。相比于传统机器学习方法，提示工程的优势在于上手简单，无须大规模数据集的采集和构建，也无须对模型进行调整或训练。通过系统化地设计提示词，规范模型的输入输出方式，可以快速获得更准确、实用的结果。

在国土空间规划中，提示工程可用于快速生成规划方案草案、评估不同规划策略的影响以及进行情景模拟和预测等。例如输入提示“基于生态保护优先原则，生成一个××区域的土地利用规划方案草案，并考虑气候变化的影响”，模型可以输出包含土地利用类型、开发强度、生态保护措施等内容的草案。提示工程的有效性高度依赖于对规划领域知识的理解。未来需要结合领域专家知识，开发更专业的提示模板和策略，以提高模型在国土空间规划中的应用效果。

4.2.2 检索增强生成（RAG）

RAG 是一种结合了信息检索技术与语言生成模型的人工智能技术（Huang and Huang，2024）。该方法从外部知识库中检索相关信息并将其与提示词组合提供给大模型，增强模型的生成能力和事实准确性。其发展经历了初级（Native RAG）、高级（Advanced RAG）和模块化（Modular RAG）三个阶段。在国土空间规划中，RAG 可用于整合规划法规、政策文件、社会经济环境数据等信息，为模型提供更丰富的上下文。该技术实现需要构建和维护高质量的领域知识库，选择合适的检索技术并搭建 RAG 与大模型集成的系统。构建高质量的国土空间规划知识库是 RAG 技术应用的关键。

在规划中的 RAG 应用场景包括法规等知识查询、案例分析和数据驱动规划等。例如用户提问“××区域的建筑限高是多少?”系统检索相关的规划法规文档并将检索结果与问题一起输入给大模型，模型生成准确的答案。用户输入“寻找与××项目类似的土地开发案例”，系统检索相关的案例数据库并将检索结果提供给模型，模型生成类似案例的分析报告。

4.2.3 精调

精调是指使用特定领域的数据集对通用大模型进行进一步训练，以调整模型的参数，使其更适应特定任务或领域（Han *et al.*，2024）。在国土空间规划中，可以使用标注好的规划方案、规划文本、遥感影像等数据对大模型进行精调。需要一定规模的标注数据集、用于模型训练的计算资源（GPU）、深度学习框架（例如 TensorFlow、PyTorch）和云计算平台等技术支持，以及相应的机器学习知识选择合适的模型、调整超参数和评估模型性能。数据的质量和数量是精调关键。

精调的应用案例涵盖土地利用分类、规划方案评估和规划文本摘要等。例如，使用历史规划方案数据对模型进行精调，可以使其能够自动评估规划方案的合理性、可行性和潜在风险，辅助规划人员进行决策。高效的精调方法、小样本学习和领域自适应技术将进一步降低精调的成本及数据需求并提升模型的泛化能力。构建高质量的标注数据集仍然是精调技术面临的主要挑战。

4.2.4 预训练

预训练是指从头开始训练一个大型语言模型，通常需要大规模的未标注数据集、强大的计算集群（例如 TPU、GPU 集群）、专业的深度学习工程团队以及机器学习和分布式计算知识，例如，可以预训练一个专门用于处理规划文本、遥感影像等数据的国土空间规划领域大模型。预训练对于提升模型的底层能力至关重要，但成本高昂。未来可以探索构建面向国土空间规划领域的专用预训练模型，并通过开源共享等方式降低使用门槛。

上述四种技术各有优劣，在实际应用中需要根据具体需求和资源情况选择合适的技术方案，例如，可以结合 RAG 和精调技术，先使用 RAG 技术增强模型的知识储备，再使用精调技术提升模型在特定任务上的性能。选择合适的技术方案需要综合考虑数据规模、计算资源、专业知识以及项目预算等因素。未来可以将技术相互结合共同推动国土空间规划领域的智能化发展。

5 案例研究——基于知识库和RAG的规划大语言模型

国土空间规划工作涉及大量的法律法规、政策文件、规划文本、技术标准等知识型文档。规划从业人员在日常工作中需要频繁查阅这些资料，以确保规划方案的合规性、科学性。传统的人工查阅或基于关键词的搜索方式，在面对海量、非结构化的文本数据时，效率低下且容易遗漏关键信息。以大语言模型为代表的人工智能技术展现出强大的自然语言理解与生成能力，但通用大模型往往缺乏特定领域的深入知识，直接应用于专业领域可能产生事实性错误（幻觉）或无法回答专业问题。RAG技术通过结合外部知识库索引、检索与大模型生成，为构建具备专业领域知识并减少幻觉的智能问答系统提供了有效途径。

本案例旨在探索基于知识库和RAG技术的规划大语言模型在国土空间规划知识服务领域的应用潜力，通过构建规划文本知识库和RAG技术框架搭建规划大语言模型系统原型，初步评估其在辅助规划师快速、准确获取专业知识方面的问答效果与局限性。具体目标包括：①构建一个包含典型规划文档的专业知识库；②设计并实现一个基于规划知识库和RAG技术的规划大语言模型系统；③对该系统的问答效果进行初步的定性和定量评估，分析其优势与不足。

5.1 研究方法与系统构建

本研究主要采用RAG技术路线，其核心思想是利用检索模块从专业知识库中找到与用户问题最相关的信息片段，再将这些信息片段作为上下文（context）提供给大语言模型，引导其生成基于可靠依据的回答。关键技术环节包括知识库构建、基础大模型与RAG流程实现等。

5.1.1 知识库构建

数据收集与来源：收集了规划成果文本文件，共计344份，主要格式为PDF和DOCX。文档类型涵盖了部分城市的总体规划、详细规划、专项规划以及相关的政策法规、技术标准等。

数据预处理：对原始文档进行标准化处理，包括格式统一和内容清洗等。利用OCR识别等工具将PDF和DOCX格式文件转换为纯文本（TXT）格式，去除页眉、页脚、页码、图表占位符、目录等非正文内容，处理乱码和多余的空格、换行符，以提高文本质量。

向量化（Embedding）：通过优化的向量化模型，将处理后的数据转化为高维语义向量。本研究采用Bge-Large-zh-V1.5向量化模型，经过领域微调形成面向规划领域的向量化模型Plan-Emb，以适应规划领域的专业术语和复杂概念。

向量存储与索引：为了提高数据检索和存储效率，研究采用FAISS向量数据库进行数据嵌入和管理，高效支持大规模数据的存储和相似性检索。通过分层设计，不同领域的数据被划分到独立分库，以优化检索速度和精度。同时，系统设置了总库，实现跨库查询和数据整合。FAISS的多种索引类型使其能够高效处理高维嵌入数据，为系统提供了快速、精准的检索支持。

5.1.2 基础大模型与 RAG 实现

基础大模型：选择阿里开源的通义千问 72B（Qwen-72B）作为本研究的基础语言模型。选择该模型主要基于其在中文理解和生成方面的优异表现、相对开放的使用许可以及在可用硬件资源上进行本地化部署的可行性。模型的本地化部署确保了数据处理的私密性。

RAG 核心流程：①查询理解与向量化，用户输入问题后，首先使用与知识库文本块相同的向量表征模型将问题转化为查询向量；②相似性检索，使用查询向量在向量数据库中执行相似性搜索，检索出得分最高的文本块作为候选参考知识；③上下文构建与指令注入，检索到的文本块与用户的原始问题组合成一个结构化的指令，例如“请根据以下参考资料回答问题，参考资料：[文本块 1] [文本块 2]……[文本块 k]；问题：[用户原始问题]”；④生成回答，将构建好的指令输入本地部署的通义千问 72B 模型中，生成最终的回答；⑤答案后处理与溯源，在生成的答案后附加上所依据的文本块来源（文件名和存储路径），方便用户进行溯源核实。问答系统效果如图 4 所示。

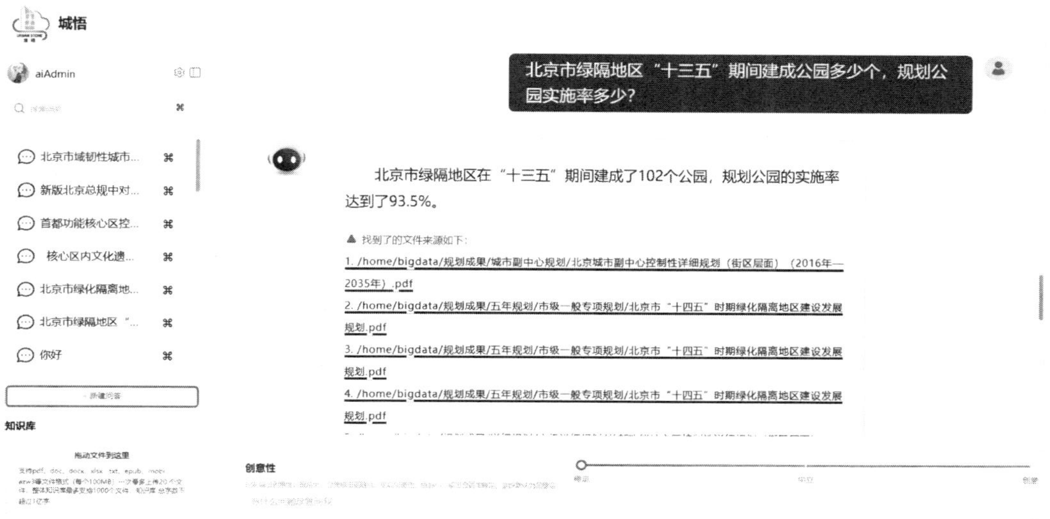

图 4 基于规划知识库和 RAG 技术的规划大语言模型系统

5.2 结果评估分析

5.2.1 评估方法

为评估问答的有效性，本研究设计“测试问答集构建—大模型提问—专人记录—专家评估—模型调优”的评估反馈机制框架（图 5）。详细步骤包括：①测试问答集构建，结合实际场景需求构建测试问答对，每个测试问答对由问题、标准答案、答案来源三部分组成；②专人提问，将测试集中的问题输入规划大语言模型和基座模型（无规划知识库）中，记录两个模型的回答文本、答案来源（定位文件）以及明显的响应延迟感受；③专家评估，由2—3名具有国土空间规划背景的研究人员对每个问题的回答进行评分和评语，对比规划大语言模型和基座模型的表现差异，识别知识库带来的改进以及仍然存在的问题；④调优，基于评估过程识别的调优关键点，例如知识库覆盖不足、特定类型问题的检索效果差、指令模板需优化等，对规划大语言模型进行针对性更新迭代。

5.2.2 实验结果分析

本研究基于5.2.1节的评估方案开展初步实验结果分析。围绕知识库内容构建了包括30个问题的测试问答集，分别测试对比本研究构建的规划大语言模型系统和通义千问72B基座模型（无规划知识库）的问答准确性。本次评估中，“准确”定义为答案包含的核心事实信息与知识库内对应源文档内容一致，并且直接回答了用户提出的问题，由2—3名研究人员交叉判断决定。

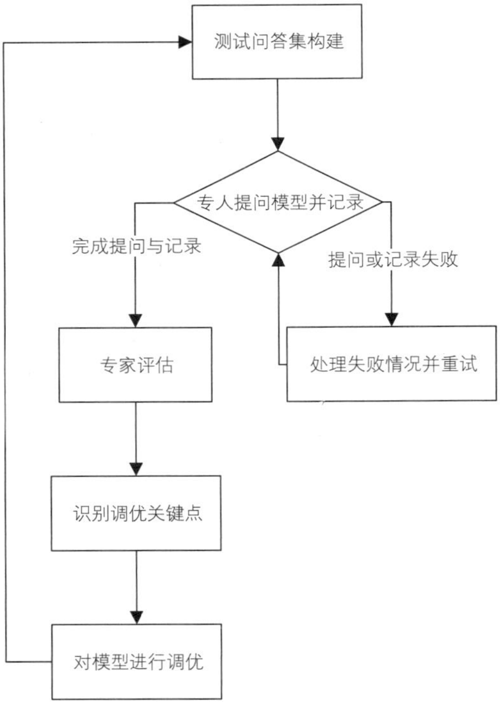

图5 规划大语言模型评估反馈机制框架

对30个问题的回答进行人工逐一核对评估，初步统计结果显示如表1。本研究构建的规划大语言模型问答准确率达到80%，说明大多数情况下，系统能够基于知识库检索到的信息，给出与源文档一致且切题的回答。通义千问 72B 基座模型在同一测试集上的准确率为 50%，其错误主要表现为事实性错误（幻觉）、回答过于宽泛笼统、未能利用专业文档知识或直接表示无法回答特定专业问题。

表 1　规划大语言模型与通义千问 72B 基座模型问答结果统计

大模型类别	回答正确问题数（个）	回答错误问题数（个）	准确性（%）
规划大语言模型	25	5	83.33
通义千问 72B 基座模型	15	15	50.00

初步定量结果明确显示，引入规划知识库和 RAG 技术的规划大语言模型系统准确率显著高于未接入知识库的基座模型。通过结合外部专业知识库，能够有效提升大模型在国土空间规划领域回答问题的准确性和可靠性，减少模型的“幻觉”现象，使其回答更贴近专业需求。

定性分析方面，结合图 6 和图 7 的问答案例，规划大语言模型通过检索知识库中的文件，输出精确数值与条款；而通用模型缺乏知识库补充，依赖常识生成，与实际情况偏差显著。基于知识库的规划大语言模型优势场景为事实查找类问题，准确的检索和基于上下文的生成是获得较高准确率的关键因素，然而在处理信息分散、需要深度综合或超出知识库范围的复杂问题时，仍面临不足和挑战。

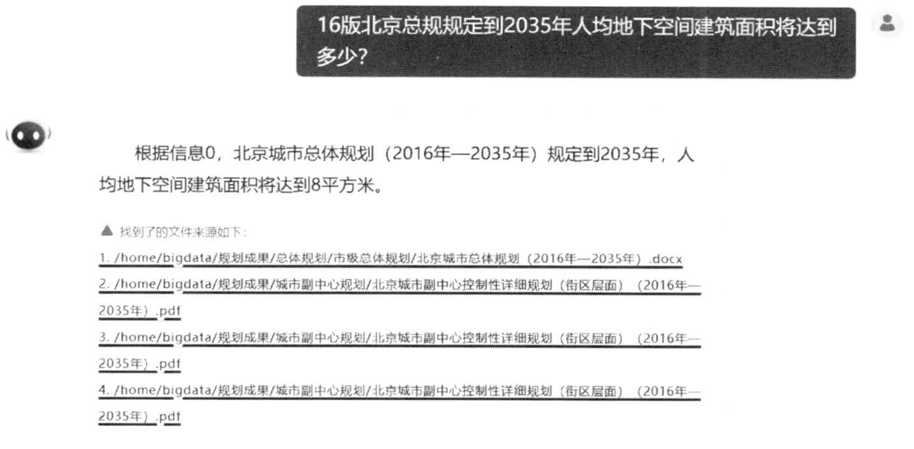

图 6　规划大语言模型回答示例

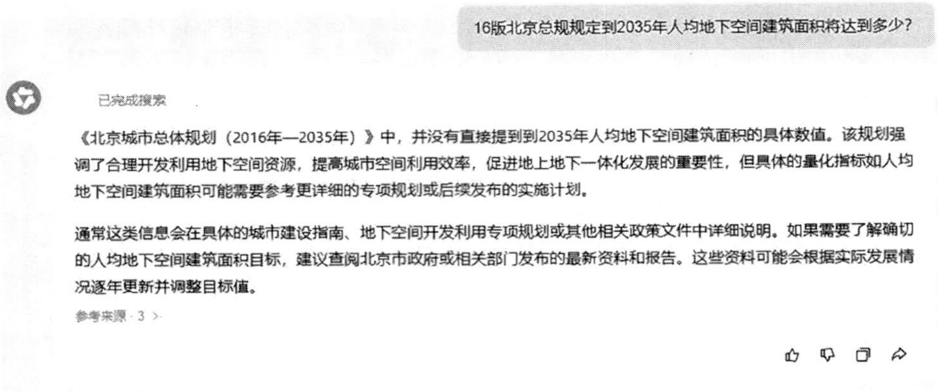

图7 通义千问72B基座模型回答示例

6 结论与展望

本文通过梳理大模型技术的概念、发展历程和应用模式，构建了面向政务、业务和学界三类用户的大模型在国土空间规划领域的应用场景体系；探讨了基于MaaS的行业大模型、基于开源大模型的行业大模型、调用大模型API和使用现有智能产品四类应用路径，以及提示工程、检索增强生成、精调、预训练等关键技术，分析其优缺点和适用场景；最后，基于互联网开放的规划专业文本，开展了检索增强生成技术和开源大模型构建规划行业大模型的实验研究，为大模型在国土空间领域的深度应用提供了思路方向。

大模型赋能国土空间规划规划全流程，开展知识图谱和多模态融合是关键。大模型不再局限于解决单一规划问题，而是具备支持规划全流程（从数据采集到规划实施及监督反馈）的潜力，实现从"单个场景+AI小模型"到"AI大模型+全流程"的范式转变。国土空间规划数据的多源异构特性决定了多模态大模型的重要性。将国土空间规划数据与其他领域的数据（例如人口、经济、环境等）进行深度融合，结合文本、图像、地理空间数据等多模态信息，构建多维度的国土空间知识图谱，为大模型提供更丰富的知识背景和推理能力，才能更好地理解和分析规划问题，实现更精准的预测和模拟。

国土空间规划专用行业大模型是发展方向，人机协同和轻量化部署至关重要。通用大模型的泛化能力强，但缺乏专业性。基于高质量的国土空间规划数据和专业知识，通过结合专业知识和数据进行微调或预训练，能够更好地服务于特定规划任务，提升应用效果。例如，可以针对城市设计、土地利用规划等细分领域构建专用大模型。大模型并非完全取代规划师，而是作为辅助工具提升规划效率和质量。未来需要发展人机协同的规划平台，将大模型的智能化能力与规划师的专业经验和判断力相结合，实现更科学、合理的规划决策。

尽管大模型展现出巨大的潜力，但在国土空间规划领域的应用仍面临诸多挑战。国土空间规划数据涉及多源、异构、多尺度等特点，如何将规划领域的专业知识有效地融入大模型中以及如何针对特定规划任务进行模型微调，是提升大模型应用效果的关键。此外，大模型的“黑盒”特性使得其决策过程难以解释，影响了规划决策的可信度和公众接受度，提高模型的可解释性和透明度是深入研究的重要方向。未来需要加强相关技术研究，探索更有效的应用模式，推动大模型在国土空间规划领域的智能化和可持续化发展。

参考文献

[1] BOMMASANI R, HUDSON D A, ADELI E, *et al*. On the opportunities and risks of foundation models[J]. arXiv preprint arXiv: 2108.07258, 2021.

[2] BROWN T, MANN B, RYDER N, *et al*. Language models are few-shot learners[J]. Advances in Neural Information Processing Systems, 2020, 33: 1877-1901.

[3] CHOWDHERY A, NARANG S, DEVLIN J, *et al*. Palm: scaling language modeling with pathways[J]. Journal of Machine Learning Research, 2023, 24(240): 113.

[4] DEVLIN J, CHANG M W, LEE K, *et al*. BERT: pre-training of deep bidirectional transformers for language understanding[J]. arXiv preprint arXiv: 1810.04805, 2018.

[5] GAO C, LAN X, LI N, *et al*. Large language models empowered agent-based modeling and simulation: a survey and perspectives[J]. Humanities and Social Sciences Communications, 2024, 11(1): 1-24.

[6] HAN Z, GAO C, LIU J, *et al*. Parameter-efficient fine-tuning for large models: a comprehensive survey[J]. arXiv preprint arXiv: 2403.14608, 2024.

[7] HUANG Y, HUANG J. A survey on retrieval-augmented text generation for large language models[J]. arXiv preprint arXiv: 2404.10981, 2024.

[8] OpenAI. ChatGPT[EB/OL]. (2022-11-30)[2024-10-29]. https: //openai.com/blog/chatgpt.

[9] OpenAI. GPT-4 technical report[R/OL]. (2023-03-27)[2024-10-29]. https: //cdn.openai.com/papers/gpt-4.pdf.

[10] RADFORD A, NARASIMHAN K, SALIMANS T, *et al*. Improving language understanding by generative pretraining [EB/OL]. (2023-07-19)[2024-10-29]. https://cdn.openai.com/research-covers/language-unsupervised/language_understanding_paper.pdf.

[11] SAHOO P, SINGH A K, SAHA S, *et al*. A systematic survey of prompt engineering in large language models: techniques and applications[J]. arXiv preprint arXiv: 2402.07927, 2024.

[12] VASWANI A, SHAZEER N, PARMAR N, *et al*. Attention is all you need[J]. Advances in Neural Information Processing Systems, 2017, 30: 5998-6008.

[13] ZHAI W, JIANG Z, MENG X, *et al*. Satellite monitoring of shrinking cities on the globe and containment solutions[J]. iScience, 2022, 25(6): 104411.

[14] ZHANG F, SALAZAR-MIRANDA A, DUARTE F, *et al*. Urban visual intelligence: studying cities with artificial intelligence and street-level imagery[J]. Annals of the American Association of Geographers, 2024, 114(5): 876-897.

[15] ZHAO W X, ZHOU K, LI J, *et al*. A survey of large language models[J]. arXiv preprint arXiv: 2303.18223, 2023.

[16] ZHOU C, LI Q, LI C, *et al*. A comprehensive survey on pretrained foundation models: a history from Bert to ChatGPT[J]. arXiv preprint arXiv: 2302.09419, 2023.

[17] ZHU H, ZHANG W, HUANG N, *et al*. PlanGPT: enhancing urban planning with tailored language model and efficient retrieval[J]. arXiv preprint arXiv: 2402.19273, 2024.

[18] 车万翔，窦志成，冯岩松，等. 大模型时代的自然语言处理：挑战、机遇与发展[J]. 中国科学：信息科学，2023, 53(9): 1645-1687.

[19] 陈俞池，何源，TALAT A E，等. 基于PLUS-CSLE模型的窟野河流域不同土地利用变化情景的土壤侵蚀分析及预测[J/OL]. 环境科学，[2024-10-23]. DOI: 10.13227/j.hjkx.202406130.

[20] 党安荣，甄茂成，许剑，等. 面向新型空间规划的技术方法体系研究[J]. 城市与区域规划研究，2019, 11(1): 124-137.

[21] 林旭辉，彭炜程，杨滔. 人工智能视角下的未来城市结构：发掘复杂网络背后的空间特征[J]. 城市与区域规划研究, 2024, 16(1): 62-78.

[22] 龙瀛，赵慧敏，张业成. 新城市科学：技术、计算、变革与应用[J]. 城市规划, 2024, 48(7): 4-15.

[23] 武廷海，宫鹏，郑伊辰，等. 未来城市研究进展评述[J]. 城市与区域规划研究, 2020, 12(2): 5-27.

[24] 夏静怡，庄博凯，来源. 未来城市智能技术促进多领域协同效益研究[J]. 城市与区域规划研究，2024, 16(1): 15-29.

[25] 谢花林，温家明，陈倩茹，等. 地球信息科学技术在国土空间规划中的应用研究进展[J]. 地球信息科学学报, 2022, 24(2): 202-219.

[26] 杨天人，吴志强，潘起胜，等. 城市发展的模拟与预测——研究进展、发展挑战与未来展望[J]. 国际城市规划，2022, 37(6): 1-8.

[27] 叶裕民，王晨跃. 城市治理研究范式转移与一般分析框架创新[J]. 城市规划, 2022, 46(2): 42-52+99.

[28] 张乾君. AI大模型发展综述[J]. 通信技术, 2023, 56(3): 255-262.

[29] 张学府. 生成式人工智能服务信息内容安全的三类标准——基于《生成式人工智能服务管理暂行办法》的分析[J]. 中国行政管理, 2024(4): 120-128.

[30] 甄峰，谢智敏. 技术驱动下未来城市情景与规划响应研究[J]. 规划师, 2021, 37(19): 11-19.

[31] 甄峰，张姗琪，秦萧，等. 从信息化赋能到综合赋能：智慧国土空间规划思路探索[J]. 自然资源学报，2019, 34(10): 2060-2072.

[欢迎引用]

韩雪华，张晓东，张文佳，等. 国土空间规划领域人工智能大模型应用场景、技术路径与案例研究[J]. 城市与区域规划研究, 2025, 17(1): 15-30.

HAN X H, ZHANG X D, ZHANG W J, *et al*. Large artificial intelligence models in territorial spatial planning: application scenarios, technical paths, and case studies[J]. Journal of Urban and Regional Planning, 2025, 17(1): 15-30.

基于大语言模型与空间配置多智能体协作的城市服务设施优化方法

甘　惟　陈梦凡　赵笑溪　孙嘉怡　李　翔

A Multi-Agent Collaborative Framework for Urban Service Facility Optimization Using Large Language Models and Spatial Configuration

GAN Wei[1,4], CHEN Mengfan[2], ZHAO Xiaoxi[1], SUN Jiayi[1], LI Xiang[3]
(1. College of Architecture and Urban Planning, Tongji University, Shanghai 200092, China; 2. Smart City Research Center of Fudan University, Fudan University, Shanghai 200433, China; 3. School of Design and Architecture, Zhejiang University of Technology, Hangzhou 310023, China; 4. Key Laboratory of Spatial Intelligent Planning Technology, Ministry of Natural Resources of the People's Republic of China, Shanghai 200092, China)

Abstract China's urban development is undergoing a transformation from incremental expansion to quality enhancement, with urban renewal becoming a common challenge faced by many cities. In urban renewal design, the spatial layout of urban service facilities has emerged as a hot topic in both research and practice. In recent years, intelligent planning methods have demonstrated potential in simulating and predicting multidimensional and complex urban elements, making the optimized spatial configuration of service facilities increasingly possible. However, existing analytical approaches still fall short in effectively responding to citizens' complex demands and attitudes toward intelligent configuration of service facilities. This study proposes a human-centered optimization method for urban service facility configuration based on large language models (LLMs) and method

作者简介
甘惟，同济大学建筑与城市规划学院，自然资源部国土空间智能规划技术重点实验室；
陈梦凡，复旦大学智慧城市研究中心；
赵笑溪、孙嘉怡，同济大学建筑与城市规划学院；
李翔（通讯作者），浙江工业大学设计与建筑学院。

摘　要　我国城市建设正在经历由“增量”向“提质”的转型发展时期，城市更新已成为许多城市面临的共性议题。在城市更新设计中，服务设施布局成为研究和实践的热点。近年来，智能规划方法能够满足多维复杂要素的模拟预测需求，使服务设施的空间配置成为可能，然而现有分析方法仍然无法有效地响应市民对服务设施智能配置的复杂需求及态度。文章从人本视角出发，提出基于大语言模型与空间配置多智能体协作的城市服务设施优化方法。该方法由大语言模型和空间配置双工作流构成，描述了一个系统性的多智能体框架，从管理者、数据采集、预处理、分析师、需求生成以及存储多智能体协作角度构建了大语言模型智能体，从规律挖掘、要素评价以及空间推理多智能体协作角度构建了空间配置智能体，前者从文本关联语义中解读市民对服务设施的评价并生成需求，后者基于城市服务设施布局规律进行空间推理。文章阐述了一个实验性的应用案例，描述了各类智能体的分工及针对九类服务设施的配置输出，最后从算法工具集成角度阐述了智能配置模型的应用，提出构建需求导向的城市服务设施配置模式以及优化面向实施的城市服务设施布局决策机制，进而展望在城市更新设计中引入人工智能技术的应用潜力。

关键词　城市更新；服务设施优化配置；大语言模型；多智能体；智能规划

1　引言

2024年，我国城镇化率达到67%，城市建设正在经历

multi-agent collaboration in spatial layout. The consists of two interconnected workflows — LLMs-driven and spatial-configuration-driven — and builds a systematic multi-agent framework. From the perspective of multi-agent collaboration involving governance, data collection, preprocessing, analysis, demand generate, and storage, the LLMs agents are constructed to interpret citizens' evaluations and generation needs through semantic analysis of text data. Meanwhile, spatial configuration intelligent agents are developed from the perspective of multi-agent collaboration involving pattern mining, element evaluation, and spatial reasoning, enabling layout inference based on urban service facility distribution patterns. An experimental case study is presented to illustrate the cooperation of various intelligent agents and the output results for the configuration of nine types of service facilities. Finally, the paper discusses the application of intelligent configuration models from the perspective of integration of algorithmic toolsets and proposes a demand-driven configuration model and a decision-making mechanism oriented toward implementation, highlighting the potential of applying artificial intelligence technologies in urban renewal design.
Keywords urban renewal; service facility optimization; large language model; multi-agent; intelligent planning

由“增量”向“提质”的转型发展时期。在这一背景下，城市更新正逐渐成为推动城市发展的重要方式。城市更新是一个广泛的概念，涉及城市的物质空间改造、环境提升、功能置换、人口流动以及社会生产生活方式转变等多方面因素（阳建强，2000；程大林、张京祥，2004；王兰等，2016）。2015 年，中央城市工作会议要求建立常态化的城市体检评估机制。2016 年 10 月，上海发布《上海市 15 分钟社区生活圈规划导则（试行）》，强调在 15 分钟步行范围内合理布局公共服务设施，为社区居民提供便利。可以看出，对城市服务设施的更新是一项重要内容，强调在存量空间中通过补充缺失功能、置入新功能，实现城市街区或社区生活品质的提升。与此同时，作为服务设施的直接使用者和受益者，市民的态度及需求对城市更新政策制定往往具有重要影响。如何在城市更新设计中科学配置服务设施，并且使其能够有效响应市民需求，成为需要关注的问题。近年来，大数据人工智能技术的进步为城市更新设计提供了新的视野。随着算法和算力不断提升，出现了一批借助智能规划方法解决城市空间数字解析（刘超等，2024；伊尔潘・吾布力等，2023）、网络特征识别（林旭辉等，2024）以及要素优化配置（甘惟等，2023；甘惟，2018）等问题的研究，其目的在于借助计算机模型提高规划设计的科学性。人工智能技术已在针对城市复杂问题预测、多情景推演、设计方案生成以及城市性能评估与优化等难以开展人工计算的领域展现出显著优势，可以有效辅助规划设计决策（龙瀛、张恩嘉，2024；杨俊宴，2018；王德等，2015；Zheng and Yuan，2021）。智能规划方法使多维度复杂数据的模拟、预测与生成成为可能，为解决城市更新设计中的服务设施配置这一复杂问题提供了支撑技术。

在人本价值观的引领下，城市更新中公众参与的重要性日益受到重视，然而，对于如何深刻理解城市更新背景下多元主体与城市空间的互动关系、如何精确识别现状问题和多元诉求以及如何增强公众参与的深度等问题，学界和实践界仍在进行不断地探索和实践（张京祥、胡毅，2012；

李琳、陈泳，2021）。然而，传统的城市更新设计智能化方法往往难以全面识别市民对服务设施智能配置的复杂需求及态度，而市民诉求的感知能够更真实地反映民众对服务设施智能配置的需求（杨俊宴等，2024）。人工智能技术的进步为城市设计中的公众参与提供了新的形式和途径（Wu *et al.*，2016；吴志强等，2020；Wu *et al.*，2021），本研究提出了基于大语言模型与空间配置的城市更新多智能体协作设计方法，由大语言模型智能体和空间配置智能体构成。该框架能够实现从数据抓取、分析、推演和可视化的全流程智能辅助，从文本语义中解读市民对服务设施的需求，进而优化城市服务设施的配置。该框架优化了民众视角评价数据的获取机制，大语言模型使得在城市更新设计中纳入对市民需求的考量成为可能，不仅突破了传统宏观分析无法动态反映使用者真实感受的局限，还能够与智能配置模型相融合，为服务设施智能配置提供更为科学的依据与方法。本研究涉及的多智能体协作方法不仅能够在城市更新设计中反映市民需求，还能够生成服务设施配置的人工智能建议，为城市更新中的服务设施优化配置提供了科学依据。未来，城市更新应用场景与大语言模型多智能体技术的深度融合将可能为城市规划工作提供更为精细化和智能化的支持。

2 城市更新设计中服务设施空间配置的难点与路径

2.1 城市更新设计中服务设施配置的难点

2.1.1 市民需求的精准响应

在城市更新设计中难以获得市民对于服务设施的真实需求，包括类型需求、配置比例需求等，同时也难以获得市民对于服务设施的满意程度及具体评价。而使用者的真实需求是进行服务设施规划建设的前提和基础，只有厘清市民对服务设施的真实需求，才能有的放矢地进行城市更新。从文本语义中解读市民对服务设施的真实需求和使用感受，从而动态监测和解读市民对服务设施智能配置的需求，创新了城市更新公众参与的评价视角，实现精准把脉市民诉求以反馈政策制定。

2.1.2 城市服务设施的精细化体检

通过对城市服务设施的精细化体检，精准发现城市服务设施在类型、规模以及布局上缺失，可以为制定针对性的解决方案提供依据（杨昕峰，2019）。然而，针对各类城市服务设施的评估诊断仍然缺乏科学系统的决策方法，以满足市民需求为导向，补齐服务设施短板，增加有效服务供给是城市更新工作的重点和难点内容。

2.1.3 城市服务设施的科学配置方法

在城市更新设计中，对城市功能的布置是一项重要环节，也是谋划未来城市生产、生活的主要手段。在传统设计方法中，规划师对城市功能的布局是抽象而简化的，难以说清城市多元、复杂的功能要素之间的布局规律。随着对城市的认识加深，在城市中间融入更多元的功能逐渐成为一种共识，认为城市功能的复合有利于促进城市活力、提高服务水平、适宜步行体验（Waddell *et al.*，2003；Batty，2007；吴志强等，2019），设计师开始关注复合型街区，但是仍然缺少科学方法来支撑对城市功能的精密安排。

2.2 人工智能技术优化服务设施配置的路径

2.2.1 大语言模型应用于市民需求语义感知

大语言模型（LLMs）以其类人的理解和生成语言的能力，具备强大的算法与广泛的应用潜力，已在城市规划领域引起关注（刘扬鹤等，2024）。在城市更新中，市民作为服务设施智能配置的直接使用者和受益者，其对服务设施的需求及使用态度对城市更新的政策制定具有决定性影响。市民诉求的感知能够更真实地反映民众对服务设施智能配置的需求。然而，现有的城市更新中，事前难以获得市民对服务设施智能配置的需求。

大语言模型多智能体协作框架能够实现从文本数据抓取到需求参数提取和可视化的全流程自动化，从文本语义中解读市民对服务设施的真实需求和使用感受，从而动态监测和解读市民对服务设施智能配置的需求，创新了城市更新公众参与的评价视角，实现精准把脉市民诉求以反馈政策制定。基于大语言模型的多智能体协作框架，能够实现自动化的文本情感分析，从而从多角度推断市民对服务设施智能配置的需求及评价。该框架提供了从数据抓取到实时可视化的完全自动化的工作流程，使政策制定者能够以最少的手动干预获得实时、人本视角的见解。框架基于 AutoGen 实现（Wu *et al.*，2023），允许定义在顺序工作流中交互的各种智能体，以收集、处理、分析、存储和可视化数据。每个智能体都有特定的职责并使用在框架中注册的预定义函数进行通信。

此框架不仅能够从使用者视角动态监测和解读市民对服务设施智能配置的需求，而且通过优化动态数据获取机制，为城市更新服务设施智能配置提供了人本视角的科学依据，对于推动城市更新设计领域的研究和实践具有重要意义。

2.2.2 机器学习应用于城市潜在问题预测

机器学习方法的特点是，借助算法的学习能力从已知样本中提炼规律预测未知样本的结果。机器学习促生了输出结果对输入数据的依赖，准确选取特定地区的样本数据，可以使生成结果更加可靠（甘惟等，2024），与经典模型结合，衍生出更多能够预测城市潜在问题的研究。例如机器学习（ML）+智能体模型（ABM），借助机器学习发现并刻画城市内部复杂结构问题，建构更具综合性的系统动力学和智能体模型来推演城市发展过程（Matthews *et al.*，2007）。再如深度信念网络（DBN）+元胞自动机（CA），深度信念网络是一种逐层训练的学习算法，与元胞自动机结合，将城市用地演变的动态数据作为训练集以提高城市用地布局预测的准确率，该方法已有较多应用探索（White *et al.*，1997；黎夏、叶嘉安，2002）。这些研究在城市更新设计中具有较好的应用潜力，已被证实能有效地实现复杂要素空间配置，其价值体现在：建立了一种基于大数据样本学习的预测方法，结果更接近真实；可以完成在现状信息不完整情况下的预测；可对预测过程行动态学习，实现城市模型的参数动态调整，提升模型的可靠性。

2.2.3 智能推理模型应用于城市更新服务设施空间配置

构建基于上述信息的智能推理模型，实现服务设施的自主配置过程，可有效提供布局方案建议、减少人力成本，具体包括：根据用户需求生成个性化的内容，突破传统模型的局限性；借助机器学习算法挖掘要素布局规律，为城市更新地区生成符合实情的服务设施布局，提高设计效率和方案品质。城市更新是一个面向未来的创作工作，人工智能算法具有广泛的应用。吴志强团队于 2016 年提出城市发展推演模型（CityGo），将深度学习方法与城市规划的基本价值判断结合，根据设计对象的特征学习同类地区城市空间历史增长的规律，并采用“四方十元”计算机博弈模型推演城市利益相关体之间的相互关系，实现 15 分钟出行范围内就业、居住、医疗、教育、商业、休闲六种核心功能平衡配置的多方共赢城市布局方案。该模型应用在北京城市副中心总体城市设计中，辅助设计师完成了对城市功能布局方案的优化配置（吴志强，2018），后进一步演化实现了对自然休闲、公共管理、居住、交通设施、商业、医疗、教育、产业、基础设施、创新共十种用地功能的推演。

3 大语言模型与多智能体协作的服务设施配置

3.1 总体技术框架

本研究采用大语言模型与机器学习双工作流协作方法，前者满足市民需求的语义感知要求，主要基于大语言模型构建多智能体（六个智能体），后者满足城市服务设施布局规律挖掘的要求，主要基于机器学习构建多智能体（三个智能体），两者结合形成智能推理模型工作框架（图 1）。

本研究从人本视角出发，提出了基于大语言模型与空间配置的城市更新多智能体协作设计方法，由大语言模型智能体和空间配置智能体构成，前者从文本关联语义中解读市民对服务设施的评价并生成需求，后者基于城市服务设施布局组织关联推理城市服务设施配置，从而实现优化城市服务设施的空间布局，提升城市更新设计的科学性和精准性，更好地满足市民实际需求。这也是本文的关键性研究问题。

3.2 大语言模型智能体工作流

大语言模型在城市规划（Rossetti *et al.*，2024）、场所特征分析（Jang *et al.*，2024）、城市功能预测（Mai *et al.*，2024）等方面发挥了重要作用。本文提出的大语言模型多智能体协作框架，能够实现自动化的文本情感分析，为城市服务设施智能配置提供了一个动态的需求感知体系，从人本视角为城市更新中的服务设施智能配置提供了科学依据（吴志强等，2023）。

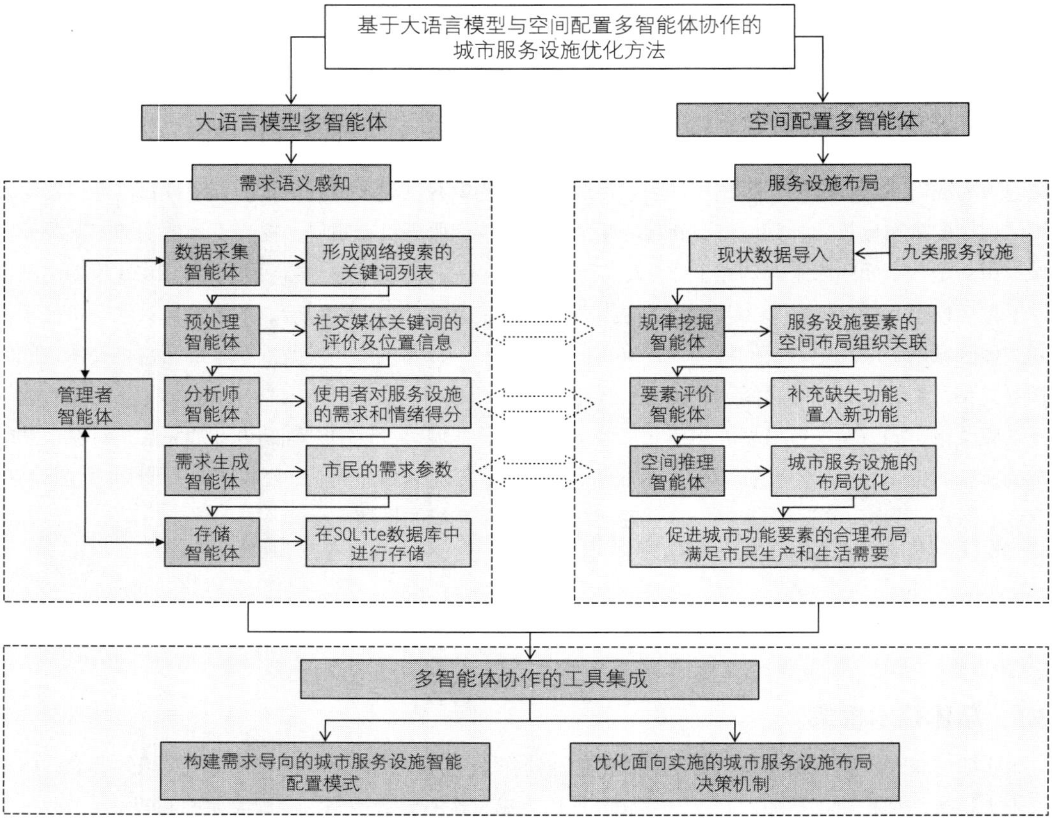

图 1 研究框架

3.2.1 智能体角色定义

大语言模型多智能体协作框架为城市服务设施智能配置的动态感知提供了一个自动化的解决方案，从数据采集到情绪分析，再到需求参数生成，实现了对城市服务设施智能配置的使用者需求的感知。本研究采用大语言模型智能体与空间配置智能体协作的方法。大语言模型智能体包含六个核心智能体，能够实现自动化的文本情感分析，从多角度推断市民对服务设施智能配置的需求，旨在支持自主评估周期，每个智能体承担特定的任务（表 1）。

表 1 大语言模型各智能体任务分工

编号	智能体	主要任务	数据来源	输出结果
1	管理者智能体	全局统筹各智能体	—	—
2	数据采集智能体	负责执行数据收集任务，通过调用基于 Python 的网络爬虫技术，从社交媒体平台收集帖子数据。收集完成后，数据以 CSV 文件格式存储，以便后续处理	新闻媒体和社交媒体网络	形成网络搜索的关键词列表
3	预处理智能体	读取原始 CSV 数据，筛选出缺少必要标识符或描述的帖子，并根据预设的“城市服务设施智能配置”类别对帖子进行分类提取	网络搜索的关键词列表	基于关键词精准检索的社交媒体评价及地理位置信息
4	分析师智能体	对每个帖子进行情绪分析，并生成一个 0—100 的情绪分数，以量化帖子的情绪倾向	市民对城市服务设施智能配置的评价文本数据	使用者对城市服务设施的需求和情绪得分
5	需求生成智能体	从数据库中检索情绪得分，根据情绪得分提取市民对城市服务设施的需求参数	分类和情绪分析后的帖子及其得分	需求参数
6	存储智能体	在 SQLite 数据库中管理数据库表的创建和更新，确保数据的完整性	—	—

3.2.2 工作流程

在本研究提出的大语言模型多智能体协作框架采用序列聊天模式，以实现智能体间的协同工作。该模式依托于连续的对话序列，其中每个对话环节以前一个环节的总结作为上下文输入，确保了任务处理的连贯性和信息的累积性。在该系统中，管理者智能体首先与数据采集智能体进行初始对话，接收其提供的信息并将其总结作为聊天上下文传递给后续智能体。这一“传递”机制确保了信息的连续性和任务的有序执行。随后，管理者智能体与预处理智能体进行对话，后者根据管理者智能体提供的上下文信息执行数据预处理任务。该环节的输出再次被管理者智能体总结并传递给分析师智能体。分析师智能体接收的上下文信息包含了之前所有智能体的对话总结，这为其提供了一个累积了大量信息的分析基础。管理者智能体与需求生成智能体进行对话，需求生成智能体根据管理者智能体提供的上下文信息生成需求参数。该参数不仅汇总了所有智能体的协作成果，而且以易于设计师理解的形式呈现城市服务设施的市民需求及评价。最终，分析结果被管理者智能体总结并传递给存储智能体，后者负责将分析结果存储于数据库中（图 2）。

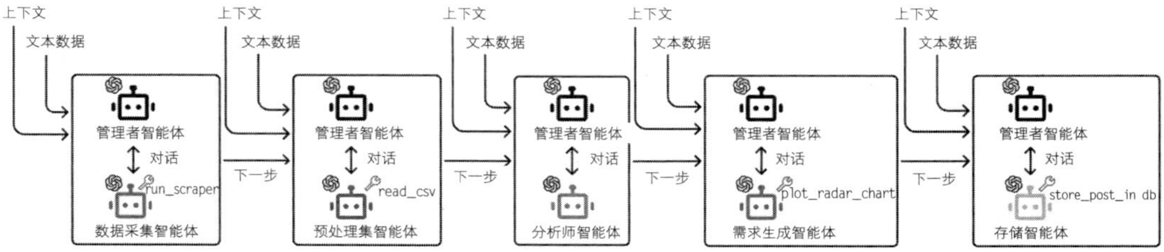

图 2 多智能体协作技术流程

整个工作流程展现了序列聊天模式在处理复杂任务时的优势，即通过智能体间的连续对话和信息传递实现了任务的分解与协作处理。这种模式不仅提高了任务处理的效率，而且通过累积的上下文信息，增强了智能体对任务的理解和执行能力，从而提升了整个系统的智能性和响应性。以笔者开展的针对上海市中心城区更新设计研究为例，以 1 周为固定的时间间隔，从“小红书”“微博”等社交媒体平台获取该区域的 2 325 个打卡点相关的约 4 万条新闻动态和用户反馈数据，形成该城市服务设施评价文本数据集（图 3），随后进一步通过语义分析和情感分析转化为得分指数，引入语义关联技术，扩展关键词的含义范围以获取更丰富的信息。结果表明，网红打卡地区需求最大的功能包括休闲（EI=91）、创新（EI=83）和文化（EI=80），根据每个地区功能的情绪得分绘制词云图，作为城市服务设施配置的参考依据。

图 3 基于社交媒体数据的城市打卡强度识别

3.3 空间配置智能体工作流

空间配置智能体包含三个核心智能体，主要任务是模拟服务设施在微小空间单元中因相互影响而产生的变化过程，预测城市功能集散迭代，直观理解城市服务设施配置策略并提出相应的设计策略。空间配置智能体的主要任务是模拟服务设施在微小空间单元中因相互影响而产生的变化过程从而预测城市功能集散迭代，由规律挖掘、要素评价以及空间推理三个智能体构成，并将模型结果可视化，帮助设计师直观理解城市服务设施配置策略并提出相应的设计策略。在笔者参与的城市更新设计研究中，通常采用设计场地所在城市的服务设施数据，在全市范围内收集样本，并以 500 米×500 米为计算单元进行样本训练。将 POI（Point of Interest）依据其标签划分为九种类型，以便统一计算与处理（图 4）。通过捕捉本地城市服务设施的空间组织关系，研究设计场地的服务设施状况与全市平均状态存在的差距。与 POI 相关的参数包括位置坐标（x，y，z）、密度（计算单元数量统计）、时间（年份）等。此外，还需要导入设计场地相关数据，包括现状空间要素数据，例如用地斑块及功能、建筑轮廓线及高度、水系、绿化、主要道路网格的矢量数据；规划项目数据，例如已批建项目及基础设施的位置数据；现状社会经济属性数据，例如人口分布、土地出让价格、房价及租金的空间分布数据。以上作为模型运行的初始数据环境。

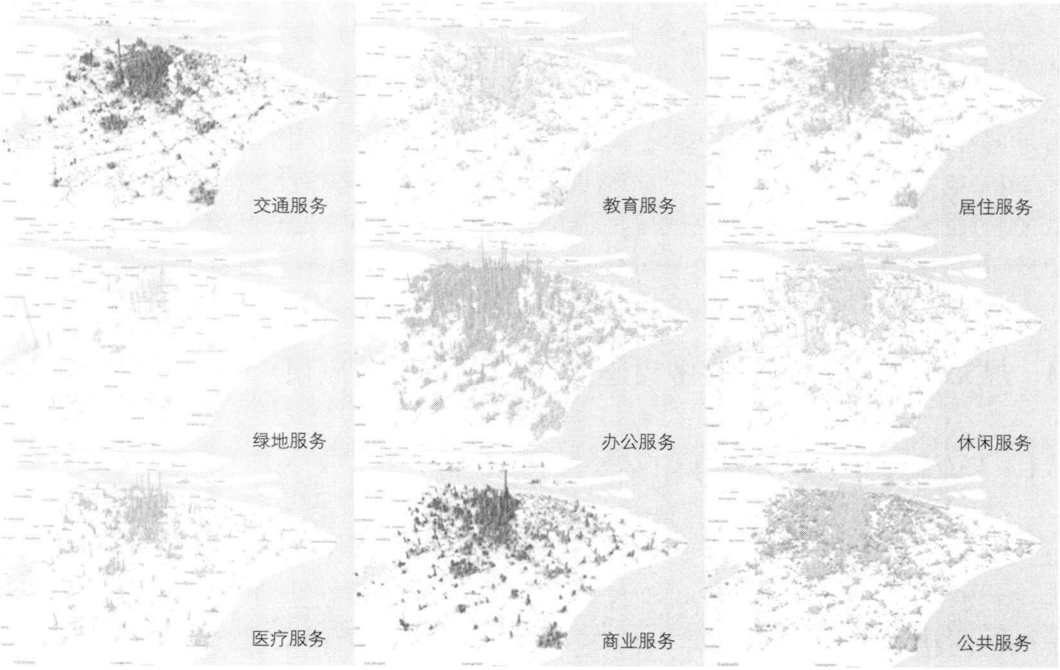

图 4　城市不同类型功能数据布局

3.3.1 规律挖掘智能体

机器学习规律挖掘的目的是基于城市功能设施之间关联的规律，进而对更新设计场地内现存的设施问题进行诊断。由于城市服务设施数量大、精度高、特征复杂，很难通过人工进行分析，引入了机器学习算法挖掘服务设施的集散规律。城市功能设施主要通过带标签的 POI 来表征，反映在空间坐标系中每一个具有实体名称的注册单元，例如商店、餐厅、小区、办公楼等，常用的数据来源包括高德地图 Api 以及 OpenStreetMap（OSM）网站（Jiale *et al.*，2025）。对城市服务设施的空间布局组织关联研究可以采用要素之间的距离函数表示，体现为聚集与离散特征。在笔者开展的上海市中心城区更新设计研究中，重点关注九种类型服务设施数据，将要素空间距离的期望作为预测目标参数，由不同类型服务设施相互关系定义矩阵，纵列与横行的交错点代表两种功能之间的距离函数。基于各类功能的服务设施之间距离函数特征可采用机器学习模型预测相融、相邻、相斥、相离等空间关系。

3.3.2 要素评价智能体

城市更新关注服务设施供给对市民需求的满足，目前一种普遍的认识是城市设施布局需要满足 15 分钟生活圈范围内的均衡。通过逐类、逐点检查城市服务设施，判断在生活圈范围内是否符合距离函数，判断缺失功能，从而以生活圈内多元功能平衡布局为导向建立评价模型。

3.3.3 空间推理智能体

采用时间序列推理方法，预测缺失的设施点与周边既有设施的距离预期值，进而准确定义设施点坐标位置；每一轮配置完成后进行重新评估，进入新一轮迭代环节。结合城市更新地区的组团分布，将推理结果划分为多个片区进行分别统计，分别对现状以及推演结果进行可视化表达。例如，笔者在针对上海市中心城区的更新设计研究中，依据空间距离函数以及打卡热点区域活力推理服务设施的需求变化并提出以下结论：在场地内的打卡热点区的生活圈，现状以商业为主，而未来增加最多的功能为创新以及交通类，休闲设施占比应当提升，形成更均衡的配置。未来配置了大量创新要素（比例提升到 16%），即约每六个设施中就有一个与创新活动相关，成为一个创新、创意产业的集聚区。

4 城市更新设计中的服务设施智能配置模型的应用

4.1 大语言模型与多智能体协作的算法工具集成

系统架构需解决算法搭接难点，例如采用高性能计算资源、优化算法的计算和内存消耗以及将算法并行化以加快计算速度。通过整合大语言模型、城市智能模型（CIM）平台与生成式人工智能算法，构建语义关联分析、数据分析及空间推理模型融合的系统架构，在一个系统中实现多智能体协作，形成符合设计师使用习惯的智能配置工具。

大语言模型与空间配置的智能体协作运行，其中空间配置由规律挖掘、要素评价以及空间推理三个智能体实现，主要任务是模拟服务设施在微小空间单元中因相互影响而产生的变化过程。空间配置智能体可预测城市功能集散迭代，将模型结果可视化，直观理解城市服务设施现状问题并提出相应的优化策略。空间配置的三个智能体获得的推演计算结果可反馈给大语言模型多智能体，通过两者结合形成兼顾市民需求与功能布局规律的服务设施优化配置方案。

4.2 构建需求导向的城市服务设施智能配置模式

需求导向是城市更新的一项基本原则，是保障城市更新切实提升本地市民获得感的关键。使用多智能体协同架构的城市更新设计方法，从使用者视角动态感知市民对服务设施的需求，为服务设施智能配置提供科学依据与方法。在智能技术的辅助下，城市更新设计将改变单纯依靠服务半径评价社区服务设施服务水平的方式，构建立足市民需求感知与布局规律挖掘的服务设施智能配置方法。从市民的角度出发仍有更多值得探讨的研究领域，例如使用服务设施与本地人口密度的匹配性、市民对服务设施的满意程度、服务设施布局是否能够为市民提供便利等。

4.3 优化面向实施的城市服务设施布局决策机制

以城市更新实施为导向，将计算机推理的抽象结果落位在空间管理单元，为城市更新的决策者与管理部门提供准确、易读的模型信息，进而优化城市服务设施布局决策机制（图 5）。随着大语言模型

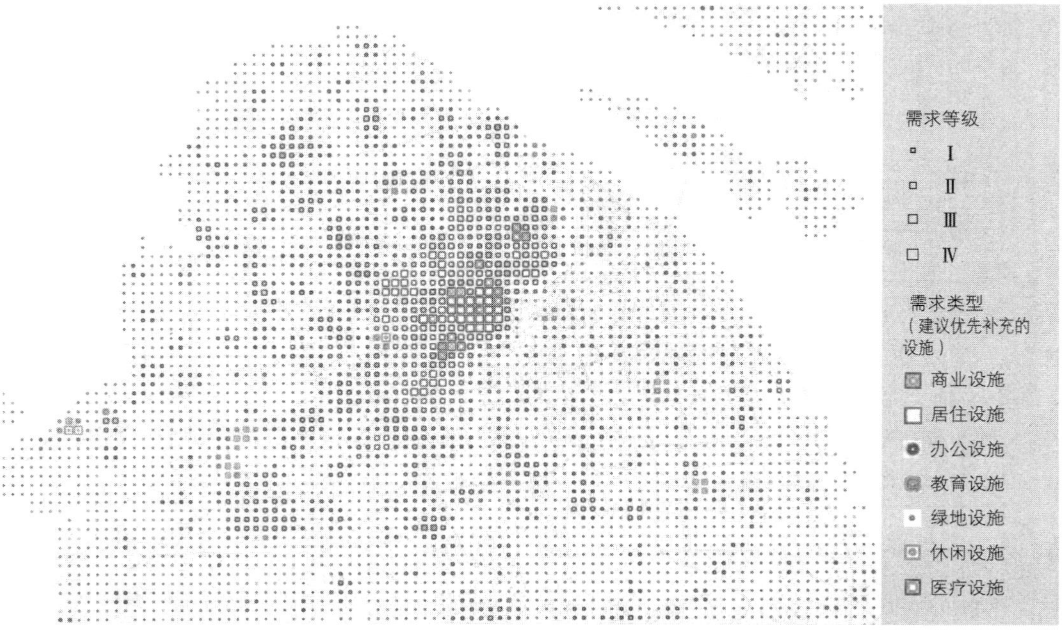

图 5　上海市中心城区空间网格服务设施布局示意（依模型计算结果进行表达）

语义关联分析技术的发展，可以根据城市更新地区建成环境和居民需求变化及时生成城市服务设施空间配置结果，在城市更新管理过程中动态更新方案，保持服务设施布局的适时性和有效性。将配置结果分解到空间网格单元，以便于输出标准化的编码索引，进而可以看出各类服务设施功能的建议空间位置及其组合关系，体现了精细化布局城市功能的设计特点。对每一个单元采用统一编码系统进行定义，形成城市片区及服务设施单元管理的设施配置建议。

4.4 潜在的缺陷与风险

尽管本研究提出了融合大语言模型与空间配置的城市更新多智能体协作设计方法，初步实现了从语义中解读市民需求、推理服务设施配置的创新路径，但仍存在一定的局限性与风险。首先，数据来源主要依赖于互联网与社交媒体，可能存在代表性不足、数据偏差等问题，尤其对弱势群体声音的捕捉不充分，易造成需求分析的失衡。与此同时，大语言模型与人工智能算法本身存在“黑箱”特性，其生成结果易受训练数据与开发者偏见影响，可能在不经意间引发社会不公或空间歧视。

其次，多智能体系统在协同过程中对技术稳定性要求较高，系统在数据抓取、分析、推演、可视化等环节中的任何环节出错，均可能导致设计流程中断或结果失真。同时，仅依赖人工智能提取文本中的公众需求，可能难以有效协调政府、居民与开发主体等多元利益关系，公众参与的深度与质量仍有待提升。数据获取与处理过程中也需高度重视隐私保护，避免市民个人信息泄露，引发伦理与法律风险。未来研究需在数据质量提升、算法透明性、协同机制优化与参与机制深化等方面持续探索，提升该方法的实际适用性与社会价值。

5 结语

在城市更新设计中，城市服务设施的智能配置成为研究和实践的热点。本研究构建了一个基于大语言模型与多智能体协作的智能配置方法并开展了探索性的试验，以期为城市更新设计实践提供新的思路和方法。该工具有助于：①显化城市更新的复杂需求，提高设计方案对需求的响应程度；②揭示服务设施之间的隐性关联规律，避免城市更新只关注空间改造而忽略了内部功能优化；③生成了为设计师提供清晰的服务设施空间配置结果，科学辅助城市更新设计。人工智能技术正处于快速发展时期，未来随着更多的城市智能规划方法介入，将有助于深入理解城市更新设计中的复杂功能内在组织和运行规律，推动城市更新工作朝着智慧化、可持续的方向发展。

致谢

本文受国家自然科学基金青年基金项目（52308082）、国家重点研发计划重点专项项目课题（2022YFC3800205）资助。

参考文献

[1] BATTY M. Cities and complexity: understanding cities with Cellular Automata，Agent-based Models, and Fractals[M]. Boston: The MIT Press, 2007.

[2] JANG K M, CHEN J D, KANG Y H, *et al.* Place identity: a generative AI's perspective[J]. Humanities & Social Sciences Communications, 2024, 10(1). DOI: 10.1057/s41599-024-03645-7.

[3] JIALE Q, ZHANG L, DU Y, *et al*. Quantify city-level dynamic functions across China using social media and POIs data[J]. Computers Environment and Urban Systems, 85[2025-04-23]. DOI: 10.1016/j.compenvurbsys.2020.101552.

[4] MAI G, HUANG W, SUN J, *et al.* On the opportunities and challenges of foundation models for GeoAI (Vision Paper)[J]. ACM Transactions on Spatial Algorithms and Systems, 2024, 10(2). DOI: 10.1145/3653070.

[5] MATTHEWS R B, GILBERT N G, ROACH A, *et al.* Agent-based land-use models: a review of applications[J]. Landscape Ecology, 2007, 22(10): 1447-1459.

[6] ROSSETTI N, TUMMOLO M, GEREVINI A E, *et al.* Learning general policies for planning through GPT models[C]//Proceedings of the Thirty-Fourth International Conference on Automated Planning and Scheduling. 2024, 57: 500-508.

[7] WADDELL P, BORNING A, NOTH M, *et al*. Microsimulation of urban development and location choices: design and implementation of urbanSim[J]. Networks and Spatial Economics, 2003(1): 3.

[8] WHITE R, ENGELEN G, ULJEE I. The use of constrained cellular automata for high-resolution modelling of urban land-use dynamics[J]. Environment and Planning B: Planning and Design, 1997, 24: 323-343.

[9] WU Q, BANSAL G, ZHANG J, *et al.* Autogen: enabling next-gen LLM applications via multi-agent conversation[J]. arXiv preprint arXiv: 2308.08155, 2023.

[10] WU Z Q, LI X, ZHOU X G, *et al*. City intelligence quotient evaluation system using crowdsourced social media data: a case study of the Yangtze River Delta Region, China[J]. ISPRS International Journal of Geo-Information, 2021, 10(10): 702-702.

[11] WU Z Q, PAN Y H, YE Q M, *et al.* The city intelligence quotient (City IQ) evaluation system: conception and evaluation[J]. Engineering, 2016, 2(2): 196-211.

[12] ZHENG H, YUAN P F. A generative architectural and urban design method through artificial neural networks[J]. Building and Environment, 2021, 205: 108178.

[13] 程大林，张京祥. 城市更新：超越物质规划的行动与思考[J]. 城市规划, 2004(2): 70-73.

[14] 甘惟. 国内外城市智能规划技术类型与特征研究[J]. 国际城市规划, 2018, 33(3): 105-111.

[15] 甘惟，王元楷，李翔. 嵌入式机器学习方法在街区形态生成设计中的应用探索[J]. 西部人居环境学刊，2024, 39(3): 1-7.

[16] 甘惟，吴志强，王元楷，等. AIGC 辅助城市设计的理论模型建构[J]. 城市规划学刊, 2023(2): 12-18.

[17] 黎夏，叶嘉安. 基于神经网络的单元自动机 CA 及真实和优化的城市模拟[J]. 地理学报, 2002(2): 159-166.

[18] 李琳，陈泳. 空间正义视角下城市更新中的公众参与和空间重构[J]. 住宅科技, 2021, 41(2): 21-26.

[19] 林旭辉，彭炜程，杨滔. 人工智能视角下的未来城市结构：发掘复杂网络背后的空间特征[J]. 城市与区域规划研究, 2024, 16(1): 62-78.

[20] 刘超，田野佑民，陈树熙，等．城市空间数字化转型的规划框架与策略探讨[J]．城市与区域规划研究，2024, 16(1): 47-61.

[21] 刘扬鹤，彭仲仁，侯清，等．生成式人工智能在编制美国小镇总体规划中的角色、挑战与机遇——以 ChatGPT 为例[J]．城市与区域规划研究, 2024, 16(1): 215-229.

[22] 龙瀛，张恩嘉．城市实验室：基于新数据、新要素及新路径的批判与展望[J]．城市与区域规划研究, 2024, 16(1): 30-46.

[23] 王德，王灿，谢栋灿，等．基于手机信令数据的上海市不同等级商业中心商圈的比较——以南京东路、五角场、鞍山路为例[J]．城市规划学刊, 2015(3): 50-60.

[24] 王兰，吴志强，邱松．城市更新背景下的创意社区规划：基于创意阶层和居民空间需求研究[J]．城市规划学刊, 2016(4): 54-61.

[25] 翁阳，党安荣，李翔宇，等．理想城市的演进：基于数字孪生城市和元宇宙的思辨[J]．城市与区域规划研究, 2024, 16(1): 1-14.

[26] 吴志强．人工智能辅助城市规划[J]．时代建筑, 2018(1): 6-11.

[27] 吴志强，甘惟，李舒然，等．"城市众脑"：理论模式及关键议题[J]．城市规划学刊, 2023(6): 20-26.

[28] 吴志强，李翔，周新刚，等．基于智能城市评价指标体系的城市诊断[J]．城市规划学刊, 2020(2): 12-18.

[29] 吴志强，李欣，郭子渊，等．北京城市副中心公共服务设施创新规划模式[J]．北京规划建设, 2019(2): 20-23.

[30] 阳建强．中国城市更新的现况、特征及趋向[J]．城市规划, 2000(4): 53-55.

[31] 杨俊宴．全数字化城市设计的理论范式探索[J]．国际城市规划, 2018, 33(1): 7-21.

[32] 杨俊宴，张钟虎，史宜．面向城市更新的城市设计公众参与数字平台探索——以南京阅江楼片区为例[J]．城市规划学刊, 2024(3): 74-81.

[33] 杨晰峰．上海推进 15 分钟生活圈规划建设的实践探索[J]．上海城市规划, 2019(4): 124-129.

[34] 伊尔潘· 吾布力，秦萧，甄峰，等．基于空间绩效大数据测度的城市商业用地评价与优化研究——以南京主城区为例[J]．城市与区域规划研究, 2023, 15(2): 212-233.

[35] 张京祥，胡毅．基于社会空间正义的转型期中国城市更新批判[J]．规划师, 2012, 28(12): 5-9.

[欢迎引用]

甘惟，陈梦凡，赵笑溪，等．基于大语言模型与空间配置多智能体协作的城市服务设施优化方法[J]．城市与区域规划研究, 2025, 17(1): 31-44.

GAN W, CHEN M F, ZHAO X X, *et al*. A multi-agent collaborative framework for urban service facility optimization using large language models and spatial configuration[J]. Journal of Urban and Regional Planning, 2025, 17(1): 31-44.

大语言模型在城市规划政策分析中的能力评估

——以英国住宅规划为例

王鹤锦　林旭辉　杨　滔

Assessment of Large Language Models' Abilities in Urban Planning Policy Analysis: A Case Study of Housing Planning in the United Kingdom

WANG Hejin[1], LIN Xuhui[2], YANG Tao[3]
(1. Shanghai Tongji Urban Planning & Design Institute, Shanghai 200092, China; 2. The Bartlett School of Sustainable Construction, London WC1E 7HB, United Kindom; 3. School of Architecture, Tsinghua University, Beijing 100084, China)

Abstract With the rapid development of large language models (LLMs) technology, break-th roughs have been made in understanding and analyzing complex texts. Urban planning, as a highly systematic field that involves multi-layered policy interpretation and logical analysis, provides an ideal testing scenario for evaluating the comprehensive analysis abilities of large language models. Given that the housing planning system is one of the most logical and systematic directions in the urban planning system, this study selects it as the initial test case to systematically evaluate the capability of LLMs O1 in interpreting urban housing policies. Based on Bloom's Taxonomy of Cognitive Domain and urban housing theories, this study establishes an evaluation framework encompassing four dimensions (theoretical understanding, policy comprehension, reasoning process, and practical value). Through 24 questions spanning six cognitive levels, the study conducts a quantitative assessment of O1's performance in analyzing housing policies from local planning documents across three London boroughs (Camden, Westminster, and Tower Hamlets).

作者简介

王鹤锦，上海同济城市规划设计研究院有限公司；
林旭辉，伦敦大学学院巴特莱特可持续建造学院；
杨滔（通讯作者），清华大学建筑学院。

摘　要　随着大语言模型（LLMs）技术的快速发展,其在复杂文本理解和分析方面取得了突破性进展。城市规划作为一个高度系统化的领域,涉及多层次的政策解读和逻辑分析,为检验大语言模型的综合分析能力提供了理想的测试场景。鉴于住房规划体系是城市规划系统中最具逻辑性与系统性的方向之一，本研究选取其作为首个测试对象，系统化评估大语言模型 O1 在解析城市住房政策方面的能力。研究基于布鲁姆认知分类法和城市住房理论构建了包含四个维度（理论理解、政策把握、推理过程和实践价值）的评估体系，通过 24 个跨越六个认知层次的问题，对 O1 分析英国伦敦三个区域（卡姆登、威斯敏斯特和陶尔哈姆莱茨）地方规划文件中住房政策的表现进行了量化评估。研究发现，O1 模型在推理过程和理论理解两个维度表现较好，但在政策把握和实践价值上的表现未达预期水平。模型的输出表现出对预训练数据库的显著依赖，同时，人机交互中提问的明确性和具体性也极大地影响了输出质量。此外，研究也发现模型存在信息冗余和内容局限性等问题。这些发现不仅揭示了人工智能在实际应用中的系统性局限，也为后续优化提供了明确的改进方向。

关键词　人工智能；住房政策；决策辅助；大语言模型；量化评估

1　引言

近年来，大语言模型（LLMs）在自然语言处理领域取

The findings reveal that while O1 performs fairly well in both the reasoning process and the theoretical understanding, it falls short of expectations in terms of policy comprehension and practical value. The model's output shows significant dependence on pre-training database, and the way of asking questions and the degree of specificity during the human-machine interaction have a significant impact on the quality of the model's output. The study also identifies problems such as information redundancy and content limitations. These findings not only reveal the systematic limitations of AI in practical applications but also provide clear directions for future optimization.
Keywords Artificial Intelligence; housing policy; decision support; large language models; quantitative evaluation

得了突破性进展。与早期模型相比，新一代模型（如 O1）在文本理解、政策分析和逻辑推理等方面展现出显著提升。这种技术进步为复杂政策分析提供了新的可能性，同时也引发了一个关键问题：如何科学评估和验证这些模型在专业领域的分析能力？尤其是在涉及多层次政策解读和系统性分析的城市规划领域，建立一套完善的评估体系显得尤为重要。

城市规划作为一个高度系统化的领域，涉及复杂的逻辑推理过程，需要在多个目标之间进行权衡并基于严密的逻辑框架做出决策（Rittel and Webber，1973；Legacy *et al.*，2019），这种特性使其成为检验人工智能推理能力的绝佳测试场景。然而在大语言模型的高速发展下，如何基于人工智能在复杂决策领域的表现构建一个既符合认知科学原理又适用于城市规划特点的评估体系将是本研究探讨的重点方向。在众多城市规划子系统中，住房规划体系因其逻辑性和系统化等特点成为本研究的测试对象。

在英国规划体系中，住房规划系统具有一套完整的政策框架。综合来看，这种系统化特征主要体现在三个层面：首先，住房规划涉及多层级的政策体系，且在每个区域都是其城市规划重点研究方向，随着城市发展面临日益复杂的住房挑战，寻求更高效的政策分析工具变得愈发重要（Wirtz *et al.*，2019），为验证人工智能的逻辑推理能力提供了理想的测试场景。其次，住房规划涉及社会公平、经济可持续性和空间公正等多个维度，这些维度之间既相互独立又相互影响，形成了一个复杂的决策网络（Bramley and Power，2009）。这种网络化特征使其成为检验人工智能系统思维能力的有效工具。最后，住房政策的执行过程体现了显著的系统性特征。规划人员需要理解和解读错综复杂的政策文件，包括各种法规、准则和要求（Gurran and Bramley，2017），同时要考虑这些政策在不同地理、社会和经济背景下的适用性。尤其是在地方规划层面，需要将上位规划要求与本地实际情况进行系统性整合（Nadin and Stead，2008）。因此，住房规划不仅为验证人工智能的推理能力提供了理想的测试场景，也为探索人工智能在复杂政策分析中的应用潜力创造了条件。

基于以上背景，本研究拟探讨三个核心问题：首先，如何构建一个科学的评估体系来衡量 O1 在不同认知水平上的表现？本文将从布鲁姆分类法的视角来检验该模型的认知能力。其次，O1 如何在不同的城市理论框架内进行推理和分析？这涉及模型在住房阶梯理论、住房公平理论和社会空间正义理论等多个理论视角框架下的表现。最后，O1 在实际政策分析中表现出哪些优势和局限性？这将帮助确定人工智能在现实规划决策中的应用潜力。本研究不仅将为评估人工智能的推理能力提供新的方法论框架，也将为城市规划领域的智能化决策支持提供重要参考。

2 文献综述

2.1 理论框架

本研究的理论基础整合了认知学习分类法、住房理论和城市社会理论三大理论流派，为评估人工智能理解和分析住房政策的能力提供了全面的框架。

布鲁姆分类法最初于 1956 年制定，并于 2001 年修订，它提供了一个分层模型，用于将教育学习目标分为不同复杂度和特殊性水平（Anderson and Krathwohl，2001）。在人工智能评估的背景下，布鲁姆分类法已被改编用于评估机器学习系统的认知能力（Hernandez-Orallo，2017）。该分类法的六个层次——记忆、理解、应用、分析、评估和创造——提供了一种结构化的方法来评估 O1 在政策分析中的理解和推理能力。最近的研究表明，使用该框架评估人工智能系统在复杂文本分析任务中的表现是有效的（Waheed *et al.*，2021）。

住房理论是本研究的第二个理论支柱。住房阶梯理论由肯迪格（Kendig）于 1984 年提出，并由科尔顿等在 2012 年进一步完善，将住房概念化为通过不同保有权类型和质量的渐进过程。这一理论对于理解住房政策如何解决住房市场的不同部分特别重要。与此相辅相成的是，住房公平理论由本特森（Bengtsson，2001）提出，侧重于住房机会和资源的公平分配。这些理论为评估人工智能系统如何解释和分析住房政策目标与机制提供了关键框架。

第三个理论部分涵盖了更广泛的城市社会理论。社会空间公平理论以索亚（Soja，2010）的研究为基础，强调社会公平与住房资源空间分布之间的关系。这一理论视角对于理解住房政策如何解决空间不平等至关重要。此外，1987 年的布伦特兰报告中正式确立的可持续发展理论，特别是其在住房方面的应用，为分析政策如何平衡住房开发中的经济、社会和环境目标提供了一个框架（Bramley and Power，2009）。

2.2　住房政策分析

近几十年来，住房政策分析发生了重大变化，反映出城市住房挑战日益复杂。住房政策的关键要素通常包括可负担性措施、土地保有权多样性、空间分布和质量标准（Oxley，2004）。研究表明，这些要素以复杂的方式相互作用，需要采用系统的分析方法来理解它们之间的关系和影响。住房政策工具可分为监管、财政和信息工具（Gibb and Whitehead，2007）。监管工具包括分区法和建筑标准，财政工具包括补贴和税收激励，而信息工具则包括指导方针和最佳实践分享。这些工具的有效性在不同背景下存在很大差异，不同城市的住房政策比较研究证明了这一点（Leishman and Bramley，2005；Arrigoitia *et al.*，2014）。评估住房政策的方法传统上依赖于住房负担能力比率等定量指标和政策实施的定性评估（Monk and Whitehead，2011）。政策评估的最新进展强调了考虑多方利益相关者的观点和长期影响的重要性（Heylen，2014）。

2.3　人工智能与政策分析

人工智能在政策分析中的应用代表着一个具有巨大潜力的新兴领域。早期的应用主要集中在政策文件中的数据挖掘和模式识别（Chen *et al.*，2012）。自然语言处理和机器学习的最新发展扩展了这些功能，包括对政策内容和影响的更复杂的分析。大语言模型因其处理和分析大量文本数据的能力而在政策分析中显示出特别的前景（Brown *et al.*，2020）。这些模型可以识别模式、提取关键信息并从政策文件中产生见解。然而，当前的研究也凸显了重大的局限性，包括难以理解特定语境的细微差别和政策解释中的潜在偏见（Mikhaylov *et al.*，2018）。这一领域仍存在研究空白：首先，人们对人工智能系统如何理解和推理不同认知水平的复杂政策框架的理解有限；其次，人工智能在政策分析中整合多种理论观点的能力在很大程度上仍未得到探索；最后，需要系统的评估框架来评估人工智能在实际政策分析环境中的能力。

本文献综述揭示了住房政策分析的理论丰富性和复杂性，突出了人工智能应用在该领域的潜力和当前局限性，还确定了重要的研究机会，以了解 O1 模型等先进人工智能系统如何为政策分析和解读做出贡献。

3　研究方法与评估

3.1　研究设计与评估框架

为系统性地评估 O1 模型理解与分析城市住房政策的能力，本研究整合了多种理论框架，并借鉴人工智能评估领域的常用方法，构建了一套全面的评估体系。理论框架的整合将布鲁姆分类法与城市住房理论相结合，形成了一个多维评估矩阵。这种整合允许跨认知水平和理论理解进行评估。具体来说，研究设计将布鲁姆的六个认知水平（记忆、理解、应用、分析、评价和创造）与四个理论（住房阶梯理论、住房公平理论、社会空间正义理论和可持续发展理论）视角进行映射。这种理论整合提供了一个结构化的框架（图 1），用于评估 O1 的政策理解能力的深度和广度。

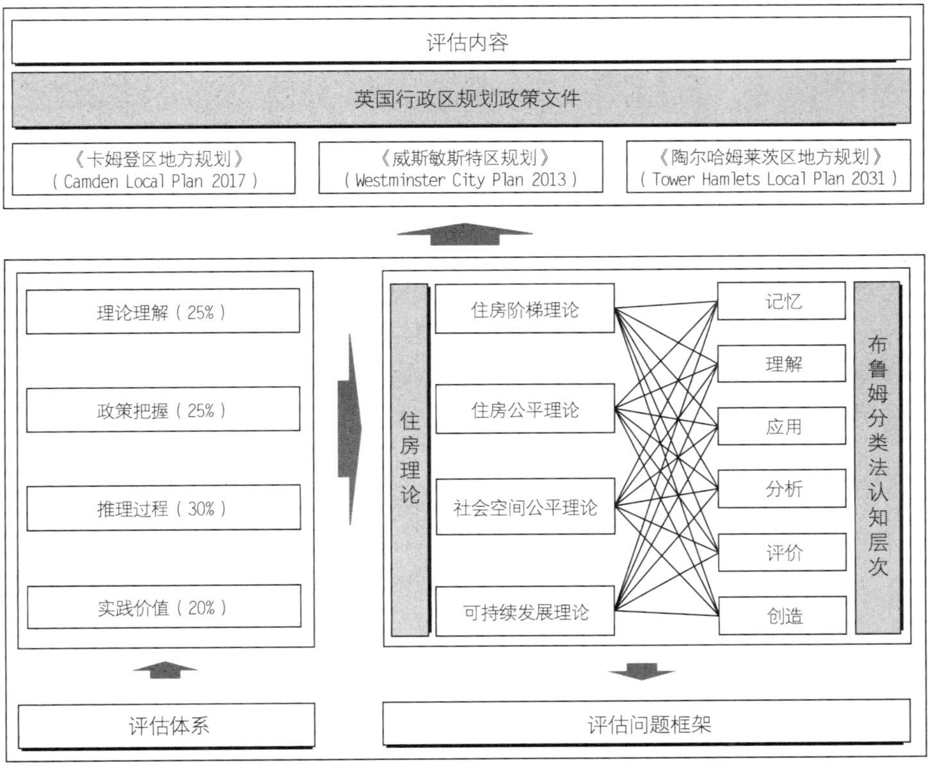

图 1 评估系统设计框架

评估系统设计结合了定性和定量指标，构建了包含四个维度的综合评估体系。理论理解维度（25%）主要评估对理论知识的掌握程度、概念界定的准确性以及理论应用的合理性，该维度强调对学科基础理论和前沿理论的理解与运用能力。政策把握维度（25%）着重考察对相关政策文件的理解深度、政策要义的提炼能力以及政策导向与实际问题的结合程度。推理过程维度（30%）重点评估论证过程的逻辑性、分析框架的系统性以及结论推导的严谨度，体现研究的科学性和方法论的规范性。实践价值维度（20%）主要考察研究结论的实践价值、建议措施的可行性以及解决方案的具体实施路径。

评估过程遵循严格的系统协议。首先，由两名经过专业培训的评估员使用标准化评分标准对每份答题进行独立评估。评分标准详细说明了每个维度每个分数水平的具体标准，以确保评估的一致性。

其次，该过程包括交叉验证阶段，评估人员之间的分歧通过讨论和共识得到解决。这种方法遵循定性研究评估的既定做法（Patton，2014）。同时，通过专家评审评估标准来确保内容的有效性，通过理论框架和评估指标之间的仔细协调来维持结构的有效性。

3.2 案例选取与数据收集

3.2.1 区域概况

研究选取伦敦三个具有代表性的区域作为研究对象，这些区域在地理位置、功能定位、人口特征和发展阶段等方面都具有显著差异，为研究提供了丰富的比较视角。

卡姆登区位于伦敦北部，毗邻威斯敏斯特区和伊斯灵顿区，是伦敦最具文化多样性的区域之一。该区以其独特的文化氛围和著名的卡姆登市场而闻名，区内包括国王十字（King's Cross）和霍尔本（Holborn）等重要的商业和住宅区。近年来，国王十字地区的大规模改造为该区带来了显著变化，形成了集商业、文化、教育和居住功能于一体的综合发展区域。此外，该区拥有多所世界级高等教育机构，包括伦敦大学学院和伦敦大学伯贝克学院等，这些机构的存在使得学生住房需求成为该区住房政策的重要考量因素。该区的住房特征呈现出较大的两极分化，既有高端住宅区，也存在大量的社会住房。

威斯敏斯特区位于伦敦的中心地区，是整个英国的政治、文化和商业中心。该区包括众多标志性建筑和机构，如议会大厦、白金汉宫和西敏寺等。区域特点最明显的是其双重身份：既是重要的政治行政中心，也是伦敦房价最昂贵的住宅区之一。该区的房地产市场以高端物业为主，平均房价远高于伦敦其他区域。这种特殊性使得该区在制定住房政策时面临独特的挑战，尤其是在平衡高端住宅开发和保障性住房供给方面。该区还拥有大量的历史建筑和保护区，这些因素都对住房开发产生重要影响，使得新增住房供应受到诸多限制。

陶尔哈姆莱茨区位于伦敦东部，沿泰晤士河东侧展开，是伦敦发展最迅速的区域之一。该区的发展轨迹体现了伦敦城市更新的典型特征：从历史上的码头区，经过多轮改造，发展成为集金融、商业和居住功能为一体的现代化城区。区内的金丝雀码头（Canary Wharf）已发展成为与伦敦金融城比肩的第二金融中心。这种快速的城市更新带来了显著的人口和社会结构变化，形成新老居民并存、贫富差距明显的特征。该区目前正面临巨大的住房压力，一方面是金融区发展带来的高端住房需求，另一方面是原有居民的保障性住房需求，这种双重压力使得该区的住房政策具有特殊的复杂性。

这三个区域具有很强的代表性：卡姆登区代表了文化教育型区域的住房政策特征，威斯敏斯特区体现了政治中心区的住房发展模式，而陶尔哈姆莱茨区则展现了快速发展区域的住房政策调整。这种差异性为研究提供了丰富的比较基础，有助于全面评估大语言模型在不同背景下解读和分析住房政策的能力。

3.2.2 政策文件分析

本研究的主要数据来源包括三个选定行政区的现行地方规划文件，在伦敦整体城市规划背景下，三个区域的住房政策有一定共同点，但为更好地结合区域的地理位置、土地情况和居民需求，每个区域都制定了不同的政策引导。《卡姆登区地方规划》全文共 356 页，分为 12 个篇章，本研究重点输入内容为该文件的第三个篇章“满足住房需求”，其中包括 H1—H11 共 11 个详细的住房政策，位于文件的第 41 页。《威斯敏斯特区规划》全文共 246 页，分为 7 个篇章，重点分析第二篇章中的“住房”章节和第四篇章“住房供应”，分别位于文件的第 24 页和第 84 页。《陶尔哈姆莱茨区地方规划》全文共 337 页，分为 6 个篇章，重点关注第三篇章中的“满足住房需求”，该部分包含 7 个具体的住房政策。

3.2.3 提示词设计

为确保大语言模型能够准确理解和分析住房政策，本研究构建了系统化的提示词设计框架。该框架的建立借鉴了刘鹏飞等（Liu *et al.*，2023）提出的提示词方法论，并结合住房规划的专业特性进行了优化。研究遵循三个核心原则：专业导向原则，确保提示词充分体现住房规划的专业术语和概念；区域特征原则，在提示词中嵌入特定区域的关键特征信息；层次递进原则，基于布鲁姆认知分类法逐步展开问题深度。这种多层次的框架设计与雷诺和麦克唐纳（Reynolds and McDonell，2021）提出的提示词编程范式相呼应，特别强调了在专业领域应用中提示词的系统性构建。

每个提示词的结构遵循怀特等（White *et al.*，2023）提出的模式设计方法，包含三个关键组成部分：背景信息部分明确目标区域特征、政策背景和分析重点；核心问题部分指定分析的理论框架和具体问题；补充说明部分规定分析维度和期望的输出形式。这种结构化的设计在实际应用中表现出良好的适应性。例如，在分析卡姆登区的学生住房政策时，提示词会突出该区的教育机构集中特征和学生住房需求；在分析威斯敏斯特区时，则强调其历史保护要求和高端住宅特点；对于陶尔哈姆莱茨区，则着重关注其多元文化背景和保障性住房需求。

本研究还特别关注提示词的具体程度对模型输出的影响。这一关注点呼应了刘鹏飞等（Liu *et al.*，2023）对提示词精确度的研究发现。研究结果表明，当提示词包含明确的地域指向（如具体区域）和政策要素（如具体政策条款）时，模型能够产生更有针对性的分析结果；相反，过于抽象或泛化的提问则容易导致模型生成理论化的通用答案，降低分析的实用价值。这一发现不仅验证了之前研究的理论预期，也为后续优化提示词设计提供了重要的实证依据。

3.2.4 评估问题框架

基于布鲁姆分类法的六个认知层次和四个城市住房理论视角，研究设计了 24 个评估问题。这些问题经过精心设计，确保能够全面评估 O1 模型在不同认知层次和理论视角下的表现。每个认知层次都针对不同视角提出相应问题，形成一个完整的问题矩阵（表 1），使评估更加系统和全面。

表1 问题框架设计

	住房阶梯视角	住房公平视角	社会空间正义视角	可持续发展视角
记忆	H-R 问题	E-R 问题	S-R 问题	D-R 问题
	根据上述内容,可负担住房包含哪些具体类型?	上述内容中如何定义住房可及性标准?	政策如何定义住房资源的公平分配原则?	上述内容中对可持续住房建设有哪些具体要求?
理解	H-U 问题	E-U 问题	S-U 问题	D-U 问题
	为什么政策要求保护可负担住房存量?这反映了什么住房理念?	政策为何要求混合住房供给?这如何促进住房公平?	为什么要避免社会住房集中?这与空间正义有何关联?	混合社区政策如何促进社会可持续发展?
应用	H-A 问题	E-A 问题	S-A 问题	D-A 问题
	如何将可负担住房政策应用到具体开发项目中?	如何通过政策工具提高住房可及性?	如何运用政策促进不同收入群体的空间混合?	如何将可持续发展原则应用于住房建设?
分析	H-An 问题	E-An 问题	S-An 问题	D-An 问题
	分析三地在住房供给层次上的异同。	比较三地提高住房可及性的政策工具效果。	分析住房政策对空间正义的影响。	分析住房政策如何平衡经济、社会和环境目标。
评价	H-E 问题	E-E 问题	S-E 问题	D-E 问题
	评估现有住房阶梯是否满足不同群体需求。	评价当前政策在促进住房公平上的成效。	评估政策对改善空间不平等的作用。	评价住房政策的可持续性。
创造	H-C 问题	E-C 问题	S-C 问题	D-C 问题
	提出完善住房阶梯体系的创新方案。	设计提升住房公平性的新政策工具。	提出促进空间正义的政策建议。	设计可持续的住房发展模式。

3.3 评估结果分析

3.3.1 总体表现

通过对24个评估问题的量化分析（表2），O1模型的总得分为76.40/120.00分。在四个评估维度中，模型展现出不同程度的能力水平。在理论理解维度上获得了20.25/25.00分，表明模型具有较好的理论知识把握能力。政策把握维度得分为17.75/25.00分，显示出模型在政策理解方面仍有提升空间。推理过程维度获得了最高分数24.00/30.00分，反映出模型具有较强的逻辑分析能力。实践价值维度得分为14.40/20.00分，说明模型在实际应用方面需要进一步加强。

表 2　四个维度的综合评估体系

	评分标准（1—5 分）		权重（%）	综合得分
理论理解	1 分	完全错误	25	20.25
	2 分	基本概念模糊	25	
	3 分	理解基本准确	25	
	4 分	理解深入	25	
	5 分	理解透彻且有见解	25	
政策把握	1 分	政策理解错误	25	17.75
	2 分	政策理解片面	25	
	3 分	政策理解基本准确	25	
	4 分	政策理解全面	25	
	5 分	政策理解深入且能举一反三	25	
推理过程	1 分	逻辑混乱	30	24.00
	2 分	逻辑有明显漏洞	30	
	3 分	逻辑基本清晰	30	
	4 分	逻辑清晰完整	30	
	5 分	逻辑严密且富有创见	30	
实践价值	1 分	无实践参考价值	20	14.40
	2 分	实践价值有限	20	
	3 分	有一定实践价值	20	
	4 分	实践价值明显	20	
	5 分	实践价值突出	20	
总分				76.40

在认知层次方面，模型在不同层次上表现出明显的差异（表 3）。评价层次获得了 15.90/20.00 分的较高得分，表明模型在评价分析方面具有较强能力。分析层次得分为 14.10/20.00 分，显示出良好的分析能力。记忆层次和理解层次分别获得 11.65/20.00 分和 12.15/20.00 分，反映出模型在基础认知能力方面仍有提升空间。应用层次和创造层次分别得到 11.60/20.00 分和 11.00/20.00 分，说明模型在高级认知任务方面面临较大挑战。

表 3 问题框架下各项指标分数量化

	住房阶梯视角	住房公平视角	社会空间正义视角	可持续发展视角	认知层次评估得分
记忆	2.80/5.00	2.45/5.00	3.05/5.00	3.35/5.00	11.65/20.00
理解	2.55/5.00	3.15/5.00	2.70/5.00	3.75/5.00	12.15/20.00
应用	3.25/5.00	2.55/5.00	2.55/5.00	3.25/5.00	11.60/20.00
分析	3.30/5.00	3.75/5.00	3.30/5.00	3.75/5.00	14.10/20.00
评价	4.25/5.00	3.55/5.00	3.55/5.00	4.55/5.00	15.90/20.00
创造	3.00/5.00	3.00/5.00	2.00/5.00	3.00/5.00	11.00/20.00
问题视角评估得分	19.15/30.00	18.45/30.00	17.15/30.00	21.65/30.00	—

3.3.2 层次分析表现

在记忆层次方面，O1 模型展现出对基础概念和政策内容的较好把握。在住房阶梯视角下，模型能够准确识别可负担住房的不同类型，对住房可及性标准也有明确的理解。在社会空间正义视角下，模型对政策分配原则的理解比较到位，但在可持续住房建设要求的理解上仍需加强。

理解层次的表现显示，模型对核心政策理念有较深的理解。对于保护可负担住房存量的必要性，模型能够从多个角度进行阐释。在混合住房供给政策的理解上，模型表现出较好的综合分析能力。对社会住房集中问题的分析也较为深入，但在可持续发展视角下的理解仍有提升空间。

在应用层次中，模型展现出将理论知识转化为实践的能力。能够较好地将政策应用到具体开发项目中，在提高住房可及性方面提供了实用的建议。对促进不同收入群体空间混合提出了具体措施，在可持续发展原则的应用上也较为全面。

分析层次的表现显示出模型较强的比较分析能力。对三个地区的住房供给层次进行了深入的比较分析，住房可及性政策工具效果分析到位，空间正义影响分析较为全面，在平衡各类发展目标方面的分析也比较合理。

在评价层次中，模型表现出较高的评估能力。对住房阶梯满足程度的评估准确，住房公平促进效果的评价合理，对空间不平等改善的评估全面，可持续性评价的结构清晰。

创造层次的表现反映出模型在创新思维方面的潜力。提出的住房阶梯体系完善方案具有一定创新性，住房公平性提升建议具有可行性，但空间正义促进建议需要进一步具体化，可持续发展模式设计则较为系统。

3.3.3 关键发现

研究发现 O1 模型在理论理解和推理过程两个维度表现突出，具有完整的结构化知识体系和较强的理论阐述逻辑性。然而，模型也存在一些明显的问题，主要表现在输出层与输入层政策文件的关联度较低，部分内容存在冗余堆砌现象，对具体政策细节的把握不够深入等方面。

此外，研究还发现几个重要的影响因素：提问方式对模型输出质量有显著影响，模型表现出明显的预训练数据库依赖倾向，实践应用能力有待提升。这些发现不仅揭示了当前模型的局限性，也为后续的优化提供了明确的方向。这些问题的解决将有助于提高模型在实际政策分析中的应用价值。

4 结论

4.1 综合评估体系构建

本研究以英国伦敦卡姆登、威斯敏斯特和陶尔哈姆莱茨三个区域的住房政策为研究对象，首创性地构建了一个综合评估体系。该体系通过理论理解、政策把握、推理过程和实践价值四个维度进行量化评分，并结合布鲁姆认知分类法的六个认知层次和城市住房理论的四个问题视角，形成了一个涵盖24个问题的系统化评估框架。研究结果表明，这种多维度的评估方法不仅能够有效识别人工智能模型在政策分析中的能力差异，也为后续研究提供了可供借鉴和复制的评估范式。

4.2 O1模型能力的多维度表现

研究发现O1模型在不同维度上呈现显著的能力差异。具体表现为：推理过程维度得分最高，其次是理论理解维度，而政策把握维度和实践价值维度的表现则相对较弱。

4.2.1 理论理解与推理过程的优势表现

在理论理解维度中（20.25/25.00分），O1模型展现出独特的认知特征。研究发现，该模型在理论解读过程中主要依赖其预训练知识库，呈现出明显的概念化倾向。这种认知模式使模型在不完全依赖输入文件的情况下，仍能达到基本正确的理论理解水平。然而，这种预训练知识优先的特征也带来了显著局限：当需要结合具体政策文本进行理论应用时，模型往往出现输入-输出关联性不足的问题，表现为理论解读与政策实际内容关联度偏低的现象。

在推理过程维度中（24.00/30.00分），研究揭示了大语言模型的一个重要发现：模型的推理能力具有显著的通用性和迁移性特征。这种特性主要体现在知识迁移和推理普适性两个方面。首先，在知识迁移机制上，模型能够通过持续优化过程，将不同领域的问题训练转化为推理框架的整体提升。这种跨领域知识迁移有效增强了模型在面对新问题时的结构化思维能力，使得各领域的训练经验能够相互促进。其次，在推理能力的普适性方面，研究发现模型无须针对特定专业领域进行专门训练即可展现基本推理能力。其通用推理框架能够较好地适应不同专业领域的分析需求，表现出较强的领域适应性，这使得模型在输出答案时无须完全记忆和理解输入文件。

4.2.2 政策把握与实践价值的局限性

在政策把握维度上（17.75/25.00 分），评估结果反映出模型在政策文本处理方面的明显局限。该维度要求对输入文件进行深入理解和精确把握，但研究发现 O1 模型在文本记忆和理解方面存在明显不足。这一问题在布鲁姆认知分类法的六个层次评分中也得到了印证，特别是在记忆层次（11.65/20.00 分）和理解层次（12.15/20.00 分）的较低得分，直接影响了模型对政策内容的全面把握，导致政策分析的关联性和准确性受到影响。

在实践价值维度上（14.40/20.00 分），评估结果揭示了一个清晰的能力递进关系：模型对输入信息的读取完整度和理解程度直接影响其政策把握能力，进而影响输出内容的实践价值。研究数据表明，在布鲁姆认知分类法的六个层次中，应用层次（11.60/20.00 分）和创造层次（11.00/20.00 分）的得分显著低于其他层次，这种认知能力的层级性差异直接导致了模型在提供实践性建议方面的局限。

4.3 关键发现与启示

4.3.1 人工智能 O1 的预训练数据库依赖倾向

本次深入分析表明，O1 模型在知识调用过程中表现出明显的预训练数据库依赖倾向。这种倾向使模型输出呈现出强烈的理论概念化特征，但同时也削弱了其对输入文件中具体政策细节的识别和运用能力。

具体而言，在理论理解和推理过程两个维度上，模型能够有效利用预训练知识库中的概念性理论、结构性逻辑和系统性分析框架，从而在不完全依赖输入文件的情况下仍能形成相对完整的分析框架。虽然这种特性导致模型在部分问题上与输入内容的关联性不足，但其整体分析结构仍具有重要的参考价值，可为后续研究提供基础性支撑。

然而，在政策把握和实践价值维度上，模型的表现则呈现出显著的局限性。这两个维度本质上需要深度依赖输入文件中的具体政策信息，但由于模型在记忆和理解层次的能力欠缺，其输出常出现多种典型问题：一是引用缺失，难以将分析结论与具体政策条款建立对应关系；二是内容冗长，答案篇幅过大但信息密度有限；三是引用分散，即便偶有引用也缺乏主次，未能聚焦于关键条款；四是解读片面，对政策的分析视角相对单一。这些问题直接影响了模型输出在政策分析中的准确性和实用价值。

值得注意的是，这种输出特征的形成可能与模型的训练机制和知识获取方式密切相关。当模型面对需要深度理解和综合分析的复杂问题时，往往倾向于采用通用知识框架进行解答，而不是深入分析具体的输入文件内容。这一发现不仅揭示了模型在实际应用中的系统性局限，也为后续优化提供了明确的改进方向。

4.3.2 人机互动：提问方式对模型输出的显著影响

研究发现，人机互动过程中的提问方式对 O1 模型的输出质量具有显著影响。这种影响主要体现在两个方面：一是提问的具体性程度；二是问题的指向性特征。

在提问具体性方面，当问题包含明确的地域指向（如指定卡姆登区的住房政策）和具体的政策要素（如保障性住房比例要求）时，模型能够建立较强的输入-输出关联。例如，针对“分析卡姆登区在保障性住房供给方面的具体政策措施”这类问题，模型往往能够准确定位相关政策条款并提供针对性的分析结果。这种高度具体化的提问方式有效激活了模型对输入文件的精准识别能力。

反之，当提问缺乏明确的触发因素时（如“谈谈住房政策的重要性”），模型倾向于生成理论化的通用答案。这类回答虽然在逻辑框架上较为完整，但往往缺乏与具体政策文本的有效关联，实践参考价值显著降低。这种现象反映出模型在处理抽象问题时，更倾向于调用预训练知识库中的通用知识框架。

这一发现对人工智能辅助政策分析具有重要启示：提问逻辑的设计直接影响分析质量，应着重构建具有明确指向性和政策针对性的问题框架，以充分发挥模型的政策分析能力。同时，这也为提升人机互动效果提供了实践指导，即通过优化提问策略来提高模型输出的实用价值。

基于本研究构建的综合评估体系和实证分析结果，未来研究应重点关注三个方向：第一，深化模型的政策文本理解能力，特别是加强其在记忆和理解层次的表现，提升对具体政策细节的识别和运用能力；第二，优化人机互动机制，通过改进提问策略和交互模式，增强模型输出与政策文本的关联度，提高分析结果的实践价值；第三，探索构建更适合政策分析的预训练模型，在保持其理论理解和推理优势的同时，强化政策把握和实践应用能力。这些优化方向的深入研究，将有助于发展更有效的人工智能辅助政策分析工具，为智能化城市规划决策提供更可靠的支持。

5 本研究的局限性

综合上述分析，本研究仍存在一定的局限性。从评估对象来看，三个区域的差异性特征对模型表现产生了显著影响：卡姆登区以学生住房为主的单一特征使模型表现相对稳定，威斯敏斯特区复杂的历史保护要求增加了分析难度，而陶尔哈姆莱茨区的多元文化背景则凸显了模型在处理动态变化方面的局限。这种区域差异不仅影响了模型的分析准确度，也为评估体系的设计带来了挑战。

从大语言模型的技术特征来看，本研究还发现了几个关键的局限性。首先，模型的 Transformer 架构存在上下文窗口限制，这在处理长篇幅的规划政策文件时表现得尤为明显。当需要同时理解和关联文件中相距较远的政策条款时，模型往往难以建立准确的逻辑联系。其次，模型通过预训练获得的统计性知识，虽然为广泛的理论分析提供了基础，但在处理具体的政策条款细节时却可能产生理解偏差。这种特征在处理威斯敏斯特区复杂的历史保护政策时尤为突出。最后，模型基于注意力机制的推理方式，在处理跨区域的政策比较等复杂任务时，往往难以准确把握多层次的逻辑依赖关系，这一点在分析陶尔哈姆莱茨区多元文化背景下的政策演变时表现得特别明显。

此外，本研究在评估体系设计方面也存在一定局限。首要问题是参与评估主体的多样性不足，特别是缺乏足够数量的具有实践经验的一线城市规划师参与评测工作。这种局限性不仅影响对区域特征的专业判断，也可能影响评估结果对实际应用场景的适用性。为应对这一挑战，未来将通过扩大测试样本规模、完善评估主体结构来提升评估结果的科学性和代表性。

6 下一步的研究方向

6.1 本研究局限性的优化方向

基于以上研究局限，本研究建议从以下几个方面进行优化：

首先，针对 Transformer 架构的上下文窗口限制，探索开发更适合处理长篇幅政策文件的分析框架，提升模型对跨段落政策关联的理解能力；其次，考虑到预训练知识的统计性特征，建议通过专门的城市规划领域预训练来增强模型对专业政策文本的理解能力，使模型能更准确地把握政策条款的细节和内涵；最后，针对注意力机制在处理复杂逻辑时的局限性，优化模型的推理框架，提升其在处理多层次政策依赖关系时的表现。

从评估方法层面来看，需要进一步完善评估体系的科学性和代表性。首先，扩大评估样本的规模和多样性，确保评估结果能够更全面地反映模型在不同类型政策分析中的表现；其次，引入更多具有实践经验的城市规划专家参与评估工作，强化评估结果的专业性和实用性。同时，进一步优化评分标准的设计，使其能更精确地衡量模型在政策分析各个维度的表现。

在具体执行层面，研究的下一步重点是构建一个更加系统化的评估框架。这包括设计标准化的测试流程，开发针对模型在政策分析中表现的专门评估指标，以及建立更完善的专家评审机制。通过这些优化措施的实施，预期能够更准确地评估大语言模型在城市规划政策分析中的应用潜力，为后续研究和实践应用提供更可靠的参考依据。

6.2 大语言模型的对比展望

随着大语言模型技术的快速发展，ChatGPT 和 DeepSeek 等先进模型在城市规划政策分析等专业领域展现出显著潜力。这些模型作为通用人工智能方法，不仅能够处理复杂的政策文本，识别关键概念和规定，还能分析政策条款间的关联性，为规划师提供高效的辅助工具。它们的出现正在改变传统的政策分析方法，使得大量专业文本的处理与解读变得更加高效和全面。在规划实践中，这些模型能够快速梳理政策体系，帮助规划师构建更完整的政策认知框架，为决策提供更有力的支持。

作为新一代大语言模型，ChatGPT 和 DeepSeek 都建立在 Transformer 架构与自注意力机制的基础上，通过大规模预训练与 RLHF（Reinforcement Learning from Human Feedback）指令微调实现功能优化。它们普遍具备强大的文本理解与分析能力，能够处理复杂的政策文本，识别关键概念和规定。同时，这些模型展现出一定的逻辑推理能力，能够分析政策条款间的关联性，识别政策体系内的层级结构。在知识整合方面，它们能将政策内容与相关背景知识、理论概念结合，提供更全面的解读。然而，它们也面临专业深度不足、上下文处理能力有限以及对地方实际情况敏感性不足等共同挑战。

除此之外，两者在核心特征上也展现出显著差异：首先是思维链的形成机制，DeepSeek 采用了更显式的结构化推理方法，而 ChatGPT 则倾向于自然流畅的隐式推理，这种差异在政策逻辑分析等任务中表现尤为明显；其次是知识组织方式的不同，DeepSeek 强调结构化的专业知识整合，而 ChatGPT 依靠大规模文本语料的统计学习，这直接影响了两者在专业理论理解维度上的表现差异；再次是交互策略的区别，DeepSeek 表现出更强的任务导向性和目标聚焦能力，而 ChatGPT 则具有更自然的对话风格和更好的上下文理解能力；最后，在预训练数据策略上，DeepSeek 专注于高质量但规模较小的数据集，而 ChatGPT 使用超大规模混合数据集以获得更广的知识覆盖。这些差异最终导致两个模型在实际应用中各具优势：DeepSeek 在专业领域任务中表现更为稳定且细节把握更准确，而 ChatGPT 则在通用理解和跨领域关联方面表现更为突出。

因此，下一步研究方向除优化本研究局限性问题之外，应更多聚焦于大语言模型在城市规划政策分析领域的优化与整合：第一，探索结合 ChatGPT 的跨领域关联能力与 DeepSeek 的结构化推理优势，构建更适合规划分析的混合模型；第二，增强模型对规划专业术语的理解深度和对地方实施背景的敏感性，以克服现有共同局限；第三，建立更全面的评估框架，从理解准确性、逻辑推理能力、关联分析能力等维度，系统评估不同模型的表现；第四，将大语言模型与专业知识库、地方政策数据库结合，形成更符合规划实践需求的智能工具；第五，加强规划专家在评估过程中的参与，从专业角度不断优化模型在政策分析中的实用性与可靠性，推动人工智能技术与规划领域的深度融合。

参考文献

[1] ARRIGOITIA M F, WHITEHEAD C, SCANLON K. Social housing in Europe[J]. LSE Research Online Documents on Economics, 2014, 124(Jun): 595-599.

[2] ANDERSON L W, KRATHWOHL D R. A taxonomy for learning, teaching and assessing: a revision of Bloom's taxonomy of educational objectives: complete edition[M]. New York: Longman, 2001.

[3] BENGTSSON B. Housing as a social right: implications for welfare state theory[J]. Scandinavian Political Studies, 2001, 24(4): 255-275.

[4] BRAMLEY G, POWER S. Urban form and social sustainability: the role of density and housing type[J]. Environment and Planning B: Planning and Design, 2009, 36(1): 30-48.

[5] CHEN H, CHIANG R H L, STOREY V C. Business intelligence and analytics: from big data to big impact[J]. MIS Quarterly, 2012, 36(4): 1165-1188.

[6] COULTON C, THEODOS B, TURNER M. Residential mobility and neighborhood change: real neighborhoods under the microscope[J]. Cityscape, 2012, 14: 55-89.

[7] DOSHI-VELEZ F, KIM B. Towards a rigorous science of interpretable machine learning[J]. arXiv, 2017. DOI: 10.48550/arXiv.1702.08608.

[8] GIBB K, WHITEHEAD C. Towards the more effective use of housing finance and subsidy[J]. Housing Studies,

2007, 22(2): 183-200.
[9] GURRAN N, BRAMLEY G. Urban planning and the housing market[M]. Palgrave Macmillan UK, 2017: 978-981.
[10] HEALEY P. Litics of space[M]. Routledge, 2017: 357-374.
[11] HERNANDEZ-ORALLO J. The measure of all minds: evaluating natural and artificial intelligence[M]. Cambridge: Cambridge University Press, 2017.
[12] HEYLEN K. T. Crook and P. A. Kemp (eds.): private rental housing — comparative perspectives[J]. Journal of Housing and the Built Environment, 2014, 31: 1-3.
[13] LEGACY C, *et al*. Planning the driverless city[J]. Transport Reviews, 2019, 39(1): 84-102.
[14] LEISHMAN C, BRAMLEY G. A Local housing market model with spatial interaction and land-use planning controls[J]. Environment and Planning A: Economy and Space, 2005, 37(9): 1637-1649.
[15] LIU P, YUAN W, FU J, *et al*. Pre-train, prompt, and predict: a systematic survey of prompting methods in natural language processing[J]. ACM Computing Surveys, 2023, 55: 1-35.
[16] MIKHAYLOV S J, ESTEVE M, CAMPION A. Artificial intelligence for the public sector: opportunities and challenges of cross-sector collaboration[J]. Philosophical Transactions of the Royal Society A: Mathematical, Physical and Engineering Sciences, 2018, 376(2128): 20170357.
[17] MONK S, WHITEHEAD C. Making housing more affordable: the role of intermediate tenures[J]. Making Housing More Affordable: The Role of Intermediate Tenures, 2011. DOI: 10.1002/9781444327854.
[18] NADIN V, STEAD D. European spatial planning systems, social models and learning[J]. The Planning Review, 2008, 44(172): 35-47.
[19] OXLEY M. Economics, planning and housing[C]//Proceedings of the Academy of Political Science in the City of New York, 2004, 2(3): 29-38.
[20] PATTON M Q. Qualitative research & evaluation methods: integrating theory and practice[M]. California: Sage Publications, 2015.
[21] REYNOLDS L, MCDONELL K. Prompt programming for large language models: beyond the few-shot paradigm[C]//Association for Computing Machinery. CHI '21: CHI Conference on Human Factors in Computing Systems, 2021.
[22] RITTEL H W J, WEBBER M M. Dilemmas in a general theory of planning[J]. Policy Sciences, 1973, 4(2): 155-169.
[23] SOJA E. Spatializing the urban, Part I[J]. City, 2010, 14(6): 629-635.
[24] WAHEED A, *et al*. Bloomnet: a robust transformer based model for Bloom's Learning Outcome Classification[J]. 2021. DOI: 10.48550/arXiv.2108.07249.
[25] WHITE J, FU Q, HAYS S, *et al*. A prompt pattern catalog to enhance prompt engineering with ChatGPT[J]. 2023. https://doi.org/10.48550/arXiv.2302.11382.
[26] WIRTZ B W, WEYER J C, GEYER C. Artificial intelligence and the public sector—applications and challenges[J]. International Journal of Public Administration, 2019, 42(7): 596-615.
[27] 顾朝林. 英国规划体系指南[J]. 城市与区域规划研究, 2022, 14(2): 139-150.
[28] 林旭辉, 彭炜程, 杨滔. 人工智能视角下的未来城市结构: 发掘复杂网络背后的空间特征[J]. 城市与区域规划研究, 2024, 16(1): 62-78.

附录　住房政策综合评分表

认知层次	视角与问题	分析维度	理论理解					政策把握					推理过程					实践价值					问题视角最终得分	认知层次最终得分
		评分标准	完全错误	基本概念模糊	理解基本准确	理解深入	理解透彻且有见解	理解错误	理解片面	理解基本准确	理解全面	理解深入能举一反三	逻辑混乱	有明显漏洞	基本清晰	清晰完整	严密且富有创见	无实践参考价值	实践价值有限	有一定实践价值	实践价值明显	实践价值突出		
		权重	25%	25%	25%	25%	25%	25%	25%	25%	25%	25%	30%	30%	30%	30%	30%	20%	20%	20%	20%	20%		
记忆	H-R 问题	—			3.00					3.00					3.00				2.00				2.80	11.65/20.00
	E-R 问题	—			3.00				2.00					2.00						3.00			2.45	
	S-R 问题	—			3.00				2.00							4.00				3.00			3.05	
	S-R 问题	—				4.00				3.00						4.00			2.00				3.35	
理解	H-U 问题	—		2.00						3.00					3.00				2.00				2.55	12.15/20.00
	H-U 问题	—			3.00						4.00			2.00							4.00		3.15	
	S-U 问题	—			3.00					3.00				2.00						3.00			2.70	
	D-U 问题	—				4.00				3.00						4.00					4.00		3.75	
应用	H-A 问题	—				4.00				3.00					3.00					3.00			3.25	11.60/20.00
	E-A 问题	—			3.00				2.00						3.00				2.00				2.55	
	S-A 问题	—			3.00				2.00						3.00				2.00				2.55	
	D-A 问题	—			3.00						4.00				3.00					3.00			3.25	

续表

认知层次	视角与问题	分析维度	理论理解					政策把握					推理过程					实践价值					问题视角最终得分	认知层次最终得分
		评分标准	完全错误	基本概念模糊	理解基本准确	理解深入	理解透彻且有见解	理解错误	理解片面	理解基本准确	理解全面	理解深入能举一反三	逻辑混乱	有明显漏洞	基本清晰	清晰完整	严密且富有创见	无实践参考价值	实践价值有限	有一定实践价值	实践价值明显	实践价值突出		
		权重	25%	25%	25%	25%	25%	25%	25%	25%	25%	25%	30%	30%	30%	30%	30%	20%	20%	20%	20%	20%		
分析	H-An 问题	—			3.00					3.00						4.00				3.00			3.30	14.10/20.00
	E-An 问题	—				4.00				3.00						4.00					4.00		3.75	
	S-An 问题	—			3.00					3.00						4.00				3.00			3.30	
	D-An 问题	—				4.00				3.00						4.00					4.00		3.75	
评价	H-E 问题	—					5.00				4.00					4.00					4.00		4.25	15.90/20.00
	E-E 问题	—				4.00				3.00						4.00				3.00			3.55	
	S-E 问题	—				4.00				3.00						4.00				3.00			3.55	
	D-E 问题	—					5.00				4.00						5.00				4.00		4.55	
创造	H-C 问题	—			3.00					3.00					3.00					3.00			3.00	11.00/20.00
	E-C 问题	—			3.00					3.00					3.00					3.00			3.00	
	S-C 问题	—		2.00					2.00					2.00					2.00				2.00	
	D-C 问题	—			3.00					3.00					3.00					3.00			3.00	
分析维度最终得分			20.25/25.00					17.75/25.00					24.00/30.00					14.40/20.00					76.40/120.00	

[欢迎引用]
王鹤锦，林旭辉，杨滔. 大语言模型在城市规划政策分析中的能力评估——以英国住宅规划为例[J]. 城市与区域规划研究, 2025,17(1): 45-63.

WANG H J, LIN X H, YANG T. Assessment of large language models' abilities in urban planning policy analysis: a case study of housing planning in the United Kingdom[J]. Journal of Urban and Regional Planning, 2025, 17(1): 45-63.

AIGC 工具在城乡规划专业课程中的应用探索

——以“城乡规划技术与信息”课程为例

李冰心 刘 桐 姜 雪

The Application of AIGC Tools in the Curriculum Teaching of Urban and Rural Planning: An Example from the Course "Technology and Information for Urban and Rural Planning"

LI Bingxin, LIU Tong, JIANG Xue
(School of Architecture and Urban Planning, Jilin Jianzhu University, Changchun 130118, China)

Abstract Against the backdrop of the rapid development of the global information technology revolution, the emergence of AIGC tools, represented by ChatGPT, has brought unprecedented opportunities and challenges to the development of an educational field, "New Engineering". Taking Technology and Information in Urban and Rural Planning, a theoretical course for undergraduate students majoring in urban and rural planning, as an example, it explores the reform direction of theoretical courses for engineering majors under the influence of artificial intelligence from three aspects: the shifts of the ideological and political teaching goals, the integration path of the AIGC tools, and the insights gained from teaching practices. Firstly, based on the challenges of technoogical ethics, the decentralization concept, and the development needs of people-centered thinking in the information age, this paper proposes the transformation directions of the ideological and political teaching goals: independent thinking, fairness and transparency, and the pursuit of technology for social good. Secondly, to meet the specific requirements during the process of course construction such as advanced, innovative and challenging order, mutual generation of graphics and texts, and matacognition, this paper clarifies the integration path of the AIGC tools in curriculum structure, teaching content and assessment forms. Finally, based on the comparison

摘 要 全球信息技术革命快速发展的背景下，以ChatGPT 为代表的生成式人工智能（AIGC）工具的出现为“新工科”教育领域的发展带来了前所未有的契机与挑战。文章以城乡规划专业本科的“城乡规划技术与信息”理论课程为例，从思政目标导向的转变、AIGC 工具的融合路径、基于教学工作的教学启示三个方面，探讨人工智能视角下工科专业理论课程的改革方向。首先，根据信息时代的技术伦理挑战、去中心化理念、以人为本思想的发展需求，提出了独立思辨、公正透明、科技向善的思政目标的转变方向；其次，根据课程建设的两性一度、图文互生、元认知的特色需求，明确了 AIGC 在课程结构、教学内容、考核形式中的融合路径；最后，根据课程实践的应用效果对比总结教学启示，以期为新时期工科专业从工业化向智能化的转型发展提供实践思路。

关键词 AIGC 工具；城乡规划；课程建设；教学实践；效果对比

1 引言

2022 年 ChatGPT（Chat Generated Pre-trained Transformer）的问世，标志着 AIGC 技术已经从文字语法和句法处理的初级阶段，进展到逻辑、语义和情感处理的高级阶段（Yang *et al.*，2024；Tahiru，2021；自然资源部智慧人居环境与空间规划治理技术创新中心团队，2023）。对于教育行业而言，AIGC 工具既带来了作为教学辅助工具、

作者简介
李冰心（通讯作者）、刘桐、姜雪，吉林建筑大学建筑与规划学院。

of application effects in teaching practice, revelation is encapsulated, thereby affording engineering majors practical thinking that facilitates their transformation from industrialization to intelligence and their further development in the new era.

Keywords AIGC tools; urban and rural planning; course construction; teaching practice; effects comparison

搭建自主教学平台、模拟互动学习场景、重构学校教育结构等创新机遇，也伴随着冲击教师角色定位、倒逼培养目标转型、诱发学术造假乱象、存在算法歧视隐患等风险（朱永新等，2023；魏顺平等，2024）。

AIGC 技术赋能高等教育领域的国内外相关研究主要围绕文学、医学、工学等学科展开（王锴等，2024；Yu and Zhang，2023；Yang *et al.*，2023），重点研究 AIGC 技术对专业发展的主要影响、AIGC 技术应用的利弊分析、基于 AIGC 技术的培养目标重构等方面（Chen *et al.*，2024；赵静等，2024；武廷海等，2020）。我国工科高等教学体系面临传统专业调整和撤并、传统就业市场萎靡、人才培养体系老化、学科之间交叉性弱等瓶颈问题（党安荣，2019；潘建红等，2024），而高等教育与人工智能的融合发展，能够提高工科专业的应用属性和智能属性，加速理科和工科之间的耦合交互，从而推动我国“新工科”建设方向的变革和研究范式的革新（张海生，2023；贾积有、张誉月，2023）。2024 年我国教育部高教司发布了首批 18 个“人工智能+高等教育”应用场景典型案例，其中清华大学建立了应用层、引擎层、模型层的体系架构，并且依托线上课堂平台提出了智能学伴等十大功能应用场景，龙瀛、卢滇楠等教授结合教学实践发现师、生、机的深度交互学生，极大提升了教学质量的提升（卢滇楠等，2024）。[①]综上所述，相关研究主要面向教师进行水平领域的教学资源平台搭建或垂直领域的技术功能定制为主，而面向学生的课程目标、教学模式等课程建设相关的应用研究存在不足(《现代教育技术》编辑部，2023；刘明等，2024；王天莲，2024）。因此，本文以吉林建筑大学城乡规划专业本科专业核心课程（必修）——“城乡规划技术与信息”作为典型工科理论课程的实证案例，分别从 AIGC 工具的融合路径、思政目标导向的转变、基于实践的教学反思三个方面开展实证教学研究，以期为工科专业从工业化向智能化的转型发展提供实践应用思路。

2 思政目标导向的转变

2.1 从善于思辨向独立思辨转变

人工智能的快速发展推动了自然界赋予的“先天增强”向技术驱动的“后天增强”转变，AIGC工具黑箱呈现的结果是否符合个体需求，还是受到了社会结构、文化环境甚至技术本身的胁迫，成为技术伦理挑战下的首要问题（王昊晟、李恒威，2024；黄如花等，2024）。在一个效率至上的社会体系中，人工智能工具作为“必备品”的地位往往被过高估计，黑箱生产结果往往是特定群体同质化作用的结果，通过群体的结构性胁迫对个体产生难以察觉或表述的负面影响（邱燕，2024）。有必要培养技术伦理挑战下的独立思辨思政目标，明确“从众”和“盲从”的临界点，从善于思辨向独立思辨转变。首先，要能够独立区分信息的属性是事实还是观点，事实是客观的且有真假之分，而观点则是主观的且没有真假之分。其次，要能够独立辨别事实的真伪或论证观点的质量，事实需要通过渠道的可信度辨别真伪，观点则需要通过论证质量从而选择接受还是拒绝。最后，要养成独立思辨的惯性思维，面对信息要养成寻找疑点—学习盲点—自我评价的习惯。国务院印发的《关于进一步弘扬科学家精神加强作风和学风建设的意见》指出，要坚持解放思想、独立思辨、理性质疑，大胆假设、认真求证，不迷信学术权威。因此，在善于思辨的基础上，进一步培养学生进步而非保守、自主而非被迫的独立思辨素质，突出问题意识和问题导向，把理论创新与实践创新的着力点放在解决最突出的矛盾和问题上，突出“真研究”，紧盯“真问题”。

2.2 从公平平等向公正透明转变

城乡规划涉及不同主体共同作用的社会治理问题，如何通过规划设计实现公众利益的最大化，是存量时代城乡规划高质量发展的关键，然而人工智能技术这把“双刃剑”的介入对资源和机会的合理分配产生了不可避免的负面影响（亓光等，2023；方卿、丁靖佳，2023）。去中心化理念是近年来人工智能的发展趋势之一，强调将数据分布在多个节点上从而提升系统的稳定性，同时也限制了中央实体的权利，提升了不同声音结合自身特点进行自下而上的合理表达，解决人工智能的核心问题并非技术层面的平等而是人心层面的公正（刘邦奇、尹欢欢，2024）。有必要培养去中心理念下的公正透明思政目标，杜绝物理空间的不平等现象在虚拟空间中映射，从公平平等向公正透明转变。首先，要看到数字鸿沟和数字弱势群体的存在，意识到无法或不愿使用人工智能的人群在算法结果上的不公正。其次，要明确算法黑箱不是司法公正的保护伞，裁判的解释性和司法的透明度具有重要价值。最后，要提防成为信息茧房的受害者或始作俑者，尤其要提防深度伪造、操纵结果、算法歧视等带来的消极问题。科学技术部明确了新一代人工智能治理的原则，重点强调了公平公正原则、保障利益相关者的权益、促进机会均等。通过持续提高技术水平、改善管理方式，在数据获取、算法设计、技术开发、产品研发和应用过程中消除偏见和歧视。因此，在公平平等的基础上，进一步培养学生科学而非想象、实利而非虚文的公正透明素质，引导学生加强对弱势和边缘群体的关注，认识到平均等分并非最优解，理解按需分配的重要性。

2.3 从科技向强向科技向善转变

在享受科技进步带来的巨大福祉的同时，人类也面临伦理底线和价值尺度的严峻挑战，加强对AIGC 研发与实际应用的约束和治理，实现人与技术的安全良性互动，是破解全球人工智能治理难题的中国智慧和中国方案（武琼，2024；张迪、张力伟，2025）。数据科学领域研究者早在 2013 年就提出了“数据科学向善”倡议，我国应立足人类命运共同体视角，构建一个去西方中心主义框架下的致力于“以人为本，科技向善”的认识论，才是将人工智能引导向以人类福祉为核心的正确道路（韩霄，2023）。有必要培养以人为本思想下的科技向善思政目标，以善良负责的治理思路实现科学技术的良性健康发展，从科技向强向科技向善转变。首先，从国际合作视角下，发挥科技向善优势解决人类共同面临的气候变暖、公共卫生、粮食危机等重大挑战，在合作中增进开放和包容，展现人类社会的生命之善。其次，把科学技术使用规则纳入由法律、伦理所构建的社会规则体系中，坚持以人民为中心的科技才是好科技，敬畏人类社会的人性之善。最后，根据国务院印发的《关于加强科技伦理治理的意见》，将科技治理作为国土空间规划治理体系的重要组成部分，坚持价值理性高于科技理性，彰显空间规划的治理之善。因此，在科技向强的基础上，进一步培养学生的科技向善素质，提醒学生避免利己主义、精英主义和经验主义的负面影响，通过挖掘科技向善潜力从而转变竞争思维，形成科技向善的规划治理创新观念。

3 AIGC 工具的融合路径

3.1 基于两性一度的结构更新

“城乡规划技术与信息”课程是城乡规划专业的核心课程，其主要任务是通过城乡规划专业相关前沿技术和信息理论与方法的学习，让学生能够客观理性认识和理解城乡复杂空间系统，为我国国土空间规划的科学发展提供必要支撑，旨在培养学生的数据化素养、计算性思维以及批判性认知。原本课程基于认知目标递进的基本原则，结合技术工具的应用流程（孙晶等，2019；杨俊锋，2024），包含知识、能力、素质三类目标，数据采集、空间建模、数理分析三个板块，以及课前、课中、课后三个环节。由于人类的需求、情感和价值观始终处于城乡规划的核心地位，正如同济大学的吴志强院士和叶宇教授所说，AIGC 工具学习的根本目的在于培养能够理解、指导和应用人工智能技术的专业人才，有必要更关注培养学生挖掘论证核心问题、协调多方利益的综合性能力。因此，课程在强化专题板块与思政目标的对应关系的基础上，增设 AIGC 设计板块，重点提升“两性一度”（高阶性、创新性、挑战度）水平（图1）。

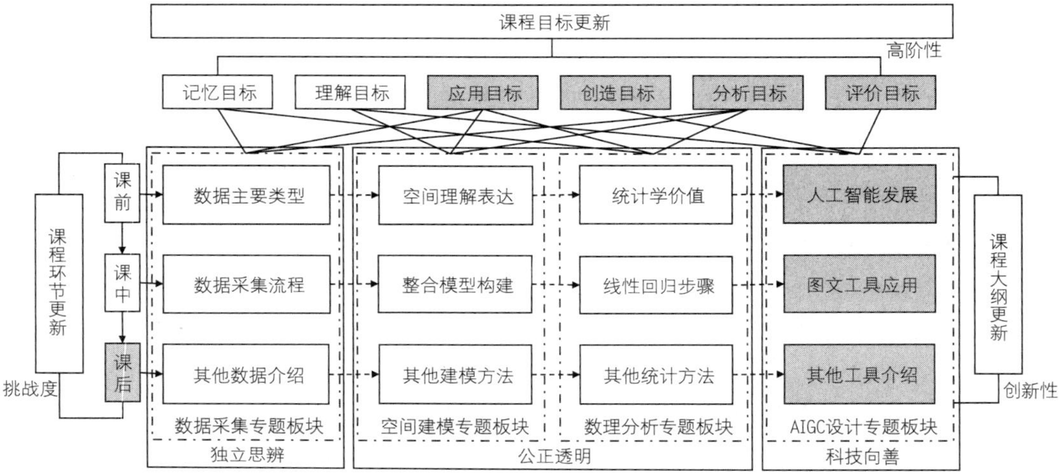

图1 基于两性一度的结构更新

课程目标更新方面选择了理解目标（知识类）、创造目标（能力类）、评价目标（素质类）进行重点融合，提高课程高阶性水平。课程大纲更新方面选择了更侧重规划问题研判和规划方案设计的后期阶段，对AIGC独立板块进行衔接和收尾，既能够保证前序板块在技术流程上的独立性和完整性，又能够提升AIGC工具与城乡规划核心目标的有机融合，提高课程创新性水平。在课程环节更新方面，课前以培养学生兴趣为主要目的，补充了与人工智能技术发展相关的自主学习材料；课中以技术培训为主要目的，补充了图文类工具的技术应用流程内容；课后以技能拔高为主要目的，补充了进阶的AIGC工具资料自主学习，提高课程挑战度水平。

3.2 基于图文互生的内容建设

结合城乡规划设计实践中以问题导向为主、文本和图纸为最终成果的现实需求（程健等，2024；刘洛伊、姜梅，2024），根据英国设计委员会2004年提出的双钻设计模型（Double Diamond Design Model），设计实践主要分为为正确的事情做设计（发现问题）和将设计做正确（解决问题）两个阶段（Design Council，2004；何国桢、丁诗瑶，2022），其中发现问题可以进一步划分为调研和整合阶段，解决问题可以进一步划分为构思和实现阶段，调研和构思均属于发散性过程，整合和实现则属于聚拢性过程。课程结合发现和解决问题的流程框架，明确不同设计阶段对应的AIGC类图文工具（包括文生文、文生图、图生文、图生图四种类型）具体的使用场景（图2）。

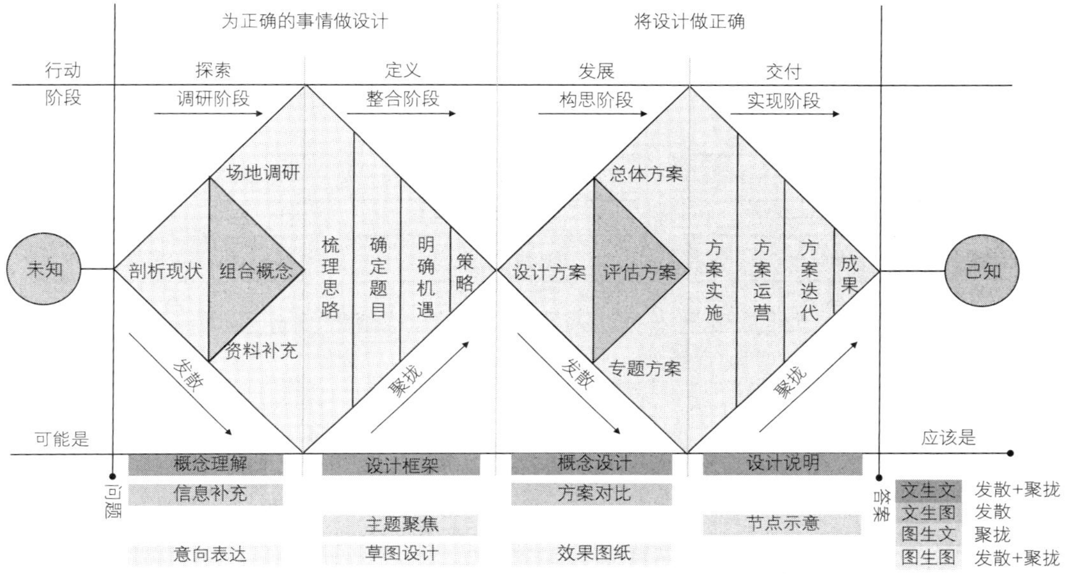

图 2 基于图文互生的内容建设

首先，以设计逻辑启发性为主的文生文和空间表达启发性为主的图生图工具几乎可以贯穿整个设计阶段，在设计发散和聚拢过程中均具有较强的辅助作用，有必要成为课程重点培养的工具类型。其次，文生图作为目前认知率和普及率较高的 AIGC 工具，主要在发现问题的调研阶段和解决问题的构思阶段起到辅助作用，具有明显的发散过程性特征，文生图类工具使用结果的不确定性可以为设计方案提供较好的启示性辅助作用。最后，图生文工具主要在发现问题的整合阶段和解决问题的实现阶段起到辅助作用，具有明显的聚拢过程性特征，能够为发现问题阶段的空间策略凝练和解决问题阶段的文本成果形成提供较好的归纳性辅助作用。

3.3 基于元认知的考核形式

AIGC 工具融入教学后，对学生的考核从“学会”向“会学”转变，学生从简单模仿的理解能力过渡到深度思考的调节能力，自我调节学习策略即学习主体将内部隐藏的抽象思维具象化的过程，学界提倡通过测量元认知能力变化来揭示人工智能介入后学生的复杂认知思维变化（王洪江等，2022；Darvishi *et al.*，2024）。美国心理学家弗拉维尔于 20 世纪 70 年代提出了元认知概念，即“反映或调节认知活动的任一方面的知识或认知活动”，主要包括赋能认知、体验认知和监控认知三层结构，强调学生个体对赋能行为认知的发现与消化、学生团体对体验行为认知的感知与共鸣、师生群体对监控行为认知的反思与批判，通过行为认知进行学习效果考核，符合人工智能相关课程教学以人为本的发展需求，提升人机协同的学习效率（Flavell，1979；张治，2023）。将3.1中的六个课程目标进一步提炼为知识、能力、素质三类目标，结合元认知概念从考核内容、考核方法、考核视角三个方面进行考核形式设置（图3）。

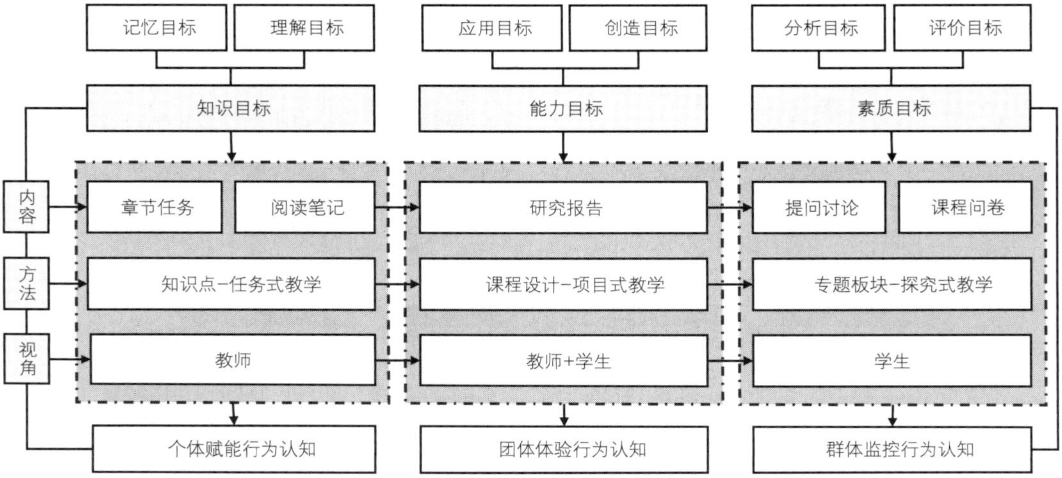

图3 基于元认知的考核形式

知识目标主要考核个体赋能行为认知情况，结合知识点进行学生个体的章节任务和阅读笔记的内容考核，采用任务式教学的考核方法，以教师为主视角进行完成情况评价。能力目标主要考核团体体验行为认知情况，结合课程设计要求进行3—5人组的研究报告的内容考核，采用项目式的考核方法，以教师和学生的双方主视角进行完成情况评价。素质目标主要考核群体监控行为认知情况，结合专题板块进行师生之间的提问讨论和课程问卷的内容考核，采用探究式的考核方法，以学生为主视角进行完成情况评价。

4 基于实践的教学启示

4.1 课程实践的应用效果

课程依托超星平台进行建设，整体为32学时，包含24学时的理论课程和8学时的实践课程。研究选择了包含AIGC设计板块的2023—2024学年（21级选课人数：56人；知识点：72个；课程资料数：264份；章节任务点：24个；思政案例：9个）和不包含该板块2022—2023学年（20级选课人数：59人；知识点：61个；课程资料数：138份；章节任务点：12个）两期课程，其中2023—2024学年基于课程资料构建专属知识库，并且使用了平台内嵌的 huiyu-chat 模型进行人工智能助教辅助管理。

2023—2024 学年新增的 AIGC 板块主要分为 AIGC 工具相关的基本概念和 AIGC 工具的综合应用思路两个章节（图 4 左）。除了增加相关内容的章节任务点，为了体现城乡规划专业面向工程实践需求的工科专业特点，课程设计进一步要求学生在研究报告中结合课程的不同阶段，根据图文互生的内容建设进行 AIGC 工具的综合实践应用。文中展示成果选自 4 名同学在设计的整合阶段和实现阶段的文生图和图生图 AIGC 设计成果（图 4 右）。

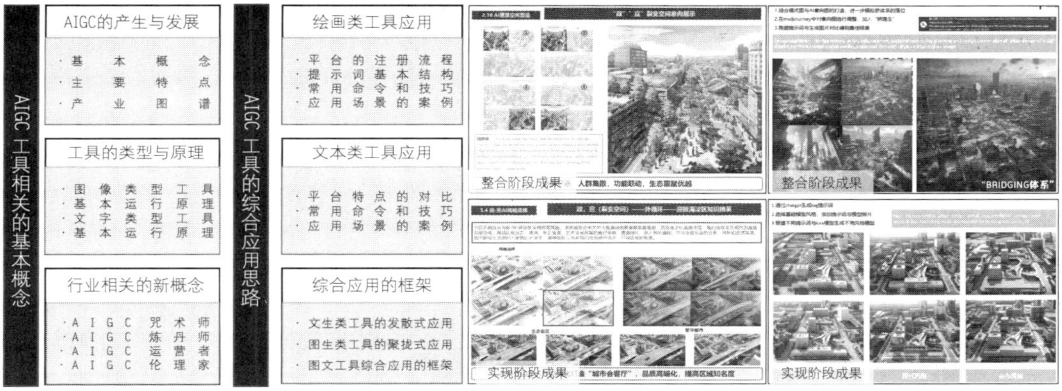

图 4　AIGC 板块教学内容（左）和学生作业成果展示（右）

研究分别从思政目标的理解程度、课程目标的达成情况、专题板块的接受程度、AIGC 板块的问题反馈四个方面进行对比。在思政目标的理解程度方面（表 1），随着 AIGC 板块的植入，思政目标的可理解度均有不同程度的提升，而且始终为公正透明（公平公正）>科技向善（科技向强）>独立思辨（善于思辨），其中公正透明的提升最大，独立思辨的提升最小，说明作为“数字原住民”的当代学生对具象性的目标更容易产生共鸣。

表 1　思政目标的理解度情况对比

思政目标	2023—2024（1）学期	2022—2023（1）学期	变化趋势
思政目标 1	善于思辨 73.90%	独立思辨 76.90%	+3.00%
思政目标 2	公平公正 92.50%	公正透明 96.20%	+3.70%
思政目标 3	科技向强 76.90%	科技向善 80.40%	+3.50%

注：理解度为结课问卷中学生对于不同思政目标的主观感受的重要性排序平均数值。

在课程目标的达成情况方面（表2），知识目标和素质目标的达成度均有所提升，其中知识目标的变异系数升高而素质目标的变异系数有所下降，反观能力目标的达成度有所下降且变异系数升高，可见项目报告的深度存在明显不足，且不同板块之间的完整度也表现欠佳。

在专题板块的接受程度方面（图5），AIGC板块自身的接受程度较高，数据采集板块的接受程度有所提升，但是空间建模和数理分析板块的接受程度却有所下降，AIGC 工具的促进作用相对有限。需要说明的是，两届学生使用的教学大纲存在一定差异，21级教学大纲中将前序的“地理信息系统应用”（GIS）从专业必修调整为专业选修，可能直接影响学生对于GIS软件的熟练程度，间接影响了空间建模板块的接受度。在AIGC板块的问题反馈方面，较为常见的mid-journey软件的费用过高，而免费的stable-diffusion软件对电脑配置的要求过高，导致部分学生直接放弃实践操作甚至网上购买作业，还有部分学生以AIGC的成果为主进行设计方案的逆推设计，沦为工具的“奴隶”，本末倒置问题突出。

表2 课程目标的达成情况对比

2023—2024（1）学期					
课程目标	知识目标		能力目标	素质目标	
考核内容	章节任务	阅读笔记	研究报告	提问讨论	课程问卷
所占比例	20%	20%	40%	10%	10%
平均分数	16.53	17.97	30.04	5.17	9.82
达成度	82.67%	89.87%	75.10%	51.66%	98.21%
标准差	2.50	2.51	6.95	1.39	0.42
变异系数	15.10%	13.98%	23.14%	26.90%	4.29%
2022—2023（1）学期					
课程目标	知识目标		能力目标	素质目标	
考核内容	章节任务	阅读笔记	研究报告	提问讨论	课程问卷
所占比例	20%	20%	40%	10%	10%
平均分数	13.50	10.17	31.45	4.92	9.60
达成度	67.50%	50.85%	78.63%	49.20%	96.00%
标准差	2.07	0.77	3.74	2.07	1.01
变异系数	15.33%	7.57%	11.89%	42.07%	10.52%

注：达成度为平均分数占总分的比重，变异系数为标准差和占平均分数的比重。

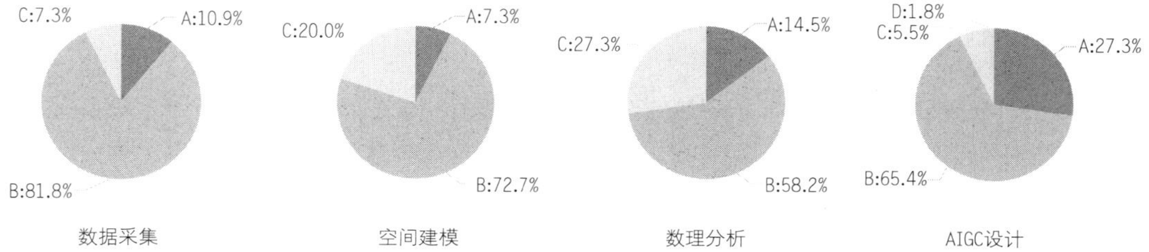

a. 2022—2023（1）学期专题板块接受程度

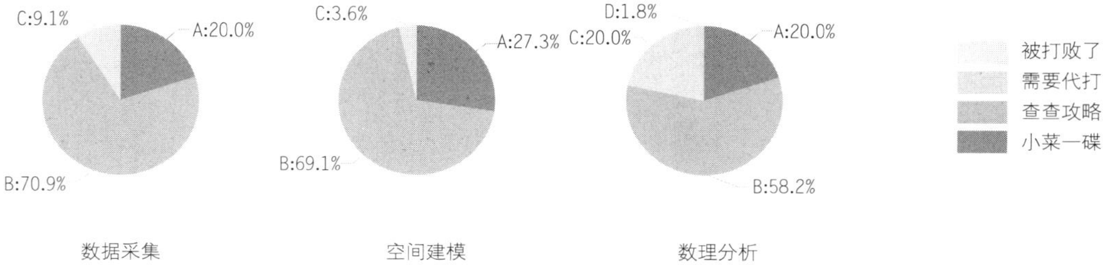

b. 2023—2024（1）学期专题板块接受程度

图 5 专题板块的接受程度对比

4.2 教学启示

（1）以科研型教学思路为主，进行不同专题板块的拆解：AIGC 工具的引入有利于课程知识和素质目标的发展，却制约了课程能力目标的提升，研究报告的深度和完整度均表现不佳，究其原因在于课程板块体量较大且涉及交叉学科内容过多。采用科研型教学的主体思路，根据课程设计需求再明确研究报告的关键科学问题，让学生结合自身兴趣灵活选择四个板块中的任一专题，以专题板块负责人的身份深入研究，并且围绕科学问题进行不同板块研究结论的串联，通过提升研究报告的深度和完整度从而强化高阶思维的培养。

（2）强调空间规划引领作用，强化核心板块的链接作用：AIGC 工具的引入提升了数据采集板块的接受程度，却降低了空间建模和数理分析板块的接受程度，削弱了空间建模板块作为城乡规划专业技术类课程的核心作用。该部分变化一方面是由于课程内部新板块的置入，分别占用了原本属于空间建模和数理分析板块的 2 学时内容；另一方面是由于课程外部 21 级学生使用的新版教学大纲中，削弱了对于 GIS 类软件学习的硬性要求。在内外双重作用下，空间建模和数理分析板块的接受度出现下降。城乡规划的核心职责在于通过空间干预提高人居环境品质，课程内部应将空间建模板块作为课时占比最多的板块，发挥其核心板块的链接作用，以空间模型为核心分别与经济、社会、生态、文化等类型数据进行整合，通过数理分析进行因果判断，从而提炼关键要素，利用 AIGC 工具进行以人为本的辅助设计。课程外部应恢复前序由地理信息系统专业负责的 GIS 相关课程的必修课程属性，并且与统计学、Python 等其他专业的专项课程进行联动，以城乡规划专业的技术方法课程为纽带，利用空间建模板块的核心链接作用充分发挥 AIGC 工具的良性促进价值。

（3）坚持思政先行教学理念，及时管控作弊抄袭等风险：AIGC 工具的引入有利于思政目标的建设，但是需要通过批判性思考、红蓝军对抗等方式持续加强学生独立思辨能力的持续性培养，同时也要注意控制抄袭舞弊、算法歧视、功利主义等负面性风险。破解上述问题的关键在于课程思政目标的渗透和强化，在适时引入思政案例进行价值引导的同时，应该明确考核内容中可以使用 AIGC 工具的部分，并且强制性要求学生进行工具标注说明以及原始数据的留痕作证，将其纳入考核评价标准从而帮助学生形成良好的工具使用习惯。

5 结论与展望

以 ChatGPT 为代表的 AIGC 工具的快速迭代给“新工科”教育领域的发展带来了前所未有的契机与挑战。本文首先从技术伦理挑战、去中心化理念、以人为本思想提出了独立思辨、公正透明、科技向善的思政转变方向；其次从结构更新、内容建设、考核形式明确了 AIGC 工具的融合路径；最后结合课程实践的具体应用效果，总结面向学科发展需求的教学启示。

未来的教学工作将结合首轮教学实践的成果，首先以科研型教学思路为主进行教学知识点的二次深化；其次以空间建模作为核心板块进行教学结构优化；最后将学术诚信直接与考核成绩挂钩，从而强化科学向善的工具使用价值观。通过多轮教学实践探索夯实课程建设基础，同时将共建虚拟实验室、校际合作等形式加强与其他高校同类型课程的交流合作。

致谢

本文受吉林省教育科学“十四五”规划 2024 年度重点课题“生成式人工智能在建筑类专业课程教学中的应用研究”（ZD24065）资助。

注释

①“在清华，发现未来教育的模样”[EB/OL]. (2024-02-21)[2025-04-13]. https://www.tsinghua.edu.cn/info/1176/117047.htm.

参考文献

[1] CHEN X, HU Z, WANG C. Empowering education development through AIGC: a systematic literature review[J]. Education and Information Technologies, 2024, 29(13): 53.

[2] DARVISHI A, KHOSRAVI H, SADIQ S, *et al*. Impact of AI assistance on student agency[J]. Computers & Education, 2024(210): 104967.

[3] DESIGN COUNCIL. The “Double Diamond” design process model[S]. London: Design Council, 2004.
[4] FLAVELL J H. Metacognition and cognitive monitoring: a new area of cognitive-developmental inquiry[J]. American Psychologist, 1979, 34(10): 906.
[5] RHODES M G. Metacognition[J]. Teaching of Psychology, 2019, 46(2): 168-175.
[6] TAHIRU F. AI in education: a systematic literature review[J]. Journal of Cases on Information Technology, 2021, 23(1): 1-20.
[7] YANG J M, FAN Z Q, CHEN S Q, *et al*. AIGC empowered blended learning in university course design and implementation: a case study[C]//International Conference on Blended Learning. Singapore: Springer Nature Singapore, 2024: 188-200.
[8] YANG Z, WANG J, DI WU X C. Exploring the impact of ChatGPT/AIGC on education and strategies for response[J]. Journal of East China Normal University (Educational Sciences), 2023, 41(7): 26.
[9] YU N, ZHANG Y. The influence of ChatGPT/AIGC on education: new frontiers of great power games[J]. Journal of East China Normal University (Educational Sciences), 2023, 41(7): 15.
[10]《城市规划学刊》编辑部. 新一代人工智能赋能城市规划：机遇与挑战[J]. 城市规划学刊, 2023(4): 1-11.
[11] 程健，邹盛玮，陈实. AI 助教赋能地理项目式学习的应用场景与实践[J]. 地理教学, 2024(9): 24-29.
[12] 党安荣，甄茂成，许剑，等. 面向新型空间规划的技术方法体系研究[J]. 城市与区域规划研究，2019，11(1): 124-137.
[13] 方卿，丁靖佳. 数字出版三个基本理论问题的思考[J]. 中国出版, 2023(10): 17-22.
[14] 韩霄. 以人为本，科技向善[J]. 青年记者, 2023(14): 1.
[15] 何国桢，丁诗瑶. 双钻模型设计思维下美育教学模式创新研究[J]. 包装工程, 2022, 43(S1): 348-353+361.
[16] 黄如花，石乐怡，吴应强. 等. 全球视野下我国人工智能素养教育内容框架的构建[J]. 图书情报知识，2024, 41(3): 27-37.
[17] 贾积有，张誉月. 人工智能与教育：机遇、挑战与对策[J]. 北京大学教育评论, 2023, 21(1): 49-61+188-189.
[18] 刘邦奇，尹欢欢. 人工智能赋能教师数字素养提升：策略、场景与评价反馈机制[J]. 现代教育技术, 2024, 34(7): 23-31.
[19] 刘洛伊，姜梅. 从分析到设计生成——人工智能作为一种设计方法[J]. 南方建筑, 2024(4): 74-80.
[20] 刘明，郭烁，吴忠明，等. 生成式人工智能重塑高等教育形态：内容、案例与路径[J]. 电化教育研究，2024, 45(6): 57-65.
[21] 卢滇楠，党漾，王宏宁. 等. 生成式人工智能赋能高校课程教学：以“化工热力学”课程为例[J]. 清华大学教育研究, 2024, 45(5): 89-98.
[22] 潘建红，祝玲玲. 生成式人工智能赋能高校思政课的风险生成及规避[J]. 思想政治教育研究，2024，40(3): 94-100.
[23] 亓光，刘鑫. 人工智能社会公正风险的维度与测量[J]. 学术界, 2023(11): 45-55.
[24] 邱燕. 生成式人工智能背景下高校意识形态风险及其防范[J]. 学校党建与思想教育, 2024(5): 82-84.
[25] 孙晶，毛伟伟，李冲. 工程科技人才核心能力的解构与培育——基于布鲁姆教育目标分类视角[J]. 高等工程教育研究, 2019(5): 97-102+114.
[26] 王昊晟，李恒威. 人类增强的技术谱系与伦理议题——兼论“人-技术”关系[J]. 科学技术哲学研究，2024，41(3):

76-83.

[27] 王洪江，李作锟，廖晓玲．在线自主学习行为何以表征元认知能力——基于系统性文献综述及元分析方法[J]．电化教育研究, 2022(6): 94-103.

[28] 王锴，栾小丽，周景文．多学科交叉背景下人工智能融入合成生物学课程教学的设计与实践[J]．生物工程学报, 2024, 40(9): 3282-3295.

[29] 王天莲．基于人工智能生成技术的城市街道空间感知与未来风貌预测[J]．城市发展研究, 2024, 31(2): 9-14.

[30] 魏顺平，范学健，王向旭，等．高等教育应用 ChatGPT 的潜能与风险——来自美国高校的经验与启示[J]．现代远距离教育, 2024(3): 18-27.

[31] 武琼．科技向善：中国全球人工智能治理倡议的核心要义与理论价值[J]．和平与发展，2024(5): 25-49+179-180.

[32] 武廷海，宫鹏，郑伊辰，等．未来城市研究进展评述[J]．城市与区域规划研究, 2020, 12(2): 5-27.

[33] 《现代教育技术》编辑部．2024 教育技术十大研究热点预测及相关议题[J]．现代教育技术，2023，33(12): 119-126.

[34] 杨俊锋．生成式人工智能与高等教育深度融合：场景、风险及建议[J]．中国高等教育, 2024(5): 52-56.

[35] 翟雪松，楚肖燕，顾建民，等．从知识共享到知识共创：教育元宇宙的去中心化知识观[J]．华东师范大学学报(教育科学版), 2023, 41(11): 27-37.

[36] 张迪，张力伟．科技伦理治理体系的责任规范研究[J]．科学学研究, 2025, 43(3): 523-529.

[37] 张海生．人工智能赋能学科建设：解释模型与逻辑解构[J]．高校教育管理, 2023, 17(3): 42-50+75.

[38] 张治．ChatGPT/生成式人工智能重塑教育的底层逻辑和可能路径[J]．华东师范大学学报(教育科学版)，2023, 41(7): 131-142.

[39] 赵静，陆宁云，谢非，等．面向新工科的“AI+X”课程体系建设[J]．控制工程, 2004, 31(12): 2230-2234.

[40] 朱永新，杨帆．ChatGPT/生成式人工智能与教育创新：机遇、挑战以及未来[J]．华东师范大学学报(教育科学版)，2023, 41(7): 1-14.

[41] 朱禹，叶继元，贾毓洁．图书馆学的人工智能生成内容(AIGC)：概念框架与研究进路[J]．图书馆论坛，2024, 45(2): 62-71.

[42] 自然资源部智慧人居环境与空间规划治理技术创新中心团队．智慧人居环境规划治理的研究方向与应用展望[J]．城市规划, 2023, 47(7): 4-11.

[欢迎引用]

李冰心，刘桐，姜雪．AIGC 工具在城乡规划专业课程中的应用探索——以“城乡规划技术与信息”课程为例[J]．城市与区域规划研究, 2025, 17(1): 64-76.

LI B X, LIU T, JIANG X. The application of AIGC tools in the curriculum teaching of urban and rural planning: an example from the course “Technology and Information for Urban and Rural Planning”[J]. Journal of Urban and Regional Planning, 2025, 17(1): 64-76.

生成式人工智能与元宇宙赋能 IC-RICE 教学创新六举措

李　渊　黄竞雄　姚颜霖　梁嘉祺　刘竞舸

IC-RICE Teaching Innovation Model Empowered by GenAI and Metaverse

LI Yuan[1,2], HUANG Jingxiong[3,4], YAO Yanlin[1,2], LIANG Jiaqi[1,2], LIU Jingge[1,2]
(1. School of Architecture and Civil Engineering, Xiamen University, Xiamen 361005, China; 2. Xiamen Key Laboratory of Integrated Application of Intelligent Technology for Architectural Heritage Protection, Xiamen 361005, China; 3. School of Architecture, Tsinghua University, Beijing 100084, China; 4. Department of Architecture and Design, Politecnico di Torino, Turin 10129, Italy)

Abstract In response to the transformation of emerging engineering disciplines, the integration of interdisciplinary fields, and the needs of cultivation of outstanding talents, digital intelligence technologies such as generative artificial intelligence (GenAI) and metaverse technology, as newgeneration teaching tools, provide good assistance for the innovation and practice of curriculum teaching. The paper proposes the IC-RICE teaching innovation model, which covers six measures: Ideological Cultivation (I), Content Reconstruction (C), Resource Enrichment (R), Intelligent Environment (I), Classroom Co-creation (C), and Evaluation Diversity (E), so as to systematically respond to the new talent cultivation demands and the challenges of university teaching under the background of digital education transformation. Using the course "Territorial Spatial Planning Information Technology" of Xiamen University as a case study, this paper integrates GenAI and metaverse technology, aiming to build an intelligent, immersive, and measurable teaching ecology. The results indicate that under the constraints and guidance of the IC-RICE teaching

作者简介
李渊、姚颜霖、梁嘉祺、刘竞舸，厦门大学建筑与土木工程学院，厦门市建筑遗产保护智能技术集成应用重点实验室；
黄竞雄，清华大学建筑学院，都灵理工大学建筑与设计系。

摘　要　面向新工科转型、交叉学科融合与卓越型人才培养需求，生成式人工智能与元宇宙技术等数智技术作为新一代教学工具，为课程教学创新与实践的促进提供了良好助力。文章提出 IC-RICE 教学创新模型，涵盖思政引领（I）、内容重构（C）、立体资源（R）、信息环境（I）、课堂教学（C）和多元评价（E）六大举措，系统回应新的人才培养需求与数字教育转型背景下高校教学的挑战。以厦门大学“国土空间规划信息技术”课程为例，融合生成式人工智能、元宇宙技术构建智能化、沉浸式、可评估的教学生态。结果表明，在 IC-RICE 教学创新模型的约束和引导下，生成式人工智能与元宇宙技术在学生实践、教学实践和行业实践中取得显著成效，未来将持续为课程体系改革与建设、“GIS+”智慧教学提供教学理论参考、解决方案借鉴和数智教具支持，并进一步激发生成式人工智能的应用潜能。

关键词　国土空间规划；IC-RICE 教学举措；生成式人工智能；元宇宙；知识地图；教学创新

1　引言

高等教育承担着培养高素质、创新型人才的重任，尤其是在支撑国家高质量发展、复合学科人才需求方面，具有不可替代的作用。在此背景下，我国积极推进新工科建设，以培养符合现代化工程技术需求的卓越人才，并通过构建以“立德树人”为核心的教育体系提升工程教育质量，实现从传统工科向新工科的转型升级（李渊等，2023）。新工科面向服务国家重大需求的导向，强化学科交叉融合，

innovation model, GenAI and metaverse technologies have achieved significant results in student practice, teaching practice, and industry practice. In the future, they will continue to provide theoretical references, solutions, and digital intelligence teaching tool support for curriculum system reform and construction, "GIS+" smart teaching, and further stimulate the application potential of GenAI.
Keywords territorial spatial planning; IC-RICE teaching measures; generative artificial intelligence (GenAI); metaverse; knowledge map; teaching innovation

力求通过优化学科结构、创新教学模式为未来工程领域培养多元化、卓越型人才（李刚，2019；林健，2020）。特别是在数字化和智能化的浪潮中，如何有效引导学生掌握跨学科知识，提升实践能力和创新思维，成为当前新工科教育面临的核心任务之一。

近年来，人工智能作为新一轮科技革命的驱动力，正深刻影响着全球经济社会的发展。在教育领域，人工智能的应用为教学模式和课程内容创新提供了广泛的可能性，有力地推动了跨学科融合教学的新进程（李翔等，2025）。教育部在《关于一流本科课程建设的实施意见》中明确提出，要注重创新型、复合型、应用型人才的培养，尤其是通过跨学科的课程设计，推动知识整合与应用能力的提升。《教育强国建设规划纲要（2024—2035年）》同样提出，要强化科技教育和人文教育协同，推进理工结合、工工贯通，促进人工智能助力教育变革。由此可见，尽管当前人工智能在教育领域的应用前景广阔，目前的教育体系建设、教学内容构建与教学方法设计等仍需要进一步探索借助人工智能的应用，促进教育内容更新、教学互动提升、个性化学习需求满足等多方面问题的解决。

伴随数智技术的迅猛发展，生成式人工智能（Generative AI）和元宇宙技术（Metaverse）成为教育教学创新中两个不可忽视的技术基础（Akyürek *et al.*，2024）。生成式人工智能技术，指基于大语言模型（如DeepSeek、GPT-4等）生成非结构化数据的技术，可以根据文本生成文本、图像、音频、视频等多媒体内容。借助生成式人工智能，教师能够生成定制化的学习材料、课后练习以及个性化的学习路径，以动态、灵活、精准的方式提升教学效率和学习质量（付金伟等，2024）。不可忽视的是，生成式人工智能所生成内容的精确度与可用性仍取决于预训练语料和微调参数的差异，存在人工智能幻觉、领域知识缺失的局限性。有鉴于此，知识图谱以结构化的方式存储领域知识数据，具备数据组织、知识表达和语义推理等优势，是生成内容可靠性、安全性和可解释性的重要保障（曾泽凡等，

2025）。而元宇宙则是一个由虚拟现实（VR）、增强现实（AR）等技术支撑的沉浸式虚拟环境，依托人工智能、区块链、物联网、数字孪生等技术实现虚实相生（李海峰、王炜，2022；张家军、曾照瑶，2024），能够集成多源立体资源，通过构建沉浸式学习环境，为学生提供全新的互动式学习体验，特别是在空间规划、建筑设计等实践性较强的学科中，学生能够在虚拟空间中模拟、实验和体验真实世界中无法实现的操作，极大拓宽了教学的应用场景（Qiu *et al.*，2023）。

结合上述前沿技术，本文构建了一个以 IC-RICE 为核心的六举措教学创新模型，旨在通过生成式人工智能与元宇宙技术的赋能，系统性推进课程教学改革，模型框架如图 1 所示。该模型包括思政引领、内容重构、立体资源、信息环境、课堂教学和多元评价六个关键维度。通过这些维度的综合应用，推动课堂教学从单一的知识传授转向具备价值引领、内容升级、资源融合、环境支撑、过程优化和反馈完善的教学创新系统，贯穿课程内容设计、教学实施与学习评价全过程，推动教学由“技术嵌入”走向“范式重构”。具体而言，生成式人工智能在该模型中起到了内容生成、个性化反馈和自适应评估的核心作用，知识图谱通过预定义的图数据结构补充规则领域约束提升生成式人工智能生成内容的可信程度，元宇宙技术通过提供沉浸式、交互式的学习环境，助力学生在虚拟空间中进行实践操作和协作学习，极大丰富了传统课堂教学的形式和内容。通过这些技术的融合，该框架试图将传统的线性教育模式转变为更具互动性、动态性和个性化的教学生态，进一步解决现有教学方法在知识传递、学习动机和能力培养等方面的不足。

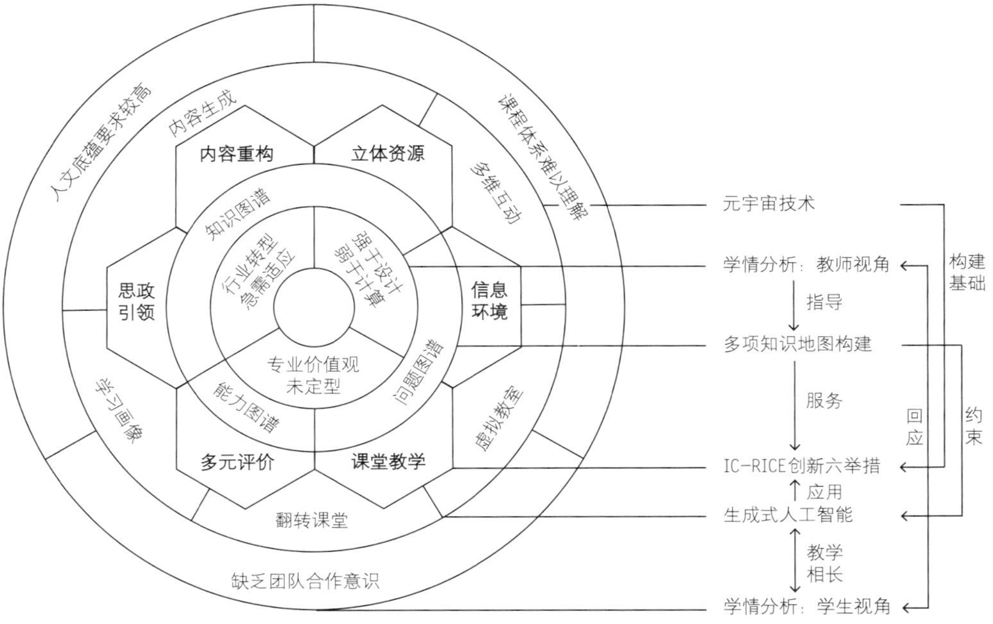

图 1　IC-RICE 教学创新六举措与应用框架

本文的研究贡献在于：①提出了 IC-RICE 教学创新模型，明确阐述了该模型在知识图谱约束下的生成式人工智能和元宇宙协同应用结构与实施路径；②结合具体课程的教学需求与改革实例，详细展示了 IC-RICE 模型如何在教学实践中推动学科知识的重构与教学模式的创新；③通过具体教学案例分析，验证了该模型在提升学生空间思维、问题解决能力和实践能力方面的实际效果，为数字化教育改革提供了可操作的理论框架与实践路径。

2 研究进展与教学挑战

2.1 现有研究进展

近年来，全球高等教育加速数字化转型，生成式人工智能与元宇宙逐渐成为新一代教育范式变革的关键技术支点。二者不仅重塑了课程内容生成与组织的方式，也在教学场景构建、互动模式重构、学习行为分析与评估机制创新等方面展现出强大的赋能潜力。

生成式人工智能是指利用深度学习模型、大规模语料库和概率建模能力，根据复杂多变的提示实现非结构化内容的自动生成、语言理解与交互反馈等任务，其在教育场景中的潜力正在全球范围内被逐步挖掘（Lim *et al.*，2023）。当前，国外已有学者通过多个案例和系统性综述研究验证了生成式人工智能对教学活动的深度支持（Nikolic *et al.*，2023；Nikolic *et al.*，2024）。生成式人工智能可显著提升师生在内容个性化生成、翻转学习、激发创造性思维等方面的质量与效率，在认知负荷降低和学习迁移方面具有明显优势，适用于复杂技能学习，但其中涉及的知识体系理解偏差和学术不端风险等问题仍然存在（Belkina *et al.*，2025）。国内近年来基于大模型进行了多种类型的教育场景创新实践，清华大学建筑学院探索“专业知识+人工智能”双驱动的城乡规划设计教学模式，强调大模型在课程交互、方案推导、智能规划等方面的重要价值，旨在培养学生的跨学科学习、设计与创新能力（田莉等，2024）。在此基础上，为了约束生成式人工智能在内容生成方面产生幻觉的可能性，“生成式人工智能+知识图谱”的组合方式逐渐成为人工智能生成内容“可信性”和“可解释性”的关键路径。知识图谱可以将生成模型的输出限制在合理语义边界之内，通过与大语言模型融合能够辅助教学内容生成与推理判断，提高教学内容的内在一致性和结构化水平（曹荣荣等，2025）。

相比生成式人工智能侧重于“内容智能生成”，元宇宙技术的核心价值在于“空间情境重构”和“多感官沉浸学习”。它集成了 VR、AR、MR、数字孪生、IoT 与区块链等多项技术，打造出可感知、可互动、可创造的虚拟世界（Hernandez *et al.*，2023）。在国际教育领域中，元宇宙被视为实现“全息课堂”和“延展学习场”的突破口，元宇宙环境下的协作学习和新学习模式对于学生学习与知识记忆具有良好的促进效果（Aziz *et al.*，2025），为高等教育带来运营成本、学习效率、解释深度、时空广度等方面的优势（Qiu *et al.*，2023）。加州大学伯克利分校 2021 年就在 Minecraft 游戏中建造了校园的元宇宙模型并在其中举行了毕业典礼（Duan *et al.*，2021）。2021 年在国内被称为“元宇宙元年”，目前各高校对元宇宙教育的探索日趋活跃。数字孪生空间通过广义遥感、深度学习、智能操控技术实现空间仿真模拟（翁阳等，2024），支持学生在虚拟环境中进行用地布局方案推演、规划冲突模拟等教学实践，提升实践教学的沉浸感与真实性。中国传媒大学也实现了数字孪生校园，使用者可借助虚拟化身游览校园；哈尔滨工业大学、西安电子科技大学、华中师范大学等院校也开始在元宇宙教学上开展探索与实践（张策等，2024）。元宇宙在教学中能够将传统案例转化为沉浸式互动空间，支持情景教学。不同类型的用户可以构建多角色协同环境，增强任务导向与团队合作，在此过程中配合学习过程记录与行为分析，提供基于行为数据的个性化教学反馈。

总体上看，已有研究表明这些技术在教育场景中有着良好的应用前景，但对于如何在具体学科中将生成式人工智能与元宇宙技术有机结合并形成涵盖“思维引导—理论学习—实践反馈—多维评价”等多个教学环节的有效教学模式，仍缺乏系统性的探索和经验积累。细化到具体学科，由于训练语料的差异，需要构建涵盖学科基础知识、适应学科发展需求的知识图谱，对生成式人工智能生产内容进行有效约束。同时，数智技术的更新迭代为高等教育数字资源的建设提供了契机（王建明、朱珂，2024），面向具体学科的建设与实践需求探索行之有效的教学实践创新体系和教学资源建设方法势在必行，有助于构建高效、智能、个性化的教学与教育模式，为新工科建设提供理论与实践支持。

2.2 课程背景

厦门大学“国土空间规划信息技术”课程，原名“城乡规划新技术 GIS 应用”（GIS：Geographic Information System，地理信息系统），为首批国家级一流线上课程。2020 年顺应国家空间规划体系改革形势更名，是面向建筑类专业本科二年级学生的专业核心课。该课程以 GIS 为核心，聚焦 GIS 技术、GIS 思维与 GIS 创新应用，旨在培养具备“GIS+”创新理念，适应国土空间规划行业发展之需，能融通运用“空间信息前沿技术”解决国土空间规划现实问题，富有国家安全、家国情怀与创新精神的新时代建筑类新工科人才。

该课程建设历程分四个阶段，早期偏重 GIS 基本应用，后逐渐过渡到 GIS 计算思维、GIS 在国土空间规划中的创新实践与 GIS 跨学科交叉融合等领域。在开课初期，教学团队围绕 GIS 基本应用初步构建了 GIS 理论与实践结合的教学模式，重点思考了“如何面向非 GIS 专业开展 GIS 教学”的问题，之后结合该课程 GIS 基本知识录制慕课，结合该课程 GIS 实践操作打造虚拟仿真项目并立项为国家级一流本科课程（线上课程）和省级虚拟仿真项目；在第二阶段，教学团队重点思考了如何围绕 GIS 计算思维的培养，基于自主开发的线上慕课资源，引导同学自主探索，促进同学从单一设计思维转向“设计+计算”的融合思维；在第三阶段，教学团队聚焦 GIS 创新实践，依托该课程已有基础打造课程资源体系；2023 年，该课程正式升级为智慧课程，课程建设进入第四阶段，教学团队开始重点关注 GIS 跨学科交叉融通，重点思考如何基于生成式人工智能与元宇宙技术开展教学数智创新的深度探索。

该课程传统教学内容以《GIS 技术应用教程》等教材为主体，涵盖 GIS 基础操作与 GIS 实践操作等模块，但总体上教材的内容体系偏向地理类学科逻辑，与建筑类专业强调的设计思维衔接不足，计算思维训练薄弱。同时，教学方法以教师讲授为主，实践环节依赖单机版软件操作，缺乏真实规划场景的沉浸式模拟。此外，课程考核方式单一，侧重技术操作熟练度，对 GIS+创新应用能力评价不足。教学过程中学生普遍反映传统课程重工具轻思维且实践场景碎片化，难以建立技术与行业需求的关联。

2.3 学情分析

传统的学情分析主要围绕学生的生理心理特点、学生已有的认知基础和经验分析、学生的个体差异、学生对本学科学习方法的掌握情况、学习知识时可能遇到的困难、学生知识储备和学习条件等内容，通过自然观察法、书面材料法、谈话法、调查研究法、测验法等方法展开，分析结果缺乏标准化的展现形式与直观的呈现方式。教学团队在生成式人工智能技术的辅助下，采用混合研究方法，结合调查问卷、学情统计分析、线上学习行为分析、往届学生试卷分析、虚拟教研室研讨以及知识地图绘制方式，对学生全过程学情进行分析与掌握。通过问卷调查（累计回收有效问卷 217 份）、线上学习行为数据追踪（覆盖 7 个教学周期）、往届试卷量化分析（样本量 386 份）及虚拟教研室深度访谈（涉及 8 所高校的 12 位教师），从双视角揭示核心问题。

从教师角度来看，在知识组织层面，课程内容延续 GIS 的传统框架，与建筑类专业核心能力需求存在逻辑断裂，知识点呈碎片化孤立状态，缺乏"技术原理—规划思维—行业实践"的递进关联，跨学科资源整合不足，难以支撑新工科背景下空间思维、计算思维、设计思维的融合培养。教学实施中，标准化内容输出忽视学生个体差异，对学科基础、学习节奏的差异化识别不足，既未能为基础薄弱学生提供针对性引导，也缺乏对能力突出学生的进阶设计，个性化支持体系缺位。实践教学依赖软件操作演示，真实规划场景的沉浸式模拟、多团队协作推演等深度实践环节匮乏，且评价体系单一聚焦技术工具熟练度，对"GIS+规划"创新应用能力的立体化评估存在缺失。

从学生视角来看，学生对于授课内容的人文底蕴有较高诉求，希望可以在不同的课程中获取与本行业实践相关的知识，兼顾技能实操与应用。而受限于传统 GIS 课程偏重原理、开发等特性的限制，传统课程教学体系中涉及的 GIS 原理内容较多，算法开发内容对于学生的数理思维要求较高，导致学生难以建立技术原理与规划实践的映射关系，普遍面临"知识点逻辑复杂""应用场景模糊"的认知障碍，跨学科知识框架构建困难。同时，由于 GIS 课程知识体系较为庞杂，现有课程的总课时偏少，知识扩展的外延也较为有限，难以在有限的时间中系统完成学习和应用。此外，课堂互动以单向知识传递为主，基于真实规划问题的探究式学习设计不足，学生自主发现问题、团队协作解决问题的训练机会有限，部分特殊教育背景学生在数字化工具适应与课堂表达中存在壁垒，进一步制约主动学习效能。线下实践受地域和时间限制，难以覆盖国土空间规划中的复杂情境，学生缺乏虚拟环境中方案推演、政策模拟的沉浸式体验，导致"学"与"用"的衔接存在断层，对技术赋能行业实践的前沿动态感知不足。

为了更好地发挥教学创新模型提升教学设计与授课水平的效果，课程尝试结合生成式人工智能和元宇宙技术实施 IC-RICE 教学六举措，为课程教学改革与创新实践提供参考。基于国土空间规划的复杂性和多样性需求，“国土空间规划信息技术”课程的开设、课程设计与教学需要将城乡规划、地理信息科学、大数据、人工智能等多领域知识融会贯通，以满足行业对于高阶技术能力与创新思维的迫切需求（耿虹等，2022）。IC-RICE 模型针对性回应三大矛盾：知识体系碎片化与系统化建构需求、技术操作训练与创新思维培养失衡、普适性教学与个性化支持不足，形成“问题—策略”闭环。例如，针对“学不能致用”问题，通过元宇宙虚拟规划场景模拟实践；针对“计算思维薄弱”的问题，借助知识图谱可视化技术逻辑，构建“思维—技术—应用”递进关系。实例研究从教学内容、教学模式、理念方法、实验教学、产学互动、考核评价六个方面展开教学创新实践，旨在促进学生空间思维、计算思维、融合思维的培养，培养学生的“GIS+”创新理念，使学生适应国土空间规划行业发展之需，善于解决城乡发展中的实际问题。人工智能与 GIS 技术的深度融合，在思维与技术方面开启一场新的变革，既是响应政策要求的重要举措，也是培养适应未来技术变革复合型人才的必然选择。

3 解决方案

3.1 思政引领

面向新工科建设的需求，国家对育人质量的要求逐步提升，以思政元素引领教学、融入教学是引导学生思想成长、树立信念的重要手段（汪庆等，2024）。国土空间规划建立在海量地理数据的基础上，以 GIS 为基础，服务于国家高质量发展的需求，与国家安全息息相关。思政元素的有机融入是“立德树人”思维在日常教学过程中的重要体现，有助于学生充分意识到 GIS 在不同环境中所扮演的不同角色，有助于“三全育人”格局的形成，帮助学生更好地成长、成才。

为了确保输出教学内容的严谨与可控，需要事先构建课程的知识图谱。知识图谱是一种结构化的语义知识库，是组织教学内容的核心工具，通过以实体（包括人、地点、事件、政策等）及其关系构建的图形化网络，使得复杂数据的组织与理解变得更加高效。知识图谱、生成式人工智能与元宇宙技术的深度融合为“思政引领”提供了系统性解决方案，其核心在于将国家战略、专业伦理与价值观教育结构化挖掘、动态化生成、具象化体验。生成式人工智能利用自然语言处理技术获取时事、政策、教材、文献中隐含的思政元素，进行结构化关联后生成标签化的知识图谱，为思政引领提供认知基座。教学团队对生成的思政知识图谱进行审核，避免算法偏见，确保主导价值的正确性。生成式人工智能创设具体情境，立足学生对“GIS+”的认同感和时代情怀，以科学精神、国家安全、大国工匠、创新精神、人文精神五种时代元素开展“GIS+中国故事”的讲解，以时代故事为导引将思政元素融入教学全过程中。同时，实时抓取社交媒体数据提炼与思政教育相关的热点议题，由元宇宙根据生成的教学案例产生虚拟情境，实现价值观的具身渗透。总体过程可划分为“资源思政—课堂思政—实践思政”三个阶段：资源思政阶段，学生课前通过录制好的“课程思政十讲”了解 GIS 与不同思政元素的关联，打好思想根基；课堂思政阶段，教师将思政元素融入课堂讲解中，建好思想大楼；实践思政阶段，课后学生依托实践项目开展地方实践，学以致用，服务地方建设与发展，建好思想屋顶。通过三阶段“润物细无声”的思政融入，有助于降低跨学科学习的难度，促进学生自主探寻提升学习热情，为培养符合新时代要求、献身国家建设的高层次人才保驾护航。

实践中，在思政知识图谱的约束下，生成式人工智能能够根据思政点自动生成教学案例，并由元宇宙生动展示具体过程，呈现从抽象到具象、从被动到主动、从经验到科学的过程。生成式人工智能还可以基于不同时期学生认知水平的差异生成贴合其感兴趣的虚拟场景和现实问题，将思政元素融入具体解决过程中。在涉及行业与技术发展的关键节点时，生成式人工智能可以模拟历史人物对话以及重大事件的决策过程，帮助学生从“第一视角”理解历史事件的实践逻辑，进一步增进对“GIS+”的理解和应用。在此基础上，元宇宙能够穿越到过去，依据时代故事构建元宇宙教学空间，学生通过虚拟化身参与到历史事件中，结合生成式人工智能的重现增强叙事的代入感。元宇宙技术还可以回到现在，构建行业实践中存在的多种困境，由人工智能生成多样化的角色观点，引导学生通过讨论与实验操作深化对于思政要素的理解和认知，提升学生的交互式学习体验。

3.2 内容重构

GIS 课程源于地理类、信息类课程体系，自身教学逻辑在面临建筑类新工科教育需求时存在“水土不服”的情形。建筑类培养体系较为注重设计和抽象思维，GIS 教学则关注学生的数理和逻辑思维。在背景知识体系差异较大的课堂教学设计中，需要基于国土空间规划课程需求，兼顾建筑类学科与学生的特点对原有的课程教学体系进行内容重构，以衔接学生基础、对标行业前沿、融入专业使命。

GIS 融入建筑类新工科教学中主要有理工思维交叉、前沿技术方法、人本实践应用和新兴产业转换四方面的需求。GIS 在建筑类教学与实践中偏重于思维和应用，原有的侧重软件开发的 GIS 教育体系已不符合建筑类新工科的教学需要（李晓明等，2022）。针对以上需求，教学团队基于人工智能知识萃取技术，对传统 GIS 课程体系进行结构性重组。首先通过自然语言处理解析历年教材、行业标准及前沿文献，自动提取“GIS 基础、四大思维与 GIS 技术、GIS+创新应用”三大核心领域的实体关系，生成初始知识图谱。经教师团队迭代优化，构建包含“依赖—递进”知识顺序、“数据—思政—应用”关联属性的新版知识图谱，将原有的“GIS 软件操作、空间分析方法”等孤立模块，整合为“思维奠基—技术赋能—创新应用”的进阶体系。通过对“知识分类”进行层级解构，将其细分为“主题—子主题”二级架构，同时在其下增设“属性”描述维度。这种双层结构优化通过属性标注对知识点的内涵、应用情境及关联关系进行深度解析，在精细化知识点脉络的同时，显著强化了知识点间的逻辑关联。

具体而言，课程删减了 GIS 实验报告、GIS 应用开发在 GIS 教学中的占比，保留了 GIS 理论介绍与 GIS 模型方法两个部分。面向行业前沿需求，在此基础上形成“GIS+软硬件操作”“GIS+大数据分析”“GIS+行为分析”“GIS+创新应用”四个部分。从建筑类新工科教学要求中提炼出对于技能、数据、思维、实践的需求，将软硬件教学、数据库案例、问题解决思维与规划建设实例增加到教学内容体系中，服务于面向建筑类新工科需求的 GIS 学科教学设计，在教学内容的设计中兼顾高阶性与挑战度，确保学生的能力在教学与实践中得到锻炼。

知识图谱在教学内容重构过程中为约束生成式人工智能的生成方向发挥了重要作用。以“国土空间规划信息技术”课程所构建的知识图谱为例（图 2），知识以顺序关系或相关关系进行分类和存储，形成依赖、递进、思政点、数据、应用五种类型的知识关系。其中，依赖指代前一知识的形成依赖后一知识，后一知识是学习前一知识的条件；递进则是较前一知识，后一知识的程度或范围更进一层，或两个知识有先后关系；思政点表明从知识点延伸出的思政教学点，需要根据思政教学需求予以关注和回应；数据是前一个知识的操作需要基于后一个知识提供的数据；应用则是前一个知识使用了后一个知识介绍的方式、方法、操作，对应课程基础方法教学与结合实际数据开展的实践。

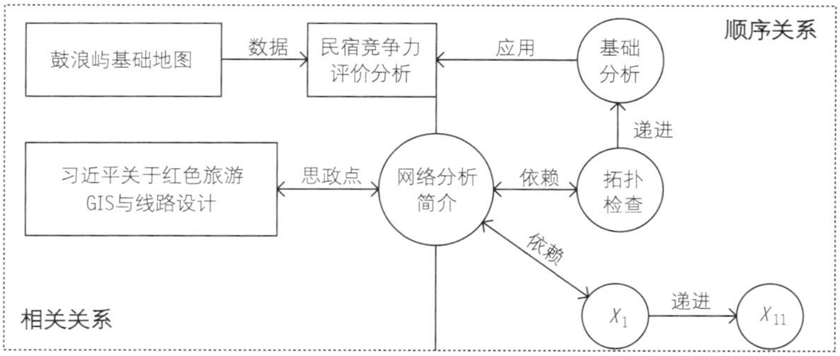

图 2　知识图谱关系定义与实例解释

不同类型的知识、资源和研究实例相互关联，形成完整的课程知识图谱。课程基于知识图谱能够更加系统地组织教学内容，将地理空间、规划理论等知识节点化并通过依赖关系、影响机制等构建网络，帮助学生全面掌握知识体系。此外，知识图谱可根据领域内的新研究成果、政策变动，动态更新相关课程内容，保持教学的时效性。所构建的知识图谱，支持引入生成式人工智能进行问题检索与知识推理，使学生能够快速解答复杂问题，深化学习效果。在知识图谱的引导下，多模态知识的融合可以转化为生成式人工智能的提示词模板，基于学生对不同节点知识的掌握程度，实时分析学生的知识薄弱点及学习目标，为学生规划量身定制的学习路径。同时，可以结合问题图谱的关键问题节点，提供由浅入深、循序渐进的学习计划。此外，为更好地应对课程大纲的动态调整以及行业变革的前沿，生成式人工智能可实时更新学习路径，确保教学内容与最新行业标准和政策导向保持一致。

3.3 立体资源

面向教学内容重构的需要，课程教学团队自主开发线上慕课、虚拟仿真项目、教学专著和教学案例库等教学“四类资源”（图 3），涵盖新思维、新技术、新案例、新数据并持续迭代更新，在教学过程中实现教学相长，以教学资源“组合拳”的形式从思维、技术、交叉、实践等视角辅助教学创新的开展，提升学生感知度。

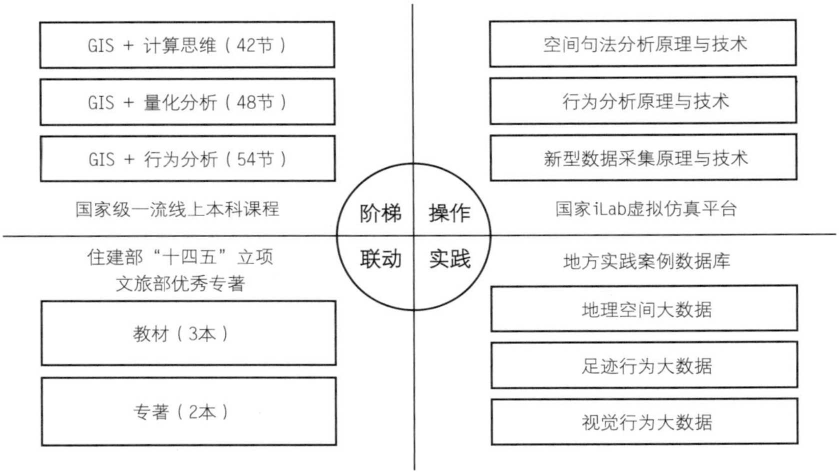

图 3 立体资源建设概况

立体资源包括阶梯型线上慕课、操作型虚拟仿真项目、联动型教材专著和实践型教学数据库“四类资源”。其中，慕课资源体系的建设经历了长期积累，由 144 个视频形成“GIS+计算思维”“GIS+量化分析”“GIS+行为分析”的三段式进阶教学资源体系，促进学生“计算思维”的初步形成；虚拟仿真项目均为自主建设，包括国家虚拟仿真实验教学课程共享平台等在内的三项虚拟仿真实验项目，从软件技能和硬件操作两个方面促进学生对实操环境的感知与理解；教材专著方面，包括围绕 GIS 核心技能形成的《GIS 技术应用教程》以及由科研反哺教学形成的三部专著，为学生提供从操作到具体成果的科研项目实践演示，促进对研究思维的理解；此外，教学团队还依托地方实践基地建设形成地理空间大数据、足迹行为大数据和视觉行为大数据的 GIS 数据库，形成从思维到实践的完整教学链条，服务本专业的新工科建设与实践。

而在课程立体资源的迭代更新中，生成式人工智能能够提供丰富的个性化学习资源。根据课程教学的知识图谱，人工智能可以通过文生文本、文生视频、文生图形等技术，生成丰富的学习内容，提供精准且多样化的学习资源推荐；还可以结合问题图谱，为每个学习问题节点匹配最佳学习资源，包括政策解读文献、实用工具教程、GIS 分析示例等。基于生成式人工智能的模型生成能力，系统可围绕知识图谱、问题图谱与能力图谱的核心节点自动生成大量题目，包括概念题、案例分析题和综合应用题，为学生提供多样化的练习资源，同时为教师提供备课参考。元宇宙技术可以有效整合与展示课程教学团队所构建的多模态立体资源，形成整合与展示平台，供教学使用。

3.4 信息环境

上述四类立体教学资源为教学创新和实践提供了充足的支撑，然而如何回应多源立体教学资源存储、展示、学习、反馈、互动等的需求，成为本方案执行过程中需要解决的问题。本方案依托生成式人工智能和元宇宙技术开发的教学平台创新了教学环境，集成作业布展、案例沉浸式感知、互动交流、在线评图等功能，为教学团队和学生提供全天候、零距离的学习环境，实现有限学时的无限拓展（图 4）。此外，教学团队将人工智能全流程整合到教学过程中，学生课前参加线上学习，课中与人工智能互动，课后以人工智能赋能学生成果展示与成果导向。

元宇宙教师空间　　元宇宙教具空间（3DPPT）　　元宇宙学生空间

图 4　元宇宙技术融入教学过程

课程所构建的教学信息环境主要有四个方面的优势：首先，教学空间多样化，教学团队能够以案例地为导向开展教学设计，并根据教学需要实时变换教室设计，使学生身临其境，沉浸式体验案例地的现状调研与分析过程；其次，教学资源立体化，元宇宙空间提供了良好的资源载体，根据承载教学资源类型的不同，元宇宙教学平台能够起到图档室、视频库等的实际效果，提升学生对于作业的感知程度；再次，案例互动多元化，元宇宙信息环境提供了多个不同的接入客户端，教学团队和评委教师可以在该信息平台上开展多师协同与互动，促进案例式教学的成效；最后，答疑解惑智能化，信息环境对于前沿智能技术的应用，整合人工智能大模型与知识谱图开展答疑，能够极大地开拓和促进学生举一反三的迁移思考能力，为培养新工科建设所需的专才、通才提供坚实的支撑。

生成式人工智能与元宇宙的结合，还可以为创意空间设计提供从价值引导到动态生成再到多维评估的全流程解决方案。当前，已有学者探讨了生成式人工智能在实际规划设计中的应用性，生成式人工智能能够基于收集到的数据和分析结果，结合其数据库为规划师提供建议，辅助制定符合社区需求和预期的规划目标。规划师也可以通过输入其他优秀规划文本进行学习，从而进一步优化（刘扬鹤等，2024）。基于此，在教学中，学生根据命题自主在元宇宙虚拟环境中开展设计与探索，生成式人工智能能够根据命题需求部署虚拟智能体，触发不同类型的动态时间，推动学生实时调整设计方案。此外，生成式人工智能可以提供不同场景的模拟算法，在算法框架下设置多种类型的奖励或惩罚函数，学生可以在元宇宙环境中创设不同类型的方案进行横向对比，既可以充分发挥学生的创意，又可以进一步激发其对技术探索的热情。根据完善的设计方案，生成式人工智能部署的虚拟智能体能够在元宇宙空间中开展空间认知计算，构建评价体系或评估矩阵，量化不同类型解决方案的经济、生态、文化等多方面的价值，有助于进一步提升空间设计效率，重塑“教-学-评”一体化范式，为课程教学创新提供可复制的技术路径。

3.5 课堂教学

数智技术的介入极大赋能了教师和学生的高效互动，创新性的翻转课堂有助于促进学生自主思考和学以致用的能力，课堂从传统的教学（teaching）模式转向师生共创（co-creation）模式，在教学相长的氛围中探索新工科的教学创新。教学团队在郭建鹏提出的 O-PIRTAS 翻转课堂教学模型基础上（Guo，2019），设计了以学生为中心的 O-PIRTAS 课堂授课框架（图 5），学生课前与人工智能问答进行自主探索，课中结合线下教学与在线资源综合提升，体现新工科培养目标的同时尊重本专业学科以及学生的特点，有机融入各项教学资源。

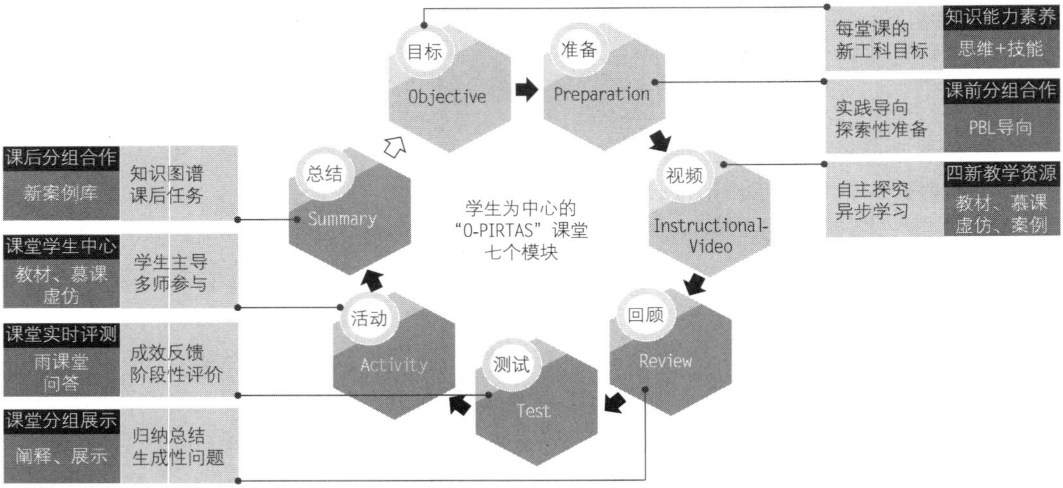

图 5　学生为中心的 O-PIRTAS 课堂教学方案

以学生为中心的 O-PIRTAS 课堂包括七个模块。①目标：根据新工科教学需求设计每堂课的培养目标，指导课堂的有序高效开展。②准备：基于新工科视角的培养需求，以实践项目为导向，为指导学生开展探索性学习做好准备。为提升不同类型学生的分工合作能力，每堂课前需要根据不同的研究项目开展分组合作。学生在人工智能助教的指导和解惑下自行利用线上资源开展学习，实时反馈促使学生产生自主学习的动力。③视频：综合课程构建的立体资源以及信息环境，为学生提供自主探究所需的学习资源，包括教材、慕课、虚拟仿真实验室、案例解读等，提高学生举一反三的能力。④回顾：教师教学开始前邀请学生对自主学习的内容进行分组展示，对学生的阐释和展示内容进行归纳总结，生成课堂所需要讲解的重点问题（生成性问题）。⑤测试：在回顾基础上进行重点讲解，并依托数智平台进行课堂实时提问和测评，反馈学生的学习成效，作为阶段性评价的依据纳入评价体系。⑥活动：在课堂教学中形成“学生主导、多师参与”的“教学相长”氛围，依托教材、慕课、虚拟仿真实验开展实践教学，回应学生的生成性问题，促进知识的吸收与实时转化。⑦总结：课后以分组合作的形式请学生对课程中案例教学的理解进行归纳总结，形成教学案例库，并在此基础上提炼出本节课的授课重点，形成知识图谱。教学团队根据课后任务完成情况设计下一堂课的培养目标，推动 O-PIRTAS 模型向前滚动进展。

在教学过程中，为了引导学生了解课程授课内容，以关键问题作为学习导引是重要的教学方式。问题图谱则是一种以图形化方式展示问题及其相互关系的工具，能够有效服务于问题导向型学习（problem-based learning，PBL）。在课程教学中，问题图谱有助于帮助学生梳理问题逻辑，通过“问题情景—思维层—方法层—知识内容”的逐层引入，直观展示复杂规划问题与课程教授知识间的层级结构和相互联系，帮助学生理解问题全貌。对于学生而言，问题图谱将综合性课题分解为可操作的子问题，便于学生分工合作，有序推进问题解决。教师则能够通过问题图谱，精准分析学生对各问题节点的理解程度，从而调整教学策略，提供针对性指导。而基于知识图谱与问题图谱，生成式人工智能可为学生提供语义检索服务，实时回答规划技术问题，提供高度互动化的学习体验。结合语义推理功能，人工智能可以提供专业化解答，还能推荐相关研究文献和案例。多模态人工智能具备的文生视频、图生视频等技术，能够为课程生成生动的教学内容并支持师生自主选择在课堂上或元宇宙中进行多模态互动。同时，根据课程大纲、学情数据和三图分析结果，生成式人工智能可帮助教师快速生成针对性教案，确保教学内容与学生需求精准匹配。

3.6 多元评价

伴随教学渠道的拓展，传统以“平时分+考试分”的考核方式已不适用于新的教学方式。显然，评价体系的多元化有助于促进学生的高阶发展，而明确的评价规则能够更好地辅助学生知识、技能、能力、素养的形成与培养。综合多种信息化平台的教学过程，本课程以过程性和终结性评价的方式对学生学习成果进行综合评价，其评价方法与评分组成比例如图 6 所示。评价方由数智平台、学生与教师组成，总得分涵盖个体自主学习与合作探究学习两个模块界定的学生的最终得分，后者是面向新工科教育“专才、通才”的培养特点提出的，旨在综合判定学生对于学科知识融通掌握的能力。

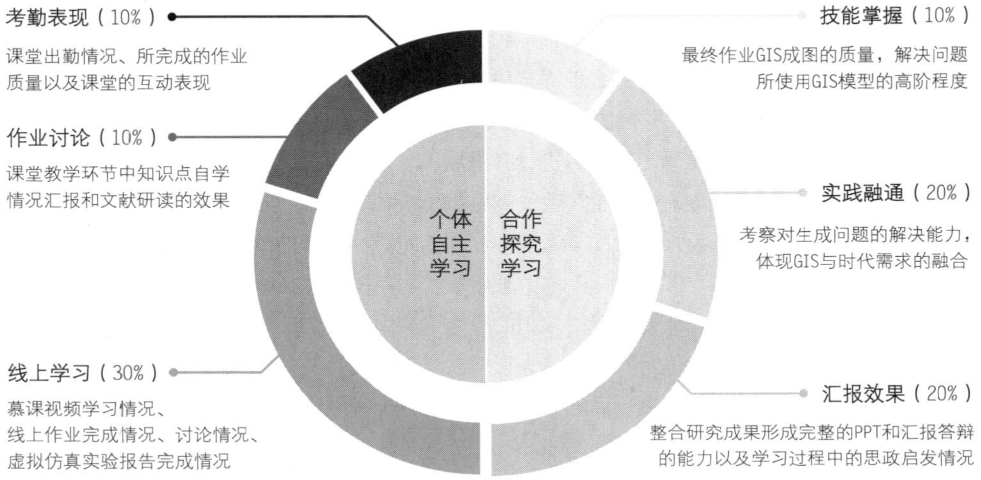

图6 学生成绩评价方式与组成比例

人工智能助教的引入极大地拓展了学生学习成果的评价维度，进一步拓宽了学生的知识面，可以通过图形化方式直观展示完成特定任务或实现目标所需的知识、技能和能力，促进迁移应用能力的提升。在教学实践中，能力图谱的应用能够将国土空间规划领域所需的关键能力节点化，使学生明确自身的学习方向与目标，并结合学生的能力现状与能力图谱，生成个性化学习方案，推荐适配的学习资源。同时，能力图谱与生成式人工智能的结合，可对学生能力发展进行动态追踪与精准评估，实时反馈学习成效，帮助教师优化教学策略。完成评价之后，鼓励教师将教学成果充分整合，作为下一阶段教学中“思政融入”环节的引入，为开启另一个 IC-RICE 教学方案做好准备。

在能力图谱的帮助下，生成式人工智能可以对学生的知识点掌握情况、能力发展水平进行实时追踪，构建和呈现动态、精准的学生学习画像，展示学生在不同能力维度上的分布及其与目标能力的差距。为个性化指导提供数据支持。基于学习画像，人工智能可以为不同学生生成具体的学习建议，包括需要加强的知识领域、推荐的实践活动以及适合的能力提升项目，并实时生成学情报告。此外，借助海量出题与智能批改功能，人工智能够快速分析学生的答题表现，量化学生对各知识点的掌握程度，为教师优化教学提供依据。此外，人工智能还可以结合图生图形与图生视频技术，系统生成实时可视化学情报告，包括学生整体进步趋势、关键问题的理解情况及未掌握的能力点等，帮助教师快速定位教学薄弱环节。

4 教学成效与未来探索

4.1 教学成效

IC-RICE 框架在生成式人工智能与元宇宙技术的支持下，针对传统课程在知识组织、实践赋能、学习支持及评价体系等方面的结构性短板，构建了技术驱动的系统性解决方案。在“国土空间规划信息技术”课程的实施中，该框架依托人工智能知识萃取技术，从教材、行业标准、前沿文献中自动提取“GIS 基础、四大思维与 GIS 技术、GIS+创新应用”三大核心领域的实体关系，构建包含“依赖—递进”知识顺序、“数据—思政—应用”关联属性的知识图谱。相较于传统课程的碎片化模块，该图谱将内容整合为“思维奠基（计算思维/空间思维）—技术赋能（数据获取/软件操作）—创新应用（国土空间规划应用）”的进阶体系，解决知识体系割裂问题。在该体系支持下，生成式人工智能基于学生学习画像，自动生成适配的学习资源与路径，实现“因材施教”，显著提升学习针对性与效率。

元宇宙技术则赋能沉浸式实践教学，通过元宇宙教学平台构建数字孪生空间，学生可在虚拟环境中进行方案设计、推演及模拟。相较于传统线下实践的地域限制，元宇宙支持实时加载多源数据，学生可通过虚拟化身进行空间句法分析、三维景观评价等操作，沉浸式体验“规划—模拟—评估”全流程，强化对复杂问题的解决能力。此外，元宇宙平台支持多人实时协同设计、跨地域多师在线评图及行业专家虚拟入驻，学生团队可在虚拟场景中同步进行网络分析与方案推演，AI 智能体实时提供空间分析算法支持，教师与行业专家通过虚拟教研室实时介入指导，形成“实践—反馈—迭代”闭环，突破传统课堂的时空壁垒。

同时，该框架还实现了多元评价体系构建与能力导向升级。能力图谱驱动立体化评估：构建包含“GIS 技术操作、空间分析思维、规划实践创新、思政价值认同”的能力图谱，将行业需求转化为可量化的能力节点。人工智能基于学习轨迹生成动态评估报告，精准定位学生在多维标准下的优势与不足，解决传统评价对高阶思维与素养覆盖不足的问题。在多主体协同评价机制方面，引入“师评、人工智能评、互评”三方协同。在设计方案汇报中，人工智能自动评估方案的空间分析逻辑与可视化创新性，教师侧重评价技术应用的合规性与社会人文价值，学生互评团队协作度，形成“技术—伦理—协作”的多维反馈，全面覆盖知识、技能、素养目标。在人工智能赋能下，该课程为学生提供了更加智能、灵活的学习体验，也为教师的教学提供了更精准的数据支持，提升了整体教学效果（图 7）。

“国土空间规划信息技术”的线上虚拟教学平台充分整合了多元化的教学资源，包含 7 个教案资源、28 个章节教学资源，覆盖 109 个知识点，涵盖文本、图片、视频、图谱等多种展示形式。借助生成式人工智能技术，人工智能助教能够根据学生的知识薄弱点提供有针对性的学习支持，显著提升学习效率。这一理论与实践相结合的教学模式使得学生不再局限于传统教学中的被动角色，能够自主选择学习内容和节奏，突破了传统课堂的局限性。统计数据显示，学生在平台上自主完成章节资源学习的平均时长为 373.8 分钟，最长学习时长达到 873.3 分钟，且学生平均完成了 76 个知识点的学习，约

图7 生成式人工智能赋能课程教学

占总知识点的70%。教学平台提供了线上论坛供学生开展讨论，讨论总量达到192次，总回复数为197个，并可通过讨论词云显示学生在学习过程中的关注焦点。

教学团队注重以学促教、以赛促教，既通过教学相长的方式保证课程效果的不断迭代提升，又有效地响应学生的现实需求，提升课堂知识的迁移应用水平，从而实现实际产出。在多项教学改革举措和人工智能前沿技术的影响下，学生团队自主开发了基于元宇宙技术的文化遗产教育平台，获得全国三维数字化创新设计大赛省级一等奖。在课程教学体系影响下，多名同学已逐步走向工作岗位并应用GIS思维解决实际问题，获得“GIS新锐”“GIS新秀”等行业表彰。课程教学方案与部分建设完成的立体资源同时也获国家一流本科课程、全国高校教师教学创新大赛一等奖、高等学校GIS教学成果奖、住房和城乡建设部“十四五”规划教材等表彰和认定。这些成果表明，IC-RICE模式通过生成式人工智能重构知识体系、元宇宙拓展实践场景、多元评价聚焦能力，为传统课程提供了知识组织从割裂到融合、实践教学从操作到创新、评价体系从单一到多维的突破，在学生实践、教学实践和行业实践中均得到认可，取得显著成效，未来可以根据学生特点总结经验并进一步推广。

4.2 未来探索

当前教育面临严峻的数智技术发展挑战，不仅突破了传统的物理边界，也催生了微专业和双学位等新型人才培养模式。与此同时，生成式人工智能和数字空间逐渐渗透到各个课程中，教师在教学过程中注重挖掘垂直领域中的人工智能元素，打破学科之间的壁垒，推动学科间的交叉融合。如何抓住数智技术的普及契机推动教学创新，成为亟须教师们思考的问题。本研究针对建筑类新工科人才培养需求与学生学情进行深入分析，提出IC-RICE教学创新六举措模型，并尝试以生成式人工智能和知识图谱推进创新举措在实际教学中的应用。结合改进的O-PIRTAS课堂模型和多元评价方式，课程促进学生自主思考和高阶发展能力，实现了教学方式的创新，为建筑类新工科课程的教学改革提供了可行的参考，有助于进一步推动相关领域的教育教学质量提升。

从 IC-RICE 创新举措角度来看，随着数智技术的快速发展和进一步成熟，“GIS+”智慧教学将深度融合生成式人工智能技术，能够为学生提供全新的互动教学体验。为此，IC-RICE 创新举措模型仍需要进一步深化和升级，进一步完善顶层设计。依托生成式人工智能教育平台和 O-PIRTAS 课堂模型，教学过程被划分为课前、课中和课后三个阶段。课前阶段明确学习目标、充分准备教学内容并建立线上视频资源，学生可以与 AI 智能体互动，答疑解惑并了解教学理念及课程作业；课中阶段回顾知识点、进行测试并组织自主探究活动，利用各项图谱促进知识呈现和学科交叉；课后阶段通过人工智能进行知识总结、作业展示和成果交流，进行测评和作品点评。

从生成式人工智能技术角度来看，GIS 教育正在探索一种渐进式发展模式，结合专业课程、通识课程、人工智能课程与微专业，旨在平衡学生面临的深度与广度之间的难题，满足个性化学习需求，并解决学习内容碎片化的问题。该模式的实施目标包括构建渐进式教学体系、推行个性化学习模式以及建立立体化的数字资源。具体路径依托虚拟教研室，实现跨校跨学科的教研互动与价值共创；依托 AI 智能体，全方位支撑线上线下混合式教学模式；依托知识图谱，重构 GIS 教学内容并关联 GIS 体系资源，以推动教学创新。为此，需要结合课程教学的需求以及行业发展动态，进一步开发人工智能潜能。在人工智能的辅助下完成授课方案设置、授课内容准备、课前自主学习、课中互动交流、课后能力测评等环节，帮助教学过程进一步完善和推广。

致谢

本文受福建省高等教育改革与研究项目（重点项目）“基于数智技术的建筑学创新人才培养模式创新”（FGJG202304）、福建省本科高校教育教学研究项目“基于翻转课堂教学模式的建筑类新工科人才培养方法创新与实践”（FBJG20220143）、福建省首批虚拟教研室“面向建筑遗产保护的数智技术课程群虚拟教研室”以及福建省课程思政示范课程、教学名师和教学团队“建筑遗产保护专题”资助。

参考文献

[1] AKYÜREK S, GENÇ G, ÇALÍK O, *et al*. Metaverse in tourism education: a mixed method on vision, challenges and extended technology acceptance model[J]. Journal of Hospitality, Leisure, Sport & Tourism Education, 2024, 35: 100503.

[2] AZIZ F, LI C, KHAN A U. Immersive learning in virtual worlds: a two-step analysis SEM and NCA for assessing the impact of Metaverse education on knowledge retention and student collaboration[J]. Technology in Society, 2025, 81: 102871.

[3] BELKINA M, DANIEL S, NIKOLIC S, *et al*. Implementing generative AI (GenAI) in higher education: a systematic review of case studies[J]. Computers and Education: Artificial Intelligence, 2025, 8: 100407.

[4] DUAN H, LI J, FAN S, *et al*. Metaverse for social good: a university campus prototype[C]// MM '21: Proceedings of the 29th ACM International Conference on Multimedia. New York: Association for Computing Machinery, 2021: 153-161.
[5] GUO J. The use of an extended flipped classroom model in improving students' learning in an undergraduate course[J]. Journal of Computing in Higher Education, 2019, 31(2): 362-390.
[6] HERNANDEZ M S, SENTOSA I, GAUDREAULT F, *et al*. The emergence of the metaverse in the digital blockchain economy: applying the ESG framework for a sustainable future[C]//2023 3rd International Conference on Advance Computing and Innovative Technologies in Engineering. IEEE, 2023: 1324-1329.
[7] LIM W M, GUNASSEKARA A, PALLANT J L, *et al*. Generative AI and the future of education: Ragnarök or reformation? A paradoxical perspective from management educators[J]. The International Journal of Management Education, 2023, 21(2): 100790.
[8] NIKOLIC S, DANIEL S, HAQUE R, *et al*. ChatGPT versus engineering education assessment: a multidisciplinary and multi-institutional benchmarking and analysis of this generative artificial intelligence tool to investigate assessment integrity[J]. European Journal of Engineering Education, 2023, 48(4): 559-614.
[9] NIKOLIC S, SANDISON C, HAQUE R, *et al*. ChatGPT, Copilot, Gemini, SciSpace and Wolfram versus higher education assessments: an updated multi-institutional study of the academic integrity impacts of Generative Artificial Intelligence (GenAI) on assessment, teaching and learning in engineering[J]. Australasian Journal of Engineering Education, 2024, 29(2): 126-153.
[10] QIU Y, ISUSI-FAGOAGA R, GARCÍA-ARACIL A. Perceptions and use of metaverse in higher education: a descriptive study in China and Spain[J]. Computers and Education: Artificial Intelligence, 2023, 5: 100185.
[11] 曹荣荣，柳林，于艳东，等. 融合知识图谱的大语言模型研究综述[J/OL]. 计算机应用研究，2025. DOI: 10.19734/j.issn.1001-3695.2024.12.0532.
[12] 付金伟，魏佳鑫，刘美，等. AIGC 技术赋能工程教育转型：教学方法与学习体验革新[J]. 高等工程教育研究，2024(5): 51-57.
[13] 耿虹，徐家明，乔晶，等. 城乡规划学科演进逻辑、面临挑战及重构策略[J]. 规划师, 2022, 38(7): 23-30.
[14] 李刚，秦昆，万幼川，等. 面向新工科的遥感实验教学改革[J]. 高等工程教育研究, 2019(3): 40-46.
[15] 李海峰，王炜. 元宇宙+教育：未来虚实融生的教育发展新样态[J]. 现代远距离教育, 2022(1): 47-56.
[16] 李翔，吴志强，甘惟. 人工智能为代表的新教育技术体系对规划教育的影响[J]. 高等工程教育研究，2025(1): 47-53.
[17] 李晓明，洪武扬，王伟玺，等. 新工科背景下地理信息系统教学改革探讨[J]. 地理空间信息，2022，20(10): 158-160.
[18] 李渊，黄竞雄，梁嘉祺. 道器相融：从技能到思维到融通——厦门大学“国土空间规划信息技术”课程教学创新与实践[J]. 中国建筑教育, 2023(1): 167-172.
[19] 林健. 面向未来的新工科建设——新理念 新模式 新突破[M]. 北京：高等教育出版社, 2020.
[20] 刘扬鹤，彭仲仁，侯清，等. 生成式人工智能在编制美国小镇总体规划中的角色、挑战与机遇——以 ChatGPT 为例[J]. 城市与区域规划研究, 2024, 16(1): 215-229.
[21] 田莉，杨鑫，张雨迪，等. “专业知识+人工智能”双驱动的城乡规划设计教育创新探索：以住区规划为例[J]. 城

市规划学刊, 2024(5): 71-78.
[22] 王建明, 朱珂. 从“数字化”到“智慧化”: 高等教育数字资源发展的应然指向与实践路径[J]. 黑龙江高教研究, 2024, 42(11): 155-160.
[23] 汪庆, 孙岩, 孙少静, 等. 新工科理念下环境工程专业教育与课程思政协同育人路径研究[J]. 高教学刊, 2024, 10(2): 189-192.
[24] 翁阳, 党安荣, 李翔宇, 等. 理想城市的演进: 基于数字孪生城市和元宇宙的思辨[J]. 城市与区域规划研究, 2024, 16(1): 1-14.
[25] 曾泽凡, 胡星辰, 成清, 等. 基于预训练语言模型的知识图谱研究综述[J]. 计算机科学, 2025, 52(1): 1-33.
[26] 张策, 初佃辉, 张侨, 等. 元宇宙教学: 高等教育数字化教学转型的高阶形态[J]. 计算机科学, 2024, 51(10): 1-9.
[27] 张家军, 曾照瑶. 元宇宙之于课堂教学: 机遇、挑战与应对[J]. 广西师范大学学报(哲学社会科学版), 2024, 60(3): 106-117.

[欢迎引用]
李渊, 黄竞雄, 姚颜霖, 等. 生成式人工智能与元宇宙赋能IC-RICE教学创新六举措[J]. 城市与区域规划研究, 2025, 17(1): 77-95.
LI Y, HUANG J X, YAO Y L, *et al*. IC-RICE teaching innovation model empowered by GenAI and metaverse[J]. Journal of Urban and Regional Planning, 2025, 17(1): 77-95.

北京中轴线活化利用数字技术框架建构与应用

卢培骏　舒　展　张　能　李超群　郑伊辰　吴永兴

Digital Technology Framework Construction and Application for the Revitalization and Utilization of Beijing's Central Axis

LU Peijun[1], SHU Zhan[2], ZHANG Neng[1], LI Chaoqun[2], ZHENG Yichen[1], WU Yongxing[1]
(1. School of Architecture, Tsinghua University, Beijing 100084, China; 2. SSV Digital Cultural Lab, Tencent Co. Ltd., Beijing 100080, China)

Abstract　Against the backdrop of deep integration of cultural heritage preservation and technology application, in response to the current challenges in the revitalization and utilization of cultural heritage, such as fragmented multi-source information, difficulties in data ownership confirmation, and the limited depth in interactive displays and public participation, this study constructs a digital technology framework based on cultural heritage historical information model, grounded in a cluster of technologies, including artificial intelligence, blockchain, and digital twins. This framework enables precise modeling of spatiotemporal information model of cultural heritage's full lifecycle through multi-source heterogeneous data fusion, knowledge graph construction, and digital twin/regeneration technology; relying on smart contracts and distributed identity authentication technology, it establishes a trusted circulation system for cultural data asset transactions; based on the "end-edge-cloud" framework and extended reality (XR) technology, it develops a multi-terminal, immersive interactive experience system; and pioneers a new digital model for public participation in cultural heritage preservation. The practice of Beijing's Central Axis for World Heritage nomination shows that this framework breaks through the practical bottlenecks of heritage revitalization and utilization to construct a new revitalization paradigm—"spatial data assetization, diversified

作者简介
卢培骏、张能、郑伊辰、吴永兴（通讯作者），清华大学建筑学院；
舒展、李超群，腾讯数字文化实验室。

摘　要　在文化遗产保护与科技深度融合的背景下，针对当前文化遗产活化利用中存在的信息知识多源庞杂、数据要素确权困难、交互展示及公众参与深度有限等现实问题，本研究构建了以文化遗产历史信息模型为基底，融合人工智能、区块链、数字孪生技术集群的数字化技术框架。该框架通过多源异构数据融合、知识图谱构建与数字孪生/再生技术，实现了文化遗产全生命周期时空信息模型的精准建模；依托智能合约与分布式身份认证技术，搭建了文化数据资产交易的可信流通体系；基于“端-边-云”架构与扩展现实技术，开发了多终端沉浸式交互体验系统；创新了公众参与文化遗产保护的数字化新模式。北京中轴线申遗的实践表明，该框架有效破解了遗产活化利用的现实瓶颈，构建了“空间数据资产化-文化展示多元化-公众参与社会化”的活化利用新范式，为全球文化遗产活化利用提供了兼具技术创新与价值转化的中国方案。

关键词　文化遗产活化利用；数字技术框架；历史信息模型；数据要素流通；公众参与

1　引言

历史文化遗产承载着中华民族的基因和血脉。让更多文物和文化遗产活起来，营造传承中华文明的浓厚社会氛围，这是国家提出的明确要求。近年来，国家持续推动文化与科技深度融合，为文化遗产数字化转型指明方向。2023年，中央宣传部、文化和旅游部、国家文物局等13部门联合印发《关于加强文物科技创新的意见》，强调“推动文物

cultural displays, socialized public participation", providing a Chinese solution with both technological innovation and value transformation for the revitalization and utilization of global cultural heritage.

Keywords revitalization and utilization of cultural heritage; digital technology framework; historical information model; data element circulation; public participation

资源数字化、智慧博物馆建设”。2024 年 10 月，中共中央政治局会议明确提出“探索文化和科技融合的有效机制，实现文化建设数字化赋能、信息化转型”。2025 年新修订的《文物保护法》更是将“加强文物保护信息化建设”纳入法律框架。

数字化技术在文化遗产保护利用中已经展现出独特优势，为不可再生的文化遗产提供了系统性、科学性、可持续性的保护利用方案（江小涓，2021）。高精度信息采集与三维建模技术满足了濒危文物抢救性保护需求（罗华坊，2023）；基于高分辨率图像的三维模型重建技术，能够生成精细纹理文物数字模型（姜宽舒等，2024），显著提升文物展示与传播效果；人工智能复原算法则大幅加速文物修复过程，与专业人员密切配合提高修复的准确性（王君，2024）。这些技术不仅革新了传统保护手段，更成为活化利用、促进文化价值向经济价值转化的核心驱动力。

尽管信息技术在文化遗产保护领域已开展深入研究（党安荣等，2021；张智等，2021），但在活化利用层面的研究仍存在明显不足，实践中也面临诸多挑战。例如，文化遗产信息模型尚不健全，缺少对于文化遗产价值体系、时空演变脉络、空间环境特征等多维信息的系统整合，标准化数据体系缺失，制约了后续活化利用的广度与深度（徐见卓等，2024）；文化数据要素确权困难，数据产权边界不清晰，数据持有权、使用权与经营权难以界定，阻碍了文化数据要素的价值评估与流通交易，限制了文化遗产的数据资产化与价值实现（王玉珏、陈思伶，2025）；展示交互体验局限较大，现有展示以静态陈列与单向讲解为主，参观者多处于被动接收状态，难以深度参与文化体验，难以充分调动参观者的感官与思考，致使文化遗产核心价值难以有效传递（李宣、舒安琦，2024）；公众参与深度有限，如何通过技术赋能突破参观游览、文创消费等浅层次的公众参与方式，增强公众在文化遗产活化利用中的参与感，是数字化转型过程中亟待解决的重要问题（郑利军、杨昌鸣，2005）。

针对从数字技术维度系统探索活化利用的数字化路径，本文将梳理数字技术在文化遗产活化利用各个方面的技术框架，结合北京中轴线申遗案例，从历史信息模型、数据确权交易、展示交互体验与公众参与四个方面，详细阐述数字化技术的实践价值与发展方向，旨在为全球文化遗产活化利用提供了兼具技术创新与价值转化的中国方案。

2 文化遗产活化利用数字技术的发展及应用进展

随着知识图谱与大模型技术的快速发展，针对特定文化遗产和智慧博物馆的知识图谱研究逐渐兴起，旨在解决信息挖掘不足和知识体系不完善等问题（耿国华等，2025）。知识图谱是一种基于本体论的语义网络，以结构化的方式描述现实世界中的实体及其之间的关系（秦新华，2024）。信息模型则是对数据组织、关系及约束的系统化概念框架，抽象表示现实世界的信息结构和语义（李文强，2023）。二者共同支撑文化遗产信息系统的智能化与标准化建设（仇岩，2024）。当前，知识图谱技术已在文物管理、文化资源整理等领域取得重要进展（汪营、雒伟群，2025；应悦、徐基田，2025），有效建立了文化遗产在时间与空间维度上的内在关联。蒋金亮等（2024）开发了基于知识图谱和大模型的文化遗产展示方法，并在大运河文化遗产中得到成功应用；周正达等（2025）提出了结合大语言模型与提示工程的非遗知识图谱构建框架，将知识图谱技术拓展至非物质文化遗产领域。徐见卓等（2024）通过综述国际前沿研究，指出将 BIM、CIM 与语义 Web 技术融合，能够实现建成遗产全生命周期数据管理，为未来的深度学习研究提供基础支持。张小峰（2024）和孙祥望（2024）针对传统古建筑及园林遗产，开发了基于本体论的历史建筑信息模型，以满足文化遗产保护与传承需求。

数据要素资产技术为文化遗产数据的高效流通与深度利用奠定了基础（吕艾临等，2025）。在数字经济高速发展的背景下，文化数据作为关键生产要素的重要性日益突出（谷秀青、彭雷霆，2025）。文化数据要素资产化通过确权、质量评估与价值量化等技术手段，激活公共文化数据资源（王周宏、徐旻璐，2025），将数据转变为可计量、可交易的资产形式，推动数据要素的市场化配置与跨领域融合，促进文化价值向经济效益转化（黄蕊、于鸿，2024）。然而，长期以来文化数据的产权确权模糊，制约了数据要素的市场化流通。目前，确权研究已涵盖制度基础、技术支撑和实施路径等多个方面（胡卫萍、杨德敏，2025；周锦，2025；臧志彭、陈美欣，2024）。熊鹃（2019）提出，区块链技术凭借其分布式记账和不可篡改的特性，契合博物馆管理的内在需求，已在数字版权保护领域得到广泛应用，支撑了博物馆数字藏品交易平台建设（刘丽娜等，2024）。有学者则进一步指出，区块链技术同样能够满足非物质文化遗产数字化保护的需求（Huang and Dai，2019）。此外，数字藏品作为基于收藏和版权价值的数字化产品，已在以景德镇为核心的陶瓷非遗文化产业中获得实践与验证（黄刘喆等，2023）。

数字孪生与交互体验技术推动了文化遗产展示从单向的静态呈现向互动的动态体验转型。数字孪生技术通过物联网、传感器和大数据等手段，在数字空间中构建文化遗产物理实体的动态模型，实现文化遗产在数字空间的“永生”。交互展示技术则能够实时捕捉用户行为并即时处理与反馈，实现人与文化遗产之间的双向动态互动，涉及触控、体感、语音以及 AR/VR 等多种技术形式。例如，张桢（2023）通过案例研究，总结了扩展现实（XR）技术在传统文化中的应用潜力。XR 技术融合虚拟与现实世界，提供沉浸式的交互体验，目前广泛应用于戏剧等非遗文化展示领域，创造跨越现实与虚拟的文化空间体验（高铭婕、方军，2024；闫烁等，2024）。张靖、廖家琦（2025）进一步提出了文化遗产气味景观的概念，强调嗅觉这一感官维度在文化遗产活化中的潜力。此外，张杨、王伟俊（2022）通过多模态理论，以文化空间体验设计为出发点，探索了多模态技术对于文化空间设计的重要性（孙立峰等，2024），推动了文化遗产交互体验向多感官维度的拓展。

3 城市文化遗产活化利用数字技术框架构建

面向城市文化遗产数字化活化利用的实践需求和技术发展趋势，本研究系统研发并构建了城市文化遗产活化利用数字技术框架（图 1），以“数字赋能”促进文化遗产资源的深度活化与价值转化。

图 1 面向城市文化遗产活化利用的数字技术框架

首先，研发并构建“数字再生”的“城市文化遗产历史信息模型”，作为活化利用的数字底座。区别于传统信息模型构建过程中，本研究提出采用“数字再生”技术，对文化遗产进行复原和历史时空信息建模，通过记录文化遗产从产生、演变至今的全生命周期过程（袁烽，2024），全面呈现其时空演变脉络，为精准保护修复策略制定、深层文化价值挖掘提供数据支撑与分析依据。进而，依托文化遗产历史信息模型，从三个维度构建数字技术体系，形成“数据流通-展示交互-公众参与”协同联动的活化利用数字生态系统：一是构建促进文化遗产数据资源化和资产化的“数据要素可信流通技术体系”；二是建立支撑文化遗产信息模型展示交互的“跨时空多终端可视化技术体系”；三是设计引导公众深度参与的“公众参与交互技术数字体系”。以此推动文化遗产资源高效转化为经济价值、文化价值与社会效益。

3.1 城市文化遗产历史信息模型

城市文化遗产历史信息模型自下而上可以分为：数据层、处理层、建模层与管理层。

数据层作为信息模型的基础，集成了多源异构数据。高精度三维空间测绘与实时监测数据精确记录文化遗产几何特征，为模型提供空间维度的基础数据；文献古籍数据承载着遗产跨越时空的信息，体现丰富的社会历史背景和传统文化习俗，为挖掘文化价值提供重要依据；考古数据源自实地发掘研究，以实物与考古发现为依据，支撑遗产起源和演变过程的实证研究；历史影像数据以直观视觉形式呈现遗产不同时期面貌，成为动态变化过程研究的宝贵素材。

处理层负责多源异构数据的融合处理。数据标准技术通过统一的数据格式、编码规则和质量规范，确保数据质量和兼容性；数据融合技术实现标准化的数据预处理，包括数据清洗、格式转换、结构化处理，并利用数据挖掘和机器学习算法修补数据，形成规范化的历史遗产空间数据集；知识图谱技术以语义网络为基础，构建文化遗产的知识实体及其关系网络，深入挖掘文本、语音、图像等非结构化数据背后的语义关联，构建特定遗产的知识图谱，为后续建模提供高质量的数据支撑。

建模层是文化遗产历史信息空间化建构的关键环节。数字孪生技术利用三维激光扫描、结构光扫描和摄影测量技术采集空间数据，结合点云和影像数据建模技术建立文化遗产的数字孪生模型，并通过传感器实时监测变化及环境影响；针对数字孪生模型缺少建筑与城市遗产精确空间数据的问题，BIM与CIM技术基于建筑及城市信息模型理论，对遗产进行精细化建模，精确表达建筑结构、材质细节等工程属性，提升模型的真实性和精度；数字再生技术则基于知识图谱和文化遗产大语言模型，运用人工智能生成技术对历史文化遗产进行空间数字复原，重现不同时期的历史风貌。

管理层保障信息模型数据的完整与高效利用。历史数据管理技术采用时空数据索引和快速检索机制，便于快速查找和修改不同来源、不同历史时期的数据；模型增量更新技术可在新数据产生或遗产状态变化时，以增量方式更新模型，确保模型及时反映最新信息，避免大规模模型重建；版本控制技术记录模型各阶段的版本信息，包括数据内容、建模方法、更新记录等，确保模型数据的可追溯性与可靠性；数据权限管理技术对不同用户设置差异化访问权限，保障数据安全；数据审计技术实时监测数据访问和操作记录，便于发现和追踪异常操作；数据备份与恢复技术定期备份模型数据，防止数据丢失并实现灾难恢复。

3.2 数据要素相关技术体系

支撑文化遗产数据要素可信流通，是实现其活化利用与价值转化的关键环节，一般涉及数据确权、评估与交易三个核心环节。

数据确权旨在明确文化遗产数据资产的归属及其使用权利边界，包括数据标识和确权保护两个组成部分。在数据标识阶段，通过数据编码和数据指纹技术为每份数据生成唯一标识，确保数据的完整性与不可篡改性，避免权属争议。在确权保护阶段，采用数字版权技术生成含有创作者身份信息的数字证书，或利用数字水印技术在数据中嵌入不可见标识，实现数据溯源，从法律和技术层面保护数据创作者与所有者的合法权益。

数据评估旨在全面系统地评价文化遗产数据的质量与价值，实现数据质量的标准化和可测量。准确性评估技术采用对比分析、误差检测等方法，评判数据与实际情况的相符程度，确保数据精确可靠；完整性评估技术检查数据是否存在缺失或遗漏，保障数据内容的完整覆盖；一致性评估技术对比数据在不同来源与处理阶段的一致性，避免数据冲突；可靠性评估技术则综合考量数据来源的权威性与数据采集方法的科学性，判断数据整体的可信度。上述多维度评估为数据资产的价值确定和后续交易提供了客观依据。

数据交易环节是推动文化遗产数据市场化的核心步骤。智能合约技术凭借其自动执行和不可篡改的特性，构建安全可靠的交易规则引擎，根据预设规则自动完成数据交易，确保交易过程的透明度与公信力。区块链技术依靠分布式账本与溯源机制，记录文化遗产数据从产生、加工到交易的全流程信息，形成可溯源的完整交易账本，确保数据权属明确和交易过程可信。分布式身份技术则通过去中心化标识符和多维度密钥组合，实现交易主体身份的自主管理与可信认证，防止身份伪造与非法交易，保障参与方的资质合法性。

通过上述技术体系的有机整合，构建了文化遗产数据资产可信流通的全面技术支撑体系，促进文化遗产资源资产化，推动遗产文化价值更有效地转化为经济价值。

3.3 跨时空多终端可视化技术体系

跨时空多终端可视化技术体系包括架构支撑层、性能优化层、渲染展示层与交互体验层四个部分。

架构支撑层以“端-边-云”分布式计算架构为基础，实现终端设备、边缘节点与云端资源的高效协作。终端设备负责用户交互、数据采集与本地渲染；边缘计算节点承担数据的初步分析处理和缓存云端预渲染数据，以减轻云端计算负载；云端则提供强大的计算、存储和渲染资源，通过云渲染技术进行集中处理，快速实现高质量渲染输出。网络通信技术保障数据在各层之间高速稳定的传输，确保信息交互的实时性与流畅性。

性能优化层侧重于优化整体系统性能，具体涉及模型轻量化、渲染速度提升与数据检索效率提高。模型轻量化技术通过几何简化、纹理压缩等手段，降低三维模型数据量，以提升加载与渲染效率；光栅优化技术通过调整光栅化参数并应用快速抗锯齿算法，显著降低渲染计算复杂度，提升图像质量与处理速度；高效检索技术建立时空索引结构，利用一致性哈希算法快速定位和提取数据，加快数据访问速度；数据压缩技术则采用无损或有损压缩算法，有效减少数据传输与存储成本，同时保持数据的展示效果。

渲染展示层实现文化遗产模型的高效快速渲染。实时渲染技术利用GPU并行计算能力，结合高性能图形渲染引擎，实现文化遗产场景的动态更新和交互反馈，提供逼真的视觉体验；光栅优化显示算法进一步提高图像清晰度与色彩还原准确性；多端适配渲染技术根据不同终端设备的屏幕尺寸、分辨率和性能特点，自适应调整渲染参数，确保文化遗产在各类设备上的良好视觉呈现。

交互体验层增强用户与文化遗产数据的互动体验。基础交互技术支持用户利用鼠标、键盘和触摸屏等输入设备，实现对文化遗产模型的自由操作和多视角观察；AR/VR/XR技术则以沉浸式虚拟方式展示文化遗产的时空历程，使用户获得身临其境的感受；语音交互技术允许用户通过自然语言指令实现信息查询与场景切换，提供更加便捷的交互体验；多人协同交互技术支持多用户同时在线互动，共同探索与操作文化遗产模型，促进用户间的交流与协作。

跨时空多终端可视化技术体系通过多层次技术的深度融合与协作，有效支撑文化遗产信息模型的高质量展示与互动，显著提升文化遗产传播效果和用户体验，推动文化遗产价值的有效传承与转化。

3.4 公众参与交互数字技术体系

推动公众积极参与文化遗产保护和活化利用，依赖于完善的公众参与交互技术体系。该体系由服务端与客户端技术协同构建，促进公众与文化遗产之间的深度互动和交流。

服务端作为交互体系的后台核心，主要承担数据处理、分析和管理职能。空间分析技术对文化遗产的地理空间位置及关联数据进行深入挖掘，为公众的参观引导和知识互动提供数据支持；多模态数据分析技术能够精准解析用户上传的图片、文字和语音数据，提取有效信息；智能诊断技术通过人工智能算法，对文化遗产的结构稳定性和保存状态进行智能评估和诊断，及时发现潜在问题；风险预警技术基于实时诊断结果，结合历史数据与文化遗产信息模型，构建特定风险预警模型，针对自然灾害、人为破坏等可能威胁文化遗产安全的风险因素，提前发出预警信号，为保护决策提供依据。

客户端技术是公众与文化遗产互动的直接界面。数字人技术利用虚拟形象提供生动亲切的讲解与引导，增强公众参与的趣味性；VR沉浸式体验技术通过虚拟现实设备，使公众能够沉浸于历史场景，深入感受文化遗产的魅力；Web端展示技术以网页方式展示保护知识，推动公众参与巡检活动，上传与记录文化遗产现状；用户管理与认证技术则保障公众参与过程中账号的安全性和个人身份管理，方便公众记录自己的巡检轨迹与成果。

服务端与客户端技术高效协作，形成统一的交互平台。服务端为客户端提供实时的引导与知识支持，而客户端反馈公众参与的实时成果，共同推进文化遗产保护和活化利用，实现文化遗产的可持续传播与发展。

4 数字技术框架在北京中轴线申遗保护中的应用

北京中轴线传承我国数千年的理想都城营建秩序，顺应特殊的多尺度地理环境，成功满足了多民族统一国家建都需要，是蕴含着综合、创新规划智慧的文化遗产。作为中国理想都城秩序的杰作和中华文明的标志性代表，其申遗过程中首次全面应用城市文化遗产活化利用数字技术框架，将历史信息模型和三大技术体系转化为“北京中轴线时空舱”“北京雨燕数字藏品交易平台”“中轴线 VR 互动体验展”“北京中轴线数字打更人”四大应用场景，融合了人工智能、云计算、区块链等先进技术，打通了中轴线的“数字复原-数字资产-数字体验-数字参与”全链条，为全球文化遗产数字化建构及应用提供了典范。

4.1 北京中轴线时空舱

北京中轴线时空舱以中轴线历史信息模型建构为基础，打破了传统测绘建模的限制，融合数字孪生与数字再生技术，创建了全面的历史时空信息模型。利用自然语言处理（NLP）技术构建文化遗产的特征级本体模型，并通过跨领域知识抽取、关系识别与动态建模技术，形成了动态的文化遗产知识图谱，以增强文化遗产领域的大模型。基于这一模型，进一步运用生成式人工智能技术，快速批量重构生动的历史场景，精确再现了元大都（1267）、明永乐（1405）、明嘉靖（1564）、清乾隆（1750）、民国（1912）及当代（1977）六个关键历史时期北京中轴线的风貌，展示 700 多年以来北京中轴线的城市脉络延续与历史变迁（武廷海等，2021）。结合知识图谱为线上线下观众提供丰富的文字、语言、图片、视频资料，让他们更加深入地了解中轴线 15 个遗产点背后的建筑文化与历史价值。

最终在 7.8 千米长的核心遗产区范围内，构建高精度历史信息模型。该模型采用五级 LOD 地图模式，覆盖面积约 4 万平方千米，包含 220 万处建筑、30 万种植物、8 000 余棵古树名木、221 个文保单位、33 个历史文化街区、1 000 余条传统胡同，数据量超过 15TB。

4.2 北京雨燕数字藏品交易平台

围绕北京中轴线数字资产的可信流通，搭建了可确权、可计算、可追溯的数字遗产安全流通平台。在确权阶段，通过基于规则的数据资产编码技术，为文化遗产生成包含三维特征值的唯一数字身份标识；评估阶段则采用标准化的数据完整性、一致性、可靠性评估技术，以确保数据质量；交易阶段创新性地运用区块链技术搭建了云分布式身份系统，采用三方密钥协同机制，实现了数字遗产全球范围内的安全共享。这一技术体系首次应用于中轴线首个数字形象——“北京雨燕”，打造出具有纪念意义与收藏价值的数字藏品，每一款数字藏品都有本土设计师结合遗产的特色文化元素进行设计，首批 9 999 件数字藏品在上线一小时内即全部被领取完毕。

4.3 中轴线 VR 互动体验展

中轴线的数字化展示以“端-边-云”分布式云计算架构为基础，搭建了跨时空沉浸式体验平台。其中，云端计算集群应用大尺度时空场景实时混合渲染与全局资源优化调度技术；边缘节点融合负载均衡、缓存优化与时空细粒度访问控制及隐私保护技术；终端设备则应用轻量化交互技术与边缘计算前置技术，共同构建了文化遗产的沉浸式体验云渲染服务平台。用户佩戴普通 VR 设备，即可流畅游览 7.8 千米的中轴线全域，无需本地存储 TB 级模型数据。

4.4 北京中轴线“数字打更人”

“数字打更人”计划创新了公众参与文化遗产保护的模式，将公众从文化遗产的旁观者转变为主动的守护者。服务端开发遗产场景编码与定位技术，帮助用户发现和记录遗产损坏或不文明行为。在核心遗产区内，布置了 160 个遗产区界桩，用户可以扫描界桩的二维码或登录“云上中轴”小程序，开始进行“巡检”。一旦发现文化遗产缺失、破损或脏污，周围管理设施松动或损坏，人为活动存在安全隐患，即可拍照上传图片或文字描述，上传巡检图片，后台通过遗产安全智慧诊断技术自动评估文化遗产风险，并根据巡检质量自动计算用户贡献值，累积贡献值可兑换中轴线主题数字藏品。这一模式不仅增强了公众参与热情，也有效解决了遗产监测中心人手不足的问题。截至目前，提交巡检记录超过 6 万条，上传巡检图片超过 13 万张，2.6 万名志愿者参与行动，其中包括北京 10 个区 53 所中小学校的学生，形成了“全民守护中轴线”的广泛社会共识。

5 结论

本研究构建的文化遗产活化利用数字技术整体框架，以文化遗产历史信息模型为基底，开发“数据可信流通-时空展示交互-公众深度参与”的数字技术体系，系统性解决了遗产活化利用中的突出问题。北京中轴线申遗的实证表明，该框架不仅实现了技术创新与文化价值的深度融合，更推动了遗产保护治理模式的范式变革。未来，随着群智计算、具身智能等技术的迭代，文化遗产与数字科技将进一步融合，更深入地阐释中华优秀传统文化的历史意义与文化价值，实现真正意义上中国文化遗产的“活态传承”，促进中华文化更好、更快、更广泛的传播。

致谢

本研究得到国家重点研发计划项目（2023YFC3803900）、腾讯 SSV 数字文化实验室的资助，特此致谢。

参考文献

[1] HUANG W, DAI F. Research on digital protection of intangible cultural heritage based on blockchain technology[J]. Information Management and Computer Science, 2019, 2(2): 14-18.

[2] 党安荣，梁媛媛，陈麦尼，等．历史文化名城保护的信息技术方法研究进展与趋势[J]．中国名城，2021，35(4): 33-37.

[3] 高铭婕，方军．中国式现代化视角下数字化赋能传统戏曲发展路径探究——以 XR 沉浸式戏曲《黛玉葬花》为例[J]．内蒙古艺术学院学报, 2024, 21(4): 111-117.

[4] 耿国华，高健，汤汶，等．文化遗产数字化保护与应用研究综述[J]．西北大学学报(自然科学版)，2025，55(1): 1-22.

[5] 谷秀青，彭雷霆．以促进数据要素流通为牵引，推动公共文化服务智慧化发展[J/OL]．图书馆建设，1-7 [2025-06-05]. http://kns.cnki.net/kcms/detail/23.1331.G2.20250508.2001.002.html.

[6] 胡卫萍，杨德敏．文化数据转化应用中的产权确认：以文化新质生产力发展为视角[J]．企业经济，2025，44(5): 68-76.

[7] 黄刘喆，龙熙盼，江鹭，等．数字化背景下陶瓷文创企业的数字藏品之路的探究[J]．江苏陶瓷, 2023, 56(5): 5-7.

[8] 黄蕊，于鸿．文化产业数实融合发展：动因、机制与生态愿景[J]．江汉论坛, 2024(11): 139-144.

[9] 江小涓．数字时代的技术与文化[J]．中国社会科学, 2021(8): 4-34+204.

[10] 姜宽舒，于泓，宋元山，等．基于三维扫描及 3D 打印的文物数字化保存与逆向修复技术研究与应用[J]．科学技术创新, 2024(2): 17-23.

[11] 蒋金亮，徐云翼，杨晗，等．基于知识图谱和大模型的文化遗产展示和查询方法研究——以大运河文化遗产为例[J]．中国名城, 2024, 38(12): 88-96.

[12] 李文强．文物建筑数字信息管理系统应用研究[D]．太原：太原理工大学, 2023.

[13] 李宣，舒安琦．交互叙事视角下智慧博物馆沉浸式体验设计研究[J]．包装工程, 2024, 45(6): 461-470.

[14] 刘丽娜，占妮，丁嘉荟．我国博物馆数字化建设中的版权问题与治理路径研究[J]．西北大学学报(哲学社会科学版), 2024, 54(3): 92-102.

[15] 罗华坊．三维激光扫描技术在遗址与馆藏文物建模中的应用[J]．测绘技术装备, 2023, 25(4): 81-84.

[16] 吕艾临，王丹阳，杨晓芸，等．数据要素流通发展热点与趋势分析[J]．信息通信技术与政策, 2025, 51(4): 2-7.

[17] 秦新华．文物知识图谱及其在博物馆中的应用——以山西博物院为例[J]．博物院, 2024(3): 105-113.

[18] 仇岩．知识图谱引领文物数字化新生[J]．中国信息界, 2024(9): 157-159.

[19] 孙立峰，宋新航，蒋树强，等．多模态协同感知与融合技术专题前言[J]．软件学报, 2024, 35(5): 2099-2100.

[20] 孙祥望．基于 HBIM 与知识本体的江南园林信息保存[D]．南京：南京工业大学, 2024.

[21] 汪营，雒伟群．基于知识图谱的西藏文物管理系统设计与实现[J]．西藏科技, 2025, 47(3): 74-80.

[22] 王君．基于人工智能的文物数字化与三维设计重建技术研究[J]．高科技与产业化, 2024, 30(9): 54-56.

[23] 王玉珏，陈思伶．文化遗产可信数据空间建设：现实意义、核心要点与实践进路[J/OL]．图书馆建设，1-6

[2025-06-05]. http://kns.cnki.net/kcms/detail/23.1331.G2.20250220.0909.002.html.

[24] 王周宏，徐旻璐．“数据要素×”公共文化服务：公共文化数据资产的特征、分类与评估方式[J/OL]．图书馆，1-8[2025-06-05]. http://kns.cnki.net/kcms/detail/43.1031.G2.20250428.2023.004.html.

[25] 武廷海，叶亚乐，吴唯佳．北京传统中轴线“天地之和”哲学蕴含初论[J]．城市与区域规划研究，2021,13(2):1-10.

[26] 熊鹃．基于区块链技术的博物馆档案管理创新研究[J]．档案与建设, 2019(8): 54-55+64.

[27] 徐见卓，马冬青，马可・斯凯奥尼．国外建成遗产历史建筑信息模型(HBIM)前沿发展综述[J]．中国文化遗产，2024(1): 5-16.

[28] 闫烁，刘姿霄，戴文思，等．基于 XR 的沉浸式媒介交互与协同感知研究综述[J]．包装工程，2024，45(20):32-42.

[29] 应悦，徐基田．数字人文视域下新四军多模态红色文化资源知识图谱构建研究[J]．数字与缩微影像，2025(1):39-43.

[30] 袁烽．建筑遗产的数字孪生保护与再生[J]．建筑与文化, 2024(4): 1.

[31] 臧志彭，陈美欣．文化数字化战略能力跃迁机理及其实现路径研究[J]．西南民族大学学报(人文社会科学版)，2024, 45(6): 143-155.

[32] 张靖，廖嘉琦．文化遗产中气味景观的信息揭示与数字营造：概念、框架与方法[J]．情报资料工作, 2025, 46(2):70-81.

[33] 张小峰．基于 IFC 的明清木结构古建筑信息模型存储标准扩展研究[D]．西安：西安建筑科技大学, 2024.

[34] 张杨，王伟俊．多模态理论在博物馆文化空间体验设计中的应用[J]．工业设计, 2022(9): 95-97.

[35] 张桢．跨越时空: XR 技术为传统文化节目制作注入新活力[J]．采写编, 2023(12): 8-10.

[36] 张智，党安荣，侯妙乐，等．长城文化遗产保护与利用的信息技术方法框架构建[J]．遥感学报，2021，25(12):2339-2350.

[37] 郑利军，杨昌鸣．历史街区动态保护中的公众参与[J]．城市规划, 2005(7): 63-65.

[38] 周锦．新质生产力视角下文化产业数字化发展：框架、机理和路径[J]．理论月刊, 2025(3): 105-114+160.

[39] 周正达，王昊，汪琳，等．ChatKG：一种基于大语言模型和提示工程的非遗知识图谱构建框架——以中国非遗陶瓷制作工艺为例[J/OL]．图书馆杂志，1-30[2025-06-05]．http://kns.cnki.net/kcms/detail/31.1108.g2.20250224.1136.008.html.

[欢迎引用]

卢培骏，舒展，张能，等．北京中轴线活化利用数字技术框架建构与应用[J]．城市与区域规划研究，2025，17(1):96-106.

LU P J, SHU Z, ZHANG N, *et al*. Digital technology framework construction and application for the revitalization and utilization of Beijing's Central Axis[J]. Journal of Urban and Regional Planning, 2025, 17(1): 96-106.

基于生成式算法探讨城市土地细分策略对街网形态的影响

封　晨

Exploring the Impact of Land Subdivision on Street Networks Based on Generative Algorithms

FENG Chen
(Faculty of Architecture, The University of Hong Kong, Hong Kong 999077, China)

Abstract In the United States, urban development usually involves land subdivision, which changes urban block structure and street networks. Although land subdivision regulations typically include design guidelines or principles related to the physical forms of blocks and streets, little systematic research, at the theoretical level, has been done on how such design guidelines or principles affect street patterns. To address this gap, this study uses computer simulation techniques to predict how different design principles will impact street network properties. To be specific, four different generative algorithms are developed to simulate the subdivision process based on the principles of economic efficiency and continuity in street construction. Space syntax theory and relevant morphological indicators are used to study the street patterns generated by the algorithms. Statistical analysis reveals that small adjustments in design principles can significantly affect the spatial performance of street networks. This study demonstrates the value of computer simulation techniques, especially generative design algorithms, in understanding the correlation between urban design principles and urban forms. The methodological framework introduced in this paper can be used to inform urban design, planning, and policy-making.

Keywords space syntax; land subdivision; street network; generative design

摘　要　土地细分是美国城市开发建设中常见的过程，会引发街区与路网结构的变化。尽管土地细分管理条例中通常包含有关街区和道路形态的设计准则，很少有人在理论层面系统地研究这些设计准则对街网形态的影响机制。针对这种不足，文章借助计算机模拟技术来预测几种不同的设计准则对街网形态的影响。具体而言，基于街道建设的经济性和连续性原则开发了四种不同的生成式算法以模拟土地细分过程。通过空间句法理论和相关城市形态指标对生成的街网样本进行统计分析后发现，设计原则的细微调整可显著影响街网形态的空间性能。文章表明计算机模拟技术尤其是生成式设计算法能够有效揭示城市设计准则和城市形态之间的关联机制，对城市规划设计和政策制定具有一定的指导意义。

关键词　空间句法；土地细分；街网形态；生成式算法

1　引言

在美国的城市规划背景下，土地细分（subdivision）的法律定义是“为了在当下或未来基于分期付款计划或任何其他计划、条款和条件给予、出售、租赁或开发的目的，而将土地（无论是空地还是改良过的土地）划分或拟划分为两个或两个以上的地块、场地、单元、地皮、公寓、地段或权益”（Freilich and Shultz，1995）。本研究不关注土地细分的法律法规和程序，而是将土地细分作为一种有界区域内发生的二维碎片化过程进行分析，尤其是该过程中产生的形态变化。因此，本文中所说的细分概念接近其原始

作者简介
封晨，香港大学建筑学院。

及直观的含义，即将某物划分为更小的部分。划分的初始对象可以是一块土地、一个街区或一组街区，细分后可以生成一组街区、子街区或地块，而公共街道则由这些街区和地块的边界所定义。

土地细分在城市发展中很常见，从中心城区到郊区都会发生。斯卡纳（Siksna，1998）分析了美国和澳大利亚八个中央商务区内街区的演变过程，发现在过去150年快速发展的过程中，拥有较大街区的澳大利亚城市比拥有更紧凑的初始布局的美国城市经历了更多的街区细分。因此，街区大小和形态的演变表明了一个自我调节的过程，通过这个过程，初始街区的形态和大小得以优化，以适应特定功能（Siksna，1997）。土地细分不仅受城市中心密集开发和土地使用变化的驱动，还在城市边缘的城市化过程中发挥着重要作用。相比于规划新城镇和投资新建筑，将扩展的郊区重新开发为更可持续和适宜步行的地方将是未来50年北美的重大项目（Dunham-Jones and Williamson，2011），包括细分或重新细分现有的地块、街区和地段，以赋予它们可持续的城市肌理和理想的功能状态，例如混合的土地使用模式、多样化的本地市场（不仅限于零售，还包括各种文化活动）、多种交通方式的使用（包括步行或公交）以及多样的进化路径使不同时期的建筑物能够共存——这些特征均符合雅各布斯（Jacobs，1961）的主张。

然而，单纯通过土地细分来加密城市肌理并不一定会带来理想的品质。在实践中，土地细分通常受到既定惯例或法律约束。当伴随而来的设计准则被反复、普遍地应用于实践时，它们的累积效应会如何影响最终设计的整体品质呢？要在早期设计阶段切实回答这个问题，不仅需要能够辨析不同城市肌理并能在日常设计实践中使用的评估方法，还需要能动态模拟这一过程并预测其结果的方法。本研究可视为对上述两个需求的初步回应。接下来将首先回顾一些现有的理论、工具和方法；然后，基于一组生成式算法在一个虚拟的方形地块上进行计算机模拟实验，以探讨土地细分的准则；最后，对初步发现进行总结。

2 理论与实践的脱节

尽管美国有大量的法律文件对土地细分进行规范，却很少有人系统性地研究这些规定对城市形态和空间结构有何影响。土地细分通常意味着街道的增加和街区的划分，从而引发城市形态结构的变化。在这方面，城市形态学不仅能够帮助理解不同城市空间要素如何相互关联和制约，还提供了相应的工具和方法来捕捉城市肌理间的差异。

2.1 城市形态学相关研究简述

2.1.1 城市形态学研究及其基本假设

城市形态学是地理学的一个传统分支，自20世纪末以来逐渐发展为一个跨学科领域。尽管起源于不同的学科背景和研究传统，城市形态学的核心假设是，城市或城镇可以基于其物理形态被“解读”

和“分析”。形态学分析一般遵循以下三个原则。①城市形态可以分解为三个基本要素：建筑及其周边开放空间、地块或土地以及街道；②城市形态可以在不同尺度上进行分析，包括建筑/地块、街道/街区、城市和区域；③由于城市形态各要素在不断转变和更替，因此需要结合历史发展背景才能充分理解（Moudon，1997）。

然而，传统的形态学研究方法在研究开放的、碎片化的现代城市组织时存在局限性（Levy，1999）。因此，希尔（Scheer，2001）采用了一种新的空间模型来分析城市形态。该模型依据演变速度对城市形态各组成部分进行划分，包括场地（site）、上层结构（superstructure）、填充物（infill）、建筑物（buildings）和物体（objects），依次代表了从最慢到最快的演变速度。根据形态和耐久性，她还将郊区填充区分为三种城市组织——静态组织（static tissues）、园区组织（campus tissues）和弹性组织（elastic tissues）。希尔的模型有助于引导人们关注城市中更具影响力和持久性的物理要素。

2.1.2 两种传统

总体而言，城市形态学研究存在两种传统。在以马丁（Martin，2000）和马奇（March，2002）为代表的城市形态学研究中，城市肌理的构成被抽象为数学关系加以探讨。本研究延续了该传统。

城市形态学的另一传统则基于实证研究，如索思沃思和欧文斯（Southworth and Owens，1993）对旧金山湾区都市边缘形态的演变研究以及斯卡纳（Siksna，1998）对美国和澳大利亚中央商务区的比较研究。

这两种研究传统各有其优势和局限性。第一种传统通过抽象来简化研究对象，在探讨设计逻辑、探索可能性等方面具有优势，难点是如何将这类高度抽象和理论化的研究应用到现实世界的特定情境中。第二种传统虽能弥补这方面的不足，但它一般由小样本驱动，因此缺乏普适性。

2.2 空间句法作为设计与研究之间的纽带

城市形态学研究常基于一些形态特征综合指标（如交叉口平均间距、街区平均面积以及面积周长比等）对城市形态总体特征进行分析和归类。然而，它们在引导具体的设计策略，特别是有关个体街道的布局方面作用有限。空间句法（space syntax）能够很好地弥补这一不足，因为它不仅能够衡量区域的总体品质，也能识别出个体街道的作用。

空间句法研究旨在探索空间布局如何影响空间使用和人的运动模式以及由此产生的社会效应（Hillier *et al.*，1987；杨滔，2022）。过去 40 年的研究表明，同等条件下，空间网络中整合度（integration）更高的街道空间更有可能被占用并承载更多的步行人流（Hillier *et al.*，1993）。这一发现被总结为“自然运动”（natural movement）理论（Hillier *et al.*，1993）。由于特定城市功能（如商业）在很大程度上依赖人流运动并从中获利，因此通过塑造人流运动模式，空间网络能够影响土地利用的分布。而事实证明，商业用地反过来又会吸引更多的人流运动，从而产生“倍增效应”（multiplier effect），这将促进空间网络进一步细分，引发城市形态与功能之间的互动（Hillier，1996）。林旭辉等（2024）结合空间句法和图神经网络（GNN）等人工智能算法进一步探讨了城市空间组织与功能分布的作用机制。

在空间句法领域，用于描述城市建成空间的经典模型被称为轴线模型（axial map）。该模型通过使用最少但最长的直线，即“轴线”（axial line），来覆盖所有可达的开放空间（Hillier and Hanson，1984）。轴线之间的关联矩阵决定了整合度（integration）和选择度（choice）等空间句法变量。为克服拉蒂（Ratti，2004）提到的轴线模型中存在的一些问题，美国佐治亚理工学院的学者们还提出了基于道路中心线模型的米制触及度（metric reach）和转向触及度（directional reach）等新的变量并开发了相应的软件分析工具（Peponis *et al.*，2008；Feng and Zhang，2017，2019；皮泊尼斯、封晨，2016）。

理论上，即使是微小的变化，如将两条街道相连，都可能显著改变整个街道系统的可达性。因此，该模型可用于分析局部道路网格变动所带来的影响。

3 一种基于生成式算法的研究方法

为了将城市形态学与空间句法理论更有效地应用于规划和设计实践，尤其是规划和设计的早期阶段，本文提出一种基于生成式算法的研究方法，以分析不同设计准则对街网形态的作用机制并弥合理论与实践之间的脱节。

生成式算法可通过形态生成机制（morphogenetics）解析和探索设计逻辑和规则。设计逻辑和规则可涵盖不同的空间尺度，既可以是关于单体建筑之间局部空间关系的规则，也可以是关于城市整体街道网络布局的原则。此外，生成式算法不仅可以用于验证从既有城市形态提炼出的规则，还能够提供交互式修改和探索新规则的可能性，从而促进设计创新（图1）。

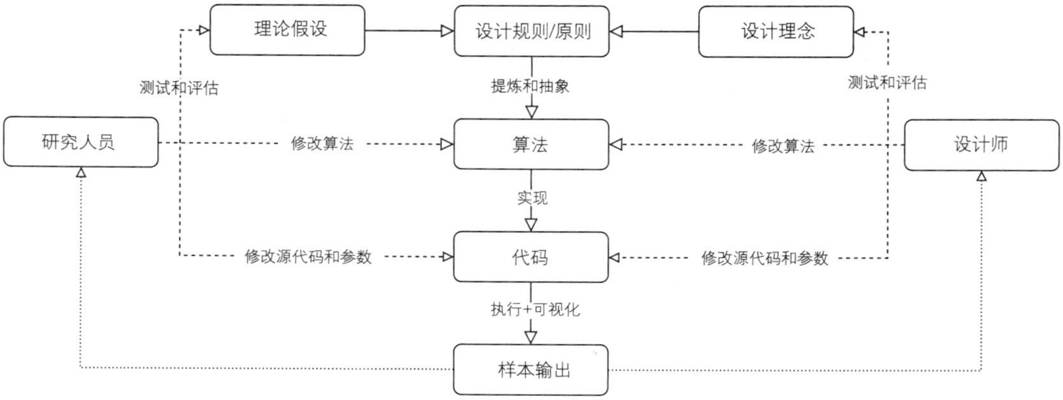

图1 基于生成式算法的研究范式

近年来，生成式城市设计（Generative Urban Design）逐渐兴起并在城市模拟、预测及辅助城市规划与设计等方面展现出巨大潜力。传统的生成式城市模型包括元胞自动机、扩散限制聚集（diffusion limited aggregation）、L 系统及形状语法等 （Batty and Longley，1994；Batty and Xie，1994；Beirão and Duarte，2005；Parish and Müller，2001；Stiny，1980）。随着人工智能和计算能力的提升，生成式城市设计展现出更多的可能性。例如，基于生成对抗网络（Generative Adversarial Networks）的方法已被用于自动生成特定风格的街道网络（Hartmann *et al.*，2017）。同时，深度学习和强化学习（Reinforcement Learning）等智能算法也被用于快速生成虚拟的街道网络以辅助电脑游戏场景设计或城市规划（Paduraru *et al.*，2022；Fang *et al.*，2021）。有关生成式城市设计的系统性综述可参见蒋等（Jiang *et al.*，2024）。

尽管已有一些生成式算法涉及土地细分，这些算法通常是针对特定目标和城市背景而开发（Weber *et al.*，2009；Duarte *et al.*，2006），其关注点更多在于追求现实城市与虚拟输出之间的视觉相似度，而较少从城市规划与设计的角度对生成性规则进行反思和讨论（Marshall and Sutton，2016）。在空间句法领域，基于生成式算法来探讨设计准则对街网空间性能的影响的研究也相对较少，已有的研究也并没有在土地细分的背景下对此进行探讨（Feng and Peponis，2022a，2022b）。因此，为弥补现有研究的不足，下文基于生成式算法的土地细分研究重点突出了生成性规则之间的差异以及采用不同设计准则对街网空间性能的影响机制。

4 城市土地细分的计算机模拟实验

4.1 研究方法

实验分为三个阶段：

（1）算法设计：通过划分地块生成街道网络，街道由地块细分后得到的街区边界所定义。由此而来的四种算法将在下一节中讨论。

（2）算法实现：使用 Processing 语言实现上述算法。

（3）统计分析：基于前一阶段计算机生成的样本进行统计分析。主要关注常用的城市形态指标和空间句法指标。其中，城市形态指标包括各样本内街区周长总和、单位面积内交叉口数量以及交叉口的平均间距。句法指标包括各样本内的轴线总数、轴线平均连接度（connectivity）以及各样本内街道的平均深度（depth）。根据使用的算法类型将样本分为四组，定量研究组内和组间的差异。

4.2 算法设计

4.2.1 基本原则

生成样本的过程从一片空白的正方形地块开始。该地块边长为 1/3 英里（约 536 米），将被细分为 20 个子街区，因此，生成的样本内街区的平均面积始终为 154 800 平方英尺（14 389 平方米），大小相当于一个边长为 394 英尺（120 米）的正方形街区。按照斯卡纳的分类，该算法模拟了一个超大街区被细分至中等尺度街区的过程（Siksna，1997）。

此外，实验采用的四种算法均遵循一个规则，即首选面积最大的街区进行细分（图 2）。街区的比例也被严格控制，以确保样本内任何街区的长宽比不大于 4∶1。每一步细分过程通过沿街区边缘放置一条连接其两侧的线来完成。每次细分都会使街区总数增加一个，且永远不会出现死胡同。

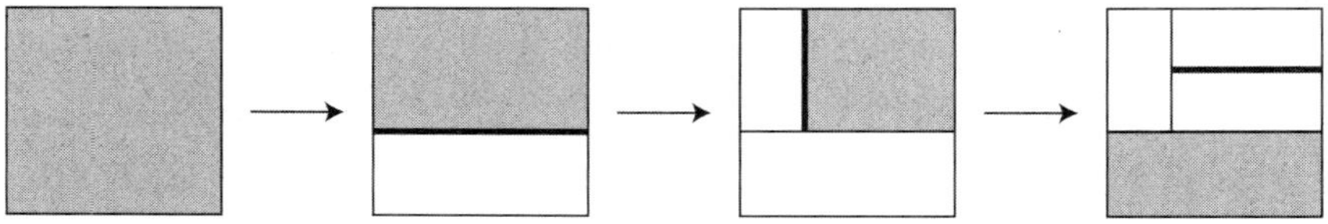

图 2　细分过程示意

注：地块内最大的街区（以灰色表示）将被优先选择作进一步分割。

4.2.2 四种算法

基于上述规则，进一步开发了四种算法，以探讨两种细分原则的效应：第一，减少街道总长以节约建设成本（最大化街道建设经济性的原则）；第二，延伸相邻街道以增加街道的连续性（最大化街道连续性的原则）。第一个原则意味着在细分街区的时候会优先考虑沿短边切分以节约街道长度（图 3）；第二个原则意味着在进一步切分街区时，会检测该街区周边是否已有街道与之相连，如果是，那么将通过延伸既有外部街道来划分该街区——当多种可能性存在时，优先考虑延伸最长的外部街道（图 4）。

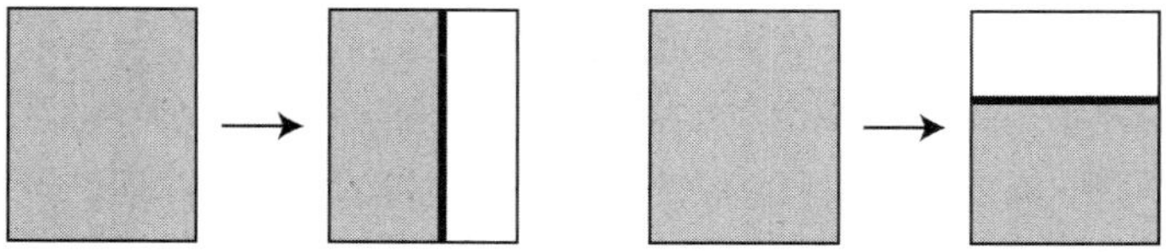

a. 未能执行该原则的细分结果　　b. 执行该原则的细分结果

图 3　通过减少街道长度来节省建设成本的原则示意

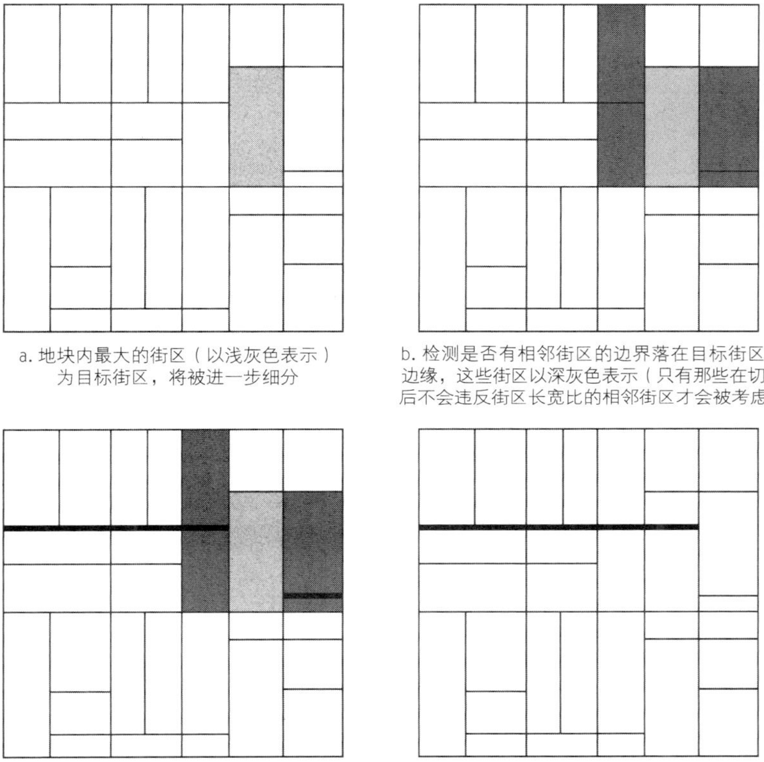

a. 地块内最大的街区（以浅灰色表示）为目标街区，将被进一步细分

b. 检测是否有相邻街区的边界落在目标街区的边缘，这些街区以深灰色表示（只有那些在切分后不会违反街区长宽比的相邻街区才会被考虑）

c. 对应的外部街道以加粗显示，它们的长度将被进行比较

d. 最终，通过延伸最长的外部街道来划分目标街区

图 4　优先考虑延伸最长的外部街道的原则示意

街道建设的经济性和连续性在现代城市开发与设计中具有重要意义。尽管现代交通技术降低了街道长度对交通效率的直接影响，但街道长度仍然与基础设施的建设维护成本、土地利用效率密切相关。较长的街道可能增加建设成本和土地占用，而合理的街道设计能够优化土地利用并降低开发成本。此外，街道长度还影响步行、骑行等慢行交通方式的友好性，进而影响居民出行体验和生活质量。同时，街道作为城市不透水地表的主要组成部分，其非透水性硬质铺装容易加剧城市热岛效应和雨水径流问题，对环境造成负面影响。因此，在地块细分中，街道长度仍然是一个需要重点考虑的因素。另外，保持街道的连续性对于提升步行性、增强街道网络的可理解度（如帮助导向）以及促进社区连通性具有重要作用，是塑造宜居城市空间的关键要素。

表 1 显示了基于上述两种原则的所有可能组合的四种算法。

表1 基于上述两种原则的所有可能组合的四种算法

	最大化街道建设经济性（否）	最大化街道建设经济性 （是）
最大化街道连续性 （否）	NExNEc	NExYEc
最大化街道连续性 （是）	YExNEc	YExYEc

注：NExNEc、NExYEc、YExNEc、YExYEc 表示相应组合的简称。

NExNEc 算法：这是四种算法中最简单的一种，只考虑了前面所说的基本规则。它是其他三种算法的基础。

NExYEc 算法：较之 NExNEc 算法，该算法进一步保证在条件允许的情况下，在细分街区时遵循最大化街道建设经济性的原则，即优先沿街区短边切分以减少街道总长。

YExNEc 算法：较之 NExNEc 算法，该算法进一步保证在条件允许的情况下，在细分街区时遵循最大化街道连续性的原则。如果没有外部街道与该街区相连，那么在满足基本原则的条件下随机进行划分。

YExYEc 算法：同 YExNEc 算法大致相同，但额外规定当没有外部街道与目标街区相连或者当延伸外部街道会违反基本原则时，转而遵循最大化街道建设经济性原则划分目标街区。

图5展示了依照上述算法生成的一些样本图案。

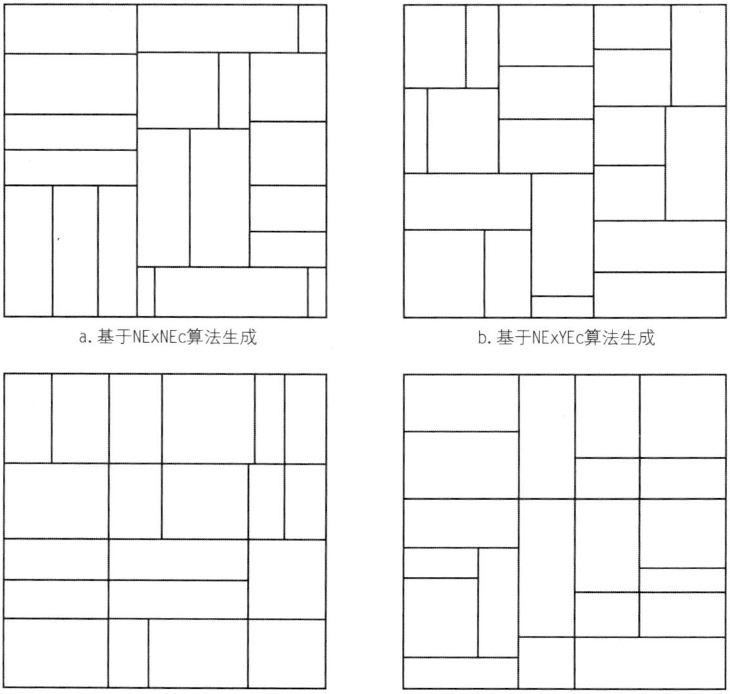

a. 基于NExNEc算法生成　b. 基于NExYEc算法生成

c. 基于YExNEc算法生成　d. 基于YExYEc算法生成

图5 基于四种算法生成的样本图案

4.3 统计分析

根据算法类型将样本分为四组进行统计分析。每组包含 15 个样本。

4.3.1 传统城市形态指标

分析采用的传统城市形态指标包括：

（1）街区周长总和：一个样本内所有街区的周长总和。它本质上衡量的是街区临街面的界面总长度。

（2）单位面积内交叉口数量：交叉口即那些提供多条路径选择的道路节点。在此分析中，三岔路口和十字路口同等对待。

（3）交叉口的平均间距：交叉口之间的平均道路长度。

上述指标不仅能衡量街区形态，也能表征城市密度。城市密度与人口密度和城市开发强度息息相关（Peponis *et al.*，2007；Siksna，1997）。

如图 6 所示，NExNEc 组内样本的街区周长总和比其他组内样本大，而其他各组之间的差异则较小。从图 7 可以明显看出，YExNEc 和 YExYEc 两组样本的交叉口数量明显少于另外两组。这不难理解，因为这两种算法在延伸邻近街道时，现有的三岔路口只会被转换为十字路口，而并不会产生新的路口。就交叉口的平均间距而言，YExNEc 和 YExYEc 两组样本也明显大于其他两组（图 8）。较少的交叉口意味着网格中的中断较少，也意味着交叉口的平均间距更大。

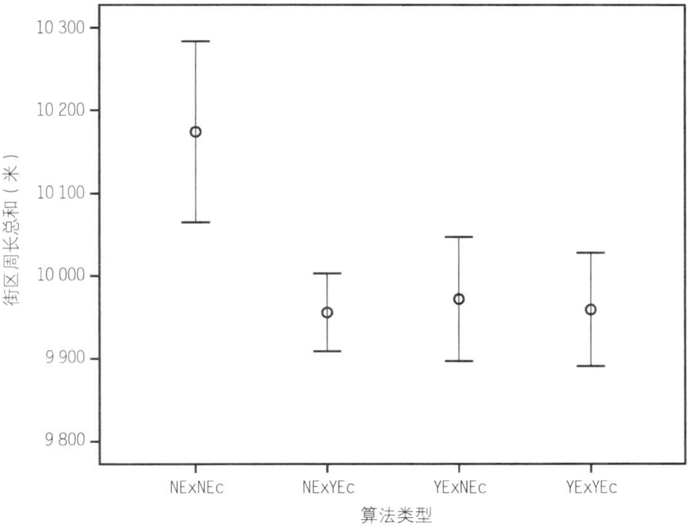

图 6 各组样本街区周长总和的样本均值和 95%置信区间

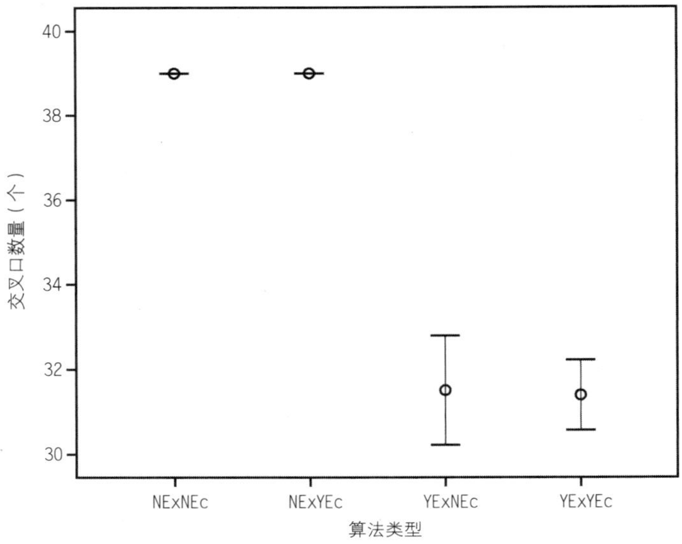

图7　各组样本交叉口总数的样本均值和95%置信区间

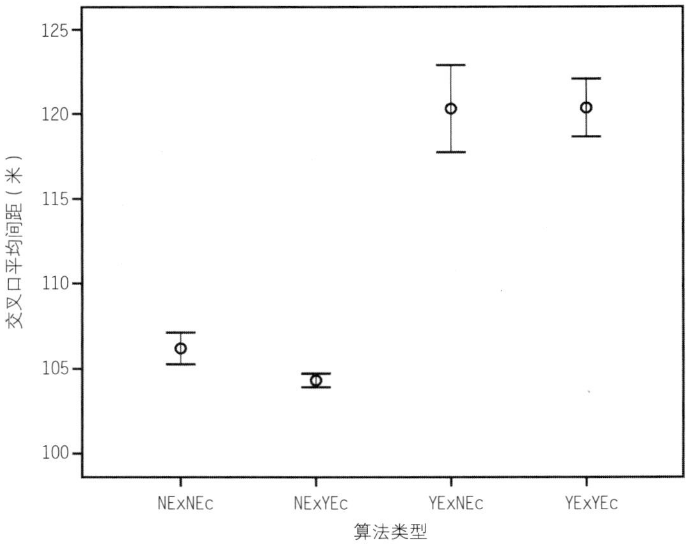

图8　各组样本交叉口平均间距的样本均值和95%置信区间

4.3.2　句法变量

在进行句法分析前，首先基于每个样本构建了一张轴线图。轴线是通过合并同一方向的多条线段绘制的，因此，轴线图看起来与原始图案并无二致。纳入分析的句法变量包括：

（1）样本内的轴线总数：表明样本内街道的对齐程度以及经济性。

（2）样本轴线图的平均连接度：连接度测量的是与每条轴线相交的其他轴线数量。因此，轴线图中所有轴线的平均连接度衡量的是系统的整体连通性。

（3）样本轴线图的平均拓扑深度：一条轴线 A 相对另一条轴线 B 的深度是通过从 B 到 A 所需穿越的最少轴线数量来衡量的。一条轴线到图中所有其他轴线的平均深度表示其在整个系统中的可达性。轴线图的平均深度表明该街道系统的整体可达性。

图 9 显示，由于 NExNEc 和 NExYEc 这两种算法不会考虑延伸邻近的街道，因此样本内的轴线总数不会变化。而当算法通过延伸相邻街道细分街区时，轴线数量会显著减少。图 10 显示，各组内样本的轴线平均连接度变化不大，其中平均连接度最低的是 NExYEc 组，最高的是 YExYEc 组。图 11 显示，YExNEc 和 YExYEc 组的平均深度值显著低于 NExNEc 和 NExYEc 组。

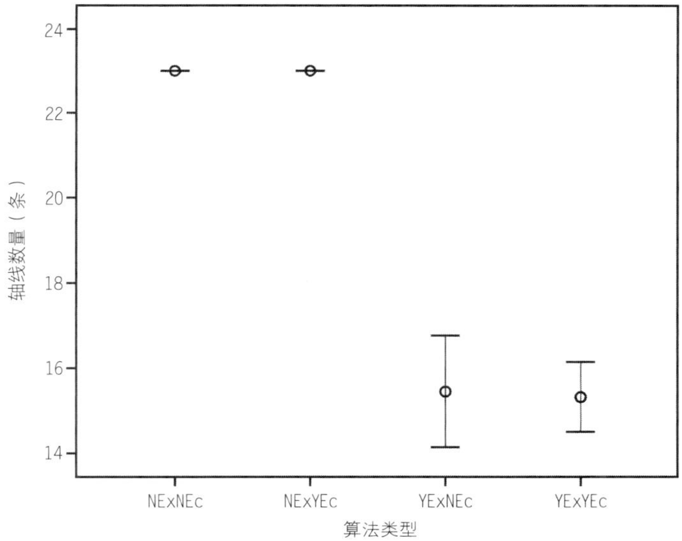

图 9 各组样本内轴线总数的样本均值和 95%置信区间

5 讨论

上述统计分析表明，遵循最大化街道连续性的原则会减少样本内的交叉口总数，同时增加交叉口的平均间距。所有句法指标都受到这一原则的显著影响，使得系统变得更加紧凑、连通和易达。相反，最大化街道建设经济性的原则对大多数测量指标（除了街区周长的总和）的影响微乎其微。简言之，

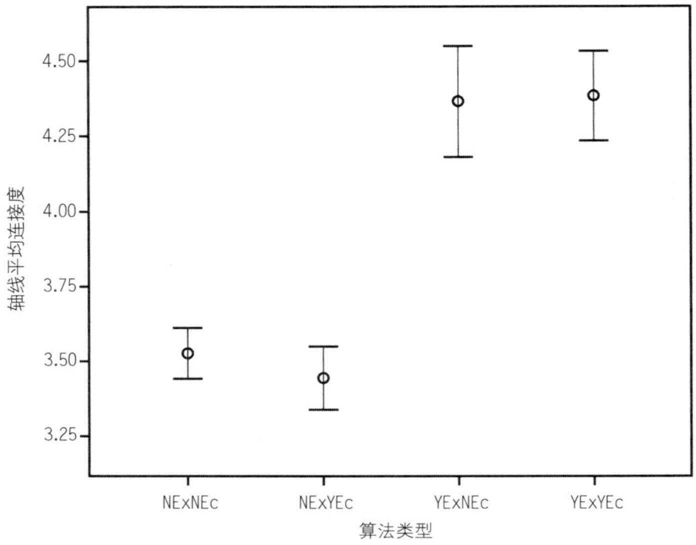

图 10　各组样本内轴线平均连接度的样本均值和 95%置信区间

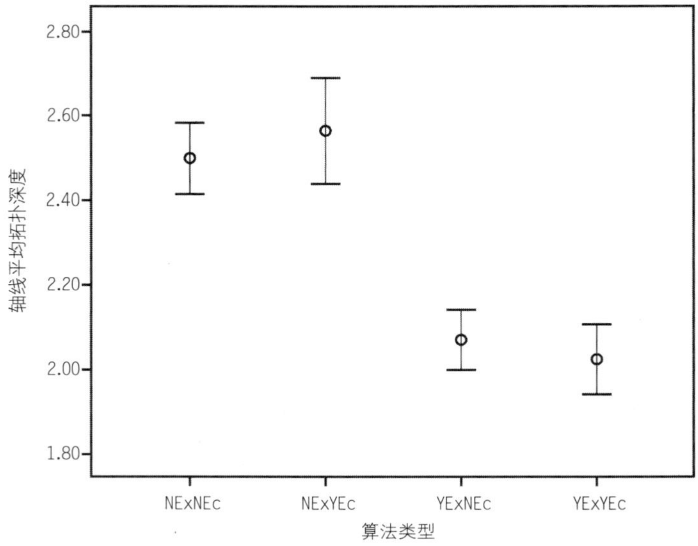

图 11　各组样本内轴线平均拓扑深度的样本均值和 95%置信区间

街道连续性原则对句法结构的影响要大于街道建设经济性原则的影响。从空间句法的角度来看，这意味着在细分街区时，若无邻近的街道可以延伸，应顺着短边方向划分街区以节约建设成本。

分析还揭示了在计算单位面积交叉口数量和交叉口平均间距时潜在的问题。虽然三岔路口比十字路口更有效地增加了交叉口数量，但它们对空间的延续性和可达性贡献不大。事实上，未遵循延伸原则而生成的样本——即属于 NExNEc 和 NExYEc 组的样本——与一种典型的美国社区街道模式类似，被索思沃思和欧文斯（Southworth and Owens，1993）称为破碎/中断的平行街道组织模式（图 12）。破碎/中断的平行模式起源于 20 世纪 50 年代，反映了当时社区规划倾向于营造与外部隔离的社区的风潮（Southworth and Owens，1993）。因此，仅考虑单位面积内交叉口数量或交叉口的平均间距，而不区分交叉口类型，可能会产生误导。

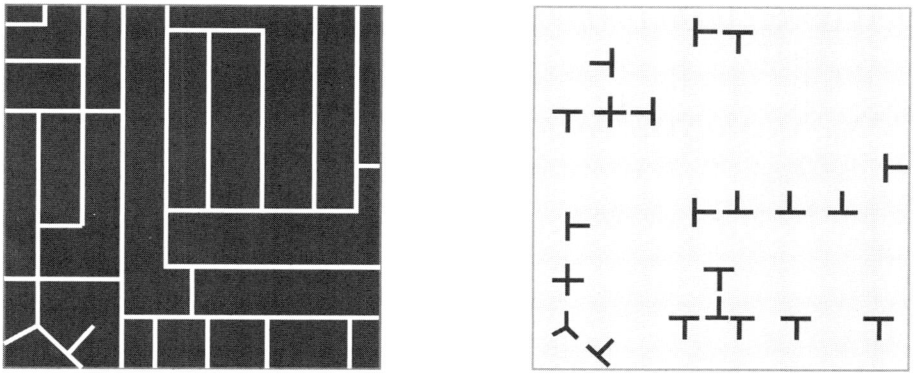

a. 街道形态　　b. 交叉口

图 12　破碎/中断的平行街道组织模式示意

资料来源：Southworth and Owens（1993）。

基于上述算法，可以对约翰·皮泊尼斯（John Peponis）曾提出的两种城市街区细分策略进行更深入的探讨。如图 13 所示，假设在一个密集的城市区域中有一个大型街区，计划将其细分为两个较小的街区。显而易见，有两种选择：水平划分街区或垂直划分街区。水平分割会在该区域内增加新的交叉口，垂直分割不会创造新的交叉口，只会增加现有交叉口的转向选择。尽管垂直划分能够延续现有街道结构，似乎能更积极地与邻近的街道和街区互动，水平分割却可以直接增加常规街网密度指标，因此更具吸引力。然而，采用水平分割是否会增加可达性呢？前面的实验结果表明，如果在其他街区的细分过程中重复应用这种逻辑，最终会产生一个破碎和隔离的城市网格。当然，辩证地来看，在一个均匀单调的城市网格中偶尔出现这种变化也可能会创造出一个独特的、充满活力的城市空间。

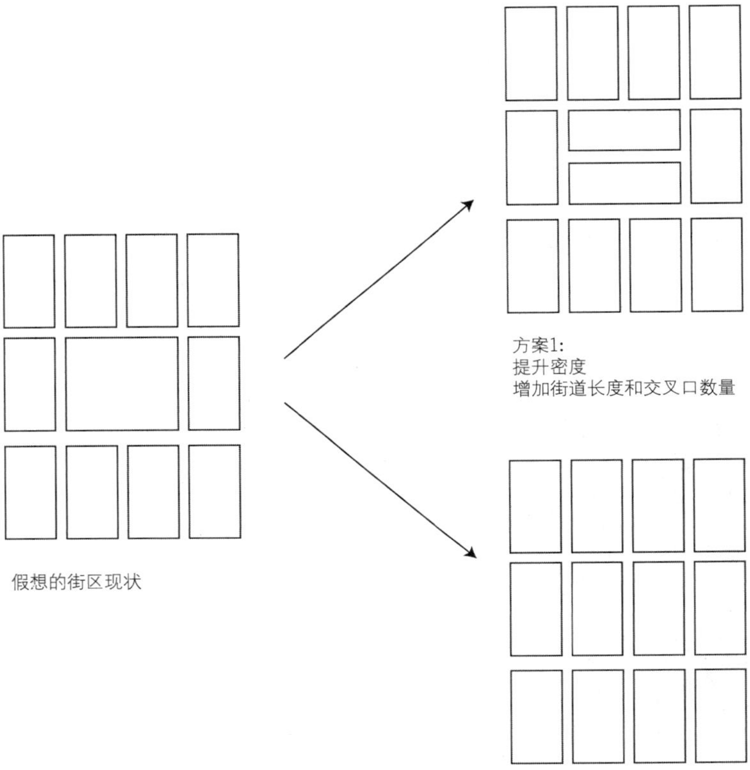

图 13 不同的城市街区细分策略

资料来源：皮泊尼斯绘制。

这里对不同方案的评估是在一个高度抽象的层面进行的，仅限于前面讨论的几个设计原则。然而，本研究为一个简单的设计举措提供了一个独特的分析视角。虽然零星的改造本身不太可能显著改变任何单一的城市形态指标，但随着时间的推移这些城市干预叠加起来可能会对城市空间结构产生巨大的累积效应。因此，本文提出的基于生成式算法和空间句法的研究方法对于预判城市规划与设计原则对街网空间性能的影响作用具有重要的指导意义。

6 总结

本研究将城市土地细分过程简化为基于方形地块的切分过程，重新审视了“生成规则”与“街道形态结果”之间的互动机制，并基于城市形态学和空间句法的常用变量对生成的街道形态进行评估。文中提及的生成规则可根据约束条件分为三类：第一类仅关注城市街区的合理尺寸和长宽比，以确保生成的街区形态与真实世界接近；第二类旨在降低街道建设成本；第三类则通过对齐相邻街道，减少穿越该区域所需的转弯次数。分析表明，生成规则的变化会导致显著不同的街道形态特征。

本文的创新之处在于，通过街道网格的形态特征反向评估生成规则或设计原则，提供了一条弥合城市形态学理论和规划设计实践脱节的路径，也为空间句法研究提供了新的视角。传统空间句法研究多聚焦于建成形态与行人分布模式的关系，或对比不同设计方案，而较少延续早期对动态生成性句法的探索，这在一定程度上限制了其指导城市设计和规划的能力。本文将空间句法视为一个动态的过程性模型，揭示了细分规则中隐含的“价值”并阐明了“规则”“度量”与“价值”三者之间的紧密联系。例如，街道建设经济性原则涉及对街道长度总和的度量，其价值体现在增加街区数量的同时控制成本；对齐街道的原则涉及对相邻的外部街道长度的度量，其价值体现在提升街道连续性和区域穿越便利性。

未来的研究可以进一步探索如何通过特定生成规则实现理想的建成形态属性以及这些规则自身可能存在的形式。类似方法的应用将有助于深化对城市形态生成机制的理解并为城市设计和规划提供更具操作性的理论支持。

致谢

美国佐治亚理工学院的约翰·皮泊尼斯教授在本文撰写过程中提供了宝贵的意见和帮助。

参考文献

[1] AMERICAN PLANNING ASSOCIATION. Planning and urban design standards[S]. Hoboken, NJ: John Wiley and Sons, 2006.

[2] BATTY M, LONGLEY P A. Fractal cities: a geometry of form and function[M]. San Diego, CA: Academic Press, 1994.

[3] BATTY M, XIE Y. From cells to cities[J]. Environment and Planning B: Planning and Design, 1994, 21(7): s31-s48.

[4] BEIRÃO J, DUARTE J. Urban grammars: towards flexible urban design[C]//Proceedings of the International Conference on Education and Research in Computer Aided Architectural Design in Europe. Lisbon, Portugal, 2005: 491-500.

[5] DUARTE J P, DUCLA-SOARES G, CALDAS L G, *et al*. An urban grammar for the Medina of Marrakech[C]//Design Computing and Cognition'06. New York, NY: Springer, 2006: 483-502.

[6] DUNHAM-JONES E, WILLIAMSON J. Retrofitting suburbia: urban design solutions for redesigning suburbs[M]. Hoboken, NJ: John Wiley and Sons, 2011.

[7] FANG Z, JIN Y, YANG T. Incorporating planning intelligence into deep learning: a planning support tool for street network design[J]. Journal of Urban Technology, 2021, 29(2): 99-114.

[8] FENG C, PEPONIS J. Algorithmic definitions of street network centrality sub-shapes: the case of superblocks[J]. Environment and Planning B: Urban Analytics and Science, 2022a, 49(9): 2451-2466.
[9] FENG C, PEPONIS J. Pathways to creating differentiated grids: types, benefits and costs[J]. Environment and Planning B: Urban Analytics and Science, 2022b, 49(2): 535-548.
[10] FENG C, ZHANG W. Algorithms for the parametric analysis of metric, directional, and intersection reach[J]. Environment and Planning B: Urban Analytics and City Science, 2019, 46(8): 1422-1438.
[11] FENG C, ZHANG W. Grasshopper reach analysis toolkit: interactive parametric syntactic analysis[C]//Proceedings of the 11th International Space Syntax Symposium. Lisbon, Portugal: Instituto Superior Tecnico, 2017.
[12] FREILICH R H, SHULTZ M M. Model subdivision regulations: planning and law[M]. Chicago, IL: Planners Press, 1995.
[13] HARTMANN S, WEINMANN M, WESSEL R, *et al*. StreetGAN: towards road network synthesis with generative adversarial networks[C]//International Conference on Computer Graphics, Visualization and Computer Vision. Plzen, Czech Republic: Primavera Congress Center, 2017.
[14] HILLIER B. Space is the machine[M]. Cambridge, UK: Cambridge University Press, 1996.
[15] HILLIER B, HANSON J. The social logic of space[M]. Cambridge, UK: Cambridge University Press, 1984.
[16] HILLIER B, HANSON J, PEPONIS J. Syntactic analysis of settlements[J]. Architecture et Comportement/Architecture and Behaviour, 1987, 3(3): 217-231.
[17] HILLIER B, PENN A, HANSON J, *et al*. Natural movement: or, configuration and attraction in urban pedestrian movement[J]. Environmental and Planning B: Planning and Design, 1993, 20(1): 29-66.
[18] JACOBS J. The death and life of great American cities[M]. New York: Random House, 1961.
[19] JIANG F, MA J, WEBSTER C J, *et al*. Generative urban design: a systematic review on problem formulation, design generation, and decision-making[J]. Progress in Planning, 2024, 180: 100795.
[20] LEVY A. Urban morphology and the problem of the modern urban fabric: some questions for research[J]. Urban Morphology, 1999, 3: 79-85.
[21] MARCH L. Architecture and mathematics since 1960[J]. Nexus Network Journal, 2002, 4(3): 9-33.
[22] MARTIN L. The grid as generator[J]. Architectural Research Quarterly, 2000, 4(4): 309-322.
[23] MARSHALL S, SUTTON M. Explorations in generative street layouts[M]//CARMONA M. Explorations in urban design: an urban design research primer. New York, NY: Routledge, 2016.
[24] MOUDON A V. Urban morphology as an emerging interdisciplinary field[J]. Urban Morphology, 1997, 1(1): 3-10.
[25] PADURARU C, PADURARU M, IORDACHE S. Continuous procedural network of roads generation using L-systems and reinforcement learning[C]//Proceedings of the 17th International Conference on Software Technologies. Lisbon, Portugal, 2022.
[26] PARISH Y I H, MÜLLER P. Procedural modeling of cities[C]//Proceedings of the 28th Annual Conference on Computer Graphics and Interactive Techniques. New York, NY: ACM Press, 2001: 301-308.
[27] PEPONIS J, ALLEN D, FRENCH S, *et al*. Street connectivity and urban density[C]//Proceedings of the 6th

International Space Syntax Symposium. Istanbul, Turkey: ITU Faculty of Architecture, 2007.

[28] PEPONIS J, BAFNA S, ZHANG Z. The connectivity of streets: reach and directional distance[J]. Environmental and Planning B: Planning and Design, 2008, 35(5): 881-901.

[29] RATTI C. Urban texture and space syntax: some inconsistencies[J]. Environment and Planning B: Planning and Design, 2004, 31(4): 487-499.

[30] SCHEER B C. The anatomy of sprawl[J]. Places: A Forum of Environmental Design, 2001, 14(2): 26-37.

[31] SIKSNA A. The effects of block size and form in North American and Australian city centres[J]. Urban Morphology, 1997, 1(1): 19-33.

[32] SIKSNA A. City centre blocks and their evolution: a comparative study of eight American and Australian CBDs[J]. Journal of Urban Design, 1998, 3(3): 253-283.

[33] SOUTHWORTH M, OWENS P M. The evolving metropolis: studies of community, neighborhood, and street form at the urban edge[J]. Journal of the American Planning Association, 1993, 59(3): 271-287.

[34] STINY G. Introduction to shape and shape grammars[J]. Environment and Planning B: Planning and Design, 1980, 7(3): 343-351.

[35] WEBER B, MULLER P, WONKA P, *et al*. Interactive geometric simulation of 4D cities[J]. Computer Graphics Forum, 2009, 28(2): 481-492.

[36] 林旭辉，彭炜程，杨滔. 人工智能视角下的未来城市结构：发掘复杂网络背后的空间特征[J]. 城市与区域规划研究, 2024, 16(1): 62-78.

[37] 杨滔. 空间设计的复杂性：空间句法核心理论回顾及未来展望[J]. 城市与区域规划研究, 2022, 14(2): 57-72.

[38] 约翰·皮泊尼斯，封晨. 开放城市与有关美好生活的空间句法[J]. 新建筑, 2016, 164(1): 42-51.

[欢迎引用]

封晨. 基于生成式算法探讨城市土地细分策略对街网形态的影响[J]. 城市与区域规划研究, 2025, 17(1): 107-123.

FENG C. Exploring the impact of land subdivision on street networks based on generative algorithms[J]. Journal of Urban and Regional Planning, 2025, 17(1): 107-123.

基于人群数字画像的中心区就业人群时空行为网络研究
——以南京新街口中心区为例

史　宜　杨俊宴　何国枫　张钟虎　戴运来　施悦涛

Research on the Spatiotemporal Behavioral Network of Employed Population in the Central District Based on Crowd Digital Profile: A Case Study of Nanjing Xinjiekou

SHI Yi[1], YANG Junyan[1], HE Guofeng[2], ZHANG Zhonghu[1], DAI Yunlai[1], SHI Yuetao[1]
(1. School of Architecture, Southeast University, Nanjing 210096, China; 2. Chongqing Jiulongpo District Municipal Planning and Natural Resources Bureau, Chongqing 401147, China)

Abstract Against the backdrop of urban development emphasizing human-centric approaches, the patterns of urban population activities are becoming increasingly complex and diverse, necessitating more refined organization of urban spaces to cater to the personalized needs of different urban population types. Aiming at the diversified characteristics of the employed population in urban central areas, this study adopts the theoretical framework of crowd digital profiling and selects the employed population in Nanjing Xinjiekou Central Area as the research subject. By innovatively integrating multi-source big data, we employ the Stay Point Identification algorithm to extract users' spatiotemporal trajectories and construct a spatiotemporal behavior network for the central area's employed population. This network reveals the "microstructural mobility characteristics" of highly aggregated core nodes among the employed population. Further analysis deciphers the composite features, spatial patterns, and causal mechanisms embedded within these nodes. The study innovatively proposes meso-micro scale facility allocation and spatial connectivity optimization strategies, offering technical and methodological support for more refined and scientific urban research.

Keywords central area; employment crowd; digital portrait of crowd; spatiotemporal behavior network

作者简介
史宜、杨俊宴（通讯作者）、张钟虎、戴运来、施悦涛，东南大学建筑学院；
何国枫，重庆市九龙坡区规划和自然资源局。

摘　要　在城市发展凸显人本化的背景下，城市人群活动的规律呈现出复杂而多样化的趋势，需要更加精细化地针对不同城市人群类型的个性化需求组织城市空间。文章针对中心区就业人群的多样化特征，基于人群画像理论方法，选择南京新街口中心区就业人群为研究对象，创新性融合多源大数据，采用停留点识别算法提取用户时空轨迹，构建中心区就业人群时空行为网络，在此基础上揭示了就业人群集聚核心节点的“微结构”流动特征并进一步解析其中的组合特征、空间规律和成因机制，创新性地提出中微观尺度的设施配置与空间连通性优化策略，为更加精细化、科学化的城市研究提供技术和方法支撑。

关键词　中心区；就业人群；人群数字画像；时空行为网络

1　中心区就业人群特征及研究意义

城市中心区作为城市建设和经济活动的中心，商务、商业、居住等功能的复合使中心区成为城市经济活动、社会活动和游憩活动的中心（杨俊宴，2013）。尤其在当下信息时代，城市内部人口、物质、资金等的交换与流动呈现出前所未有的广度、速度和强度，以商业为首的服务产业对人群活力的影响逐步扩大（伊尔潘·吾布力等，2023），城市中心区呈现异质、不连续、易变的空间演变趋势（徐春、宁珺，2013），城市空间网络及其内涵更为广泛。此外，2020 年以来电子商务、线上会议的普及所带来的商务产业区位变化，城市中心区也逐渐从传统 CBD 中心区向 CAZ

中心区转型，中心区的用地功能更加复合兼容（赵宝静、沈璐，2015）。因此，城市中心区发展的新态势导致中心区空间就业人群时空活动更加复杂，具有人群活动高密度集聚、人群流动高频率变化、人群行为内容多样性的显著特征。

城市中心区在城市空间中具有高可达性、高聚集度、高中心性，产生大规模、复杂多元的经济活动以及相应的就业人群。这些就业人群的时空行为呈现出多元化的时空分异，覆盖全城范围，存在短距离、长距离等多类型杂糅的通勤特征（王德等，2015）。既有研究发现，城市内部就业体系呈现多中心、多层级、网络化的结构特点（丁亮等，2016）。一方面，交通和信息技术的发展使城市中人群对于就业空间的选择更加弹性和自由（甄峰等，2009）；另一方面，就业人群日常生活方式呈现更高的节律性规律，通勤时间更加聚焦于早高峰时段（端木一博、柴彦威，2021），呈现出多元化的时间分异。在产业发展和全球生产网络变革下，就业空间更加集聚于中心区，呈现集中就业的空间态势（赵虎等，2014）。通过对性别差异下就业人群行为链的识别发现，就业人群具有明显的家庭化特征，除基本的“工作-居住”外，其日常行为活动链表现出大规模的“工作-接送-居住”的新活动特征（严志秀，2020）。而城市中心区作为城市内高等级的、典型的就业中心，聚集各类服务设施，吸引区域内大批量的人员向内涌入，这就导致城市中心区就业人群的类型构成、日常行为网络在整个城市就业网络中最为特殊和复杂。

城市中心区出现的日趋复杂的就业人群行为模式，加剧了交通拥堵、服务设施失衡、设施短板、环境污染等城市问题。通过数字孪生的城市模型对上述“城市病”进行源头追溯，需要更加精细化的研究方法，对不同类型的就业人群时空行为模式进行辨析，以进一步探究人群时空分布的活动规律和内在机制，从而精准提出规划策略。

本文通过人群数字画像的方法，从本体维度和行为维度两方面对不同就业人群的轨迹进行分类梳理，构建具有典型性的人群数字画像对城市中心区就业人群整体的时空行为网络进行进一步解析。通过对其的行为网络进行精细化描摹，将城市中心区人群行为网络的研究在宏观尺度的整体分析（王德、张晋庆，2001）和微观尺度的个体分析（王灿等，2021）基础上，拓展至中观尺度空间上对行为轨迹特征的研究，基于人群数字画像对个体的行为轨迹聚类耦合进行人群的时空行为分析，从人群特征视角对其进行分类研究，针对其时空间行为特征提出相应策略。

2 基于人群数字画像的研究进展

2.1 人群数字画像研究综述

人群的多种属性直接影响其在城市中的时空行为：一方面，个人的社会身份、心理情感以及经济状况会影响其活动行为，年龄、职业、收入水平的不同会带来各异的活动模式和出行结果；另一方面，建成环境也影响着人们的出行选择，交通可达性、公共服务设施布局、功能用地构成以及环境质量等空间因素会深刻影响个人的出行意愿，亦会影响个人活动选择。查平等从本体维度出发，在理论层面构建了“生态人”（Chapin and Kaiser，1967）、“经济人”（Goodall，1972）、“阶级人”（Scott，1980）、“社会人”（Webber，1964），分别从人与自然、个体利益、阶级斗争、社会网络等维度认识城市人群。梁鹤年提出城市人（梁鹤年，2012）的概念，其核心是匹配“城市人”的追求，提供以人（人性）为本的人居和空间机会（梁鹤年，2018）。柴彦威等提出人群时空活动的三种制约机制：能力制约、权威制约和组合制约（哈格斯特朗，2010），从人的本体特征和行为属性角度出发，探讨其对出行意愿和活动选择产生的重要影响。

人群数字画像源自“用户画像”，是以差异化为核心的商业服务优化（Travis，2002），在城市规划领域，通过年龄、职业、时空行为和活动类型等多维度描摹形成的人群数字画像，为深层次研究城市机制和实施精细化政策治理提供了新工具。在机制研究方面，空间组织能够依据用户画像构建出用户需求体系，使理性设计更贴合公众目标。设计亦是如此，王翀等通过构建全民健身中心的使用人群画像，以画像标签的形式映射出多样化的人群需求，进而反馈到设计中（王翀、汪奋强，2020）。龚敏琪通过追踪和调研老旧社区公共空间使用者的行为画像，分析其行为活动、行为特征、行为模式和影响因子，提出了对于老旧社区公共空间改造的相关策略（龚敏琪，2021）。在精细化治理方面，画像能够精确描述用户群体行为，有效推动深入研究城市人群流动现象的进程，对传统时空间行为进行了区分及细致建模并进行概括性、精确性描述。杨俊宴等通过建立城市交通拥堵区域范围内的人群画像，包括家庭、经济、出行方式等属性标签，解析在交通拥堵条件下人群集聚进行时空活动的原因（杨俊宴等，2021）。

2.2　城市就业人群研究的画像趋势

《雅典宪章》将城市活动分为居住、工作、交通、游憩四个基本类型。其中，居住与工作作为城市居民最为稳定的行为模式，扮演着人群日常活动关键支点的角色，是维系个体生活节奏与社会运作的重要基石。传统上，对城市就业人群需求的研究主要集中在城市居民的居住和就业这两大核心需求上。针对城市人群就业需求的研究，可分为关于就业岗位分布（胡畔等，2017）、易地搬迁就业政策（夏永久等，2021）、土地开发影响（丁泽勤，2013）等的研究。随着信息技术的发展，更高精度、高颗粒度的数据使得就业人群的时空行为描摹成为可能。对于就业-居住之间的关系，学者多从城市就业人群居住和就业地点的空间区位选择上入手，田金玲等（2017）、王垚等（2023）探究了影响居住-就业地点之间空间关系的影响因素，吴昊等（2020）通过智能体模型仿真居民通勤行为，顾家焕等（2020）提出基于大数据对职住通勤进行建模和应用，从通勤量的层面构建通勤联系网络。

针对城市就业人群的研究呈现出人群数字画像的趋势，进行更加精细化的特征和机理研究，周素红以行业划分为基础，采用引力模型测度不同行业就业-居住的相互作用关系，解释其居住-就业相互吸引的空间格局并构建路网交通需求网络。此外还包括创新人才就业、女性就业（付占辉等，2020）、弱势群体就业如退休老人再就业（梁清梅等，2021）、低收入群体就业（罗吉等，2021）、外来务工人员就业（袁红清，2014）、非正规就业（陈明星等，2021）等，主要从单个维度对一种类型人群进行分析，尚未形成系统性的画像。

2.3 基于人群数字画像的时空行为网络

时空行为网络对于测度城市结构和分析内在原因具有重要作用，作为大量社会实践与各种活动的主要容器，多元丰富的人流、物流、信息流在城市中心区高频交织，形成复杂的网络体（Batty，2018）。钮心毅等基于手机用户的时空分布识别了上海的居住、就业、休闲结构（钮心毅等，2014）；梅大伟等采用社会网络分析方法剖析了沈阳内部的居住-就学网络空间结构特征（梅大伟、修春亮，2020）。时空行为网络研究不仅能够揭示城市空间结构的动态特征，还能为物质空间的优化提供科学依据。城市中心区的功能日益混合交错，人群活动的时空分布呈现出高度异质性和动态性，传统的静态空间分析方法已难以满足对城市复杂系统的认知需求，而时空行为网络通过捕捉人群活动的时空轨迹，能够更准确地反映人群分布规律和城市功能与人群行为间的联系。

对于城市就业人群研究而言，时空行为网络是由不同生理、社会、经济等属性人群的时空行为模式进行叠加融合而形成的。时空行为网络提供了一种认知城市结构的方法，时空行为网络的构建也依赖于多源大数据的融合与分析，因此对于网络结构的进一步认知，需要采用人群数字画像的方法，对其内涵的不同类型人群行为目的、时空模式、内在机制等方面进一步解释，能够实现精细化尺度的城市结构认知和特征规律解读。通过人群画像方法与时空行为网络构建相融合，能够进一步解析不同类型人群的行为目的和内在机制，实现从宏观到微观的多层次、精细化分析。通过人群画像，可以从人群本体出发揭示不同群体的时空行为模式，同时通过时空行为网络将这些模式在空间上进行整合，形成动态的网络结构，进而精准刻画城市空间的使用特征。

3 基于人群数字画像的时空行为网络构建

3.1 案例选取

随着人口数量急剧增长与城市建设规模迅速扩大，中国的大城市发展逐步进入“城市群”和“都市圈”阶段。高密度土地利用的开发以及大规模市域轨道交通系统的日益完善，进一步强化了城市中心区域的影响力与辐射效能。新街口地区作为南京市的几何中心，能集中体现整个城市的就业规律。因此，本文选取南京新街口中心区为案例，将就业人群活动作为重点研究内容，采用杨俊宴提出的墨菲指数界定法，对中心区进行量化分析，并融入交通流量分析法、功能单元法和峰值地价法三个关键参数，综合多因素叠加分析，来确定新街口中心范围（杨俊宴、史北祥，2012）（图 1）。基于 LBS 数据，对新街口中心区就业人群与周边区域的联系进行研究，研究范围拟定南京都市区范围，面积约为 4 388 平方千米。

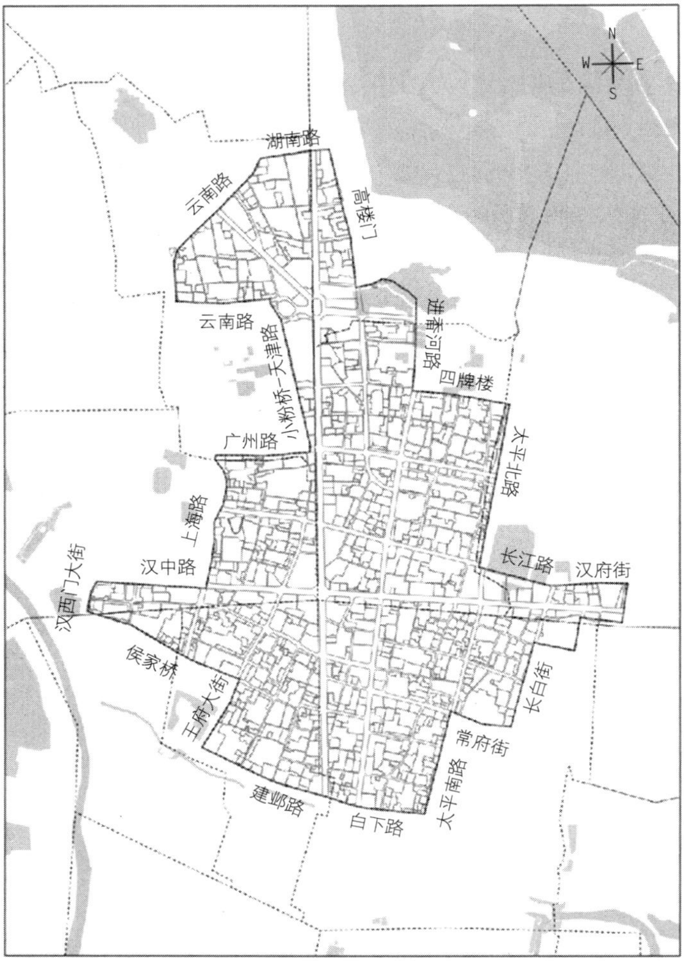

图 1　南京新街口中心区范围

3.2　人群数字画像构建

就业人群的多种属性对日常活动具有影响和制约作用。通过本体维度和行为维度对城市中心区的就业人群进行画像分析，并运用人群属性标签描绘特定行为模式，探究不同人群特征对行为模式的影响。根据既有文献研究，本体维度是指自然属性和社会属性，包括性别、职业、年龄和收入水平等。随着年龄的增长，城市居民的个体活动量及其种类正呈现日益增长的趋势，其活动的空间距离和出行方式也相应产生差异。本文依据年龄特征将人群划分为四个不同阶段：0—15 岁为少年阶段，16—45 岁为青年阶段，46—59 岁为中年阶段，60 岁及以上为老年阶段。南京实际情况，本文基于居住地的住房平均价格，将居民的收入水平简单划分为以下三个层次：高收入群体（家庭住房价格超过 1 000 万元）、中收入群体（家庭住房价格在 200 万—1 000 万元）和低收入群体（家庭住房价格低于 200 万元）。行为维度以居民的日常行为特征，以就业人群固定的居住就业活动的外显属性来构建。研究发现，固定活动对个体出行安排有显著影响（高静等，2021），居住-就业活动的空间位置和活动时段对其他活动安排具有明显的约束性（高源，2022）。本文将就业人群的行为维度分为居住和就业的出行成本、空间区位、发生频率和活动内容（表 1）。

表 1　就业人群数字画像的多维指标体系

维　度	指　标	
本体维度	自然属性	性别
		年龄
	社会属性	受教育水平
		收入水平
		职业
行为维度	居住-就业活动	出行成本
		空间区位
		发生频率
		活动类型

3.3　基于人群数字画像的时空行为网络构建

基于上述维度选取，首先对手机 LBS 数据、AOI 数据、城市用地数据等多源大数据进行清洗处理。LBS 数据来自手机运营商，为 2019 年 10 月 14—18 日的 LBS 数据，能够典型地表明人群活动情况，涵盖了南京市新街口范围内的整体用户移动轨迹。对 LBS 数据进行脱敏预处理，确保用户隐私安全；AOI 数据则是由百度开放平台的 2019 年南京市 AOI 与南京市现状用地信息校核得出，相较于传统的用地信息具有精度高、覆盖广、信息全面的特点；城市用地数据则来自政府对的公开数据，同时获取了南京市新街口中心区及周边的居住小区经纬度坐标、房价等数据，进而作为反映人群收入划分的依据。本文采取基于人群密度停留点识别的方法（SPID），并运用差分方法呈现出人群活动时序特征，同时在原有识别轨迹的基础上增加点密度的测度，进而更准确科学地识别每个用户的停留点，具体步骤如下：

第一步，从任一轨迹点出发，按时间顺序分别向前和向后计算与其他轨迹点的距离。在判断过程中，首先检查测量得到的距离值是否落在预设的阈值范围内，如果其到相邻点的距离小于该阈值，则将这些点加入当前轨迹点的点集中。此过程持续进行，直到前后方向的最远轨迹点的距离超过阈值时停止，依据点集的密度来识别并确定最终的停留点集合（图2）。在本文中，最大距离阈值D被选定为100米，而最小时间阈值T则被选定为15分钟。100米的最大距离阈值能够有效区分用户的移动和停留状态，15分钟的时间阈值则能够过滤掉短暂的停留行为，确保识别的停留点具有实际意义。

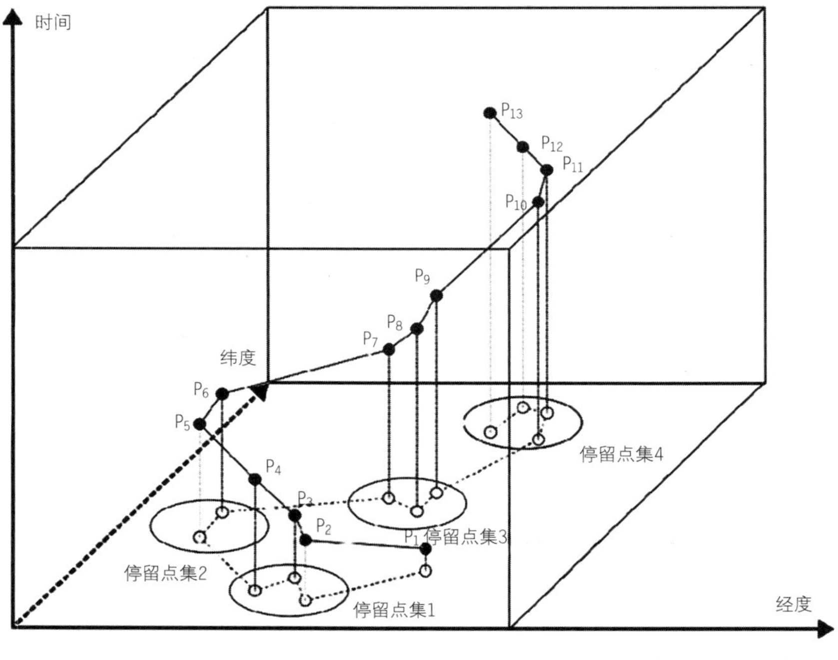

图2 停留点识别示意

第二步，识别用户行为活动类型。根据停留点所属地块的土地用途可以初步判断其活动类型。然而，居住和就业活动的识别较为复杂，居住用地上活动的居民不一定全部居住于该地，就业活动也并不局限于特定的用地类型。因此，评估居住与就业行为模式时，需综合考虑个体在连续多日内的活动规律与习惯。本文采用时间阈值法（钮心毅、谢琛，2019）深入探究就业人群在工作日连续多天的活动规律。

第三步，工作日规律性行为链汇总。采取典型工作日一周5天的就业人群行为链，按照15分钟的间隔对行为进行切分，每个用户每日活动轨迹共得到96个带有时刻信息的活动类型切片，若某一类型活动出现频率大于等于总活动频率的60%，则认为该活动类型是用户在相应时刻的规律活动类型。若任一活动频率均不大于60%，则计为缺省值（代表无规律行为活动）。

第四步，基于人群数字画像的中心区时空行为网络构建。根据用户活动规律，结合其停留点所属地块的土地用途，将用户划分为不同的行为模式类别。以街区为基本节点单元，将每个街区内用户的行为链切片进行聚合，构建整体的时空行为网络。

由于人的行为具有延续性和尺度性，人群数字画像的时空行为网络也呈现出多层次的空间层级性。这种层级性反映了人群活动在不同空间尺度上的分布规律，涵盖了从宏观到微观的多个层级，包括都市区、中心区、街区和节点等。都市区尺度关注大范围的人群流动与区域联系；中心区尺度聚焦于核心区域内的活动集聚与扩散；街区尺度则进一步细化到街区空间的行为活动模式；节点尺度深入解析关键活动节点的人群行为特征。

4 基于人群数字画像的中心区就业人群时空行为网络特征

4.1 南京新街口中心区就业人群数字画像结果

在本体维度上，依据个体的基本生理特征以及经济状态，可以将人群划分为11个不同的类别。在性别属性中，青年男性和青年女性的数量比例最高。引入收入因素后，占比最高的四个群体分别是：中收入阶层的青年女性、中收入阶层的青年男性、低收入阶层的青年男性以及低收入阶层的青年女性。与南京都市区范围内人群相比，呈现出年龄偏大、男女性别比例均衡、中等收入及高收入水平人群显著的特征（表2）。

表2 新街口中心区就业人群本体维度指标构建结果

性别	年龄段	收入	占比（%）	累计占比（%）
男性	青年	高	1.65	1.65
		中	27.55	29.20
		低	23.66	52.86
女性	青年	高	0.29	53.15
		中	16.39	69.54
		低	19.79	89.33
男性	中老年	中	3.20	92.53
		低	2.62	95.15

续表

性别	年龄段	收入	占比（%）	累计占比（%）
女性	中老年	高	0.10	95.25
		中	2.13	97.38
		低	2.62	100.00

从行为维度分析，城市居民的活动空间特性涵盖了活动发生的具体地点及常用的出行路径，而时间特性则通过活动的具体时段和频次来体现。此外，社会特性通过活动的性质及其具体内容来展现。本文主要研究了就业人群一天中活动地点之间的联系特征（图3），包括居住地和就业地的OD距离划分以及居业时段的分析，从中得出人群标签类型结果（表3）。在行为维度，人群在城市中的活动空间特征包括活动地点和出行廊道，时间特征表现为活动的时段和频率，社会特征则体现为活动的性质和内容。在新街口中心区就业的人群中，长距离通勤者占比最高，紧随其后的是中距离通勤者，短距离通勤者的比例最低。针对这三种通勤距离的人群进行分析，发现仅短距离通勤者表现出日间就业-

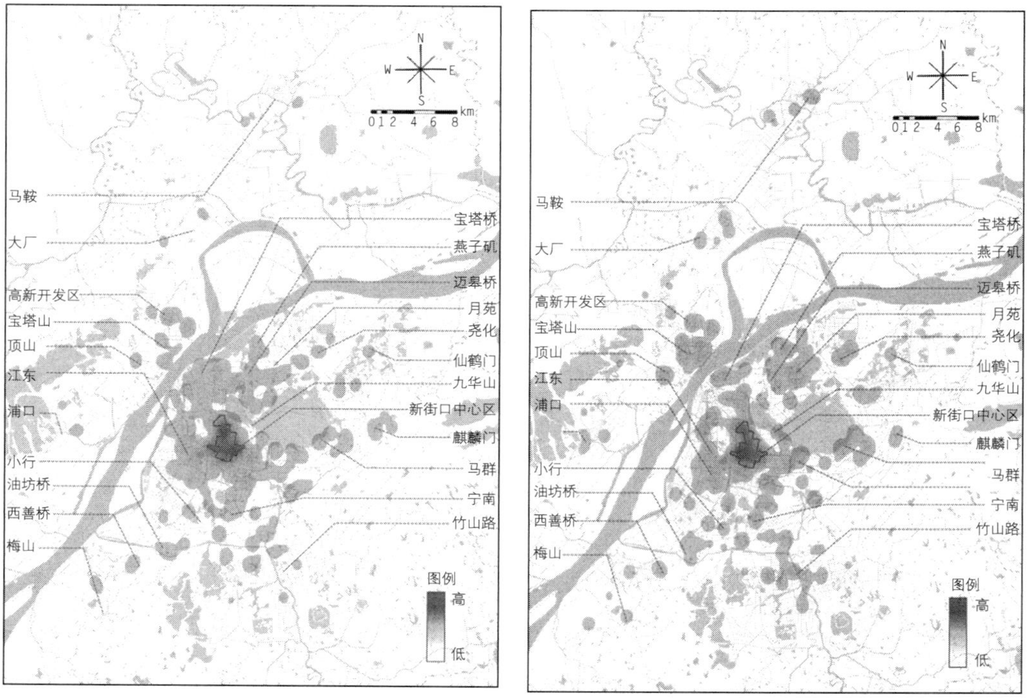

a. 居业模式人群　　b. 居业游模式人群

图3　就业人群一日活动地分布

夜间居家（DWNH）以及日间居家-夜间就业（DHNW）的双向通勤模式。相比之下，中长距离通勤者普遍呈现出日间就业-夜间居家（DWNH）的单一通勤模式。这一现象表明，在新街口就业且夜间居住的人群，其居住地点大多紧邻新街口中心区，在距离就业地 3 千米范围内。

表 3　新街口就业人群居业活动特征

居业距离	居业时段	数量占比（%）	累计占比（%）
短距离	DWNH	20.46	20.46
	DHNW	0.68	21.14
中距离	DWNH	33.95	55.09
长距离	DWNH	44.91	100.00

4.2　就业人群全画像构建结果

基于本体维度特征（年龄、性别、收入）与行为维度特征标签（居住与就业时段、活动出行距离、活动类型多样性、活动频率）构建南京新街口中心区就业人群的人群画像（表 4）。通过分析，共识别出 49 种典型的就业人群画像，其中 20 种画像的占比超过 1%，这些画像合计覆盖了全部人群画像的 85.06%。

表 4　新街口中心区就业人群数字画像结果

编号	人群特征标签（性别-年龄-收入-居业距离-活动出行距离-居业时段-活动频数-类型多样性）	数量占比（%）	累计占比（%）
G1	F-青年人-低收入-长距离-无活动-DWNH-无-无	10.57	10.57
G2	M-青年人-中收入-中距离-无活动-DWNH-无-无	10.28	20.85
G3	M-青年人-低收入-长距离-无活动-DWNH-无-无	7.95	28.81
G4	F-青年人-中收入-中距离-无活动-DWNH-无-无	7.47	36.28
G5	M-青年人-低收入-长距离-15min 生活圈外-DWNH-中频-单一	6.21	42.48
G6	M-青年人-中收入-短距离-无活动-DWNH-无-无	6.11	48.59
G7	F-青年人-中收入-短距离-无活动-DWNH-无-无	5.04	53.64
G8	F-青年人-低收入-中距离-无活动-DWNH-无-无	4.36	58.00
G9	M-青年人-低收入-中距离-无活动-DWNH-无-无	3.78	61.78
G10	M-青年人-中收入-长距离-无活动-DWNH-无-无	3.59	65.37
G11	M-青年人-低收入-长距离-15min 生活圈外-DWNH-低频-单一	3.39	68.77
G12	F-青年人-中收入-长距离-无活动-DWNH-无-无	2.91	71.68

续表

编号	人群特征标签（性别-年龄-收入-居业距离-活动出行距离-居业时段-活动频数-类型多样性）	数量占比（%）	累计占比（%）
G13	M-青年人-中收入-中距离-15min 生活圈外-DWNH-低频-单一	2.72	74.39
G14	F-青年人-低收入-长距离-15min 生活圈外-DWNH-中频-单一	2.04	76.43
G15	F-青年人-低收入-长距离-15min 生活圈外-DWNH-低频-单一	1.75	78.18
G16	M-青年人-高收入-短距离-无活动-DWNH-无-无	1.65	79.83
G17	M-中老年人-低收入-长距离-无活动-DWNH-无-无	1.55	81.38
G18	M-青年人-中收入-短距离-15min 生活圈外-DWNH-中频-单一	1.45	82.83
G19	M-青年人-中收入-长距离-15min 生活圈外-DWNH-中频-单一	1.16	84.00
G20	F-中老年人-低收入-长距离-无活动-DWNH-无-无	1.07	85.06
G21	M-青年人-低收入-中距离-15min 生活圈外-DWNH-中频-单一	0.97	86.03
G22	M-青年人-中收入-长距离-15min 生活圈外-DWNH-低频-单一	0.97	87.00
G23	F-中老年人-低收入-中距离--无活动-DWNH-无-无	0.87	87.88
G24	M-中老年人-中收入-中距离-无活动-DWNH-无-无	0.87	88.75
G25	F-青年人-低收入-短距离-无活动-DWNH-无-无	0.78	89.52
G26	M-青年人-中收入-短距离-15min 生活圈外-DWNH-低频-单一	0.78	90.30
G27	F-中老年人-中收入-中距离-无活动-DWNH-无-无	0.78	91.08
G28	M-中老年人-低收入-中距离-无活动-DWNH-无-无	0.78	91.85
G29	M-中老年人-中收入-长距离-15min 生活圈外-DWNH-中频-单一	0.78	92.63
G30	F-青年人-中收入-短距离-15min 生活圈外-DWNH-低频-单一	0.68	93.31
G31	F-中老年人-低收入-短距离-无活动-DWNH-无-无	0.68	93.99
G32	F-中老年人-中收入-短距离-无活动-DWNH-无-无	0.58	94.57
G33	M-中老年人-中收入-短距离-15min 生活圈外-DWNH-低频-单一	0.58	95.15
G34	M-中老年人-中收入-长距离-无活动-DWNH-无-无	0.58	95.73
G35	M-青年人-低收入-中距离-15min 生活圈外-DWNH-低频-单一	0.48	96.22
G36	M-青年人-中收入-短距离-无活动-DHNW-无-无	0.48	96.70
G37	M-青年人-低收入-短距离-无活动-DWNH-无-无	0.39	97.09
G38	F-中老年人-中收入-中距离-15min 生活圈外-DWNH-低频-单一	0.39	97.48
G39	M-中老年人-中收入-长距离-15min 生活圈外-DWNH-中频-单一	0.39	97.87
G40	F-青年人-高收入-短距离-无活动-DWNH-无-无	0.29	98.16
G41	F-青年人-中收入-短距离-15min 生活圈外-DWNH-中频-单一	0.29	98.45
G42	M-青年人-低收入-短距离-15min 生活圈外-DWNH-中频-单一	0.29	98.74

续表

编号	人群特征标签 （性别-年龄-收入-居业距离-活动出行距离-居业时段-活动频数-类型多样性）	数量占比 （%）	累计占比 （%）
G43	F-中老年人-中收入-短距离-15min 生活圈外-DWNH-低频-单一	0.29	99.03
G44	M-中老年人-低收入-短距离-无活动-DWNH-无-无	0.29	99.32
G45	F-青年人-低收入-短距离-15min 生活圈外-DWNH-中频-单一	0.19	99.52
G46	M-青年人-低收入-短距离-无活动-DHNW-无-无	0.19	99.71
G47	F-青年人-低收入-短距离-15min 生活圈外-DWNH-低频-单一	0.10	99.81
G48	F-中老年人-高收入-中距离-15min 生活圈外-DWNH-低频-单一	0.10	99.90
G49	F-中老年人-中收入-中距离-15min 生活圈外-DWNH-中频-单一	0.10	100.00

4.3 都市区尺度的时空行为网络结构

在都市区层面上，人群的时空行为模式呈现出“核心+放射”的结构。新街口中心区及其毗邻的街道单元构成了活动最为频繁与集中的地带，形成了点轴型的强活动网络，并以此为核心向其他街道延伸，构成了“中心区核心-街道点单廊联系”的放射性网络结构。此外，中心区周围还存在一个次强活动带，呈现出单廊式的流动关系。中心区域以外的就业群体，在跨街道的互动联系薄弱，尚未体现出网络化行为模式特征。在新街口中心区及其毗邻的八个街道范围内，就业人群的活动强度较高，街道之间存在较强的内部流动，形成了就业人群行为网络的核心地带。在都市区核心地带以外，就业人群活动呈现出五个方向拓展延伸的趋势；在老城边界附近，合计 12 条街道展现出中高程度的活动强度，并以环状的形式分布；而在都市区外围，存在 9 个中高强度活动街道，呈现出点状零散的布局特点（图 4）。

4.4 中心区尺度的时空行为网络结构

以新街口中心区为焦点，将街区视为基本构成单元，并结合就业人群的行为活动地点及出行廊道的分布状况进行分析，在微观视角下构建新街口中心区就业人群时空行为网络。中心区及周边街区之间形成了强度较高的行为网络结构。活动节点主要集中在中心区并呈现多个活动簇群，在每个簇群内部，多个具有高度联系性的微型流动构造也逐步形成（图 5）。

按照人群活动的强度进行分类，将时空行为网络中街区节点分为三类：一级核心节点、二级核心节点和三级节点。这些节点的分布相对均衡，反映出就业人群的活动强度与活动地点较为分散。此外，统一的大规模结构并未在新街口中心区内形成，街区之间的流动总体上呈现分散的状态，在部分区域还观察到了微型的、相对独立的流动结构。分析其中高流动强度区域，依据街区内点与廊的活动特性，

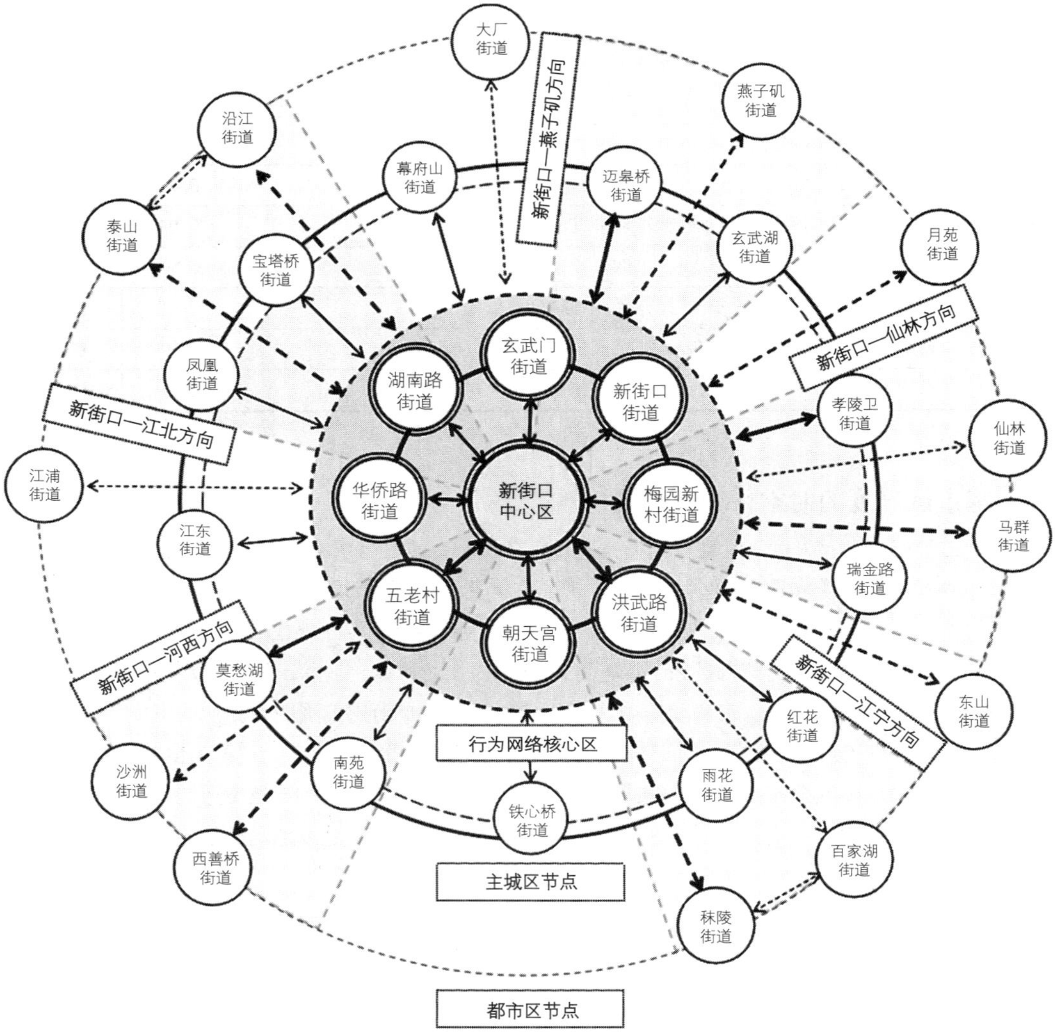

图4　多画像人群跨街道时空行为模式

将它们归纳为三种典型的“微结构”模式（图6）。第一类为单核（双核）单廊模式，存在两个主要的一级或二级核心节点，人群流向两个节点之间的高强度的流动廊道上。第二类为单核多廊模式，以一个一级或二级的核心街区节点作为中心，人群流向中心节点与其多个相邻节点之间的中高强度流动通道上。第三类为多核多廊模式，以一个一级核心节点作为中心，人群流向主要为多个二级或三级节点，通过多个中等流动强度的廊道进行，这些廊道相互交织，构建了一个微型局部流动网络。

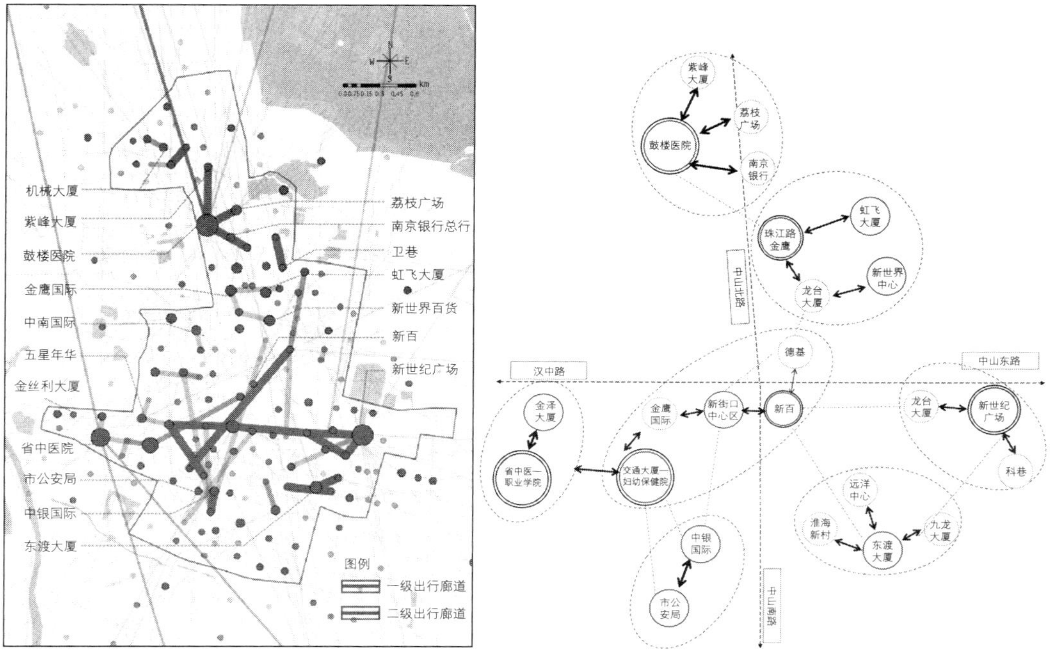

图 5　多画像人群跨街道时空行为网络（中心区）

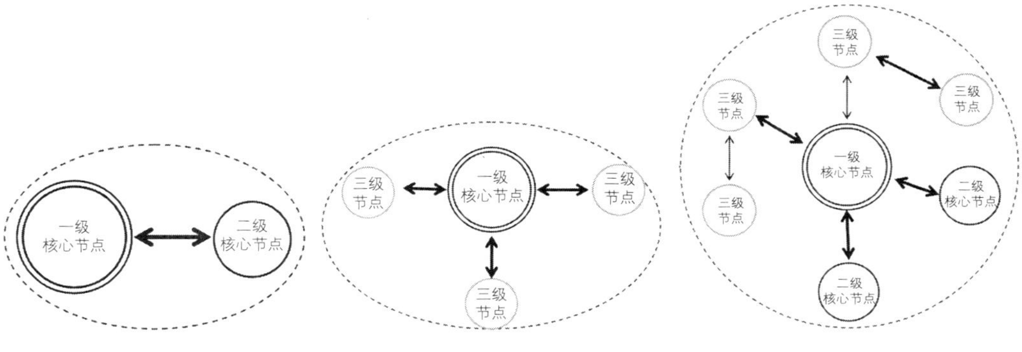

a. 单核（双核）单廊模式　　b. 单核多廊模式　　c. 多核多廊模式

图 6　街区尺度人群行为网络“微结构”典型模式

5 典型街区节点人群数字画像特征解析和策略优化

5.1 典型街区人群流变和时空行为网络结构特征

研究表明，在南京中心区范围内，就业人群活动往往集聚在由多个邻近街区共同构成稳定的活动区域。不同的时段，同一活动区域内，高强度活动的街区会呈现出流变现象（图7）。就业人群跨街区流动廊道展现出一种“短距离、小规模结构、微细秩序”的特征。具体而言，6点—8点，就业人群在中心区内流动较少，仅有一条二级流动廊道。9点—16点呈现最为频繁的跨街区流动，其间高强度流动廊道较为明显，整体呈现分散状态，流动存在于多个活动区内部。17点—19点，跨街区流动呈现出跨活动区流动和活动区内部流动并存的模式。20点—次日5点间，中心区的跨街区流动则主要集中在活动区内部。

进一步分析了上述结构特征下人群高度集聚区域的核心节点。由于就业人群的高度集聚，核心节点是最复杂且最容易引发城市问题的区域。针对每个特征时段计算各街区人群行为活动的标准差，利用三倍标准差原则，识别高强度人群活动的核心节点。本文认为全天全时段均表现“高强度”特征的街区，可以定义为“恒稳型核心节点”；若“高强度”特征仅出现在20点—次日5点，则定义为“夜

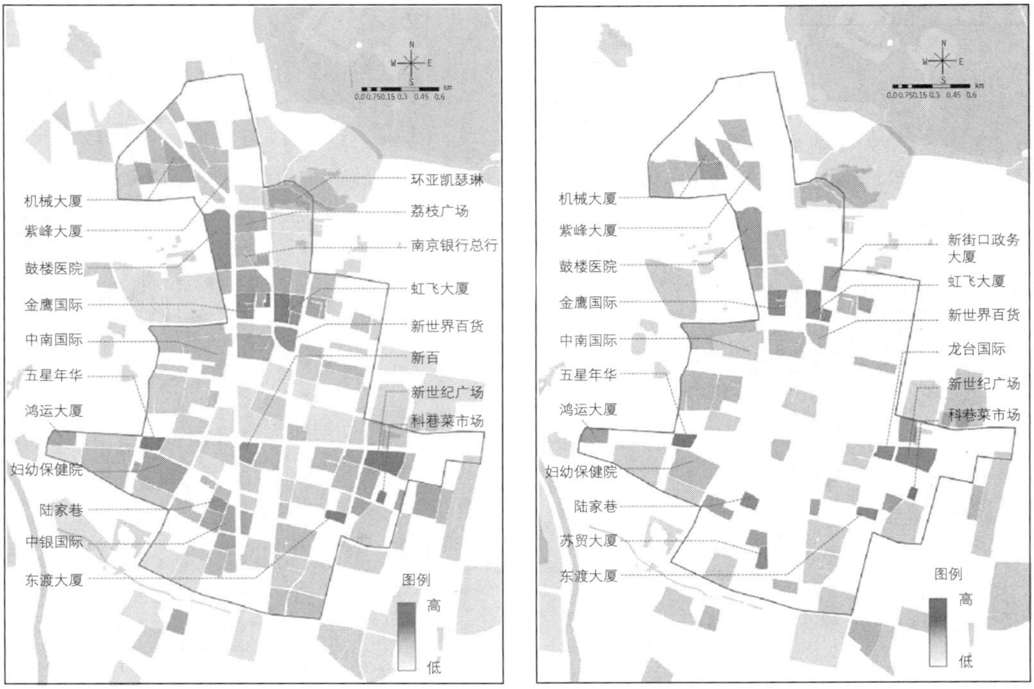

a. 20点—次日5点　　b. 6点—8点

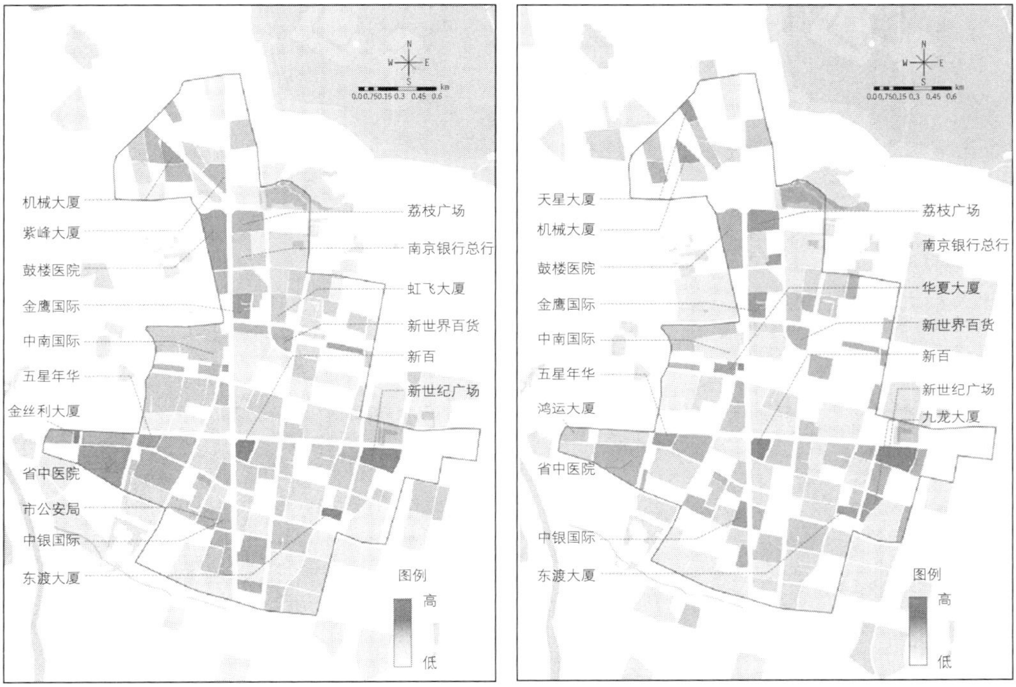

c. 9点—16点　　d. 17点—19点

图 7　新街口中心区人群行为时空分布

间型核心节点”；若“高强度”特征仅出现在 9 点—16 点，则定义为“日间型核心节点”；若“高强度”特征仅出现在 6 点—8 点，则定义为“早高峰核心节点”；若“高强度”特征仅出现在 17 点—19 点表现为，则定义为“晚高峰核心节点”；如果“高强度”特征显示在两个及以上的时段内，则该街区定义为组合核心节点。

基于就业人群行为的街区流动特征，研究发现南京新街口中心区的就业人群活动呈现出稳定活动区的分布（图 8），进一步筛选与这些“高强度”活动区有流动关系的街区节点，从而确定了各个活动区的范围。具体来看，鼓楼和大行宫活动区属于恒稳型节点；新街口活动区以日间型节点为主；珠江路活动区以夜间型节点为主；而汉中路活动区则为日夜型节点。

5.2　典型节点人群数字画像特征和成因解析

四个位于新街口中心区的稳定活动区域展现出了多样化的人群画像，且并未呈现出某一类活动人群主导的态势。以珠江路活动区为例深入分析多样化人群在稳定活动区内的活动规律（图 9），根据一日四个典型时段，分别统计并计算该时段内稳定活动的人群构成。而其中人群占比最高的为中收入短

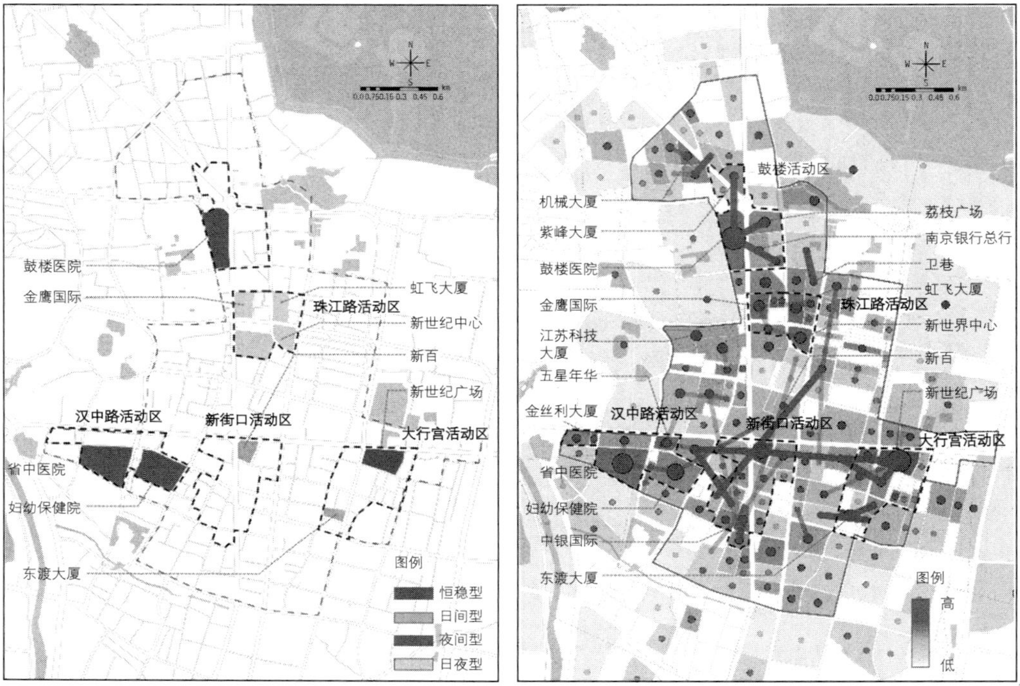

a. 网络节点类型　　b. 稳定活动区

图 8　新街口中心区就业人群网络节点类型与稳定活动区

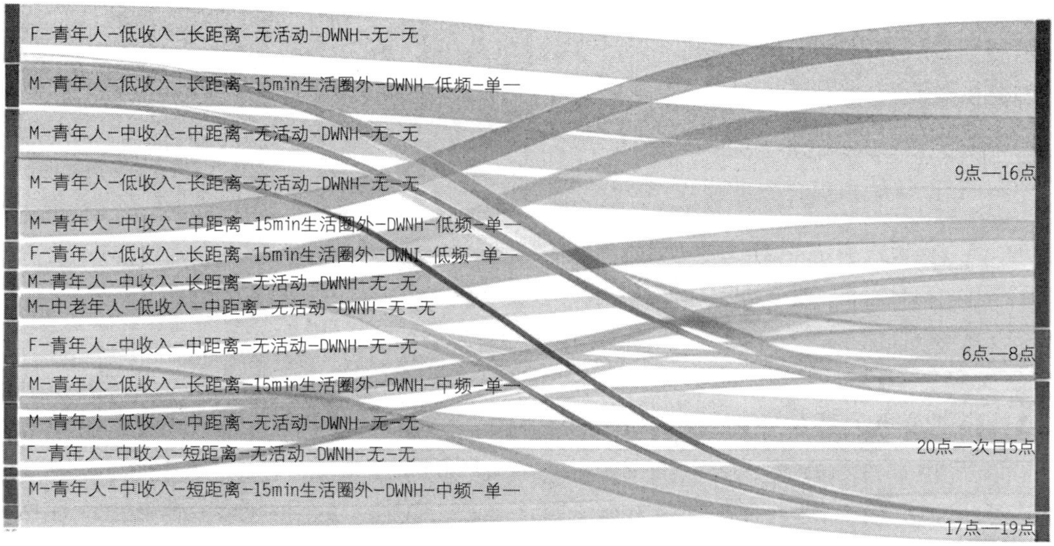

图 9　珠江路活动区分时段人群画像构成

距离、低收入长距离、中收入中距离的青年。9 点—16 点为珠江路活动区范围内人群活动的密集时间段，部分人群的活动会在 20 点—次日 5 点继续进行。低收入、长距离的青年人群则较早开始活动，通常在早上 6 点—8 点抵达珠江路活动区，并在此持续活动到 9 点—16 点的时段结束后再离开。该区域也是夜间活动较为频繁的区域，通过解析珠江路在 20 点—次日 5 点的特征发现，在这一时段活动的人群主要以中收入短距离的青年人（49.52%）为主，其余则为中收入长距离（28.17%）、中收入短距离（13.31%）和低收入长距离（9.01%），而在珠江路活动的就业人群，存在中频单一的就业活动，大多数活动的人群来自活动区之外，1/3 的人群在珠江路发生就业活动，而珠江路成为夜间人群高活动区的原因是在珠江路进行就业的人群若仍然选择在此片区进行游憩，以及有来自其他区域的人群来此发生长距离流动活动的原因。

5.3 基于人群数字画像的中微观规划应对

深入研究就业人群在新街口中心区的活动，从游憩活动的出行廊道来看，活动模式显现出“微结构”，即以五个稳定核心活动区为主导，每个活动区内部又进一步细化为多个街区间的短途游憩活动网络。为响应精细化城市规划的迫切需求，聚焦于珠江路、鼓楼等邻近活动区的小规模人群流动廊道，整合这些街区的设施功能和数量进行统筹规划。同时，可以通过增设城市家具符号来增强街区之间的空间连通性。对于联系较强的活动区，扩展现有新街口地下空间基础，或在城市更新过程中增加空中走廊，以提升各活动区之间的联系性，提升就业人群在活动区域内停留的潜在机会。而在珠江路活动区内，低收入长距离低频-单一的青年人群（29%）和中收入中距离低频单一的青年人群（19%）、中收入短距离中频-单一的青年人群（19%）占比较高。基于不同地区内人群的活动需求，鼓楼活动区应着重建设满足低收入群体需求的公共服务设施，而珠江路活动区内的设施与服务类型应当更符合中收入人群需求。

6 结论与讨论

现代城市化发展正向“人地和谐”“以人为本”转变，随着城市中日益复杂和多样化人群活动的出现，专有化场所应运而生。城市中的空间、设施和资源配置逐渐从传统的宏观总体布局转向更加个性化和定制化的方向。在这样的背景下，如何精准提炼出各类人群的普遍性与独特性特征，挖掘不同人群的差异化需求，剖析差异对其空间需求的具体影响，成为精准规划下面临的核心问题。本研究基于人群数字画像，以中心区就业人群为研究角度构建时空行为网络，从街区尺度和更精细的人群类型进行研究，刻画出 49 类在南京新街口就业人群的人群画像，并基于画像结果，对就业人群的时空行为网络进行了深入分析，重点关注网络中的核心节点所展现的流动特征，详细解析了这些核心节点所关联的人群构成情况。

在方法应用层面，本研究创新主要体现在以下几个方面：首先，基于人群数字画像的时空行为网络构建方法，能够从本体维度和行为维度对就业人群进行精细化分类；其次，通过多源大数据的融合与分析，实现了对就业人群时空行为的高精度刻画；最后，提出的“微结构”时空行为网络模式为城市中心区的精细化规划提供了新的思路。基于人群数字画像对时空行为网络进一步拆解，能够洞察其内在的人群类型及其规律，针对性提出应对策略。在未来更精细化尺度的人群时空行为网络研究和规划实践应用中，具备研究价值和潜力。

致谢

本文受国家自然科学基金面上项目“城市中心区‘高密-高频’人流动态模拟与空间设计优化研究”（52378048）资助。

参考文献

[1] BATTY M. Inventing future cities[M]. The MIT Press, 2018.
[2] CHAPIN F S, KAISER E J. Urban land use planning[M]. 3rd ed. University of Illinois Press, 1967: 20.
[3] GOODALL B. The economics of urban areas[M]. New York: Pergamon Press, 1972: 368.
[4] SCOTT A J. The urban land nexusand the state[M]. London: Pion Limited, 1980: 23.
[5] TRAVIS D. E-commerce usability: tools and techniques to perfectthe on-line experience[M]. CRC Press, 2002.
[6] WEBBER M M. The urban place and the nonplace urban realm[A]//Webber(ed.). Explorations into urban structure, philadelphia. University of Philadelphia Press, 1964: 79-153.
[7] 陈明星，黄莘绒，黄耿志，等．新型城镇化与非正规就业：规模、格局及社会融合[J]．地理科学进展，2021, 40(1): 50-60.
[8] 丁亮，钮心毅，宋小冬．上海中心城就业中心体系测度——基于手机信令数据的研究[J]．地理学报，2016, 71(3): 484-499.
[9] 丁泽勤．城市建设中“农转居”居民的就业问题——以河南省洛阳市新区为例[J]．河南科技大学学报(社会科学版), 2013, 31(5): 14-19.
[10] 端木一博，柴彦威．北京市就业者日常活动的时间利用研究——基于2007年与2017年调研数据的对比[J]．人文地理, 2021, 36(2): 136-145.
[11] 付占辉，梅林，郑茹敏，等．东北地区城市女性就业水平空间分异机制[J]．地理科学进展，2020, 39(8): 1308-1318.
[12] 高静，胡石琳，王昕，等．基于行为模式的太原市南蒲村公共空间优化研究[J]．城市住宅, 2021, 28(11): 68-72.
[13] 高源．职住平衡视角下城市边缘区空间优化策略研究[D]．天津：天津城建大学, 2022.
[14] 龚敏琪．基于服务设计方法的老旧社区公共空间“微更新”研究[D]．广州：广东工业大学, 2021.
[15] 顾家焕，王德．大数据背景下的通勤模型构建与应用——以上海市为例[J]．城市规划, 2020, 44(11): 69-77.
[16] 胡畔，魏家星，王兴平．城市边缘区居民就业、居住和服务空间区位选择——基于南京市桥北高新片区的实证分析[J]．大连理工大学学报(社会科学版), 2017, 38(4): 126-133.

[17] 梁鹤年. 城市人[J]. 城市规划, 2012, 36(7): 87-96.
[18] 梁清梅, 吴祖怡, 李雅诗. 退休老年人再就业行为影响因素的研究——以广州市城区 266 位个案为例[J]. 中国市场, 2021(18): 140-142+145.
[19] 罗吉, 卢晓涵, 彭阳. 武汉市低收入人群职住通勤空间关系研究——基于微观主体调查的视角[J]. 城市问题, 2021(9): 49-59.
[20] 梅大伟, 修春亮. 沈阳市居住-就学网络空间结构研究[J]. 经济地理, 2020, 40(12): 72-80.
[21] 钮心毅, 丁亮, 宋小冬. 基于手机数据识别上海中心城的城市空间结构[J]. 城市规划学刊, 2014(6): 61-67.
[22] 钮心毅, 谢琛. 手机信令数据识别职住地的时空因素及其影响[J]. 城市交通, 2019, 17(3): 19-29.
[23] 田金玲, 王德, 谢栋灿, 等. 上海市典型就业区的通勤特征分析与模式总结——张江、金桥和陆家嘴的案例比较[J]. 地理研究, 2017(1): 15.
[24] 托斯坦·哈格斯特朗. 区域科学中的人[J]. 张艳, 柴彦威, 译. 国际城市规划, 2010, 25(6): 10-17.
[25] 王灿, 王德, 朱玮, 等. 基于消费者行为的商业空间绩效评价体系建构[J]. 城市规划, 2021, 45(3): 33-45.
[26] 王翀, 汪奋强. 全民健身中心建筑策划中用户画像体系的建构[J]. 城市建筑, 2020, 17(13): 157-160+164.
[27] 王德, 张晋庆. 上海市消费者出行特征与商业空间结构分析[J]. 城市规划, 2001, 25(10): 6-14.
[28] 王德, 钟炜菁, 谢栋灿, 等. 手机信令数据在城市建成环境评价中的应用——以上海市宝山区为例[J]. 城市规划学刊, 2015(5): 82-90.
[29] 王垚, 钮心毅, 李志鹏. 苏沪跨城通勤的影响因素与作用机制初探[J]. 城市规划, 2023, 47(2): 58-66.
[30] 吴昊, 刘凌波, 彭正洪, 等. 结合大数据的居民通勤仿真研究: 一个智能体模型的规划应用尝试[J]. 城市与区域规划研究, 2020, 12(2): 87-101.
[31] 夏永久, 黄友琴, 李洁. 南京城市低收入居民被迫搬迁后的就业变动及影响因素[J]. 地理科学, 2021, 41(6): 1050-1060.
[32] 徐春, 宁珺. 南京老城区城市中心性特征及成因研究[J]. 规划师, 2013, 29(3): 81-85.
[33] 严志秀. 城市就业女性日常活动出行行为研究[D]. 昆明: 昆明理工大学, 2020.
[34] 杨俊宴. 城市中心区规划设计理论与方法[M]. 南京: 东南大学出版社, 2013(8): 755.
[35] 杨俊宴, 何国枫, 陈代俊, 等. 城市交通拥堵地区人群数字画像解析与空间规划应对[J]. 规划师, 2021, 37(19): 26-34.
[36] 杨俊宴, 史北祥. 城市中心区圈核结构模式的空间增长过程研究——对南京中心区 30 年演替的定量分析[J]. 城市规划, 2012, 36(9): 29-38.
[37] 伊尔潘·吾布力, 秦萧, 甄峰, 等. 基于空间绩效大数据测度的城市商业用地评价与优化研究——以南京主城区为例[J]. 城市与区域规划研究, 2023, 15(2): 212-233.
[38] 袁红清. 外来农村女性城市休闲业就业的空间分布分析——基于浙江省的数据[J]. 农业经济问题, 2014, 35(12): 72-77.
[39] 甄峰, 魏宗财, 杨山, 等. 信息技术对城市居民出行特征的影响——以南京为例[J]. 地理研究, 2009, 28(5): 1307-1317.
[40] 赵宝静, 沈璐. 城市更新语境下中央活力区城市设计方法初探[J]. 上海城市规划, 2015(1): 31-36.
[41] 赵虎, 赵奕, 张一凡. 都市区就业空间演化及规划策略探讨——以济南市为例[J]. 城市发展研究, 2014, 21(7): 42-47.

[42] 周麟，田莉，梁鹤年，等. 基于复杂适应性系统“涌现”的“城市人”理论拓展[J]. 城市与区域规划研究，2018, 10(4): 126-137.

[欢迎引用]

史宜，杨俊宴，何国枫，等. 基于人群数字画像的中心区就业人群时空行为网络研究——以南京新街口中心区为例[J]. 城市与区域规划研究，2025, 17(1): 124-144.

SHI Y, YANG J Y, HE G F, *et al*. Research on the spatiotemporal behavioral network of employed population in the central district based on crowd digital profile : a case study of Nanjing Xinjiekou[J]. Journal of Urban and Regional Planning, 2025, 17(1): 124-144.

历史遗产空间多维防火韧性智能提升研究

徐子寒　陈君南　吴小乔　冯韵洁　杜　杨　沈　尧

Study on Intelligent Enhancement of Multi-Dimensional Fire Resilience in Historic Heritage Spaces

XU Zihan[1], CHEN Junnan[1], WU Xiaoqiao[1], FENG Yunjie[1], DU Yang[1], SHEN Yao[1,2]
(1. College of Architecture and Urban Planning, Tongji University, Shanghai 200092, China; 2. Key Laboratory of Spatial Intelligent Planning Technology, Ministry of Natural Resources of the People's Republic of China, Shanghai 200092, China)

Abstract Historic heritage spaces, as essential components of urban cultural resources, face multidimensional risks posed by unexpected events such as fires. Based on the systemic characteristics of these spaces, this study incorporates such elements as natural environments, architectural structures, and public spaces to establish a system simulation model and resilience measurement framework addressing multi-dimensional risks including fire hazards, evacuation challenges, and crowd congestion. Taking the historical and cultural district of Jinze Ancient Town in Shanghai as a case study, the proposed model quantifies fire risk levels and spatial differences under different planning scenarios, and formulates element-oriented strategies for enhancing multidimensional fire resilience in historical heritage sites. Through a data-driven simulation and reasoning model, this research progresses from risk identification to planning intervention, thereby providing technical support for the protection and resilience enhancement of urban heritage.

Keywords historical heritage space; fire risks; multidimensional resilience; simulation; intelligent planning

作者简介

徐子寒、陈君南、吴小乔、冯韵洁、杜杨，同济大学建筑与城市规划学院；

沈尧（通讯作者），同济大学建筑与城市规划学院，自然资源部国土空间智能规划技术重点实验室。

摘　要　历史遗产空间作为城市文化资源的重要组成部分，面临着火灾等突发事件带来的多维风险。基于历史遗产空间的系统特征，文章纳入自然、建筑、公共空间等要素，构建涵盖火灾、逃生、拥堵等多维风险的系统仿真模型和韧性测度框架，并以上海金泽古镇历史文化风貌区为例，使用模型量化了不同规划情景的火灾风险水平及局部差异，针对性地提出要素导向下的历史遗产空间多维防火提升策略。研究采用数据驱动的仿真与推理模型，实现了从风险识别到规划干预，为城市遗产保护和韧性提升提供了技术支持。

关键词　历史遗产空间；火灾；多维韧性；仿真模拟；智能规划

1　引言

历史遗产空间作为城市历史文化的重要载体，在传承城市文化脉络与展现地域特色方面具有不可替代的作用（阮仪三，2000）。历史遗产空间通常包括历史建筑、街区环境及其相关的公共空间，共同构成独特的文化景观（李欣鹏等，2020）。然而，由于建筑材料老化和结构特殊，历史遗产空间表现出火灾等突发事件下的显著脆弱性（刘勇等，2014）。同时，人口密度、社会构成和功能变化等因素也进一步加剧了其火灾风险与防范的复杂性（郑雁秋，2013；温天蓉等，2015；王雁楠、邱洪兴，2014）。与其他类型的城市空间相比，历史遗产空间在防火需求和策略上表现出鲜明差异：现代消防技术难以直接适用于其传统建筑材料和结构，而文化价值保护的要求又限制了常规防火改造手段的运用。这意味着对遗产空间的火灾防控必须在安全与文化保护间取得平衡。此外，火灾事件的突发性和广泛传播性导致其一旦发生就很可能造成大量的财产损失与人员伤亡，仅依靠消防应急措施很难及时避免，而全方位、大范围的改造和风险布控显然也不切实际，因此，有必要对历史遗产空间进行系统的火灾风险评估与韧性测度，以精准识别最为关键的防控要素与区域。

目前大多数针对历史遗产空间的风险评估研究仅聚焦于建筑结构、消防设施或管理措施等单一维度（闫晨等，2021；Zhang *et al.*，2023；Yu *et al.*，2024），难以应对上述多重因素交织导致的复杂火灾风险。尽管部分研究关注了火灾传播（张健、宋志刚，2022；Cheng and Hadjisophocleous，2011；Shaham and Benenson，2018；Ma and Xiao，2023）或人员疏散与拥堵（金泽人等，2018；曹思琪等，2023）等动态过程，但对遗产空间整体性和系统性风险的综合评估仍显不足。在实际场景中，火势蔓延路径和人员流动方向通常受到空间结构与环境要素的共同影响（Ma and Xiao，2023），传统的防火策略难以准确应对这些复杂的动态关系。因此，实现对历史遗产空间的全面防护，需要构建一种能够整合多维空间要素、评估动态风险并提供系统化干预的评价方法。

本文以提升历史遗产空间的防火韧性为核心目标，提出了一种综合自然环境、建筑特征与公共空间等要素的系统仿真与推理模型。该模型融合火灾风险、逃生行为和空间拥堵等多维风险要素，能够全面反映历史遗产空间的火灾动态风险。本文选取上海金泽历史地区作为研究案例，对模型在不同规划情景中的应用效果进行了验证。结果表明，该模型能够精准识别并量化火灾场景下的高风险要素及动态风险传播路径，为历史遗产空间的防火韧性提升提供了技术支持。

2 历史遗产空间多维防火韧性测度方法

2.1 研究框架

本文以历史遗产空间为研究对象，综合考虑自然环境、建筑特征和公共空间等多重关键要素，提出多维防火韧性测度框架，通过仿真模拟技术在多情景下开展风险评估，为规划实践提供科学依据和技术支持。框架具体包括系统建构、系统仿真和规划决策三个核心部分（图1）。

（1）系统建构。系统建构是本框架的基础，目标是整合历史遗产空间中的多维要素并转化为相互关联的系统单元。其中，建筑单体构成建筑系统，作为火灾场景下直接受影响的空间系统，同时用于火灾风险的推理分析。自然要素（如风、水等）在火灾蔓延过程中起到重要作用，是影响火势发展的关键因素（吴运法等，2025）。此外，火灾可能引发逃生和聚集的潜在风险，这些风险受到公共空间结构与视线要素的共同影响，从而形成逃生与聚集系统。

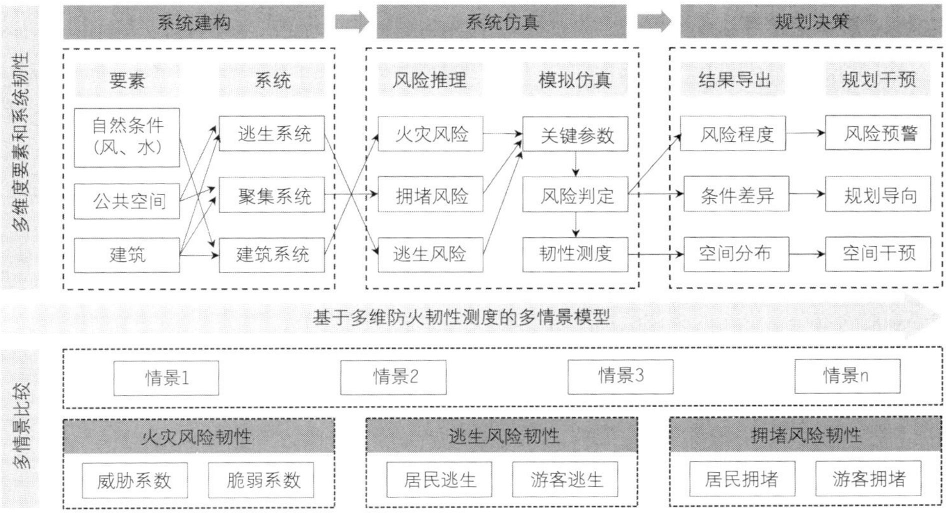

图 1　历史遗产空间多维防火韧性研究框架

（2）系统仿真。基于系统建构，系统仿真部分对火灾风险、拥堵风险和逃生风险进行动态模拟，主要包括三个步骤：关键参数设定、风险判定和韧性测度。首先，通过关键参数设定量化系统要素对各类风险的影响程度，该环节直接决定了仿真结果的精度；其次，风险判定根据仿真过程识别关键风险区域，划分风险等级，为风险分布的分析提供依据；最后，通过韧性测度评估系统整体应对风险的能力，为规划策略的制定提供支持。

（3）规划决策。系统仿真结果为历史遗产空间防火韧性的提升提供了科学依据和具体的决策支持。规划决策部分分为结果导出和规划干预两个环节。在结果导出方面，将仿真数据转化为可操作的风险指标，分析不同情景下的风险分布规律及差异，归纳形成空间分布特征。在规划干预方面，基于风险评估结果，提出针对不同要素的预警机制、规划导向和空间干预策略，从而全面提升历史遗产空间的防火韧性。

2.2　基于不规则元胞自动机的火灾蔓延模拟

火灾蔓延模拟是系统仿真的关键环节，主要由两个子过程构成：建筑单体的火灾态势演变和建筑间的火灾蔓延。在建筑单体火灾态势演变中，火灾完整过程通常包括五个阶段：起火、蔓延、完全燃烧、倒塌和熄灭（后文简称状态 1 至状态 5）（吴运法等，2025；曾翔等，2017；Zhao，2011）。建筑间的火灾蔓延则发生在单体建筑燃烧达到特定阶段后，主要通过热辐射作用向相邻建筑传播。这一动态过程直接决定了火灾在历史遗产空间内的扩散范围和影响程度，是多维防火韧性提升研究的核心分析内容。

在模拟过程中，需要预先设定每个子过程的参数和条件。对于建筑单体火灾态势的演变，火灾状态会随着燃烧持续时间的延长逐步变化；不同状态下建筑向外辐射热量的能力存在差异。仅处于状态3和状态4的建筑具有火势向外蔓延的能力，其中状态4的蔓延能力更强。对于建筑间的火灾蔓延过程，则需综合考虑建筑间距、是否存在阻火要素、风速与风向以及相邻建筑的属性（如材料类型和面积等）（Shi *et al.*，2017）。这些因素会增强或削弱建筑向外传播火势的能力，从而改变相邻建筑被引燃的概率。该计算过程可表示为：

$$P_i = Ps_j \cdot Pa_j \cdot Pd_{ij}a_j \cdot Pm_j \cdot Pt_j \cdot P_w$$

各系统要素对火灾蔓延影响的具体解释见表1。

表1　火灾蔓延相关系统要素和计算方式

参数	含　义
s_j	燃烧建筑状态。只有状态3和状态4的建筑可以将火灾蔓延给其他建筑，其中完全燃烧的建筑 Ps_j 为0.4，倒塌的建筑 Ps_j 为1
a_j	燃烧建筑面积。建筑面积越大，则影响范围越大，即传播火灾概率越大。无风情况下的蔓延范围半径为 $3+\sqrt{a_j}/2$
d_{ij}	燃烧建筑与被引燃建筑的间距。间距越大，越不易被传播火灾。其与建筑蔓延距离构成概率函数 $P=1-d_{ij}/\mathrm{d}$
m_i	被引燃建筑材料。Pm_j 的值：木材=1.0，防火木材=0.8，防火材料=0.6
t_i	阻火能力。如果建筑间存在水系、围墙等阻火要素，则会降低蔓延概率
w	风条件。不同风速、风向都会影响传播范围

资料来源：Zhao（2011）。

参考已有研究（吴运法等，2025；Zhao，2011；曾翔等，2017），本研究基于不规则元胞自动机模型对建筑系统进行自下而上的系统性动态模拟（图2）。元胞自动机将建筑单体视为细胞单元，每个单元具备建筑单体的基本属性。依据前文所述的两个子过程，模拟流程主要分为两个阶段：一是模拟起火建筑状态的动态变化；二是模拟起火建筑对相邻建筑的火灾蔓延。前者用于刻画建筑单体的自身状态演变，后者则反映火灾在建筑系统内的传播机制。在模拟过程中，每个建筑单体细胞在任一时刻仅具有唯一状态，总共有六种状态：正常状态（状态0）和五种火灾状态（状态1至状态5）。根据预设规则，各建筑单元的状态会随着模拟时间的推进发生变化，直至模拟达到设定的时间终点。

2.3　基于空间网络中心性的逃生和拥堵风险计算

火灾引发的次生风险主要包括**逃生风险和拥堵风险**（郑雁秋，2013）。逃生风险表现为火灾发生后人群的快速疏散导致局部道路流量骤增，拥堵风险则表现为大量人群聚集对避难空间承载能力造成

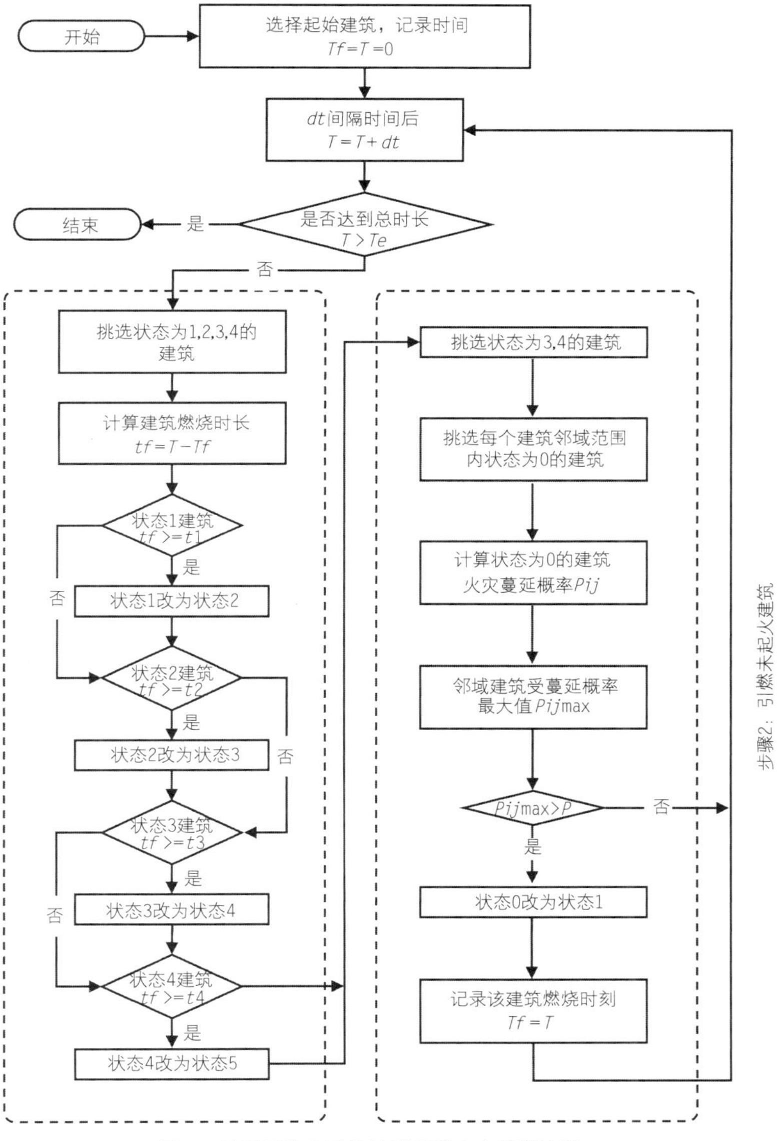

图 2　基于元胞自动机的建筑群火灾模拟流程

资料来源：改自 Zhao（2011）。

巨大压力。因此，有必要对起火建筑及其周边区域人群的逃生路径进行模拟，以评估逃生效率，识别潜在的拥堵点，为优化疏散策略提供科学依据。本研究通过将建筑与最近的道路相连接，构建了基于道路节点的加权对偶网络（图 3）。

图3 道路网络加权与逃生、拥堵风险示意

采用加权中介中心性和加权接近中心性，分别用于表征道路网络中的逃生风险和拥堵风险。中介中心性用于量化网络中关键节点作为其他节点之间最短路径的作用频率，其计算公式如下：

$$C_B(v)=\sum_{s\neq v\neq t\in V}\frac{W_s\sigma_{st}(v)}{\sigma_{st}}$$

其中，W_s 是节点 s 的权重，σ_{st} 是从节点 s 到节点 t 的最短路径总数，$\sigma_{st}(v)$ 是通过 v 的路径数。

接近中心性是节点与网络中所有其他节点之间最短路径的平均长度，越高的接近中心性表明该节点越邻近其他所有节点，其计算如下：

$$C(s)=\frac{n-1}{\sum_{t\neq s}\frac{W_t}{d(s,t)}}$$

其中，W_t 是节点 t 的权重，$d(s,\ t)$ 是节点 s 和 t 之间的联系距离，n 是网络节点总数量。

此外，考虑到寻路过程中的成本差异，本研究重点关注居民和游客（即本地人和外地人）两种不同人群的逃生情况。对居民而言，使用距离作为其寻路成本；对于外地人而言，参考空间句法理论中以角度衡量个体感知空间的难易程度（杨滔，2022）。区分居民和游客的基础上，用 Dijkstra 最短路径算法来计算从该建筑出发前往避难空间的寻路过程（曹思琪等，2023）。

2.4 历史遗产空间多维防火韧性风险指标

本研究围绕火灾、逃生和拥堵风险构建韧性测度指标（表2）。在火灾风险方面，设定威胁性系数和脆弱性系数两类指标，用于量化建筑火灾风险的不同韧性水平。该过程通过初始受灾建筑的火灾蔓延模拟，分别评估建筑单体的被蔓延脆弱性风险和向外蔓延的威胁性风险。为了衡量历史遗产区域的整体风险水平，计算所有建筑在分别作为初始受灾建筑时所引燃建筑的平均数量，进而得出整体韧性指标。在逃生和拥堵风险方面，本研究结合居民和游客两类人群的特点，评估人流对道路网络的压力。

通过最短路径模拟结果，将对应流量赋值至路径序列，用以量化道路的潜在通行压力和聚集压力，从而为评估与干预提供依据。

表 2　多维防火韧性指标、含义及计算方法

维度	指标	含义
火灾风险	建筑威胁系数	建筑起火后引燃的其他建筑数量/总建筑数量
	建筑脆弱系数	建筑被起火建筑蔓延而引燃的总体概率
逃生风险	居民逃生压力	火灾发生后道路承载的居民逃生数量
	游客逃生压力	火灾发生后道路承载的游客逃生数量
拥堵风险	居民拥堵压力	火灾发生后道路承载的居民聚集数量
	游客拥堵压力	火灾发生后道路承载的游客聚集数量

3　研究区域与数据

本研究选取上海青浦区金泽古镇历史文化风貌区作为案例进行分析。金泽镇位于上海青浦区，紧邻江苏和浙江两省，具有深厚的历史文化底蕴和独特的自然生态资源，是中国历史文化名镇。金泽古镇内的历史资源十分丰富，共有 13 处文物保护单位，其中古桥梁 7 座，古建筑 4 处，遗址 1 处，工业遗产 1 处（图 4）。古镇现存建筑约 4 000 幢，经过现场调研发现，大多数建筑采用普通木材结构，整体耐火等级较低。金泽古镇主要保护区范围内的建筑肌理紧凑，建筑间距较小，一旦发生火灾，火势可能迅速蔓延，造成大面积的建筑群体被波及。这一现象凸显了历史街区在更新和保护过程中面临的重大挑战与矛盾：一方面，需要尽可能保留传统的建筑肌理和紧凑布局特征；另一方面，又必须有效避免火灾蔓延带来的潜在风险。此外，消防设施布置不足、消防通道不畅等问题也暴露出该区域在应对突发火灾事件时的应急能力相对薄弱。

本研究模拟数据主要包括建筑数据、道路数据和风环境数据。建筑数据来源于百度地图，通过百度 API 采集，建筑的具体材料和类型通过实地调研补充完善。道路数据来源于 OpenStreetMap，并经过卫星图像的初步校准，确保数据的准确性和完整性。风环境数据则来自 2022 年上海宝山气象站的记录，数据时间间隔为 3 小时，通过分析季节划分得到上海四季的主导风向和风速（表 3）。风向和风速在火灾蔓延模拟中会显著影响热辐射的传播范围。例如，表 3 显示，上海春季主导风为北风，风速为 4 米/秒，这将使热辐射的传播范围从无风时的圆形扩散到南向的椭圆形。在此范围内，热辐射能够有效传递至相邻建筑，而超出该范围则难以影响到其他建筑。

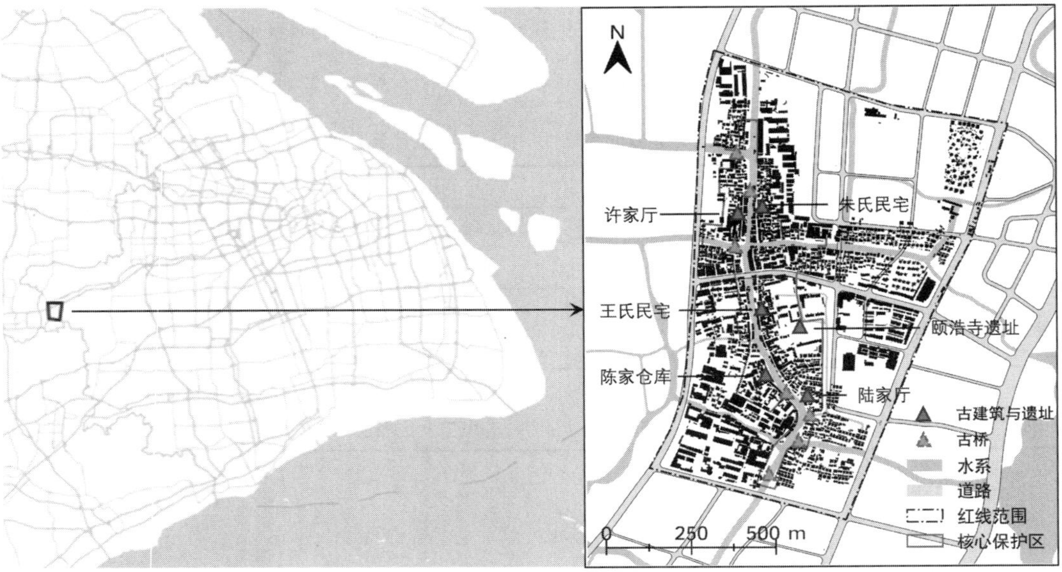

图4 研究区域

表3 上海季节风对火灾蔓延中热辐射传播范围的影响

上海各季节 主导风向和风速	春季	夏季	秋季	冬季
	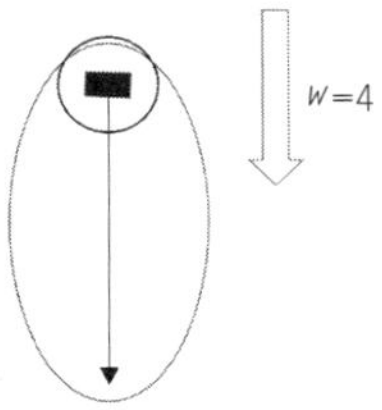	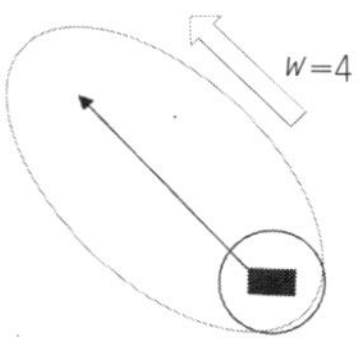	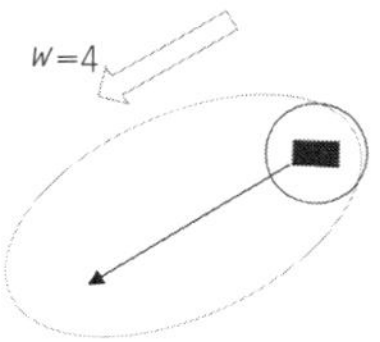	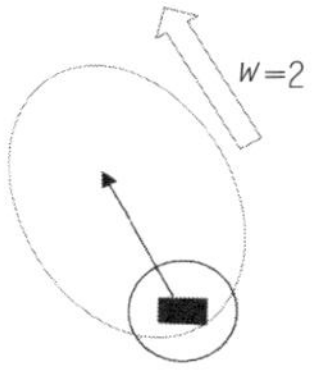

4 火灾蔓延模拟及多维防火风险测度

4.1 基地现状与多情景规划方案设定

本研究关注基地现状火灾风险之外，额外设定了商业导向、低密度开发两种情景方案以识别不同开发强度和规划导向的结果差异（图 5）。三种情景在开发力度与布局方式等方面具有明显区别。具体而言，现状情景（方案 1）维持基地现有建筑，保留了最原始的街区肌理特征；商业导向情景（方案 2）在延续原始肌理的基础上，加入更多商业开发，以商住功能为主；低密度开发情景（方案 3）则对历史街区进行了较大幅度的拆除和改造，建筑体量普遍较小，并强化生态和文旅功能。三个规划方案的建筑基本特征见表 4。对这三种情景进行横向对比，可帮助识别它们建筑特征差异所导致的火灾风险与韧性结果的变化。

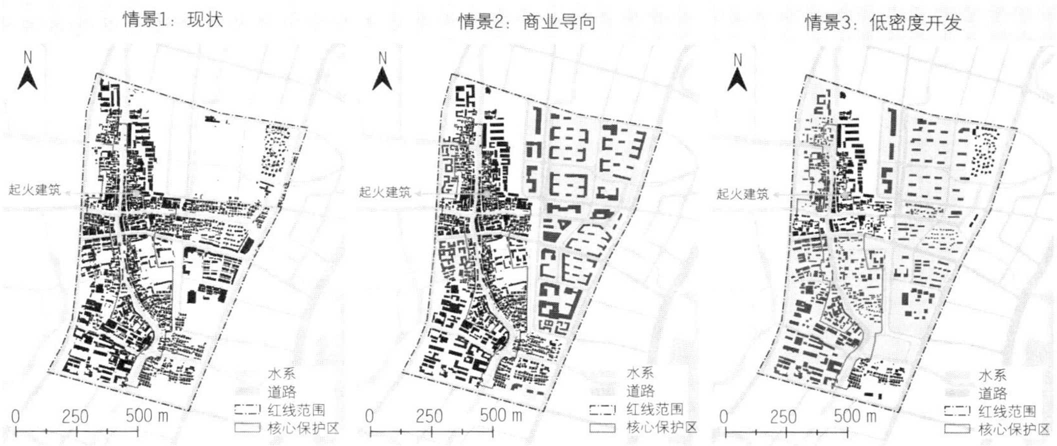

图 5　金泽古镇多情景规划方案

表 4　三个规划方案的建筑基本特征

	现状	微更新	商业导向	低密度开发
总建筑数量（幢）	4 153	4 102	2 672	1 374
建筑数量（面积≥15m²）（幢）	2 582	2 550	1 876	1 113
建筑密度	0.251	0.258	0.279	0.173
建筑密度（面积≥15m²）	0.238	0.245	0.272	0.170
平均建筑间距（米）	15.41	15.95	17.97	26.92

注：建筑密度为建筑基底面积与研究范围用地面积之比。

4.2　火灾风险测度

通过设定相同起火建筑（图 5），对三个方案进行总时长为 180 分钟的火灾蔓延模拟。模拟过程考虑了不同火灾状态间转变的随机因子，故模拟 100 次计算平均结果。图 6 显示了随时间推移，各状态建筑数量的平均变化曲线。由于部分区域建筑间距超过火灾蔓延的范围，在模拟达到一定时间后则不再有新增起火建筑。模拟结果表明，情景 3 在接近 180 分钟之后火灾蔓延基本停止，而情景 1 和情景 2 在模拟结束后仍有新增的起火建筑。这一点符合火灾蔓延基本规律，表明在无外界干扰下，紧凑的建筑布局会导致火灾蔓延范围较大，而分布稀疏的建筑布局则减小了蔓延的影响。

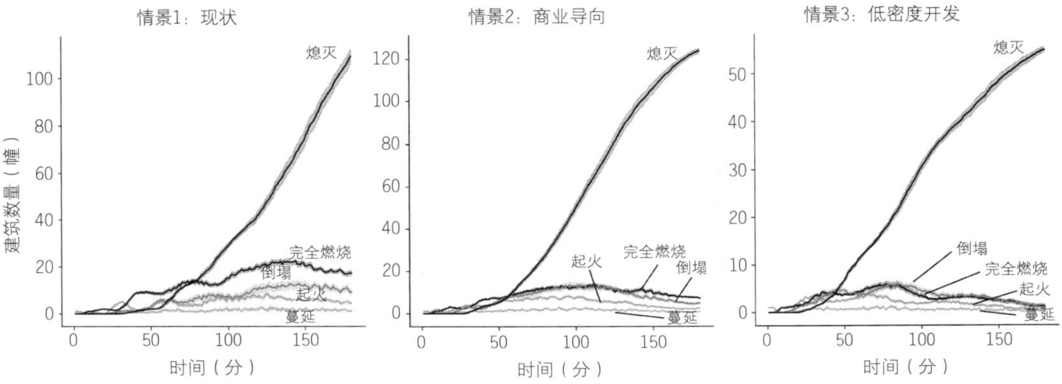

图 6 多情景方案的火灾风险比较（夏季风向）

对基地现状进一步展示其在不同时刻与不同季节的模拟结果（图 7）。不同季节主导风向显著影响了火灾蔓延方向。夏冬两季均呈现出火灾趋势由南向北蔓延，受风向角度的影响，夏季火灾蔓延相较于冬季会有一定向西偏移的角度，而秋季呈现出火灾由东北向西南方向蔓延。同时，不同季节的风速会显著影响火灾蔓延的范围。对比之下，夏秋两季的火灾蔓延趋势由起火建筑开始沿风向角逐渐扇面扩散，形成更广泛的风险区域。而冬季风速较小，着火建筑会相对集中地影响下风向建筑，整体火灾受灾面更小。此外，在冬季风速较小的情况下，水系能够有效阻遏火灾蔓延，着火建筑无法影响到水系对侧建筑群。

结合图 6 和图 7，可发现该蔓延过程在 45—60 分钟速率较高，不同季节在该时段呈现出着火范围的迅速扩大，以起火点为中心约 50 米范围内的建筑群体成为火灾蔓延的首要高风险集群。到 60 分钟时该区域建筑已经普遍转为状态 3（完全燃烧）和状态 4（倒塌）。这一结果表明，对于设定的起火建筑，关键的救援时间和对象是起火后 45 分钟内 50 米范围内的建筑组群，可为火灾防范与救援提供相应参考。图 8 展示了在夏季主导风环境下三个方案的火灾风险空间分布。从相同点看，威胁系数最高的建筑主要集中在核心保护区的边缘，表明这些建筑一旦失火，将可能导致核心保护区大范围的建筑受到影响，是火灾预防的首要关注对象。相较之下，脆弱系数较高的建筑多位于核心保护区内，这些建筑更易被火灾蔓延。通过对比横向差异，可看出相较于情景 2，基地现状与情景 3 的总体建筑火灾风险都较低，而情景 2 不论是极值还是高风险区覆盖范围，都表现出明显的低韧性特征。从比例上来看，现状情景下的核心地区一旦发生火灾，可能导致超过 5%的建筑被波及，数量已达到百幢的量级。

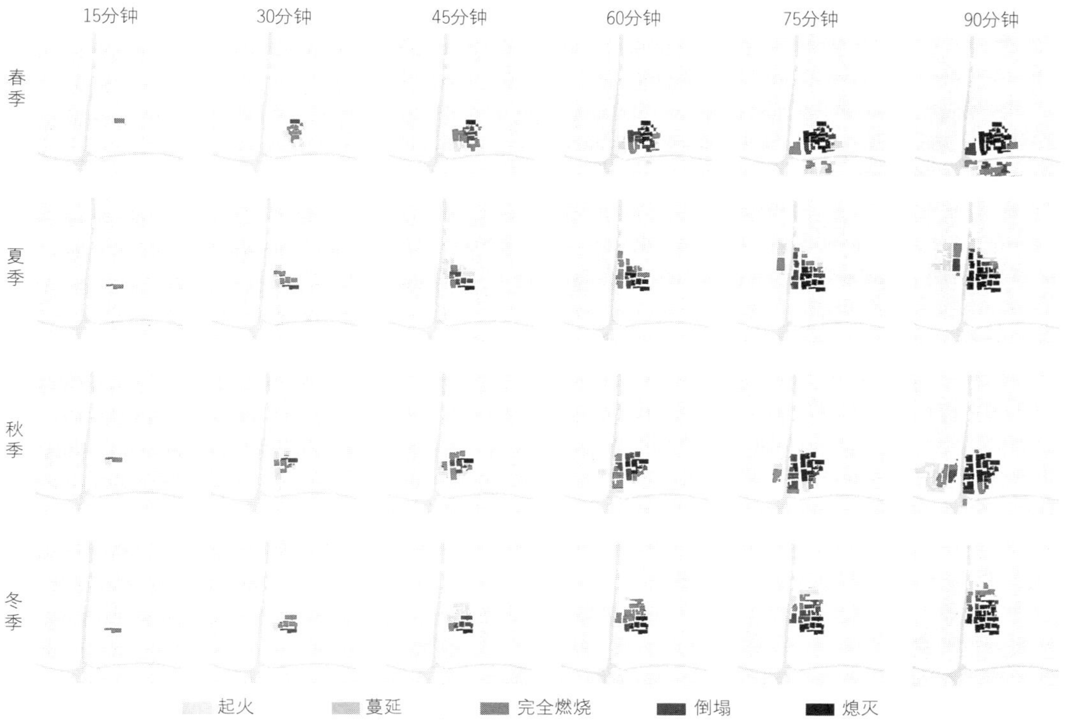

图 7 基地现状（情景 1）在不同季节风环境下的火灾蔓延模拟过程

而在核心保护区进一步商业开发后，尽管情景 2 中的建筑规模较现状显著降低，但核心区范围的建筑密度更高，其火灾蔓延的比例和范围也会更大，从而面临更高的暴露风险。例如，在现状条件下，基地内的古建筑与遗产作为重点文物保护单位，整体威胁性较低，虽具有较高的脆弱性，但仅有许家厅和朱氏民宅的脆弱程度接近 5%。然而，在情景 2 中，这一比例显著上升，南侧的王氏民宅脆弱性大幅增加，同时陆家厅的威胁性也显著提升。

这一分析表明火灾风险与建筑数量无关，而可能受到建筑密度的影响。结合表 3 可发现较低的建筑密度（即更大的建筑间距）似乎对火灾蔓延具有抑制作用。为进一步验证这一关系，对每个方案中局部范围内的建筑密度与火灾风险系数进行相关性分析（表 5），结果显示在一定范围内的确存在正相关性，不同距离下相关程度不同。然而，密度最低的情景 3 却在三个方案间表现出最弱的相关性，这说明该结果源于建筑单元的自身属性和相邻建筑联系的双重影响，而非仅仅因为较低的建筑密度。从情景 3 和现状情景在风险极值方面的比较也可以看出，情景 3 局部韧性水平也并非最优。以上信息表明，火灾风险防范应基于多要素综合考虑，仅依靠增加建筑间距可能不是最佳策略，这对于需保留历

图8　建筑威胁系数和建筑脆弱系数

史肌理的遗产空间而言也并不实际。因此，通过不断优化建筑布局，尤其是需要重点保护的关键历史建筑及其邻近片区，从仿真模拟推演出适应于不同片区的建筑间距和肌理形态以及合理的蓝绿开敞空间布局，实现防火韧性与历史肌理保护的平衡，是本方法应用于相关实践的重要实现途径。

表 5　不同距离范围建筑密度和火灾风险系数的相关性（R^2）

		30 米	50 米	100 米	150 米	200 米
情景 1	威胁系数	0.138	0.185	0.182	0.170	0.161
	脆弱系数	0.119	0.215	0.216	0.181	0.157
情景 2	威胁系数	0.141	0.156	0.096	0.117	0.156
	脆弱系数	0.122	0.207	0.280	0.219	0.180
情景 3	威胁系数	0.086	0.110	0.109	0.133	0.125
	脆弱系数	0.079	0.128	0.132	0.104	0.077

4.3　逃生风险测度

逃生风险的计算方式与建筑密度有关，而三个情景方案的建筑布局总体比较一致，即核心保护区范围内建筑密集且体量偏小，位于总体范围西侧，而东侧建筑群普遍疏密有致。方案间的居民逃生风险和游客逃生风险分布呈现出相似的空间模式（图 9）。对居民而言，受到建筑加权的道路网络中心性分布模式表现为中心结构突出，其中古镇范围的两条主要骨架道路（金中路和金溪路）成为居民逃生过程中的关键路径。此外，位于核心保护区范围的沿河道路也具有较高的逃生风险压力。对游客而言，认知成本在其逃生过程中起着更重要的作用。连续性强且拐弯较少的道路往往成为主要逃生通道。因此，游客所经历的高风险路径主要集中于金泽镇镇域的城镇道路，尤其是西侧的沪青平公路、东侧的培育路以及横向联系两侧的金溪路。城市道路由于其线性特征更易于游客辨识，能够有效降低在逃生过程中的认知成本消耗。金溪路作为古镇内主要商业和生活性街道，既是重要的交通动脉，也是连接各个核心区域的街道骨架，对于提升游客的逃生效率至关重要。

各方案风险分布模式的细微差异表明，建筑密度对逃生风险的影响相较于道路网络结构较为有限。然而，需要指出的是，不同类型建筑的安全性及人流承载能力存在差异，火灾隐患的程度亦有所不同，这导致了局部建筑在网络节点中的赋权差异。例如，高人流密度的商业建筑在突发情况下可能面临更大的火灾风险，随之而来的疏散难度也显著增加，而低密度的居住建筑相对安全。因此，应综合考虑建筑特征和类型带来的人流差异与潜在火灾风险，以提升该模拟的真实性和可靠性。

4.4　拥堵风险测度

相比于逃生风险，拥堵风险的分布模式在不同方案间的差异更为显著（图 10）。一般而言，在未加权的网络中，位于路网几何中心的节点通常具有更高的接近中心性。然而，对于居民而言，由于受到距离成本约束，路网几何中心的道路在加权接近中心性上的表现反而相对较低。这是因为古镇中心区域建筑密集，大量居民在紧急情况下倾向于从中心区域向外疏散，而非集中于中心地带。受这一逃

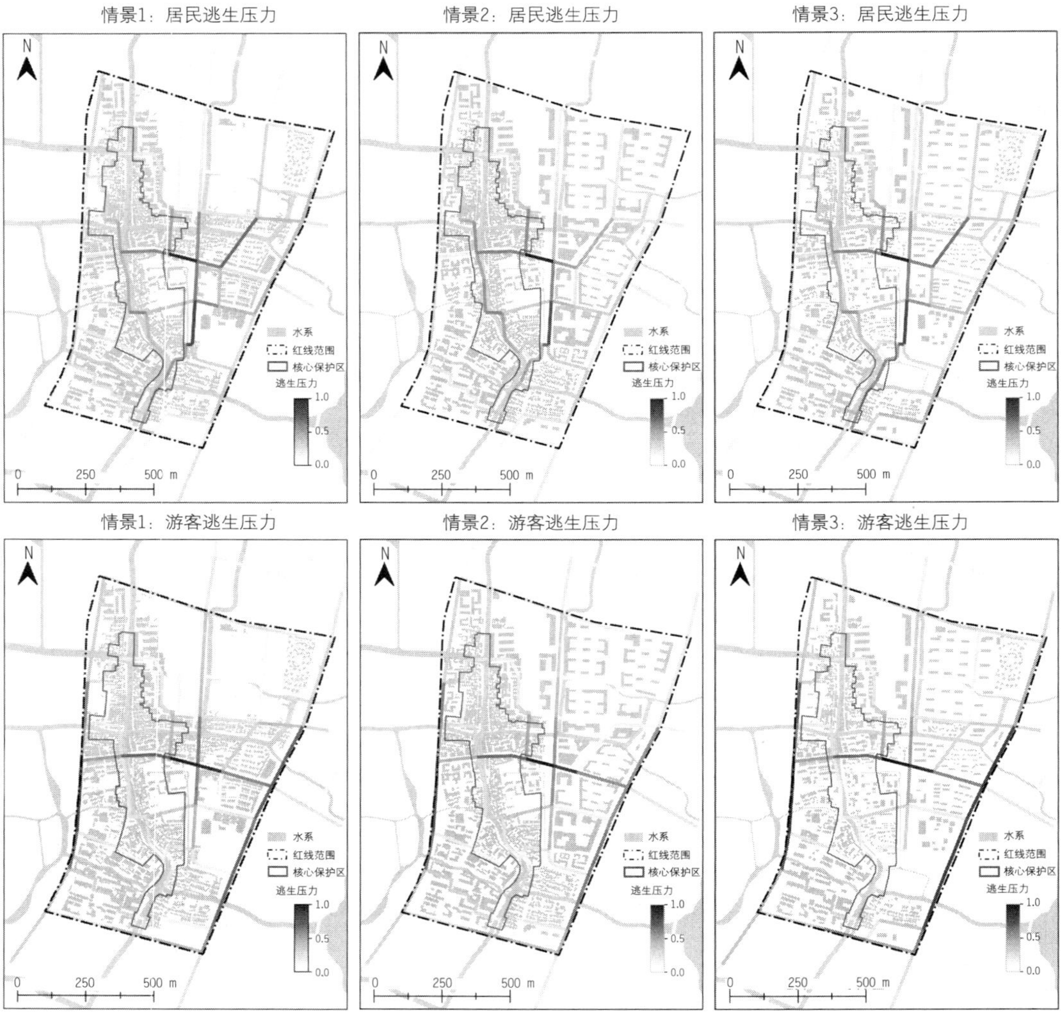

图9　居民和游客逃生压力

生趋势的影响，居民的拥堵风险对不同方案的变化较为敏感，但风险分布模式相对一致。相较之下，游客的拥堵风险更容易受到空间结构微调的影响。游客对空间构型的感知显著影响了人流分布，不同方案中的微小变化可能引发明显的拥堵风险差异。例如，在情景2中，东侧横向道路的拥堵风险较高，而在情景3中，东南方向局部道路的风险变化比居民拥堵风险的相应位置变化更加显著。这表明，游客的拥堵风险更容易受到局部空间结构调整的影响，而居民的拥堵风险则相对稳定。因此，对于居民而言，需要更多关注整体性的疏散路径优化，而游客的拥堵风险则需针对局部区域进行精细化调整。

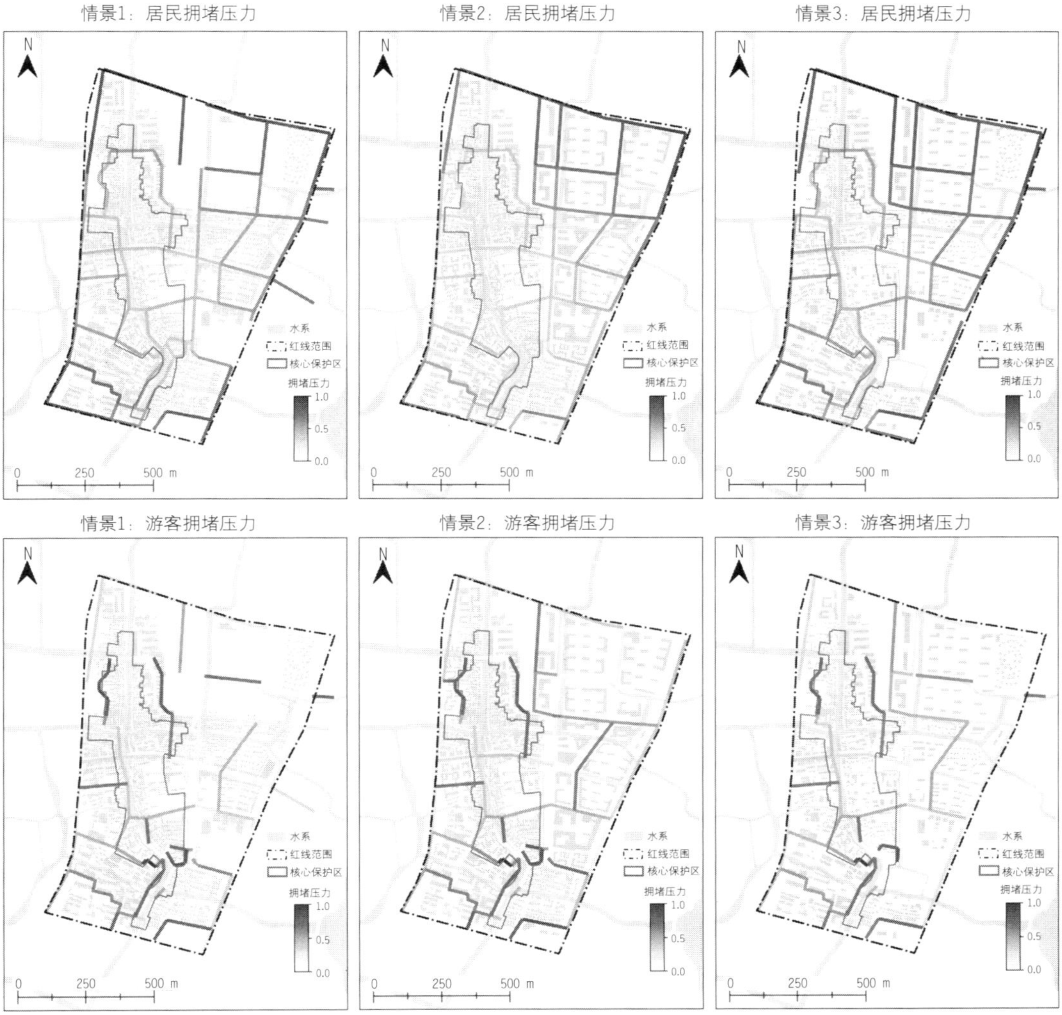

图 10　居民和游客拥堵压力

5　结论与讨论

5.1　基于火灾风险关键防范要素识别的韧性提升策略

本文以上海金泽古镇为研究对象，通过火灾蔓延模拟揭示了多维空间要素对火灾风险的影响，并探讨了导向要素引领下的韧性提升路径。首先，研究表明，历史地区紧凑的布局特征虽会扩大火灾的受灾范围，但局部建筑密度的高低并非直接决定风险水平。同时，水系、院落、围墙等公共空间内的阻火要素能够显著减缓火灾蔓延速度。因此，传统规划要素不仅承担物质空间功能，还在防火韧性提升中具有重要作用。在实际规划中，应结合建筑组群的划分与肌理结构优化，合理设置防火片区，提高整体抗灾能力。其次，风环境是影响火灾蔓延的重要动态因素。风速直接决定火灾蔓延的范围，而风向则显著影响其蔓延的方向。因此，在高风险片区的规划设计中，建筑和道路布局应尽量顺应主导风向，以减小风对火灾传播的助推效应，从而降低片区整体风险水平。同时，本研究提出的模拟方法可以对特定起火建筑的火灾过程进行动态分析，识别不同阶段的高风险建筑群并提供关键的救援时间窗口。这一结果为重要历史建筑或火灾高风险建筑的火灾预防和应急响应提供了科学依据。最后，从系统风险防范的角度出发，基于火灾威胁性和脆弱性双重维度的风险评估结果，可为历史遗产地区的专项防火规划提供防火片区划定依据。针对不同片区特点，需综合考虑适宜的建筑密度和形态，结合公共空间优化策略，进一步增强历史遗产空间的防火韧性。

5.2 基于逃生和拥堵风险空间模式及人群差异的韧性提升策略

研究发现，金泽古镇核心商业街与主要交通干道是居民和游客两类群体通过性风险最高的路径。研究表明，建筑布局的变化对逃生行为的影响较小，逃生行为更依赖于公共空间的组织方式。因此，在不改变现有空间组织方式的前提下，针对火灾等突发事件，高风险空间需要加强紧急疏散能力建设并优化人群引导策略。拥堵风险分析显示，相较于居民，游客对建筑和公共空间布局变化更为敏感，其聚集偏好呈现明显的类型特征。游客的聚集风险主要集中在核心街巷、桥头空间和古镇出入口等区域，并受到局部建筑密度的显著影响。居民群体由于对古镇空间环境的熟悉度较高，在公共空间和道路系统结构变化较小时，不同情景下的拥堵风险分布结果相对一致。由此可见，不同人群的行为依赖差异导致逃生和拥堵空间风险分布模式显著不同。因此，需要重点关注居民和游客两类群体共同的高风险路径，同时制定针对人群特性的差异化风险防控策略。此外，功能特征的缺失可能限制了风险评估的全面性。未来研究需进一步纳入功能特征因素，分析不同功能空间对人群活动强度的影响及其对火灾风险分布模式的作用。例如，商业功能的集中可能导致高火灾风险的区域聚集，从而影响居民和游客的主要活动场所及人流分布特征，这一因素应在后续研究和规划策略中得到充分考虑。

5.3 面向历史保护地区韧性智能提升的探索

在当前的历史保护实践中，历史遗产空间的复杂性使其潜在风险难以通过传统经验和观察准确量化。静态保护规划往往无法有效应对突发事件所带来的多维风险，导致规划实践更多地依赖灾后应急补救，既无法避免损失，也难以系统总结经验并提出针对性防范与韧性提升方法。本研究引入数据驱动的智能仿真方法，构建一种主动式、系统化的韧性规划模式，通过多维系统的模拟与分析，探索了如何提高空间干预的精准性以及绩效评估的高效性。

首先，本研究通过整合自然条件、公共空间和建筑空间等多维要素并建立系统模型，量化了建筑密度等布局特征，水系、围墙等空间要素在火灾情景下的具体作用及其程度，识别了核心保护区内重点文物建筑间的风险差异，提供了清晰的评估结果，从而为不同情景方案的比对和筛选提供了可能性。

其次，所提出的模型并非一次性的静态评估，而是支持不同场景下反复迭代、实时修正的智能化过程。通过集成“情景假设—模型运行—结果评估—参数反馈”的循环机制，模型能够随时纳入新的数据或突发信息并更新风险评估结果。这种自适应能力使得规划者能够在规划前期就准确识别高风险区域，并且在开发与保护策略调整后持续进行复盘与调整，形成“事前预判—事中监测—事后评估”的一体化智能规划闭环，弥补了传统规划模式中干预结果不可知性的不足，结果反馈过程具有充分的及时性、精确性和动态性。

最后，研究提出的基于系统模拟的思路和技术框架具有普遍适用性，虽然本研究聚焦于历史文化空间的火灾风险防控，但这一框架具备较强的迁移性，可通过调整多维风险指标以应用于其他类型的灾害场景。需要指出的是，火灾蔓延过程中的部分参数难以做到完全准确，本研究的仿真结果更适合用于判断风险演化趋势或识别相对脆弱区域，而不应被视为绝对的灾害预测数值。未来研究可以进一步优化参数设定，结合多源数据和更多动态情景，提升模型的可靠性与预测能力。

致谢

本文受国家重点研发计划子课题“面向文物保护与利用的国土空间规划关键技术研发与应用”（2023YFC3803903）、国家自然科学基金面上项目“高频城市的网络韧性提升：精细化测度、关键要素识别与自适应优化研究”（52278074）、上海市青年科技启明星人才计划项目“时空智能支持下的城市韧性精准评估、关键要素识别及自适应系统优化研究”（22QB1404800）共同支持。

参考文献

[1] CHENG H, HADJISOPHOCLEOUS G V. Dynamic modeling of fire spread in building[J]. Fire Safety Journal, 2011, 46(4): 211-224.

[2] MA J, XIAO C B. Large-scale fire spread model for traditional Chinese building communities[J]. Journal of Building Engineering, 2023, 67: 105899.

[3] SHAHAM Y, BENENSON I. Modeling fire spread in cities with non-flammable construction[J]. International Journal of Disaster Risk Reduction, 2018, 31: 1337-1353.

[4] SHI Z M, FONSECA J A, SCHLUETER A. A review of simulation-based urban form generation and optimization for energy-driven urban design[J]. Building and Environment, 2017, 121: 119-129.

[5] YU S T, LIU H D, KANG Q, *et al*. Research on the fire resilience assessment of ancient architectural complexes based on the AHP-CRITIC method[J]. Sustainability, 2024, 16(18): 8022.

[6] ZHANG Y, TIAN R M, PENG L, *et al*. Fire safety resilience assessment of residential self-built houses according to the TOPSIS method[J]. Sustainability, 2023, 15(16): 12417.

[7] ZHAO S J. Simulation of mass fire-spread in urban densely built areas based on irregular coarse cellular automata[J]. Fire Technology, 2011, 47(3): 721-749.

[8] 曹思琪，孙玉梅，宋志刚，等．火灾下传统村落建筑群应急疏散路线规划[J]．消防科学与技术，2023，42(1): 69-74.

[9] 金泽人，阮欣，李越．基于元胞自动机的火灾场景行人流疏散仿真研究[J]．同济大学学报(自然科学版)，2018, 46(8): 1026-1034.

[10] 李欣鹏，李锦生，侯伟．基于文化景观视角的区域历史遗产空间网络研究——以晋中盆地为例[J]．城市发展研究, 2020, 27(5): 101-108.

[11] 刘勇，董晓萌，袁荔．古建筑防火现状及对策——以西安为例[J]．城市发展研究, 2014, 21(10): 25-27.

[12] 阮仪三．历史街区的保护及规划[J]．城市规划汇刊, 2000(2): 46-47+50-80.

[13] 王雁楠，邱洪兴．基于 FDS 的古建群落火灾蔓延规律数值分析[J]．中国安全科学学报, 2014, 24(6): 26-32.

[14] 温天蓉，叶胜发，邓金平，等．历史文化街区消防规划初探——以赣州市灶儿巷历史文化街区为例[J]．现代城市研究, 2015(10): 25-30.

[15] 吴运法，王岩青，陈萨如拉，等．集聚型传统村落火灾蔓延模型构建与路径分析——以安徽宏村为例[J]．清华大学学报(自然科学版), 2025, 65(4): 644-654.

[16] 闫晨，陈锦涛，段芮，等．基于压力-状态-响应模型的历史街区防火韧性评估体系构建及应用——以福州市三坊七巷为例[J]．科学技术与工程, 2021, 21(8): 3290-3296.

[17] 杨滔．空间设计的复杂性：空间句法核心理论回顾及未来展望[J]．城市与区域规划研究, 2022, 14(2): 57-72.

[18] 曾翔，杨哲飚，许镇，等．村镇建筑群火灾蔓延模拟与案例[J]．清华大学学报(自然科学版)，2017，57(12): 1331-1337.

[19] 张健，宋志刚．基于有向图的传统村落建筑群火灾蔓延风险分析[J]．西南交通大学学报, 2022, 57(2): 447-454.

[20] 郑雁秋．历史文化街区保护建设的防火策略[J]．消防科学与技术, 2013, 32(11): 1281-1284.

[欢迎引用]

徐子寒，陈君南，吴小乔，等．历史遗产空间多维防火韧性智能提升研究[J]．城市与区域规划研究，2025，17(1): 145-162.

XU Z H, CHEN J N, WU X Q, *et al*. Study on intelligent enhancement of multi-dimensional fire resilience in historic heritage spaces[J]. Journal of Urban and Regional Planning, 2025, 17(1): 145-162.

基于城市信息模型的新型城市治理框架与实践探索

——以宁德湖滨片区为例

李苗裔　林逸飞　党安荣

New Urban Governance Framework and Practice Based on the City Information Modeling: Taking Ningde Lakeside Area as an Example

LI Miaoyi[1,2], LIN Yifei[2], DANG Anrong[3]
(1. School of Architecture and Urban-Rural Planning, Fuzhou University, Fuzhou 350000, China; 2. Architecture and Urban Planning Design Institute of Fuzhou University Co. Ltd., Fuzhou 350000, China; 3. School of Architecture, Tsinghua University, Beijing 100084, China)

Abstract Currently, China's urban governance is facing such problems as difficulty in data collection and application as well as lagging in problem perception, and it is urgent to establish a more effective urban governance system. The City Information Modeling (CIM), as a technical method that can gather information of the city from all aspects, has become one of the important technical foundations for promoting the modernization and development of cities, so CIM is of great significance for promoting modern urban governance. However, most of the current research on urban governance framework based on information platforms such as CIM are taking a one-way, technology-provided perspective and are mainly focused on the construction of model platforms. There is insufficient discussion on the interaction mechanism between platform application forms and the participation of multiple subjects in urban governance, and the participation of

摘　要　当前我国城市治理正面临数据采集应用难、问题感知滞后等问题，亟须建立更加有效的城市治理体系。城市信息模型（CIM）作为一种能够汇聚城市各方面信息的技术方法已成为推动当前城市现代化发展的重要技术基础之一，对于推动现代城市治理有着重要意义。然而当前基于 CIM 等信息化平台的城市治理框架研究，多以单向的、技术提供的角度考虑，且多侧重于模型平台的构建，对于城市治理中平台应用形式与多元主体参与的互动机制探讨不足，忽视了多元主体的参与过程及其对于平台发展的促进作用。文章旨在构建基于 CIM 的新型城市治理框架，对 CIM 技术支持下城市治理的信息感知、平台应用形式以及多元主体互动机制进行探讨，并以宁德湖滨片区基于 CIM 的城市治理实践作为案例，以期在一定程度上为城市治理体系和治理能力现代化的相关研究和实践提供经验借鉴。

关键词　城市信息模型（CIM）；新型城市治理；框架；案例分析；多元主体参与

1　引言

大数据时代的来临，给城市治理带来了新的机遇与挑战。一方面大数据为城市问题研究提供了丰富多样的城市信息作为数据基础，城市中人的需求、城市空间的动态变化以及城市运行情况的精细化评估都具备了更加便利有效的研究条件（叶宇等，2014）；另一方面，随着信息通信技术的快速发展，城市信息量日益庞杂，形成由大数据和开

作者简介
李苗裔，福州大学建筑与城乡规划学院，福建福州大学建筑规划设计研究院有限公司；
林逸飞，福建福州大学建筑规划设计研究院有限公司；
党安荣，清华大学建筑学院。

plural subjects and their role in promoting platform development are ignored. This article aims to build a new urban governance framework based on CIM, explore the interaction machanism of information perception, platform application forms and plural subjects in urban governance under the support of CIM technology, and take the urban governance practice based on CIM in Ningde Lakeside area as a case study to provide experience and reference for related research and practice of the modernization of urban governance system and governance capacity, to a certain extent.
Keywords City Information Modeling (CIM); new urban governance; framework; case study; participation of multiple subjects

放数据构成的新数据环境（龙瀛等，2018），政府、市场运行管理与个体的衣食住行都产生了大量的信息，如何从纷繁复杂的城市信息中获取、筛选、汇聚、利用城市治理所需的相关数据，已经成为充分发挥城市数据价值的关键问题。这一挑战凸显了传统城市治理体系在信息管理和决策支持方面的局限性，尤其在面对日益庞杂的城市数据时，传统治理体系的响应和适应能力面临严峻考验。

当前我国城市治理在数据应用方面仍存在多种问题，例如数据汇集能力差、信息孤岛、城市动态治理机制匮乏等（李天星，2023），这些问题阻碍了城市数据价值的有效释放，影响了决策者对城市发展现状的准确把握，导致城市治理在问题感知上的滞后与不及时。在现代化城市治理体系尚未建立且法律法规尚不完善的情况下，更需要借助信息技术革新现有城市治理技术与方法（曹阳等，2019），探索新型城市治理框架体系的建设路径。而城市信息模型（City Information Modeling，CIM）正是这样一个面向城市治理的、能够汇聚城市各方面数据的信息化技术方法。

CIM 是整合了城市地上地下、室内室外、历史现状未来多维多尺度信息模型数据和城市感知数据的城市信息有机综合体，同时是表达和管理城市三维空间的基础平台（中华人民共和国住房和城乡建设部，2020）。2021 年 5 月，住房和城乡建设部发布修订的《城市信息模型（CIM）基础平台技术导则》（以下简称《导则》），指出 CIM 基础平台是智慧城市的基础性、关键性和实体性信息基础设施。2021 年 3 月，国家发展改革委、自然资源部等 28 部门印发《加快培育新型消费实施方案》，提到通过 CIM 基础平台建设以支持城市规划、建设、管理的多场景应用，促进城市基础设施数字化和城市建设数据汇聚。可以看出，CIM 平台建设已成为现代城市规划与城市治理的重要基础，对于建立新型城市治理框架、推动城市治理体系和治理能力现代化有着重要意义。

然而当前从技术角度出发，基于 CIM 等信息化平台的城市治理研究多侧重于从单一角度构建治理框架，关注从平台底座构建、数据汇聚到功能实现等过程，缺乏对多元主体如何参与平台应用以及如何通过多主体反馈促进平台优化的深入探讨。同时往往侧重于基础平台的构建研究上，对于平台“应用层”与“用户层”的应用形式与主体互动机制缺乏探讨，特别是对于“用户层”，即多元治理主体在信息化平台中的诉求、职能及其所发挥的具体作用较少关注。这一方面使得基于新技术的城市治理框架研究与实践面临向以技术主导进行发展的风险，在一定程度上容易忽视城市多元主体在治理过程中交流、互动的重要作用；另一方面，多元主体在 CIM 等信息化平台应用过程中的建议与问题反馈也是推动 CIM 等新技术进一步发展过程中不可忽视的重要因素，技术发展在以应用为导向的同时，更需要注重以人为核心的发展理念。

本文旨在基于对 CIM 技术的概念与框架、发展应用过程、发展趋势的梳理，分析 CIM 平台的构建方式并讨论 CIM 与城市治理的关系；在此基础上提出基于 CIM 的新型城市治理框架，对 CIM 技术支持下城市治理的信息感知、功能应用形式以及多元主体互动机制进行探讨，并通过实际案例进行论证，以期为进一步从技术应用角度推动城市治理现代化提供思路。

2 CIM 技术的概念框架与发展应用过程

2.1 CIM 概念与框架

当前 CIM 的概念还在不断发展完善，存在多种探讨。一般认为 CIM 技术主要包含建筑信息模型（BIM）、地理信息系统（GIS）、物联网（IoT），还可以进一步结合多源数据或大数据、人工智能等技术。包胜等（2018）将 CIM 分为模型、平台、行为三层含义，认为 CIM 是包含城市设施物理特性与相关信息的数字模型，同时是承载城市相关信息的数字化平台，也是汇聚城市信息以进一步提供规划决策支持的过程。季珏等（2021）从孪生城市空间信息模型、城市全生命周期管理平台两个方面来解读 CIM 的含义，并将模型含义细分为空间、时间、感知三个维度。空间维度上基于空间位置链接耦合物理空间、社会空间、属性空间；时间维度上包含历史、现状及未来的信息；感知维度既包含社会活动的感知，也包含城市各类设施环境的监测。

综合各种概念来看，CIM 实际上是一个主要承载并描述城市建筑、基础设施以及支撑城市建设与运行的相关资源和环境要素，为查询、分析、模拟和监测反馈提供支持的数字化底座，从构成上而言 CIM 是一种模型，从应用上而言 CIM 是一个平台，而从城市治理的角度而言，CIM 是城市时空间信息汇聚管理的一个数字坐标体系，以记录与调用城市全时间周期、全空间领域上发生的所有相关事件与有效信息为建设目标。

《导则》基于广州、南京等城市的 CIM 平台建设经验，将 CIM 基础平台总体架构分为三个层次与三大体系。三个层次指设施层、数据层、服务层（表1），三大体系指标准规范体系、信息安全体系、运维保障体系。其中，设施层包括信息基础设施与物联感知设备；数据层包括资源调查、规划管控、工程建设项目、物联感知、时空基础数据以及公共专题等类别的CIM数据资源体系；服务层提供模型汇聚管理、物联监测、模拟仿真等基本功能与服务。基于CIM基础平台可进一步扩展应用层、用户层两个层次：应用层包含各类CIM+应用，如城市体检、智慧交通等；用户层通过Web浏览器、大屏等各类终端将CIM平台提供给政府、市场、公众等用户主体使用。当前《导则》中CIM的框架体系主要以平台应用为目的，通过物联网等设备获取数据信息，整合数据资源并基于BIM+GIS集成所实现的功能提供基础服务，进而再发展出各类CIM+的智慧化应用提供给各个用户。

表1 CIM基础平台层次与用途

CIM基础平台层次	技术	用途
服务层	BIM+GIS集成	数据整合使用
数据层	数据库	数据资源汇聚
设施层	IoT+信息化基础设施	数据监测采集

2.2 CIM技术发展与应用历程

2.2.1 早期的城市信息化管理平台探索

CIM被提出的时间尚没有明确的界定，较早可以追溯到2007年，凯姆拉尼（Khemlani）希望在城市规划中运用类似BIM的技术，提出了CIM（许镇等，2020）。而这一时期，已有学者从城市信息化管理平台建设的角度进行类似的探索。德尔纳等（Döllner *et al.*，2006）提出了柏林虚拟三维城市模型的系统架构，用于管理、集成和发布复杂的城市地理信息。该虚拟三维城市模型基于地理信息系统，结合航拍图片、数字地形模型、建筑模型、三维地理数据、地籍信息等数据，构建起包含地形、建筑、街道空间以及绿地等信息的城市信息化管理平台，并构建了为不同目标用户提供展示、交流的交互系统。与CIM不同的是，该虚拟三维城市模型中应用ArchiCAD editor、3D Studio Max等软件进行建筑建模，而非使用BIM技术，同时集成的信息以城市地理信息为主，汇集的城市信息类型尚不全面。

凯姆拉尼提出的CIM概念则更多地被简单理解为BIM在城市尺度下的应用，后来的学者进一步将其扩展为BIM技术结合GIS技术的CIM，同时将CIM作为一种城市信息化管理平台用以支持城市治理。有学者（Xu *et al.*，2014）基于对GIS三维信息建模优缺点的分析，认为BIM与GIS的集成是CIM的关键技术，提出在建立CIM的过程中将BIM与GIS结合，以解决城市建模存在不同细节之间的信息共享问题，同时通过模拟CIM在校园火灾突发事件中的作用，以证实CIM作为一种城市信息组织方法的有效性与在城市治理应用中的潜力。

2.2.2 CIM 相关技术的进一步发展

随着 2010 年 IBM 提出“智慧的城市”愿景，拉开了智慧城市建设的序幕。智慧城市的建设推动了城市信息化管理平台的应用研究。这一时期，作为构建城市信息化管理平台的一种综合的技术方法，CIM 所包含的 BIM、GIS 以及 IoT 等相关技术的应用以及系统框架设计等也在一定程度上得到了发展。

在智慧城市建设过程中，城市信息化管理平台的实践主要集中在两个方面：①各类城市规划专项的实施与应用；②对具体城市单元的治理，如社区、产业园区等。

城市专项规划中的城市信息化管理平台建设多面向城市能源、交通、环境等方面的管理，推动了 BIM+GIS 集成、3D 可视化等 CIM 相关技术在城市治理中多个方面的应用，对于 BIM 与 GIS 的集成应用进行了探索。在能源管理规划方面，山村等（Yamamura *et al.*，2017）构建了一种基于 GIS+BIM 的城市能源规划工具，实现城市区域层面的能源管理与评估。能源规划工具的系统架构由数据库、层集成、优化设计、3D 可视化四个部分组成。其中，数据库通过 BIM 与 GIS 的集成，汇聚了与能耗相关的建筑数据、城市规划数据、交通数据、能源基础设施数据以及其他城市基础设施数据。总体上通过数据库与层集成来解释城市，同时为优化设计与 3D 可视化提供输入数据，一方面可以通过优化设计模块进行数据输入以优化能源系统，另一方面可以通过 3D 可视化直接查看城市区域的建筑与设施布局情况以及能源消耗现状。在交通规划方面，有学者（Wang *et al.*，2014）通过构建 BIM 和 GIS 的协同系统来评估及优化城市局部交通设施布局，提升了案例中办公大楼周边停车设施设计的有效性。以 GIS 分析统计数据来表征建筑周边现有交通状况，同时利用 BIM 中的车辆仿真模型来考虑局部交通对周围交通可能产生的影响，从而为优化局部交通设施设计提供依据。在环境管理方面，有学者（Deng *et al.*，2016）提出了基于 BIM+GIS 集成的城市环境 3D 噪声可视化框架，将 BIM 中的噪声模拟数据提取导入至 3D GIS 环境中。在城市各个专项的信息化管理平台建设探索中，BIM 与 GIS 的集成应用已成为重要途径，而与物联网、人工智能等技术的结合尚不深入。

在城市单元治理方面，信息化管理平台建设内容更加完善，对 CIM 系统框架的发展具有一定参考意义。以社区为例，吴胜武等（2013）基于宁波海曙区智慧社区的建设，从社区尺度提出了城市信息化管理平台的系统架构与运行模式。在系统架构方面构建“感知层、网络层、平台层、应用层、用户层”五个层次以及“政策法规与标准规范保障、信息安全保障”两大保障体系，在数据来源上增加了由物联网传感设备获取的数据；在数据汇聚手段上更强调互联网与信息智能终端的参与；在数据类型上更加关注与居民生活相关的信息资源，用户主体面向社区治理的多元主体；在运行模式上以人的需求为导向，更加强调人与物的感知和互联，注重社区主动服务、赋予社区可持续发展的内生驱动力的治理模式。宁波海曙区等智慧社区的实践研究在一定程度上为 CIM 发展提供了借鉴，一方面是五个层次、两大保障体系的系统架构为 CIM 技术应用提供了框架参考，另一方面在治理模式上为 CIM 的应用方式、途径指明了基本方向，即强调人与城市信息的感知、互联。然而，宁波海曙区智慧社区的信息化治理平台在信息汇聚上还存在数据资源不全面、不具体的问题，且尚未从时空维度来考虑信息化平台相关技术对城市治理模式创新的意义。

2.2.3 CIM 的发展与应用

随着各类城市信息化管理平台建设的实践研究以及大数据应用、人工智能、云计算等新一代信息技术的蓬勃发展，CIM 技术的含义也在不断拓宽，不再仅仅局限于 BIM、GIS、IoT。CIM 在结合人工智能发展方面，吴志强院士在青岛中德生态园的规划设计中，提出构建城市智能模型，其内涵不仅包括信息积累处理，更强调对数据的响应分析，以智能的方式实现信息与人的互动（吴志强等，2018）。CIM 在结合大数据发展方面，杨俊宴（2017）提出“动、静、显、隐”四种城市大数据的应用范式，并基于这四个维度的大数据基础，提出集成城市大数据全息平台，即城市智慧模型平台。城市智慧模型平台通过对多元大数据的交叉应用，旨在剖析城市运行发展的内在规律，并实现规划设计全周期的数字化支撑。CIM 已逐渐成为一个集成的、融合的、包容并蓄的管理平台（季珏等，2021），以 BIM、GIS、IoT 的集成应用为基础，通过结合互联网、云计算、人工智能、大数据挖掘等技术，综合考虑高维时空信息嵌入低维时空信息实现数字空间的有机结合（杨滔等，2023），可进一步发展为满足各类城市治理需求的、集成性的城市信息化管理平台。

2018 年 11 月 12 日，住房和城乡建设部设立雄安、北京城市副中心、广州、南京、厦门五个 CIM 平台建设试点，标志着 CIM 在我国正式进入建设阶段（许镇等，2020）。CIM 作为一种有效组织城市信息的技术方法，逐渐成为智慧城市与数字孪生城市建设的重要模型基础。中国电建集团华东勘测设计院将 CIM 技术应用于未来社区，提出了“1+N”的总体架构（姚远、尚宇晨，2021）。雄安新区 CIM 平台的建设实践坚持数字城市与现实城市同步规划建设，致力于解决区域、城市、片区、社区、建筑、部件、事件、人等在空间中的定位和多源异构数据融合及其计算与仿真（杨滔等，2020）。当前我国在 CIM 理论研究方面多围绕平台构建与应用展开，李璐颖（2021）基于广州市 CIM 平台的实践探索，从国土空间规划一体化、“多规合一”管理、时空信息聚集三个方面探讨了基于 CIM 技术的新型智慧城市平台的建设方法，指出 CIM 技术对于提高城市现代化、智能化管理水平的作用。孟志广（2021）基于浙江“未来社区”的建设案例指出 CIM 在城市规划、建设、管理一体化方面的作用，从人本化回归、生态化延续、数字化提升的角度探讨了 CIM 在未来社区建设中的主要优势与应用价值。杨滔等（2021）基于雄安新区规划建设 BIM 管理平台，对 CIM 作为数字孪生城市操作系统进行概念性探索，分析了 CIM 技术发展更深入融合 BIM 与 IoT 数据的趋势，总结了雄安 CIM 平台“全周期、全时空、全要素、全过程”的特点，从软硬件环境、运行制度体系、数据底板、标准设计、实现功能等方面介绍了 CIM 平台的构成。尹鹏程等（2020）基于智慧徐州时空信息云平台的建设，指出 CIM 是时空大数据的基本模型，并通过 CIM 技术建立全空间 CIM，实现了城市信息快速聚焦服务。吴掠桅（2020）基于南京市 CIM 平台的建设实践指出 CIM 平台在提升城市空间品质及增进政府治理能力等方面的重要作用，从城市发展的问题与需求出发，介绍了 CIM 的平台设计内容与应用情况，包括 CIM 平台数据体系的设计、结合 BIM 技术构建的方案智能化审查审批系统以及结合大数据分析和展示的应用系统等。从以上的项目实践与理论探索可知，CIM 平台建设同国土空间规划、城市智能化管理、时空大数据应用、城市治理能力提升等具有密切关系。当前的 CIM 技术探索多从平台数据体系设计、软硬件配置、运行制度与标准制定、应用系统拓展等方面开展，CIM 在理论研究上多基于其全生命周期管理、全时间空间信息聚合的两大特点进行探讨，而 CIM 未来的发展趋势一方面是深化同 BIM、IoT 数据的融合，另一方面是时空大数据的充分聚合与应用。随着国内越来越多城市宣布启动 CIM 基础平台建设，CIM 技术在国土空间规划一体化、智慧城市建设、数字孪生城市建设、推动城市治理现代化等方面还将有更为广阔的应用与发展空间。

3 基于 CIM 的新型城市治理框架

3.1 CIM 与城市治理的关系

CIM 是推动城市治理现代化的重要技术之一，而城市治理的现代化过程实际上也包含了相关技术的创新与应用发展。约翰·斯诺绘制霍乱地图间接促进了标点地图法在城市流行病学研究中的应用，为城市治理突发事件溯源提供了研究方法；麦克哈格推广完善地图叠加法为 GIS 技术的产生提供了理论基础，而 GIS 技术的发展也显著改良了地图叠加的表现方式，通过信息技术手段解决了城市治理中地理空间要素统筹管理的难题；19 世纪 70 年代，查理斯·伊斯曼提出 BDS（Building Description System，建筑描述系统）的概念，指出通过数据库来记录处理建筑工程的有关信息，促进了 BIM（Building Information Modeling，建筑信息模型）的产生，而之后不断发展完善的 BIM 技术实现了土建工程的数字化、全生命周期管理，一定程度上解决了现代城市治理过程中日趋复杂的建筑设施的规划、建设与管理难题。城市治理能力与体系的现代化通常伴随着技术方法的创新和发展，从遥感技术、GIS、BIM 到大数据、人工智能（AI）等新兴技术的应用，均为城市治理的数字化转型提供了有力支持。同样地，现代城市是一个开放的复杂巨系统，其复杂性决定了城市治理需要结合新一代的信息技术来开展，尤其要重视数据的收集、汇聚与价值挖掘的全过程（王连峰等，2021），信息服务已成为城市治理的一个重要环节（尹稚，2021）。实际上，在通过技术的角度推动城市治理现代化的实践研究中，除了运用大数据、人工智能、物联网等技术建设智慧城市之外，平台越来越成为创新和应对城市治理挑战的重要载体（张丙宣等，2021），而 CIM 平台就是其中的一种。

3.2 新型城市治理

在探讨 CIM 如何影响城市治理模式、如何通过 CIM 构建新型城市治理框架之前，首先需要对城市治理与新型城市治理的概念进行探讨。

关于城市治理，不同学者对其定义进行了各类总结。首先，城市治理是一种行为，是以城市信息流为基础，通过政府、市场与社会互动所进行的，围绕城市运行和发展的决策引导、规范协调、服务经营的一种行为（韩晗，2021）。从行为角度上细分，有学者认为城市治理是一种行政手段，目的是保障城市基础设施的高效运行、公共服务的均衡供给以及公共空间的良好秩序（曹阳等，2019）。也有学者认为，城市治理是一种规划和管理手段，是个人、机构、公共部门和私营部门共同规划并管理城市公共事务的各种手段的总和（邓凌云，2019）。其次，城市治理是一种过程，在基于不同价值、规范、信念与实践体系的不同制度模型为特征的环境中融合与协调公共和私人利益的一种过程（张俊，2021）。最后，城市治理是一种平衡，通过长期的、动态的治理过程，包括政府提供管理、服务等治理措施，实现城市秩序与活力的平衡（张丙宣等，2021）。从组成上看，城市治理包括空间、技术、组织三大基本系统，可视作空间治理、技术治理、社会治理的交叉点（张蔚文、麻玉琦，2021）。

新型城市治理是相对传统城市治理而言的，城市治理正处于转型的新时期（郭婧、叶楠，2018），过去的城市治理是以政府为主导的自上而下的城市管理模式，形成一种条块分割的职能管理机制。而随着智慧城市的发展，以城市数据信息共享能力的提升为基础，新型城市治理在理念上更加强调参与式的协调管理，公众参与和个性化服务成为新型城市治理机制中的重要内容（周素红、彭伊侬，2017）。具体来看，新型城市治理从组织机制上而言是政府、市场、社会多元主体参与的一种综合治理模式（李晓壮，2018），从技术上而言是基于信息资源共享以提供管理与服务的一种治理模式（管雯君、倪志，2019）。另外，腾讯研究院指出新型城市治理模式具有“城市即平台、市民即用户、连接即服务、数据即竞争力”的特点（邱跃鹏，2019）。

要实现新型城市治理，首先，在技术上要实现对城市治理信息的全面精细化感知，并将收集的数据信息充分运用到城市治理实践中（唐亚林、钱坤，2019）。其次，要实现城市治理多元主体对数据信息资源的有效共享，为各主体在城市治理中发挥作用提供相应的基础信息服务与智能决策辅助（图1）。最后，技术上的信息感知与共享应落实到空间层面上的城市空间环境营造与组织层面上的社会组织机制构建上，将新型城市治理落到实处。

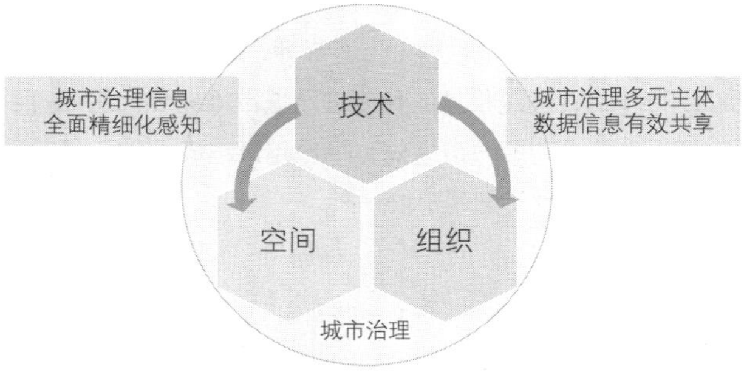

图1　新型城市治理实现途径

3.3　基于 CIM 的新型城市治理框架

智慧城市的目标是实现城市信息的精细化感知并为城市治理多元主体提供所需的基础数据与信息

服务，这也与 CIM 平台总体架构的设计思路相吻合，即基于 CIM 基础平台采集、汇聚、整合数据信息资源，开发出各类信息服务应用，将其提供至用户层的各个主体。因此，一方面新型城市治理框架可以结合 CIM 平台进行建构，充分利用 CIM 平台采集、汇聚、整合城市信息的能力，更有针对性地对城市治理的相关信息进行精细化感知；另一方面，新型城市治理框架应在借助 CIM 提升信息感知能力的基础上，进一步关注具体的信息服务应用形式、多元主体互动机制，信息服务应用要满足多元主体的诉求并能够发挥各方主体的职能作用，促进城市治理过程中多元主体的参与、交流、互动、建议、反馈等，并根据多元主体的处置反馈与信息服务应用的反复识别分析，最终形成“问题识别、分析、处置、反馈”到“问题反馈后的重新处置、分析、识别”的双向的、不断优化完善的城市治理流程。在技术实现上的具体体现为：在建构 CIM 基础平台的同时，应注重 CIM 应用层与用户层的设计，根据用户需求与职能特点创新 CIM 平台信息服务的应用形式和反馈机制，使得多元主体能够通过平台应用而有效地参与到城市治理流程中来，在城市治理的过程中充分发挥平台优势与信息价值，提高信息服务的效率与质量。

由此，基于 CIM 的新型城市治理框架可分为城市治理信息感知、城市治理应用与用户主体三大层次。首先，城市治理信息感知通过 BIM、GIS 的集成实现城市三维地理信息与建筑设施信息场景的多维度展现，为其他城市治理信息提供一个统一位置坐标系的城市三维模型底座。在此基础上，整合基础数据、获取识别多源数据，将各类城市信息附着于同一城市模型中。其中，基础数据包括公共服务设施、市政、交通、环境等物质空间属性的基础信息以及党建、人口、案件等社会空间属性的基础信息。多源数据则依托物联网、互联网、人工智能、大数据等手段，对城市治理信息进行获取与识别，筛选出所需的城市治理相关信息。

其次，城市治理应用是新型城市治理框架的核心部分，以信息感知为基础，以多元主体有效参与城市治理全流程为目标，一方面应立足于空间上的环境营造，另一方面应致力于组织上的机制构建。因此，城市治理应用应围绕良好城市空间环境营造、有效社会组织机制构建两大方面进行设计，在提供信息服务时充分考虑用户主体的权利需求和责任义务，同时对城市治理信息感知环节进行反馈与优化。其中城市空间环境营造既包括建筑、土地、绿化、水等物质环境，也包括公共服务、商业经营、基层组织管理等社会环境。社会组织机制构建主要指政府治理效率的提升、城市多元主体的充分参与。

最后，城市治理用户主体一方面应充分结合多元主体协同治理的已有研究成果或实践经验，理清新型城市治理下政府、市场、民众等主体各自的需求和职责范围，为 CIM 平台用户层的内容与权限设计提供依据；另一方面，城市治理主体的参与机制应当同城市治理应用的设计有效对接。具体而言，城市治理应用于主体的对接，不仅要根据不同主体的特点、围绕不同主体的权利诉求与义务职能进行设计，同时应形成问题反馈、处置、分析、识别的逆向城市治理流程，为城市治理应用、城市治理信息感知提供反馈与优化依据，最终构建起一个双向的、不断优化完善的新型城市治理框架。

综上，基于 CIM 的新型城市治理框架应以城市治理信息感知为基础，通过城市治理应用提供相应的信息服务并将其与城市治理主体进行有效对接，借助 CIM 基础平台、应用层、用户层在技术上的支撑，提升城市问题识别、分析、处置、反馈的能力与效率，推动城市多元主体充分参与到城市治理流程中来，从而探索建立共建共治共享的新型城市治理格局（图2）。

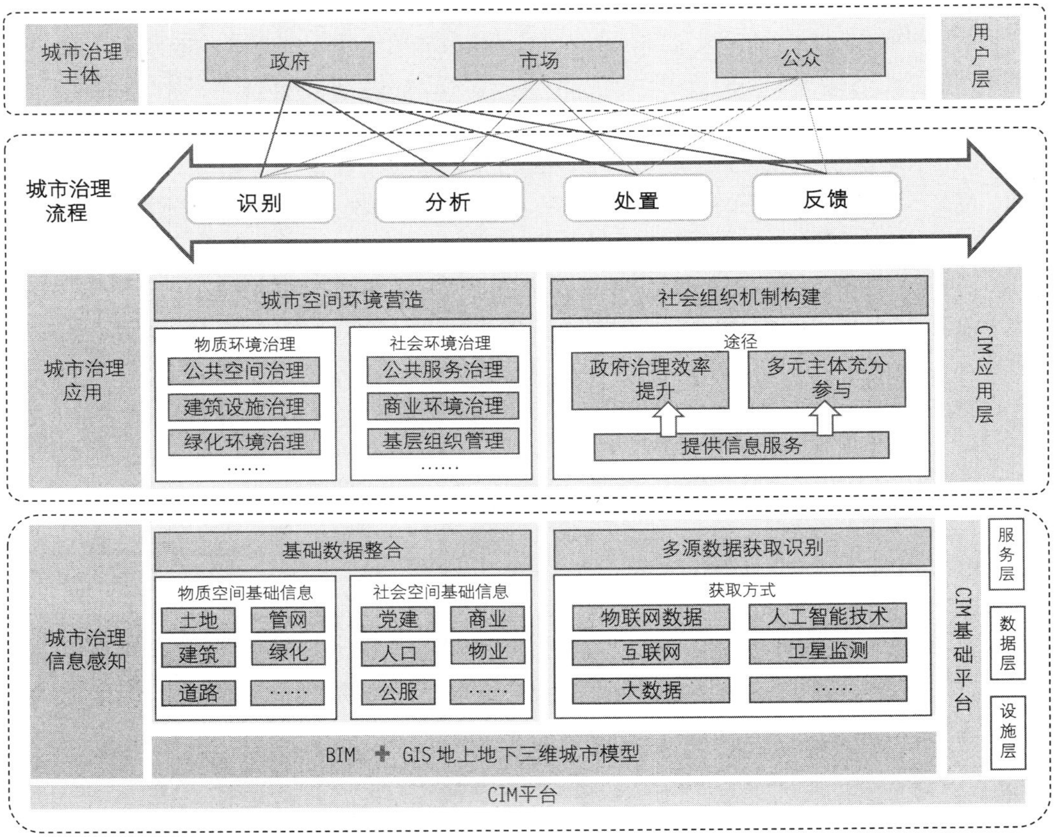

图2　基于CIM的新型城市治理框架

4　实践案例：宁德湖滨片区基于CIM的新型城市治理

4.1　案例简介与CIM平台建设

宁德湖滨片区位于福建省宁德市东侨经济技术开发区，是国家级经济技术开发区，也是宁德最具活力与发展潜力的区域。本次湖滨片区CIM平台建设涵盖9个小区。①随着城镇化发展以及居民生活需求的提高，传统的城市治理模式难以有效应对日趋复杂的城市社区管理。为此，通过CIM平台的建设提高宁德湖滨片区的城市治理能力，推进形成新型城市治理体系与共建共治共享的城市治理格局。

湖滨片区 CIM 平台是融合了时空大数据、BIM、GIS、IoT 等多源异构数据，通过云端打造的一体化的新型城市治理平台。其总体架构同《导则》类似，以感知层、网络层、计算层和服务层作为 CIM 平台的基础，进一步发展出应用层、展示层、用户层（图 3）。CIM 平台构建的整体思路是基于 WebGL 框架实现 BIM、GIS、IoT 数据以及其他数据在网络端的汇聚整合。应用 GIS 平台实现大场景的地形、影像、倾斜、点云和 BIM 的简化，提供量测与分析等基础功能。应用 BIM 平台实现精确的 BIM 数据提取、应用及综合统计分析功能。IoT 数据的获取过程融合了智能传感器、物联网感知设备、5G 移动通信网络、人工智能等设备和技术，具体通过门禁、视频监控、环境监控、手机终端等设备实现对城市治理信息的感知。

图 3　湖滨片区 CIM 平台总体架构

湖滨片区 CIM 平台的感知层以物联网设备为主，辅以手机终端等其他数据来源，网络层包含互联网、物联网以及 4G 或 5G。在计算层上结合云化数据中心、边缘计算、端计算。服务层构建信息安全体系、运维规范体系等两大体系，并提供统一用户管理、数据安全、元数据管理等基础功能以及环境监测、人脸识别、视频监控等各个功能模块。应用层包括党建引领、运行监测、体检评估、决策辅助四大模块。展示层以社区运营管理中心大屏为主，同时还包括桌面端设备、移动端设备。用户层包括政府、企业、社区居民、运营维护人员以及其他社区主体。CIM 平台的建设为宁德湖滨片区的新型城市治理框架构建提供了基础。

4.2 新型城市治理的基础——信息感知

基于 CIM 构建新型城市治理框架，首先是实现城市治理信息感知。湖滨片区的城市治理信息主要分为基础数据、业务数据以及其他多源数据（图 4）。基础数据包括居民信息、小区信息、车辆信息、空间信息等。业务数据包括事件信息、设备环境信息、党建与创城信息等。其他多源数据主要包括手机上传的图文数据、卫星影像数据。

图 4 湖滨片区城市治理信息感知的实现路径

在信息感知的途径方面，基础数据的感知主要通过档案收集、信息登记、调查走访、信息反馈、线上调查等传统信息收集模式进行。业务数据的感知一方面通过传统信息收集模式进行，另一方面通过物联网设备实现。物联网设备主要以人脸识别门禁系统、AI 摄像机等构成，布设在片区内各小区入口、公共活动区域以及各个楼栋前（图 5），通过局域网将数据汇集至边缘网关，最终接入 CIM 平台，实现对人员出入等日常事件的信息采集以及对高空抛物、人群聚集、人员摔倒等突发事件的感知。其他多源数据的感知包括手机图文数据与卫星影像数据。其中，手机图文数据是通过手机微信小程序“随手拍”同 CIM 物联网平台连接，实现手机端图像、文字数据的录入和上传，为社区居民、网格员、志愿者等多元主体提供社区治理的反馈渠道。卫星影像数据结合 PS-InSAR 技术，周期获取卫星影像以监测片区内建筑形变与沉降情况，为城市治理提供更为全面的信息感知手段。

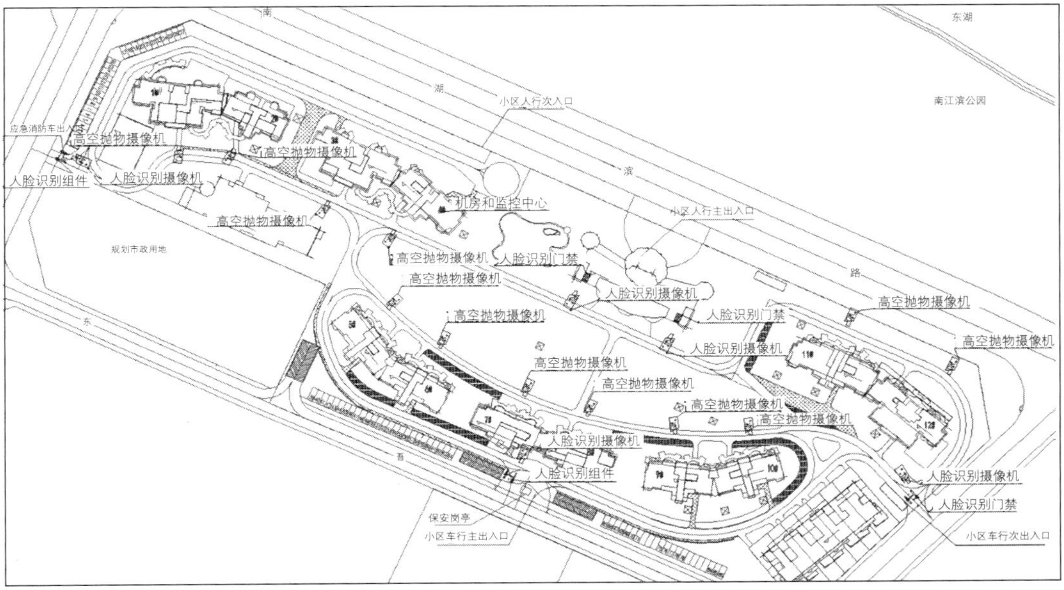

图 5　湖滨片区唐程 · 御品小区物联网设备布设

4.3　新型城市治理的机制——平台应用与主体参与

城市治理应用与城市治理主体是新型城市治理框架中的核心组成部分，关系着感知到的城市信息以什么形式应用于城市治理、城市多元主体如何充分参与到城市治理流程中来等问题，是形成新型城市治理机制的重要内容和载体。以 CIM 平台为基础，湖滨片区的城市治理应用围绕城市空间环境营造、社会组织机制构建两个方面展开，城市空间环境营造包括运行监测、体检评估、决策辅助三大应用模块，社会组织机制构建包括党建引领应用模块。

其中，运行监测模块是从空间、人口、事件等维度对城市运行情况进行监测。空间维度包括建筑概况、公共服务、商业服务、地下停车、地下管网等，并进一步发展出小区单元建筑信息查询、公共服务与商业服务查询、停车路线规划、地下停车智能引导、地下管网查询等城市治理应用；人口维度包括人口分布与人口结构情况、门禁监控采集的居民人脸数据等信息以及网格人员信息，从而支持小区人房关联查询、小区人流车流出入情况、来访查询、疫情输入情况、网格人员轨迹查询与工作管理等城市治理应用；事件维度包括各类城市治理事件的上报与统计，包括城市管理类、社会服务类、专项普查类等，主要通过微信小程序"随手拍"将网格员与居民发现的社区问题进行上报，通过城市治理应用推动公众参与机制的建设，为尽早发现城市问题提供便捷有效的途径，有助于形成共建共治共享的新型城市治理格局。

体检评估模块是参照住房和城乡建设部《2020 年城市体检指标体系》进行应用设计，围绕生态宜居、生活舒适、社区活力、多元包容、交通便捷、安全韧性六大类指标进行分析并对各类指标进行细分，实现多指标体系的城市人居环境评估分析（表2）。

表2 体检评估模块指标构成

体检评估指标类	指 标
生态宜居	道路平均绿视率、社区生活垃圾分类覆盖率、社区生活垃圾回收利用率
生活舒适	社区幼儿园覆盖比例、社区小学覆盖比例、社区中学覆盖比例、社区卫生服务站覆盖比例、生活服务商业配套数、租房能力
社区活力	中青年人口比例、夜间商圈及公园停留人口比例、社区商业点评数
多元包容	老年人口比例、外来人口比例、养老中心千人床位数、社区养老中心覆盖范围、社区用地混合度
交通便捷	人均拥有道路面积、公共交通站点数量、社区空间通达性
安全韧性	年交通事故数、社区全年犯罪数、绿地率、人均应急避难场所用地面积

决策辅助模块包括社区生活圈模拟分析、社区安全态势分析模拟，分别为公共服务设施调整优化、安全态势及时响应进行城市治理的决策辅助。其中，社区生活圈分析基于导航数据对真实空间路径进行规划建模，使覆盖模拟可以基于真实路网展开，从居民步行、骑行、车行的角度对公共服务设施辐射范围进行模拟，识别社区内不同类型公共服务设施的覆盖薄弱地区，从而为规划调整与优化提升提供依据。社区安全态势分析模拟包括社区安全事件感知与建筑风险感知两方面。社区安全事件感知通过收集社区内居民报警、火警、救护、居民投诉、疫情流入流出等安全事件的元数据，从时、空两个维度对安全事件的相关内容、处理进度等治理情况进行展示，并利用实时数据和历史数据生成各类报警事件的热点区域，从而对未来可能的安全事件进行预防。另外，以物联网设备布设为基础，通过结合人工智能技术，能够识别记录社区内人员摔倒、人群聚集、高空抛物等突发事件，有效破解传统城市治理过程中一些由于城市感知能力弱、信息传达慢而出现的棘手问题。建筑风险感知通过获取30期以上、覆盖湖滨片区范围的高分辨SAR卫星影像数据（影像分辨率3米），采用PS-InSAR方法进行处理，生成一定监测时段内的建筑形变与地面沉降InSAR数据库成果，包括年均沉降速率、累计沉降量、沉降时间序列等信息，据此标定重点区域内形变量较大的典型区域或潜在的风险区，并开展野外核查验证。通过周期性地分析处理多期SAR影像数据以分析地表沉降与建筑形变信息，可以进一步形成基于InSAR大数据的城市灾害风险普查与安全监测体系，每季度、半年或每年一次地定期提供分析报告，从而建立起智能化的城市地表与建筑的安全治理体系。

党建引领是通过CIM平台实现更加高效便捷的基层党组织管理机制，通过整合现有党建系统，在CIM平台上实现党组织基础数据的全方位掌握以及党建信息的动态即时共享。在具体应用上，一方面通过党建阵地共享、党组织、党员、红色驿站等阵地信息快速发布，加强基层党组织的信息传达与共享能力；另一方面，创新社区微心愿、党员在线认领、积分量化评价等功能，调动党员服务居民的积极性，从而鼓励党员走进社区、了解民意、服务社区、发挥作用。另外，依托 CIM 平台的党建引领模块，在城市治理事务处理方面还可以及时调度就近党员，提高了党员基层参与治理的效率。可以看出，基于湖滨片区 CIM 平台建设，从基层党组织管理机制现代化的角度，一定程度上推动了新型城市治理对于社会组织机制的有效构建。

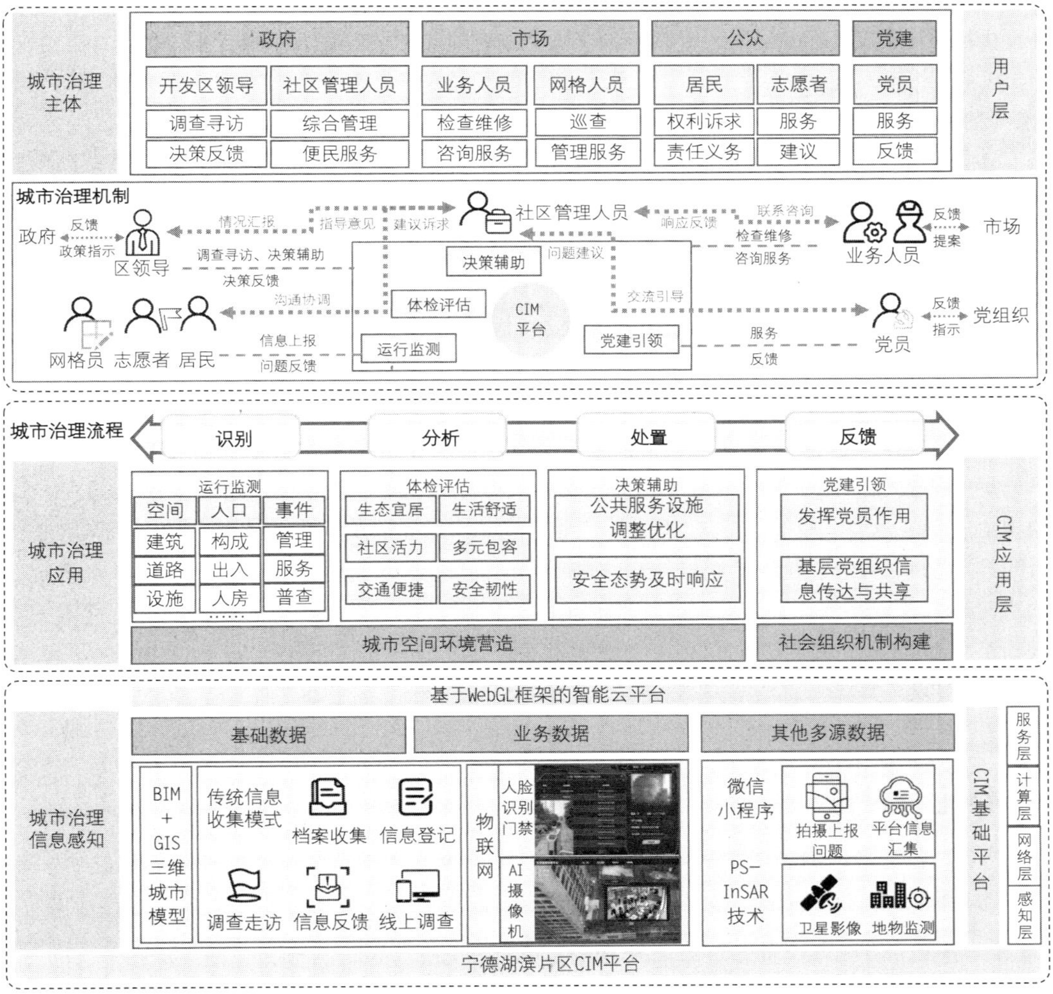

图 6　基于湖滨片区 CIM 平台的新型城市治理框架

可以看出，运行监测、体检评估、决策辅助、党建引领等城市治理应用一定程度上为城市治理提供了技术支撑，分别对应了城市问题识别、分析、处置、反馈的治理流程。而要形成较为完善的城市治理机制，还需要城市治理主体的充分参与。

在湖滨片区 CIM 平台的新型城市治理框架中，城市治理主体包括政府、市场、公众、党组织。其中，政府主体包括开发区领导、社区管理人员；市场主体包括业务人员、社区网格员；公众主体包括社区居民、社区志愿者；党组织主体包括党员。由于湖滨片区由多个小区构成，且湖滨片区 CIM 平台主要由社区管理人员进行日常应用与事务统筹，因此，湖滨片区的城市治理框架在多元主体参与机制上，以社区管理人员为核心，围绕 CIM 平台所提供的党建引领、运行监测、体检评估、决策辅助等应用，将片区内的其他多元主体联系起来（图 6），形成多元主体参与的城市治理机制。

其中，在政府主体参与方面，社区管理人员日常承担综合管理社区事务、提供便民服务的职能并通过 CIM 平台将社区情况更直观地向区领导汇报，而区领导通过 CIM 平台反映的社区情况对社区管理人员提出指导意见并将重要问题反馈至政府以获取政策指示。在公众主体参与方面，网格员、志愿者、居民等通过运行监测应用模块上报信息并通过平台得到反馈，将建议诉求传达给社区管理人员。在市场主体参与方面，业务人员通过 CIM 平台进行检查维修并提供咨询服务，在社区管理人员联系咨询相关问题时进行响应与反馈。在党组织主体参与方面，党员通过 CIM 平台的党建引领模块服务社区并得到相关反馈。

综合各个方面来看，多元主体参与的城市治理机制一方面围绕 CIM 平台构建而实现，通过 CIM 基础平台、应用层、用户层支撑城市治理流程各环节的有效进行、城市治理主体的充分参与，从而实现识别—分析—处置—反馈的正向治理流程；另一方面，以社区管理人员为核心主体，基于对 CIM 平台的日常管理，接收整理各方主体所传达的指导与反馈意见，从而形成反馈—处置—分析—识别的逆向治理流程。多元主体参与的城市治理机制以 CIM 为技术基础，通过城市治理应用与主体的有效对接，推动新型城市治理机制的形成，为各方主体提供了参与城市治理的有效沟通互动的渠道，一定程度上为实现共建共治共享的城市治理格局提供了良好范本。

5 结论与讨论

当前，各地关于 CIM 的探索实践仍在不断进行，CIM 平台的行业标准也在不断修订之中。随着 CIM 的不断发展，数据采集应用、城市问题感知等城市治理困境将逐渐化解，CIM 已然成为创新和应对城市治理挑战的重要载体之一。然而已有的 CIM 实践研究多侧重于模型和平台的构建，对于如何通过平台应用形式支撑城市治理、如何借助 CIM 推进形成多元主体参与的城市治理机制等问题探讨不足，且多从“平台构建—功能实现—服务用户主体”这一单向的、技术提供的角度考虑 CIM 对于城市治理的意义，缺少对于“多元主体参与—平台功能应用—基础平台优化”这一城市治理过程与平台优化路径的讨论，忽视了多元主体在应用 CIM 进行城市治理时的职能诉求与反馈作用，一定程度上阻碍了新型城市治理中技术应用发展向着以人为核心的方向深化。在推进以人为核心的新型城镇化与推动基层治理提质增效的大背景下，城市治理必须考虑技术应用与人的职能需求之间适用性与科学性。

本文从 CIM 支持城市治理发展的角度出发，对 CIM 的概念框架、技术发展、应用历程与未来趋势进行了介绍，探讨了基于 CIM 的新型城市治理框架的构建方式，强调了技术支持下创新优化城市治理应用形式、促进形成多元主体参与机制的重要性，并基于宁德湖滨片区 CIM 平台建设对新型城市治理的实践案例进行分析，从城市治理信息感知、城市治理应用、城市治理主体三个层面构建起基于 CIM 的新型城市治理框架，形成了包含技术提供、主体参与的双向的城市治理流程，从而为 CIM 支持下城市治理的不断优化完善提供实现路径。同时根据案例探讨了多元主体在基于 CIM 的城市治理过程中的职能诉求与反馈过程，最终在基于 CIM 的新型城市治理框架下形成了多元主体参与的城市治理机制，从以人为核心的角度为技术应用支持下的城市治理发展提供了路径参考，一定程度上为 CIM 技术进一步推动城市治理现代化的实现方式提供了思路。

然而，本文还存在一些不足：在阐述城市治理的多元主体参与机制上，着重探讨了以社区管理人员为核心的多元主体参与模式，对于其他各方主体相互间的参与互动讨论不足；另外，在讨论“应用层”的应用形式与城市治理流程方面上不够全面与深入。未来应深入研究城市治理中技术应用与多元主体参与之间的联系，将推进实现多元主体在治理过程中的有效参与作为技术发展的重要目标。同时，多关注于新一代信息技术的融合发展、城市治理的管理痛点、多元主体职能需求的变化等要素之间的相互影响与反馈，更加科学地推进形成以人为核心的新型城市治理体系，为城市治理体系和治理能力现代化提供支撑。

注释

① CIM 平台建设涵盖以下 9 个小区：金谷・国宝壹号、上东・曼哈顿、唐程・御品、恒大・御景半岛、天茂城市广场、美伦・阳光园、东晟泰怡园、德润・万象城、龙威经贸广场。

参考文献

[1] DENG Y C, *et al*. A framework for 3D traffic noise mapping using data from BIM and GIS integration[J]. Structure & Infrastructure Engineering: Maintenance, Management, Life-Cycle Design & Performance, 2016, 10: 1267-1280.

[2] DÖLLNER J, KOLBE T H, IECKE F, *et al*. The virtual 3D city model of Berlin — managing, integrating, and communicating complex urban information[C]//Proceedings of the 25th International Symposium on Urban Data Management UDMS 2006 in Aalborg, Denmark, 15-17 May 2006.

[3] WANG J, HOU L, CHONG H Y, *et al*. A cooperative system of GIS and BIM for traffic planning: a high-rise building case study[C]//The 11th International Conference on Cooperative Design, Visualization and Engineering, 2014: 143-150.

[4] XU X, DING L, LUO H, *et al*. From building information modeling to city information modeling[J]. Journal of

Information Technology in Construction, 2014, 19: 292-307.
[5] YAMAMURA S, FAN L, SUZUKI Y. Assessment of urban energy performance through integration of BIM and GIS for smart city planning[J]. Procedia Engineering, 2017, 180: 1462-1472.
[6] 包胜，杨淏钦，欧阳笛帆．基于城市信息模型的新型智慧城市管理平台[J]．城市发展研究，2018，25(11): 50-57+72.
[7] 曹阳，甄峰，席广亮．大数据支撑的智慧化城市治理：国际经验与中国策略[J]．国际城市规划，2019，34(3): 71-77.
[8] 邓凌云．"儿童友好型城市"城市治理方案的构建与实践——以长沙为例[C]//中国城市规划学会、重庆市人民政府．活力城乡 美好人居——2019中国城市规划年会论文集(12城乡治理与政策研究)．北京：中国建筑工业出版社, 2019: 197-202.
[9] 郭婧，叶楠．城市治理转型下的北京城市设计思考[J]．城市与区域规划研究, 2018, 10(3): 208-225.
[10] 管雯君，倪志．面向资源共享与公共服务的新型城市治理信息平台创新模式研究[J]．规划师，2019，35(21): 16-22.
[11] 韩晗．城市治理与工业遗产管理关系平衡机制研究——基于全国工业遗产数据库建设路径的思考[J]．城市发展研究, 2021, 28(2): 103-109.
[12] 季珏，汪科，王梓豪，等．赋能智慧城市建设的城市信息模型(CIM)的内涵及关键技术探究[J]．城市发展研究，2021, 28(3): 65-69.
[13] 李璐颖．基于城市信息模型(CIM)的新型智慧城市平台建设——以广州市为例[J]．智能城市, 2021, 7(3): 35-36.
[14] 李天星．基于数字商业生态系统的城市治理——以杭州城市大脑为例[J]．城市与区域规划研究，2023，15(1): 129-142.
[15] 李晓壮．城市治理体系初探——基于北京 S 区城市管理模式的考察[J]．城市规划, 2018, 42(5): 24-30.
[16] 龙瀛，罗子昕，茅明睿．新数据在城市规划与研究中的应用进展[J]．城市与区域规划研究, 2018, 10(3): 85-103.
[17] 孟志广．探究 CIM 技术在未来社区中的应用——以金华山嘴头未来社区为例[J]．上海城市管理，2021，30(1): 79-84.
[18] 邱跃鹏．智慧中台为新型城市治理模式赋能[N]．学习时报, 2019-09-04(006).
[19] 唐亚林，钱坤．城市精细化治理的经验及其优化对策——以上海"五违四必"生态环境综合治理为例[J]．上海行政学院学报, 2019, 20(2): 43-52.
[20] 王连峰，宋刚，张楠，等．面向智慧城市治理的数据模型建构[J]．城市发展研究, 2021(3): 70-76+84.
[21] 吴掠桅．南京市城市信息模型平台设计与应用[C]//南京市国土资源信息中心、江苏省测绘地理信息学会．南京市国土资源信息中心 30 周年学术交流会论文集．南京市国土资源信息中心、江苏省测绘地理信息学会：《现代测绘》编辑部, 2020: 104-108.
[22] 吴胜武，朱召法，吴汉元，等．"智"聚"慧"生——海曙区智慧社区建设与运行模式初探[J]．城市发展研究，2013, 20(6): 145-147.
[23] 吴志强，韩婧，滕雨薇，等．青岛中德未来城——循律鼎新 致爱家园[J]．生态城市与绿色建筑, 2018(2): 7.
[24] 许镇，吴莹莹，郝新田，等. CIM 研究综述[J]．土木建筑工程信息技术, 2020, 12(3): 1-7.
[25] 杨俊宴．城市大数据在规划设计中的应用范式：从数据分维到 CIM 平台[J]．北京规划建设, 2017(6): 15-20.
[26] 杨滔，田力男，孙琦，等．基于时空嵌入的未来城市信息模型(CIM)探讨——以青岛为例[J]．城市与区域规划研

究, 2023, 15(1): 98-110.
[27] 杨滔, 杨保军, 鲍巧玲, 等. 数字孪生城市与城市信息模型(CIM)思辨——以雄安新区规划建设 BIM 管理平台项目为例[J]. 城乡建设, 2021(2): 34-37.
[28] 杨滔, 张晔珵, 秦潇雨. 城市信息模型(CIM)作为"城市数字领土"[J]. 北京规划建设, 2020(6): 75-78.
[29] 姚远、尚宇晨. 浙江省未来社区 CIM 平台赋能城市社会建设与运营数字化转型[EB/OL]. (2021-02-10). http://www.urbanchina.org/content/content_7910251.html.
[30] 叶宇, 魏宗财, 王海军. 大数据时代的城市规划响应[J]. 规划师, 2014, 30(8): 5-11.
[31] 尹鹏程, 凌海锋, 蔡先娈, 等. 基于全空间城市信息模型的时空信息云平台建设实践[J]. 国土资源信息化, 2020(1): 13-19.
[32] 尹稚. 城市与社区治理[J]. 住区, 2021(1): 7-8.
[33] 张丙宣, 刘聪, 杨雨婧. 微治理激活社会机制: 提升城市治理能力的路径[J]. 上海城市管理, 2021, 30(2): 30-37.
[34] 张俊. 城市更新中的社区参与与协同治理[J]. 上海城市管理, 2021, 30(2): 43-51.
[35] 张蔚文, 麻玉琦. 大城市治理现代化的杭州样本[J]. 浙江经济, 2021(3): 17-19.
[36] 中华人民共和国住房和城乡建设部. 城市信息模型(CIM)基础平台技术导则[EB/OL]. (2020-09-21). https://www. gov.cn/zhengce/zhengceku/2020-09/25/5546996/files/8b001bb0d928490d9bbc36b13329ab29.pdf.
[37] 周素红, 彭伊侬. 众包理念下的参与式新型城市治理[C]//中国城市规划学会、东莞市人民政府. 持续发展 理性规划——2017 中国城市规划年会论文集(12 城乡治理与政策研究). 中国城市规划学会、东莞市人民政府: 中国城市规划学会, 2017: 782-792.

[欢迎引用]
李苗裔, 林逸飞, 党安荣. 基于城市信息模型的新型城市治理框架与实践探索——以宁德湖滨片区为例[J]. 城市与区域规划研究, 2025,17(1): 163-181.
LI M Y, LIN Y F, DANG A R. New urban governance framework and practice based on the city information modeling: taking Ningde Lakeside Area as an example[J]. Journal of Urban and Regional Planning, 2025, 17(1): 163-181.

国土空间规划与治理体系中的主体功能区乡镇细化

崔 音 尚嫣然 阳柳凤 李 庆 卢诗阳 叶科峰

Research on Township Subdivision of Main Functional Zones in the Territorial Spatial Planning and Governance System

CUI Yin[1], SHANG Yanran[1], YANG Liufeng[2], LI Qing[1], LU Shiyang[2], YE Kefeng[2]
(1. Beijing Tsinghua Tongheng Urban Planning and Design Institution, Beijing 100085, China; 2. Department of Natural Resources of Guangxi Zhuang Autonomous Region, Nanning 530029, China)

Abstract Since the incorporation of the main functional zones (MFZ) into the territorial spatial planning (TSP) system in 2018, the exploration of subdivision of the MFZ is still limited to the technical level and is not yet fully integrated into the four systems: TSP formulation and approval system, implementation and supervision system, regulations and policies system and technical standards system; the lines of authority among various levels of planning have also not been fully clarified. Based on the practice of township subdivision regulations of the MFZ in Guangxi, this paper constructs a framework for the township subdivision regulations of the MFZ that bridges the "four systems" and conducts the preliminary trial planning of 1020 towns in 86 counties, in an effort to provide useful references for the formulation of provincial TSP in the new era and the drafting of township subdivision regulations of the MFZ.

Keywords main functional zones; territorial spatial planning; spatial governance

作者简介
崔音、尚嫣然（通讯作者）、李庆，北京清华同衡规划设计研究院有限公司；
阳柳凤、卢诗阳、叶科峰，广西壮族自治区自然资源厅。

摘　要　自2018年主体功能区正式纳入国土空间规划体系以来，主体功能区的细化探索仍限于技术层面，尚未全面衔接国土空间规划编制审批、实施监督、法规政策和技术标准“四个体系”，对接各级规划的事权关系也未全面理顺。文章依托广西主体功能区乡镇细化的实践，构建了衔接国土空间规划“四个体系”的乡镇细化规则框架并在86个县、1 020个乡镇进行试划以验证其可行性，以期为新时期国土空间规划编制和主体功能区相关工作提供参考和借鉴。

关键词　主体功能区；国土空间规划；空间治理

1　引言

自2006年国务院办公厅发布《关于开展全国主体功能区规划编制工作的通知》以来，全国和省级层面陆续开展了主体功能区规划、战略和制度的探索，目前已形成包括规划编制方法、引导管控措施和政策配套体系在内的、较为成熟的空间治理手段（樊杰，2007，2015；盛科荣、樊杰，2016）。在2018年正式纳入国土空间规划体系后，主体功能区的划定依据和内涵均有所变化，《省级国土空间规划编制技术规程》（GB/T 43214—2023）明确了在国土空间规划中推进主体功能区完善和细化的任务，即“按照主体功能区定位划分县（市、区）政策单元，有条件的省份可细化至乡镇”，部分省级和市级国土空间规划陆续开展了主体功能区细化的实践和探索，但大部分实践仍局限于对技术方法本身的探讨，与国土空间规划和治理体系的全面衔接仍然不足。

本文一方面聚焦主体功能区纳入国土空间规划体系后的变化和新要求，充分衔接国土空间规划“四梁八柱”的体系架构；另一方面回归主体功能区行政区治理的本质，既要解决目前实施中产生的若干问题（成为杰，2014；李辉等，2022；许光建、魏嘉希，2019；王雯雯等，2020），也要面向更精细化的空间治理需求，开展主体功能区细化规则的研究工作。结合广西壮族自治区实际情况，笔者初拟了《广西主体功能区局部以乡镇为单元细化规则（试行）》（以下简称《规则》），在全区开展主体功能区的乡镇细化工作，并通过 86 个县（市、区）反馈的 1 020 个乡镇/街道的试划结果验证了《规则》的可实施性，进一步总结试划反映出的共性问题，提出下一步乡镇细化规则的优化方向及审查重点，以期为新时期主体功能区乡镇细化工作的开展提供参考和借鉴。

2 主体功能区乡镇细化规则研究的必要性与可行性

2.1 解决现状部分地区主体功能区政策单元过大、政策配套靶向不足的短板问题

在主体功能区理论的研究初期，樊杰等学者就明确指出主体功能区应以县级行政区为基本单元。县级行政区作为主体功能区的重要载体，是配套完备且最基层的政府管理网络，既是政权建设和政府管理的重要手段，也是地方政府权力机构设置的基础（陈科霖，2019；马祖琦，2014）。对于实施主体功能区规划和政策的政府而言，以行政区为单元更有利于政策的统筹和规划的实施，能使主体功能区切实起到政策引导作用（樊杰，2007）。因此，2010—2012 年陆续发布的国家级和省级主体功能区规划形成了对全国国土空间的县级主体功能区全覆盖。

主体功能区与“三条控制线”、规划分区等地理空间单元最大的区别在于其配套了激励和考核主体，通过赋予县级单元差异化的主体功能、配套相应的激励和规范性政策机制，进而实现差异化产出和柔性治理（图 1）。因此，行政区的治理本质是主体功能区战略和制度的精髓所在，也是其在不同精度均须延续的基本要素。

但在操作层面，我国不同地区行政区划差异极大，面积最大的县级单元（新疆巴州若羌县）是最小的县级单元（天津市和平区）的 2 万倍，但均只赋予单一的县级主体功能定位，这就逐渐暴露出部分地区因划分单元颗粒度过大而导致负向管控型政策实施精准度不足的问题。以重点生态功能区的产业准入负面清单为例，根据笔者在广西的实地调研情况和《广西重点生态功能区县产业准入负面清单实施综合评估报告》，在部分县域单元按一套负面清单进行管控，要求过严、范围过广，也造成部分重点生态功能区根据自身优势发展风力发电、光伏发电等绿色新能源产业受到一定限制。因此，进行主体功能区的乡镇细化能够更准确地把握各乡镇的资源本底和发展诉求。

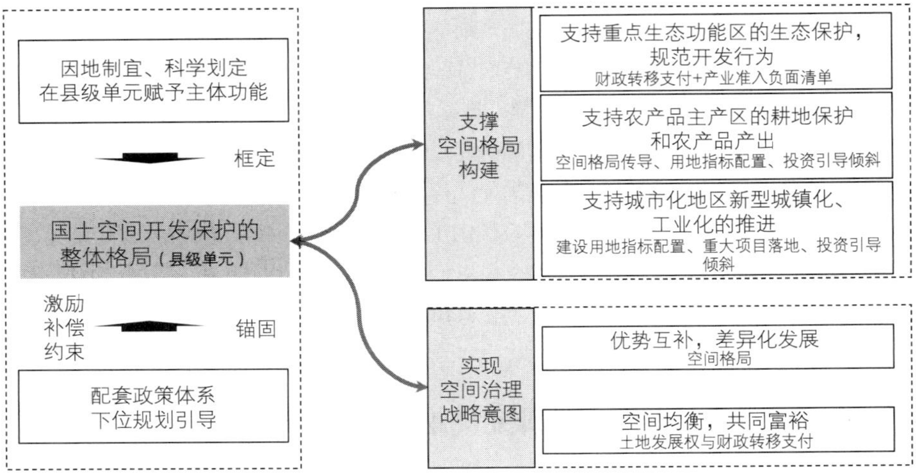

图1　主体功能区战略制度的运行逻辑

2.2　解决主体功能区与国土空间规划中其他地理空间单元的衔接问题

主体功能区规划作为“多规合一”的重要组成部分纳入国土空间规划体系后，与其他地理空间单元的衔接存在一定的不适应性，主要是以县级行政区为基本单元的主体功能区在衔接“三条控制线”和规划分区等图斑及片区精度的地理空间单元时，难以避免产生管控要求的矛盾和冲突。国土空间规划中每一县级单元至少同时叠加“三条控制线”、规划分区和主体功能区三类空间管理工具，其精度、边界类型和管控要求各不相同：“三条控制线”依托法律法规与管理办法对其边界内的区域管得精、管得严且管得住；规划分区在市县级国土空间规划指南或规程中进行明确，对于有管理主体和依据的空间要素管得较严，但各省管控力度不一；主体功能区对县域整体配套“9+1”政策体系，其中补偿型政策实施成效较好，引导型政策的传导仍不充分，管控型政策存在“一刀切”等问题（靳利飞等，2023）（表1）。可以看到各县在不同地理单元和管控要求之间存在一定的错配现象，迫切需要探索地理空间、功能空间与管控手段的适配。

因此，主体功能区单元的细化有利于提升国土空间规划的空间治理能力。在国土空间规划体系中，主体功能区应充分发挥其治理效能，通过细分治理单元，有效结合地域空间与行政主体，成为串接“三条控制线”、规划分区、土地资源配置、生态修复与国土综合整治等各项规划内容的重要平台和关键环节（樊杰、周侃，2021；樊杰，2019；樊杰、郭锐，2021；武廷海等，2019），以更好地指引市级、县级和乡镇级等下位规划（罗彦等，2022）。一方面，更精细的主体功能区单元可对省级国土空间规划确定的县级主体功能定位进行空间降尺度传导（樊杰，2019）；另一方面，也可与市级、县级和乡镇级规划确定的规划分区更好地贴合，更有效地指导国土空间用途结构的调整方向。

表 1 “三条控制线”、规划分区与主体功能区的差异

	“三条控制线”	规划分区	主体功能区
精度	图斑	片区	行政区
边界	实体边界（部分地区）	柔性边界（全覆盖）	县域行政边界
管控要求与实施抓手	《中华人民共和国土地管理法实施条例》； 《关于加强生态保护红线管理的通知（试行）》（自然资发〔2022〕142 号）； ……	“三线”内按相关规则管控； 生态控制区：部分区域制定准入条件，明确允许、限制、禁止的项目类型清单； 乡村发展区：鼓励开展农用地和村庄建设用地整治、严禁开发行为	9+1 政策配套体系：财政政策、人口政策、投资政策、民族政策、产业政策、环境政策、土地政策、应对气候变化政策、农业政策、绩效考核评价体系

2.3 纳入国土空间规划体系使主体功能区的深化细化更具可实施性

客观来看，主体功能区规划纳入国土空间规划之后，其内涵和用途更丰富。一是主体功能区作为前置条件，指导国土空间开发保护格局的确定，其指导性更强；二是主体功能区需更紧密地与控制线、指标分解、资源要素配置和重大项目挂钩，其衔接性更紧（图 2）；三是主体功能区从独立规划转变为规划体系中的一部分，将作为市、县级国土空间规划的重点审查内容，其传导性更佳。因此，主体功能区具备了在不同层级深入解决问题的可能，也可通过与控制线、指标分解、重大项目等手段的配合，实现乡镇级精度的下沉。

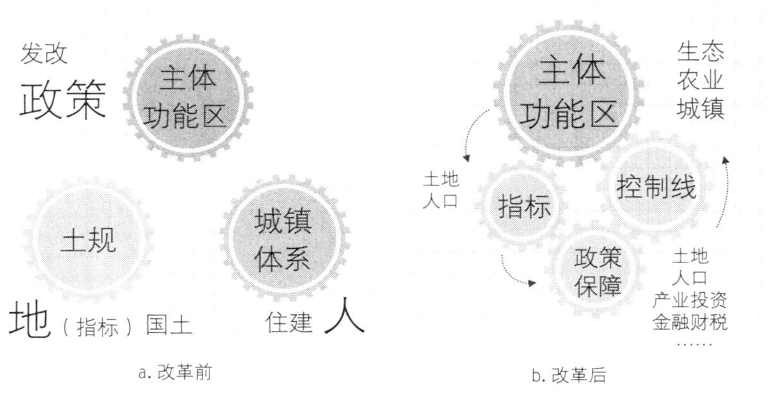

图 2 国土空间规划核心内容在机构改革前后的关系示意

2.4 对主体功能区乡镇细化规则的研究仍聚焦技术方法层面，体系有待完善

在近4年国土空间规划编制探索中，多位专家学者分别在省级、市级和区县级国土空间规划中开展了主体功能区乡镇细化的实践尝试，但这些研究更多地聚焦细化的类型、精度、技术手段和方法的研究，对细化方案和配套体制机制与国土空间规划体系的衔接仍考虑不足。

在省级层面，李炬霖等（2022）和解永庆等（2021）的研究均承接并延续了以县级行政区为基本单元的主体功能区架构，提出对部分地区进行乡镇级别的细化。从技术手段上看，解永庆等（2021）提出了省级主体功能区在功能类型、单元上的细化方向及其管控要求，未明确细化的技术方法或规则。李炬霖等（2022）以陕西省为例，提出了集成函数和规则细分的主体功能区乡镇细化方法。但该方法由于公式、数据和算法的复杂性，更适用于省级直接细化至乡镇的情况，难以层层下达广泛适用，且该研究缺乏自下而上对细化方案合理性的验证。在市级和区县级层面，毛蒋兴等（2021）和王太亮等（2021）均通过构建指标体系对乡镇主体功能定位进行判定。但该方法由于数据需求量大、判定方法复杂，更适用于市级尺度，难以在省级范围推广应用（表2）。

表2 已有主体功能区乡镇细化方法梳理

已有研究	层级地区	主体功能分区类型	是否允许复合功能区	细化精度	技术手段		评价方法
					构建指标体系/判定规则	数据选取	
李炬霖等（2022）	**省级** 陕西	三类基础类型	否	对地理环境差异较大导致主体功能定位难以明确的县域单元进行乡镇级别的细化	利用“双评价”判断三类基础功能； 对双宜区、多宜区按照生态>农业>城镇的原则判断； 对三类功能指向均不明显或均显著的地区，除按照生态优先外，综合考虑战略导向和集中连片要求	“双评价”、土地利用现状、DEM、遥感影像、统计数据	集成函数+规则细分
解永庆等（2021）	**省级**	延续三类基础类型，可细分为单一功能主导地区和过渡地区	是	部分区县可细化到乡镇尺度	—	—	—

续表

已有研究	层级地区	主体功能分区类型	是否允许复合功能区	细化精度	技术手段		评价方法
					构建指标体系/判定规则	数据选取	
毛蒋兴等（2021）	**市级** 南宁 130 个镇（乡、街道办）级行政区	三类基础类型+六类细分类型	是	全市域细化至乡镇单元	生态功能水平、农业功能水平、城镇功能水平和战略选择 4 个类型，12 个定量指标+1 个定性指标	“双评价”、统计数据	判别评价法+指数评价法+聚类分析法
王太亮等（2021）	**区县级** 青岛西海岸新区 22 个街镇	三类基础类型+六类细分类型	否	中心城区细化至街道；一般乡镇细化至行政村	从资源环境承载力、现状开发强度与空间发展潜力 3 个层面构建评价指标体系，共选取 17 项评价因子	“双评价”“三调”等空间基础数据；人口、社会经济等统计数据	基于 GIS 进行空间分析和叠加分析

资料来源：根据李炬霖等（2022）、解永庆等（2021）、毛蒋兴等（2021）和王太亮等（2021）整理。

3 主体功能区乡镇细化规则的制定

《中共中央 国务院关于建立国土空间规划体系并监督实施的若干意见》明确了国土空间规划体系涵盖规划编制审批体系、实施监督体系、法规政策体系和技术标准体系。在国土空间规划和治理体系下推进主体功能区的乡镇细化需要与上述四个体系充分衔接，在编制审批体系中，需要明确编制和审批主体；在实施监督体系中，需要制定清晰的评估与督查路径；在法规政策体系中，需要在乡镇层面完善、细化已有配套政策，新增的配套政策也须具备乡镇精度的可实施性；在技术标准体系中，需要制定科学合理的乡镇细化判定技术规则（图 3）。

图 3 主体功能区乡镇细化规则与国土空间规划“四个体系”的衔接

3.1 立足省、市两级编制审批体系，明确细化规则制定的基本框架

编制审批体系主要包括划定主体（谁来编、谁来划）与划定载体（在哪划、谁来批）两个方面。划定主体与划定载体的确定和细化规则实施的范围密切相关，我国大多数省区幅员辽阔，近七成省区的陆域国土面积在10万平方千米以上，八成以上的省区下辖乡镇单元超过1 000个，省内不同地区之间的差异相对较大。由省级自然资源主管部门出台规则，以市级国土空间总体规划为载体进行主体功能区的乡镇细化，最终由省级自然资源主管部门依据规则进行审批，既能保障细化方案的科学性、合理性和合法性，也能准确把握各乡镇的资源本底和发展诉求。

3.2 科学、可实施的判定技术标准体系

3.2.1 妥善处理好“三个关系”是细化规则制定的关键

在细化规则的制定上，需要处理好县级与乡镇级、统一性与差异性、本底与实际导向“三个关系”。在县级与乡镇级的关系上，要保障细化结果自上而下层层传导，即省级国土空间规划确定的县级主体功能区定位需要在乡镇细化结果中充分地传导和体现；在市级国土空间总体规划中细化的乡镇主体功能定位应在县级和乡镇级国土空间总体规划中严格落实。在统一性与差异性上，一方面要采用统一、简单的判定方法在全省（区）推广使用，另一方面要充分厘清省级事权仅为规则制定，而非代替市县直接划定，要给予地方一定的主动性和自由裁量权，充分体现不同地区的差异性。在本底与实际上，要兼顾本底评价与空间实际用途，处理好资源本底与实际生活生产活动的关系，更科学、更实际地判定乡镇主体功能。

3.2.2 注重细化类型的延续和衔接

乡镇主体功能区的分类须对接县级主体功能区的三个基本类型区，即重点生态功能区、农产品主产区和城市化地区，确需增设分区的，也应为三个基本类型区留有接口，并与国家和省区的相关配套政策和管控要求相符，以利于科学开展主体功能区管控以及配套政策的制定和实施。

3.2.3 明确本底导向与规划导向相结合的综合判定因子

针对重点生态功能区、农产品主产区和城市化地区的基本类型，细化规则采用生态、农业、发展三个维度的12个因子和两项条件举证进行判定（表3）。

在因子设置上，应辩证看待“双评价”与国土空间开发保护实际情况之间的关系，“双评价”对于生态保护重要区、农业生产适宜区的判断科学性较高（顾朝林，2019），能够精准判断国土空间的本底情况，但各地均有其特殊性，仅通过适宜性分析难以全面概括实际情况。因此，在各维度中均采用主导因素（本底判定）叠加校核因素（规划导向）进行判定，在兼顾科学性的同时，注重划定结果的可实施性，避免因规划造成更多治理矛盾。

表 3　主导因素与因子选取

	指标因子		单位/填写说明
生态维度	生态主导因素判定（本底判定）	“双评价”生态保护极重要区+生态保护重要区面积占县域比重	%
	重点生态功能区校核（规划导向校核）	生态保护红线面积占县域比重	%
		自然保护地面积占县域比重	%
农业维度	农业主导因素判定（本底判定）	“双评价”农业生产适宜区占县域比重	%
		特色农产品种植面积占县域比重	%
	农产品主产区校核（规划导向校核）	稳定耕地面积占县域比重	%
		永久基本农田面积占县域比重	%
		农业“两区”面积占县域比重	%
发展维度	发展主导因素判定（本底判定）	城镇化水平是否高于本县（市）平均	是/否
		人口密度是否高于本县（市）平均	是/否
		人均 GDP 是否高于本县（市）平均	是/否
		“十三五”期间 GDP 增速是否高于本县（市）平均	是/否
	条件举证（规划导向校核）	县城所在地或纳入中心城区一体化发展的乡镇	条件举证
		布局有省级以上高等级产业园区	条件举证

资料来源：《广西主体功能区局部以乡镇为单元细化规则（试行）》。

3.2.4 强化判定流程的可实施性

在面向大部分省级行政单位 100 余个区县、1 000 余个乡镇推进细化工作的背景下，最大程度规避理解偏差、保障规则的高可实施性是至关重要的。因此，在判定流程上，全面采用“是否”的简单流程化的判定和“百分比”的相对概念来规避地区差异，实现“在地化”判定。

在判定过程上，优先考虑生态维度的判断，基于“双评价”生态保护极重要区筛选出重要生态空间，通过生态保护红线和自然保护地两项规划导向的因子进行校核判定。对于生态本底条件不突出的地区，基于“双评价”，且充分考虑本省区特色农业发展需求，筛选出重要农业空间，通过永久基本农田和农业“两区”两项规划导向的因子进行校核判定。对于城市化地区，主要通过纳入中心城区一体化发展、布局有高等级产业园区以及经济社会发展水平明显高于县级平均水平进行判定，各地应根据实际情况提供相应的举证材料。对于“多宜”地区、情况比较复杂的地区，按照“怎么管决定怎么划”的原则，给予地方充分的自由裁量权进行划定（图 4）。

3.2.5 制定必须遵循的纵向传导约束

《中共中央 国务院关于完善主体功能区战略和制度的若干意见》明确主体功能区战略和制度的关

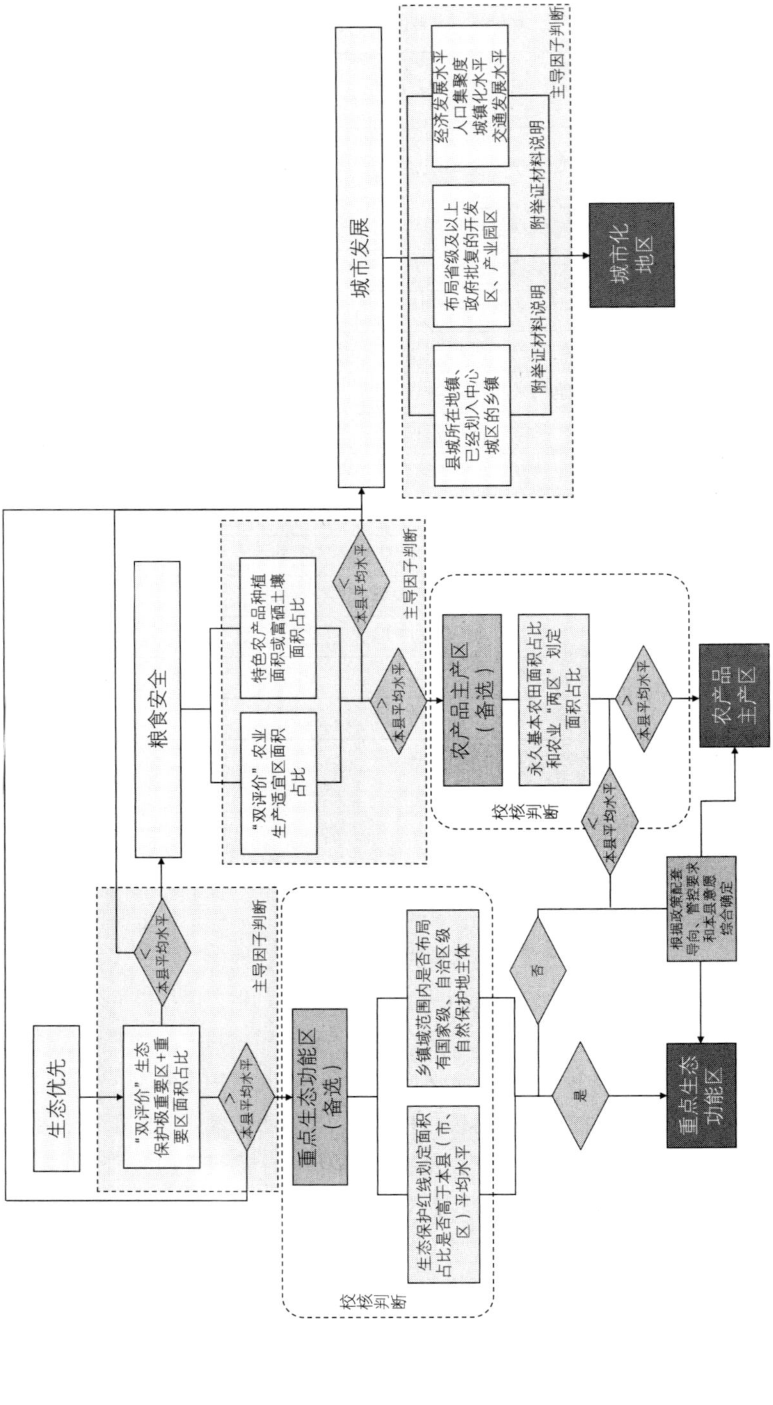

图4 主体功能区乡镇细化规则的细化判定体系

键是将国家与省级层面主体功能区战略格局在市县层面精准落地，保障主体功能定位的层层传导就至关重要。因此，在细化规则中应明确乡镇主体功能与县域主体功能保持大体一致，经与各地自然资源局进行“一下一上”征求意见，充分沟通地方实际情况，《规则》最终确定县域主体功能为重点生态功能区和农产品主产区的，其下辖定位一致的乡镇个数或面积须占乡镇总数或县域总面积的60%及以上，条件满足其一即可；划定为城市化地区的乡镇个数或面积须占乡镇总数或县域总面积的30%以下，条件满足其一即可，划定为另外一类主体功能区的乡镇个数或面积不作具体限制。县域主体功能为城市化地区的，其下辖乡镇细化类型的个数和面积不作具体限制。

3.3 从“怎么划、怎么管”转向“怎么管、怎么划”的法规政策体系

法规政策体系是细化规则执行的基础。已出台的财政政策、投资政策，特别是产业准入负面清单制度，均需要同步完善在乡镇单元精度的配套；新出台的配套政策也要同步对县级主体功能区和乡镇级主体功能区进行精细化设计，保障细化规则管用和好用。

对法规政策体系的先期考虑是本次规则制定思路的重大转变之一，指导地方从“怎么划、怎么管”转向“怎么管、怎么划”。将部分自由裁量权交予地方，地方就可根据主体功能区政策配套的方向，综合确定“多宜”地区和情况较为复杂地区的乡镇主体功能定位，将空间实际用途与保障、激励、管控政策有效衔接。法规政策体系主要包括三个方向。

3.3.1 加大财政政策、投资政策等正向激励型政策在乡镇层面的倾斜力度

在原有重点生态功能区纵向转移支付的基础上，进一步建立健全农产品主产区的财政转移支付制度（靳利飞等，2021）。引导和约束重点生态功能区、农产品主产区获得的财政补贴和重点整治、修复项目向其下辖主体功能一致的乡镇显著倾斜。对于重点生态功能区、农产品主产区乡镇所在县与该乡镇主体功能定位不一致的情况，研究由省（区）直接建立纵向转移支付专项资金和财政补偿机制。

3.3.2 提升负面管控型政策的精细化治理水平

重点生态功能区应持续按照产业准入负面清单要求进行管控，但应将现状以县域为政策实施单元调整为以县域内重点生态功能区乡镇为政策实施单元，避免现状政策配套颗粒度过大而产生的“一刀切”问题，并加快建立健全产业退出机制，保障产业准入负面清单延伸机制的完善和实施效能的提升。在土地政策方面，在保障必要的民生设施、基础设施、大健康和文旅产业发展所需空间的基础上，从严控制重点生态功能区的建设用地增量。由于农产品主产区受到永久基本农田、稳定耕地等要素的制约，耕地占补平衡压力大，城镇建设空间相对不足，应适度控制建设用地增量。

3.3.3 延续主体功能区差异化考核机制

对于重点生态功能区，应加强对生态环境保护和生态产品供给方面的考核，弱化对经济发展水平、土地开发利用效率等方面的考核；对于农产品主产区，应加强对耕地保护、粮食生产能力和优质农产

品供给方面的考核，弱化对经济发展水平、土地开发利用效率等方面的考核；对于城市化地区，应加强对城镇和产业高质量发展方面的考核，具体包括但不限于经济发展目标、土地产出效率、科技进步贡献率、资源环境超载程度缓解率等。

3.4 动态评估和考核的实施监督体系

首先，与自然资源监测评估预警系统挂接，依托财政转移支付成效评估和城市体检工作，研究推进主体功能区年度评估。在各省区监测评估预警系统平台建立县级和乡镇级主体功能区模块，作为主体功能区实施监测的基础数据平台，进行历年数据收集和比对。在重点生态功能区县域（或乡镇）生态环境质量考核工作的基础上，会同农业农村主管部门、财政部门研究推进农产品主产区县域（或乡镇）的农业生产考核工作，并将考核结果作为奖惩资金纳入转移支付金额测算因子。会同自然资源主管部门、住建部门研究推进将城市化地区考核工作纳入历年城市体检和五年评估，定期监测主体功能区实施成效。

其次，定期开展重点生态功能区产业准入负面清单的督查检查。可按五年一周期，以“中期一自查、五年一巡查”的方式开展督查检查。在负面清单制定发布后两年左右，组织重点生态功能区县和乡镇对照负面清单相关管控要求开展自查，形成自查报告提交上级部门，在发布后每五年由省级主体功能区相关工作组开展调研和巡查工作并形成综合评估报告。

4 主体功能区乡镇细化规则的广西实践

4.1 总体情况

广西壮族自治区自然资源厅于 2022 年 6 月 9 日印发《广西主体功能区局部以乡镇为单元细化规则（试行）》。截至 2022 年 10 月 8 日，有 86 个县（市、区）、1 020 个乡镇/街道提交了全域或部分乡镇的主体功能乡镇细化基础数据和初步细化方案，占全区 1 251 个乡镇的 81.5%，涉及自治区所有地市。

4.2 试划成果反映出《规则》具有较强的可实施性

从反馈结果来看，大部分地区落实情况较好，细化结果也基本能反映各地资源本底条件和发展意愿。在 86 个提交细化结果的区县中，有 34 个重点生态功能区和农产品主产区县的细化方案符合县级主体功能的纵向传导要求，占所有细化区县的 39.53%；有 39 个城市化地区县进行了乡镇细化，在《规则》中未对传导比例作要求；仅有 13 个县的细化结果不符合传导要求，占比 15.12%。以河池、北海、钦州等城市为代表的农产品主产区和重点生态功能区的《规则》应用效果较好，基础因子和主导因素判定与细化结果基本一致。

4.3 试划反映出的问题及后续优化方向

4.3.1 县级主体功能的纵向传导是乡镇细化方案的审查关键

在试划方案中，突破《规则》的纵向传导比例约束成为最主要的问题，具体包括 7 个农产品主产区县和 6 个重点生态功能区县。由于部分县域内部本底差异较大，以南宁隆安县、桂林永福县、荔浦市为主的农产品主产区县以及以桂林阳朔县、防城港上思县、贺州昭平县和梧州蒙山县为的主重点生态功能区县的试划方案中与县级主体功能定位一致的乡镇占比不足 60%，隆安县（县级主体功能定位为农产品主产区）细化的农产品主产区乡镇个数占比仅有 20%。此外，部分区县也存在细化了过多城市化地区乡镇且举证不充分的情况，导致个数占比超过 30%，亦不符合纵向传导要求。

因此，在规划审批过程中既要加强对县级主体功能纵向传导的审查，也要兼顾各地实际情况，对于部分县域内部差异较大或主导因子判别不能完全反映地方实际的情况，审慎探索“一事一议”的可能性。

4.3.2 部分城市化地区乡镇的细化不规范性较高，需重点加强审查力度

本次试划中，农产品主产区县和重点生态功能区县分别细化了 75 个和 58 个城市化地区乡镇，但部分县（市、区）将县域重点镇、未纳入中心城区的乡镇细化为城市化地区，且缺少相应的举证材料支撑。试划方案中不符合《规则》要求且举证不规范的城市化地区乡镇共 31 个，占比 23.3%，应在规划审批过程中加强对城市化地区乡镇举证材料规范性的审查。

4.3.3 需重新审视城市化地区乡镇细化必要性

由于部分位于中心城区边缘的市辖区或县级市仍存在大量农业农村地区及生态地区，按优先保障生态和粮食安全的细化方式会将城市化地区的大部分乡镇细化为重点生态功能区和农产品主产区。从细化结果看，有相当一部分城市化地区县（市、区）仍有细化农产品主产区和重点生态功能区乡镇的意愿，其细化方案的纵向传导力度偏弱，有相当一部分县级城市化地区细化的农产品主产区乡镇占比为 40%—70%。

考虑到相应扶持政策的配套，这些城市化地区县（市、区）的细化意愿也往往较高，这会导致该地区既享受城市化地区土地指标倾斜配置等政策红利，又享受重点生态功能区和农产品主产区的转移支付与相关补贴，而相关的补偿是为了弥补该地区要完成生态保护和耕地保任务而损失的部分土地发展权，这一定程度上违背了政策设置初衷（田莉、夏菁，2021）。在后续《规则》的完善过程中，为避免政策配套方向产生冲突，应首先明确城市化地区不再细化乡镇主体功能。

5 结论与讨论

主体功能区作为我国空间治理体系中具有基础性、战略性和约束性的重要空间治理手段，应在国土空间规划体系中充分发挥其行政区治理的作用，完善目前实施中暴露出的若干问题，通过更精细化

的划定单元与政策配套，推动国土空间规划发挥更强的空间治理效能。

在主体功能区乡镇细化规则尚未明确的背景下，本文构建了与国土空间规划和治理体系相衔接的、全链条的主体功能区乡镇细化整体框架，制定了详细的细化规则，明确了县级与乡镇级、统一性与差异性、本底与实际三个在主体功能区乡镇细化过程中的重要关系。得益于广西壮族自治区自然资源厅的试划工作组织和各地市、县（市、区）的大力配合，使得本文能以广西 14 个地市、1 020 个乡镇的试划数据为重要支撑，进一步总结《规则》在细化主体和细化对象方面的优化完善方向，明确了在地市级和县级国土空间规划中的审查要点，为后续其他省区进行主体功能区乡镇细化提供了较为丰富的数据支持和经验参考。《规则》中有关纵向传导的核心内容也因此纳入了 2024 年 1 月 1 日实施的《主体功能区优化完善技术指南》。

由于国土空间规划编制周期的限制，在重点生态功能区、农产品主产区和城市化地区三类基本功能类型之外，国家层面尚未对能源资源富集区、历史文化资源富集区和边境地区三种叠加功能区提出明确的指引与政策配套方向，因此，本文仅对三类基本功能区的细化规则、编制审批和技术标准体系进行了尝试，未涉及叠加功能区，提出的优化方向和审查要点还未经过实践检验，对实施监督、法规政策体系仅提出了方向指引，有待后续工作的推进和推广来进一步验证和完善。此外，本文制定的乡镇细化规则更多地考虑了发展现状和本底条件，对省、市重大城镇化战略、区域协调发展战略、城市群和都市圈建设等战略引领层面的要素考虑不足，有待通过后续研究来进一步完善。

致谢

本文受国家社会科学基金重大项目“新发展阶段优化重大生产力布局研究”（23&ZD040）资助。

参考文献

[1] 陈科霖. 中国撤县设区 40 年：回顾与思考[J]. 地方治理研究, 2019, 81(1): 2-19+78.
[2] 成为杰. 主体功能区战略下地方政府的作用、困境与调适[J]. 内蒙古大学学报(哲学社会科学版), 2014, 46(1): 41-47.
[3] 樊杰. 我国主体功能区划的科学基础[J]. 地理学报, 2007(4): 339-350.
[4] 樊杰. 中国主体功能区划方案[J]. 地理学报, 2015, 70(2): 186-201.
[5] 樊杰. 地域功能-结构的空间组织途径——对国土空间规划实施主体功能区战略的讨论[J]. 地理研究, 2019, 38(10): 2373-2387.
[6] 樊杰, 郭锐. “十四五”时期国土空间治理的科学基础与战略举措[J]. 城市规划学刊, 2021(3): 15-20.
[7] 樊杰, 周侃. 以“三区三线”深化落实主体功能区战略的理论思考与路径探索[J]. 中国土地科学, 2021, 35(9): 1-9.
[8] 顾朝林. 科学的“双评价”是新时代国土空间规划的关键和基础[J]. 城市与区域规划研究, 2019, 11(2): 1-4.
[9] 靳利飞, 刘天科, 南锡康. 主体功能区生态补偿制度优化路径探析[J]. 地方财政研究, 2021(6): 53-59.
[10] 靳利飞, 刘天科, 南锡康, 等. 面向区域协调发展的主体功能区战略实施[J]. 宏观经济管理, 2023(1): 47-53.

[11] 李辉，苏昌贵，魏晓．省级主体功能区规划实施效果评估与政策启示——以《湖南省主体功能区规划》实施为例[J]．经济地理, 2022, 42(5): 45-55.

[12] 李炬霖，杨华，高旭鹏，等．面向国土空间规划的省级主体功能区调整优化研究——以陕西省为例[J]．西北大学学报(自然科学版), 2022, 52(3): 423-432.

[13] 罗彦，蒋国翔，陈少杰，等．基于“双评价”和主体功能区优化的国土空间规划探索[J]．城市规划，2022，46(1): 7-17+52.

[14] 马祖琦．基于县制保护的“撤县设市”方案思考[J]．江汉论坛, 2014(3): 24-28.

[15] 毛蒋兴，黎云莉，陆西茜，等．南宁市国土空间总体规划中主体功能区战略传导路径探索[J]．规划师，2021，37(17): 30-37.

[16] 盛科荣，樊杰．主体功能区作为国土开发的基础制度作用[J]．中国科学院院刊, 2016, 31(1): 44-50.

[17] 田莉，夏菁．土地发展权与国土空间规划：治理逻辑、政策工具与实践应用[J]．城市规划学刊, 2021(6): 12-19.

[18] 王太亮，王鹏，闫晓含，等．青岛市西海岸新区主体功能区细化思路与实践[J]．规划师, 2021, 37(S2): 24-30.

[19] 王雯雯，叶菁，张利国，等．主体功能区视角下的生态补偿研究——以湖北省为例[J]．生态学报，2020，40(21): 7816-7825.

[20] 武廷海，卢庆强，周文生，等．论国土空间规划体系之构建[J]．城市与区域规划研究, 2019, 11(1): 1-12.

[21] 解永庆，张婷，曾鹏．省级国土空间规划中主体功能区细化方法初探[J]．城市规划, 2021, 45(4): 9-15+23.

[22] 许光建，魏嘉希．我国重点生态功能区产业准入负面清单制度配套财政政策研究[J]．中国行政管理，2019(1): 10-16.

[欢迎引用]

崔音，尚嫣然，阳柳凤，等．国土空间规划与治理体系中的主体功能区乡镇细化[J]．城市与区域规划研究，2025，17(1): 182-195.

CUI Y, SHANG Y R, YANG L F, *et al*. Research on township subdivision of main functional zones in the territorial spatial planning and governance system[J]. Journal of Urban and Regional Planning, 2025, 17(1): 182-195.

北京市国企存量用地更新历程与模式梳理及统筹更新探索

齐轶昳　谢　骞

Analysis of the History and Mode of Stock Land Renewal of State-owned Enterprises in Beijing and Exploration on the Integrated Renewal Model

QI Yiyi[1], XIE Qian[2]
(1. Beijing Tsinghua Tongheng Urban Planning and Design Institution, Beijing 100085, China; 2. China Academy of Urban Planning and Design, Beijing 100000, China)

Abstract The renewal of the existing stock land of state-owned enterprises is an important step for the government to promote the urban renewal. The paper sorts out the history of stock land renewal of state-owned enterprises in the past 30 years from the perspective of policies and models and summarizes the four main development stages and their characteristics. Then the current renewal modes are summarized and analyzed, including applicability, government-enterprise cooperation models, profit distribution models, etc. In response to the current difficulties in the stock land renewal of state-owned enterprises, the integrated renewal planning model is proposed, advantages of this method are analyzed, and then the key points of the planning process of such practical projects in Beijing as well as the difficulties and solutions under this model are explored.

Keywords stock land of state-owned enterprises; renewal mode; urban renewal; integrated renewal; Beijing

作者简介
齐轶昳，北京清华同衡规划设计研究院有限公司；
谢骞（通讯作者），中规院（北京）规划设计有限公司。

摘　要　当前，国企存量用地的更新是政府推动城市更新的主要抓手之一。文章以北京市国企存量用地更新作为研究对象，从政策和模式层面梳理了近 30 年国企存量用地更新的发展历程、四个主要发展阶段及其特征，汇总分析了现行更新利用模式的特征、适用情况及政企合作模式、利益分配模式等。文章针对目前国企存量用地的更新困境提出了统筹更新的模式，分析了该模式的优势以及目前北京此类实践项目中规划编制的特征和要点，并提出了该模式所面临的困境和解决建议。

关键词　国企存量用地；更新模式；城市更新；统筹更新；北京市

1　引言：更新视角下本文探讨的主要对象界定及相关文献综述

作为首都和政治中心，北京市的国企数量在全国首屈一指，其名下的存量土地资源也相对丰富。这些存量土地在更新规划视角下可分为现状保留和待更新两大类(图 1)。

结合笔者参与的项目发现，存量土地的取得方式一定程度上决定了该用地的更新需求度。由于北京市从 1992 年开始正式施行国有土地使用权出让制度，因此大多数以出让形式取得的土地，其现状用途与当前规划的符合度较高、存量房地资产质量较好，更新需求相对较低；以划拨形式取得的土地大多取得年代较早（20 世纪 90 年代之前），是早年间政府为支持企业发展的历史产物，土地用途以工业、住宅等为主，随着时间发展，原土地用途已逐渐不符合

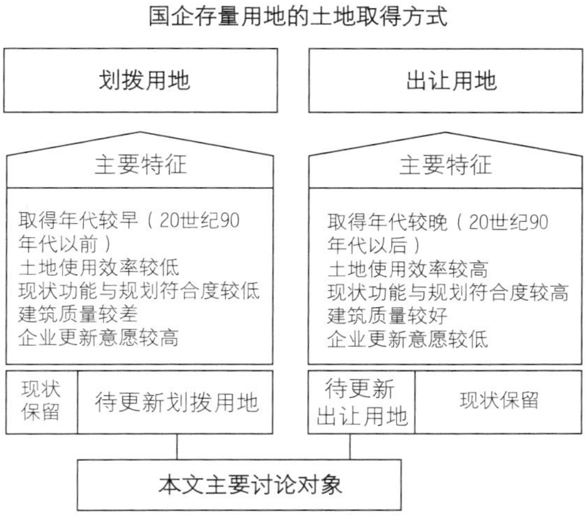

图1　更新视角下的国企存量用地分类

新的城市规划定位，建筑质量较差、现状使用效率较低。因此，国企存量用地中的早期划拨用地和部分不符合新时代下利用目标的出让用地，是本文存量用地更新的主要讨论对象。

近年来，国内针对国企存量用地的研究主要聚焦于工业用地更新层面，从北京市工业用地发展及更新模式变迁（谭杪萌、杨安琪，2016；陈军，2009）、存量工业用地更新的增值收益分配机制（梁颖、曾鹏，2023；潘晓栋等，2022）、相关政策对更新模式的影响（李晋轩、曾鹏，2021），以及更新过程中相关利益主体协同博弈机制（沈昊婧等，2022）等不同侧面，对老旧工业用地更新问题给予了较多的关注，较少有研究涉及国企全部存量用地（包括住宅、商业等各种用地类型）更新，仅有少量学者研究了存量时代广州市国企用地的整备路径（冯俊遥等，2021），但因广州在建设量方面仍允许部分增量和容积率奖励，所以与北京在建筑规模严控增量下的目标路径有所差异。

因此，本文以全部待更新国企存量用地为探讨对象，针对北京市的特定规划背景，试图通过总结历史发展与新模式探索的方式，为减量及高质量发展要求下的城市更新提供参考借鉴。

2　北京市国企存量用地更新发展历程和模式总结

2.1　北京市国企存量用地更新发展历程概述

北京国企存量用地更新始于20世纪80年代，随着总体规划中的城市定位调整，国企存量用地的更新模式也在逐步迭代。

1983年，北京第四版城市总体规划首次提出了“调整工业结构布局……防止和治理工业污染、大力发展远郊工业，逐步改变工业过分集中在市区的状况”的目标。由于工业企业和用地大部分为国企所属，随着工业企业从中心城区逐渐向外围疏解腾退，这标志着北京市国企存量用地开启了存量更新之路。

1993 年和 2005 年，第五版和第六版北京城市总体规划在产业发展层面提出并重申了“发挥首都的优势、积极调整产业结构和用地布局，促进高新技术和第三产业发展”的目标。国企存量用地更新在总体规划的引导下，开始了腾退与转型相结合的更新方式。

2016 年，《北京城市总体规划（2016 年—2035 年）》首次提出城乡建设用地和建筑规模总量“双控”的要求，在减量发展的大背景之下，国有用地的存量更新变得更具挑战，以往“单打独斗”“一事一议”的更新模式难以兼顾总体减量目标与企业利益。在进入“十四五”时期后，一系列与国企存量用地更新直接或间接相关的政策相继出台，包括《关于加强市属国企土地管理和统筹利用的实施意见》《国企改革三年行动方案（2020—2022 年）》《关于“十四五”时期深化推进“疏解整治促提升”专项行动的实施意见》，推动着国企存量用地从单个项目的“零散式”更新走向统筹更新的时代。

2.2 近 30 年北京市国企存量用地更新的四个阶段

2.2.1 搬迁式更新阶段（1993—2000 年）

1993 年，国务院批复了北京市第五版城市总体规划，提出“严格控制人口和用地发展规模；严格控制在市区特别是水源上游、城市上风向发展有污染的工业，对市区内现有的污染扰民项目，要进行产业调整或逐步外迁”。1995 年，为落实总体规划，市环保局发布《北京市实施污染扰民企业搬迁办法》，提出了搬迁与调整相结合的思路。

在上述政策背景之下，被认定为污染扰民的工业企业开始了大规模搬迁，工业用地从中心城区迁移到了郊区及周边城市。在搬迁过程中，对于原企业，企业将原厂址以协议转让、出让等方式进行转让，由受让方提供的转让费、出让金、搬迁补偿费等可全额用于新厂建设。同时，原企业可以在外迁地区获得合法置换的工业用地；对于受让方，在当年的政策鼓励下，大多数原厂址被房地产公司按照规定程序开发。鉴于当时的银行居住贷款利率低于商业贷款利率，房地产公司大多将原地块开发为居住用地，从而获得相当可观的收益。

由于国企的旧厂区占据了城市存量工业用地的主体，因此，工业企业的外迁标志着北京市国企存量用地大规模更新的开启。这一时期的更新主要以工业布局调整为主要目标，在工业用地搬迁过程中缺少对城市更新的整体性研究，造成工业用地调整为生活用地的比例过大、公共配套设施不足、缺乏历史遗迹保护等问题。

1998 年，国家土地管理局颁布《国有企业改革中划拨土地使用权管理暂行规定》，首次提出国企划拨土地的使用权应当逐步实行有偿制度，并允许“根据企业改革的不同形式和具体情况，分别采取国有土地使用权出让、国有土地租赁、国家以土地使用权作价出资（入股）和保留划拨用地方式予以处置”。这一规定的出台，标志着国家首次放开了对于国企划拨土地入市的管控，开启了国企改革的市场化路径。

总体来看，20 世纪 90 年代处于国企更新模式的打底探索期，国企存量用地更新主要以工业用地搬迁为主要类型，更新目标单一且手段有限。此时，城市更新的思想尚未在我国推行，从政府角度来看，尚未认识到工业用地调整是城市更新的重要组成部分，导致工业企业搬迁后原土地的规划用途单一，市场选择失灵，缺少政府在政策上的有效引导和资源整合，在城市空间结构和综合品质的提升方面效果欠佳。

2.2.2 转型式更新阶段（2000—2010 年）

进入 21 世纪，从 2002 年开始，国土资源部集中发布了《招标拍卖挂牌出让国有土地使用权规定》和《协议出让国有土地使用权规定》。针对地方政府与国企提前签订协议而导致的出让用地中可能存在的“寻租”行为，一系列以规范土地使用权交易、控制城镇土地开发强度为目的的长地管理政策推出，一定程度上抑制了前一时期存量用地的更新模式，同时也推动着下一阶段政策的酝酿出台。

2008 年，国务院办公厅颁布《关于加快发展服务业若干政策措施的实施意见》，首次提出将划拨工业用地利用与发展现代服务业相结合的土地管理政策，对存量土地升级改造过程中涉及的土地权属和用地性质变更问题，鼓励地方政府通过创新性政策来寻找城市存量更新的新突破口。由此，北京市国企存量用地更新开启了转型式的更新浪潮（学界普遍表述为“非正式更新”），以北京 798 艺术区、751park 为代表的一大批转型式更新案例在这一政策正式出台前几年就已开始了摸索并取得了较好的刺激更新推动效果。

总体来看，21 世纪第一个十年，由于协议更新受到抑制，存量更新模式从原先的以彻底腾退搬迁和重新规划建设为主，开始向转型式更新模式发展，即部分保留原有建筑，通过升级改造的形式，为生产型服务业、文化创意产业或高新技术产业等服务。这种从搬迁疏解向功能转型的转变，实际上体现了基于现实和政策导向下政府和国企对存量用地更新理念的提升。更新目标从单一的以疏解腾退为目的走向疏解与新发展方向相结合的形式，初步拓展了国企存量用地更新的可选手段。

2.2.3 多元化更新阶段（2010—2020 年）

进入 21 世纪第二个十年，2010 年北京的城镇化率已达到 85.96%。事实上，经过了之前十年的发展，北京的城镇化率经历了一段上升周期后，从 2010 年开始进入稳定期，但总人口在 2018 年之前仍一直处于增长态势。这就意味着，相对于人口需求来说，全市的土地资源供应愈发紧张，挖掘存量用地资源，推进存量用地更新的任务变得更加紧迫。

从 2012 年开始，国务院、国土资源部等部门推出了多条关于存量土地盘活的相关政策，试图加快闲置和城镇低效用地的更新速度。

这一时期另一个影响因素是北京房价 2009—2017 年出现大幅上涨。这一现象的出现促使市政府加强了对于楼市调控的力度。从 2011 年开始，北京市政府、市住建委等相关部门推出了关于公租房、共产房等保障性住房供应及管理政策，试图通过加快房源供应、拓展土地供应渠道等方式促进住房回归居住属性。在这一理念的驱动下，国企的存量用地被视为可以拓展土地供应渠道的方式之一，因此鼓励国企利用自有用地建设公共租赁住房、自住型商品房、棚改定向安置房的政策相继被提出，并在一定程度上得到了国企的支持和响应。

例如，2013 年 10 月北京下发的《关于加快中低价位自住型改善型商品住房建设的意见》（“京七条”）中提及“鼓励京企事业单位和相关机构在符合相关法律法规规定和规划要求的前提下，将自有用地用于自住型商品住房的开发建设”，当年北京确定了第一批市属国企自有用地建设自住型商品房项目的规划设计方案，共七个项目，由金隅集团、首农集团、京煤集团、建工集团提供基本具备实施条件的自有用地，主要位于朝阳、海淀、丰台、昌平和门头沟五区。

但总体来说，尽管政府出台各项政策支持国企存量用地采用各种多元化的更新方式，企业也有一定的更新意愿配合城市政策，但受到政策导向的影响，大多数成功更新案例都存在一定的特殊性，可复制性较低且随着政策热度一过，容易出现昙花一现的情况。

2.2.4 统筹更新阶段（2020 年至今）

2020 年 3 月，北京市国资委、发展改革委、财政局、规自委、住建委五部门联合印发《关于加强市属国企土地管理和统筹利用实施意见》（京国资发〔2020〕4 号，以下简称“4 号文”）中明确，为深入实施北京城市总体规划，坚持“企地市管”原则，北京市存量国企用地盘活利用要在落实北京城市总体规划前提下，与疏解整治促提升专项行动相结合。

为落实新版北京城市总体规划和分区规划的战略意图与刚性约束，要求国有存量用地的更新规划纳入街区控制性规划和实施计划。存量国企用地盘活要按照“四个一批”原则（留白增绿、升级改造、统筹规划、配套服务），主要用于补齐城市短板，改善民生福祉，发展高精尖产业，推动高质量发展。

同时，2021 年，北京市发布了《关于实施城市更新行动指导意见》，里面包括了市规自委发布的《关于开展老旧厂房更新改造工作的意见》，更加明确了老旧厂房的更新模式、实施方式、实施主体以及编制实施方案等内容。

在上述关于国企土地统筹利用和城市更新双重政策的支持引导之下，以金隅集团、城建集团、首农集团等为代表的市属国企开启了以行政区为单元、统筹更新自有存量用地的规划探索。

2.3 北京市国企存量用地更新模式总结

基于以上针对更新模式变迁历程的梳理，笔者汇总了现行北京市国企存量用地主要的几种更新利用方向、适用情况和典型案例，并分别从政府和企业的角度分析了选择各种方式的收益情况、政企合作模式与利益分配模式。

从土地产权主体是否变化来讲，可分为主体不变和主体变化两大类。

（1）在主体不变的情况下，国企存量用地更新主要通过非正式更新、协议出让或依据特定时期政策支持的方式实施。国企自有用地城市更新的优势在于权利人相对单一，在确定规划方向的问题上决策相对简单，但也应结合用地所在区位、企业发展机遇、资金收益等相关因素统筹考虑。总体来说，在土地产权不发生变更的情况下，更新的促成一般需要政府的引导和支持，企业通过获得一定的政府补助和相关税费减免及融资贷款等优惠，或通过与市场主体合作的方式，完成更新行动，但实际操作中，也会面临如规模增量限制、用地性质调整等实操性问题（表 1）。

（2）在主体发生变化的情况下，企业的原有土地在更新时须通过公开招标的形式进入土地二级市场，因此土地的权利主体很可能在这一阶段发生变化。这一类型的更新主要通过政府收储、一级开发或棚改模式实施，更新利用方向主要为建设保障性住房、开展棚户区改造或发展重要产业项目（表 2）。

3 新时代统筹式更新探索

3.1 统筹更新模式的提出背景

前文探讨的是关于国企存量用地中独立地块或相对独立区域的更新模式和发展历程，且以工业用地更新为主，但随着历史发展，城市更新面对的主要问题持续变化，当下正面临以下几种困难因素：

其一，在北京这样的超大特大城市，以独立工业用地为主的更新经过几十年的发展，大部分已实现重新规划利用，尚未实现更新利用的地块基本都存在一些历史遗留问题或现实困境，即所谓难啃的“硬骨头”。

其二，针对国企存量用地，除了工业用地外，目前北京还存在不少其他类型的用地。例如，部分用地的土地证性质为工业，但经过历史变迁，实际已转型为商业用途或部分居住用途，但整体经营水平和居住环境较差，存在与所在区域规划不匹配的情况。再如，部分用地的土地证性质为居住，是早年间国企为其职工建设的成片宿舍区，由于建设年代较早，大部分为简易楼，时至今日环境已相当破败，成为名副其实的棚户区。但因土地的产权主体为国企，不符合棚户区改造的条件要求，导致无法通过近年来一直在大力推行的棚改方式实现腾退和居民上楼的目标。面对上述情况，虽然企业存在更新改造诉求，但因涉及大量居民腾退安置需求，企业自身能力有限，属于“有心无力”的状态。

其三，在北京新版总体规划和分区规划批复之前，由于规划层面对于建设用地和建设规模尚未进行刚性的严格控制，所以闲置低效的工业用地或其他类型用地可以通过自我转型升级并提高容积率的方式推动实施。但随着近年来新版总规和分区规划以及街区指引的逐步深化落实，各个城区的总建设指标均已分配至街区层面。对于中心城区来说，建筑规模的增量指标捉襟见肘，尤其是单从某个街区层面来看，增量指标是非常有限的，单独用地的增量更新需求很难满足。但如果没有增量，经济账上又难以平衡。

表1 国企存量用地更新模式（土地使用权主体不变）

序号	更新利用方向	适用情况	更新方式	企业视角	政府视角	典型案例	政企合作模式	利益分配模式
1	更新为公共服务设施（如养老、托幼、社区服务设施等）	用地规模较小，区位临近居住社区	用地性质不变更，以建筑装修改造后出租的方式为主	承担国企社会责任；需尽可能降低更新改造成本，且对运营机构要求较高	利用闲置用地补足城市公服设施短板	首开寸草学知园（2017年）：利用首开集团下属单位办公楼改建装修，交由寸草春晖养老院进行实际运营管理	政府引导+企业主导+市场力量介入	项目以公益性质为主，企业的前期成本和后期收益可基本持平。政府和企业可实现共赢
2	发展文化创意产业、服务业等	用地规模较大，区位适宜	按政策要求，需变更用地性质，补缴土地价款。但企业一般会借助过渡期政策先行转型，暂不补缴土地出让金。政府对此类情况并未严格执行政策要求	为保证收益，需精准的产业定位和高水平运营团队； 5年过渡期政策结束后，企业需补缴较高的土地出让金。如未补缴，则后续如需申请改造、产权再次转移和抵押等手续均无法办理	有助于提升城市文化风貌，增加城市吸引力	龙徽1910文化创意产业园（2022年）：借助海国投力量，盘活老旧工业厂房	政府引导+原产权企业配合+国资企业助力	原产权企业和投资运营企业付出一定的更新成本，后期通过运营获得收益。政府在理论上可获取土地增值收益、同时提升城市文化、商业服务设施水平

续表

序号	更新利用方向	适用情况	更新方式	企业视角	政府视角	典型案例	政企合作模式	利益分配模式
3	发展教育科研、高新技术产业、物流产业等	区位适，且具备更新机遇	以协议出让为主，同时需补缴土地价款	5 年过渡期政策结束后，企业需补缴较高的土地出让金。但若产业发展前景良好，企业有一定的积极性	对符合城市产业定位的改造项目，政府鼓励支持	金隅智能制造工厂（2017 年）：金隅集团下属天坛家具厂改造，由金隅集团自筹改造资金	政府引导+国企主导	企业可从后期出租运营中获得利润，平衡前期投入成本。政府获得产业升级、土地出让收益及未来预期税收增益
4	危旧楼改建	需符合《关于开展危旧楼房重建试点工作的意见》（简称“178 号文”）的要求	按城市更新政策要求，更新模式以“原拆原建”为主	无收益，承担国企社会责任	解决社会民生问题，通过市区两级财政补贴方式推动项目实施	光华里 6 号楼（2022 年）：首开集团，北京市首个危旧楼改建项目	政企合作，解决民生问题	在政府层面，可消除安全隐患。在企业层面，缓解了企业内部矛盾，提升职工居住品质

表 2 国企存量用地更新模式（原土地须经招拍挂出让，土地使用权主体可能变化）

序号	更新利用方向	适用情况	企业视角	政府视角	典型案例	政企利益分配模式
1	建设自住型商品房（或共产房）	区位合适且拆迁量小	一方面承担国企责任，助力首都四个中心建设，落实北京市委、市政府“疏解整治促提升”专项行动；另一方面，国企在一级开发（部分获得二级开发权）中也能获得一定的收益	利用国企存量用地补足居住用地短板，同时获得一定的政府土地收益。部分项目可能需要根据具体拆迁情况提供安置房房源	2013 年，自住型商品房案例——朝阳区百子湾 14 号（原建工集团自有用地）； 2017 年，国企利用自有用地建设共有产权房的试点——大兴区黄村镇 DX00-0103-1304 地块 R2 二类居住用地（原首农集团自有用地）	企业提供自有用地，在授权一级开发过程中获得补偿收益。政府负责提供部分安置房源，获得土地收益，同时获得居住用地补充
2	公租房配建经营性商品房				2016 年，昌平区东小口镇中滩村（原市地质矿产勘查开发总公司自有用地）	
3	建设棚改定向安置房				2018 年，北京北汽越野车棚改定向安置房项目（潮白水悦项目）	
4	棚户区改造	拆迁量相对较大，需纳入棚改计划和范围	利用自有用地解决企业职工居住问题，同时通过资金平衡地块回收成本	国企利用自有用地和棚户区结合开发，无须占用现有安置房源；通过棚改模式解决居民安置问题，同时经营性用地上市获得一定政府收益	2015—2022 年，小屯西路棚改项目——城建集团利用自有用地实施棚改项目，也是北京市首个国企利用自有土地一次性招标的棚改项目	企业提供自有用地，在棚改过程中获得补偿收益。政府获得土地收益，同时解决棚户区环境问题
5	发展重点产业	项目区位关键，大多属于市区重点项目	原土地权利人获得一次性的补偿金，同时放弃土地未来更新收益	政府通过收储方式，先期财政支出、后期通过土地出让金实现利益还原	2023 年，石景山区新首钢国际人才社区核心区——该项目是北京市 2023 年重点工程项目，原为首钢工业厂区，拟建设适合国际高端人才宜居宜业的聚集平台和城市新生活体验中心	企业获得一次性收益，同时失去土地使用权。政府通过地块上市，实现资金平衡和整体区域规划目标

在以上多重困难因素的叠加之下，为了解决国企存量用地剩余的“硬骨头”和“有心无力”等情况的难改造地块，在政府主导下，政府和国企双方本着互利共赢的原则，提出了统筹更新的全新模式探索。

3.2 统筹式更新的定义及优势分析

当前对于统筹式更新规划存在两种理解方式。

一种是指对同一产权主体在同一行政区域内的多个地块进行统筹规划，例如北京当前正在推进的海淀区、朝阳区等行政区域内的统筹更新规划。相比于传统规划编制方式，统筹规划模式在一定程度上打破了区域限制（目前北京尚未有跨行政区域的统筹更新实践尝试，主要原因在于统筹更新的规划编制属于区级事权，不同行政区之间的沟通协调瓶颈较大），统筹地块可以零散分布在同一行政区的不同区域中。

此种模式的优势在于，一方面解决了局部地块在单个街区内更新时面临的建筑指标不足的问题，通过肥瘦搭配，将资源地块与任务地块打包，实现总体资金平衡；另一方面，区别于以往的局部更新模式，目前北京的实践项目均要求将国企剩余的全部存量用地进行无遗漏式梳理，待更新任务要通过统筹规划一次性解决，从而一揽子解决近期全部更新任务和历史遗留问题，加速城市更新实施。

另一种是指不同产权主体在同一区域内的地块进行统筹规划。这种模式目前有相关论文进行研究，如冯俊遥等（2021）提出广州市国企用地采取“统筹整备、联动改造”的路径，这里的联动改造存在两种内涵，其中之一是鼓励不同企业进行合作，形成“自主改造-政府收储”的合作模式。该路径是理想中的城市更新模式，可以突破产权单位之间的壁垒，提供规模化的城市功能空间载体。但这种模式下，不可绕开收益分配的问题，因其涉及不同产权主体，协调沟通的困难比同一产权主体更大，所以目前北京尚未开展过此类尝试。因此，本文分析的统筹更新模式重点指前一种同一产权主体在同一行政区域内的情况。

3.3 北京市当前实践项目中统筹式更新规划编制的核心特征

（1）政企合作。北京市提出的国企自有用地统筹式更新是介于“政府主导”和“政府引导”之间的一种模式。在这种模式下，政府负责整体规划方向的把控和最终审批权，但国企也有一定的自主权，可以结合企业自身发展诉求，对比选择适宜的更新模式进行组合并建议项目的实施主体、实施时序等内容。从某种意义上讲，统筹打包的更新方式，以区政府与企业合作共赢的方式推动土地更新，政府和企业双方都要付出一定的资源与成本，但同时双方也可以从中获得一定的收益。

（2）统一规划编制标准。在政府要求下，国企自有用地规划综合实施方案的编制工作需按照统一的规划模板进行编制，在规划总指标控制、三大设施保障、资金平衡方案中需参照相同的计算和补偿标准。通过统一模板的建立，以先行项目建立样板，便于带动后续类似项目实施。

（3）总体规划指标控制与分配。在总体规划指标控制方面，纳入统筹规划的地块需要满足总建筑规模不超过所在地块的街区指引规划总量上限要求，但可以在不同地块之间根据需求进行调配，具有总量控制和局部灵活的特征。

（4）三大设施优先保障。在国企自有用地更新的过程中，政府作为公共利益的维护主体，要求针对盘点梳理的机遇用地，优先保障公共利益和需求，在补足所在区域三大设施短板的基础上，再考虑满足企业自身诉求。因此，目前正在开展的统筹规划实践，均以纳入统筹地块所在街区为单位计算三大设施缺口，结合项目实际情况和街道需求进行增补，提升区域城市空间品质。

（5）压缩成本促进实施。在资金平衡方面，统筹式更新涉及项目范围广、土地取得方式多样、地上物产权情况复杂，因此需要政府和企业之间达成一致，统一土地和建筑物补偿标准，尽可能压缩成本以促进项目实施。

3.4 实践项目中面临的困境及思考

以 2020 年国资委会同多部委发布的“4 号文”为标志，北京市各区规自分局已陆续启动部分国企自有用地统筹规划综合实施方案的编制工作。但目前此类更新项目均处于规划方案探索阶段，尚无已正式获得审批且实施的案例（截至 2024 年 12 月本文撰写时，海淀区城建集团统筹规划综合实施方案已公示但尚未获得最终批复）。

将某一国企在某一行政区域内的所有存量地块一次性打包编规划，是全新的规划实践，试图一次性解决全部历史问题和待更新用地规划，提高规划编制效率，节约时间成本。然而大多数国企存量用地涉及地块众多、分布零散，且部分地块历史情况复杂，在规划过程中面对的不确定性和区企之间的利益平衡的博弈都是主要困难之所在。所以，事实上编制这类统筹规划的时间周期比普通项目更长，过程中的协调和沟通困难更大。

因此，笔者结合自身项目实践，提出两点针对此类统筹项目的注意事项：

一是，此类项目需要政府和规划部门对于最后的实施效果与总体实施难度进行整体把控及提前预判。尤其在实施层面，建议通过肥瘦搭配、先供先摊等方式，平衡公共利益和实施成本，避免项目在分期实施过程中国企只实施一期项目，剩余项目夭折，演变为少数地块的独立项目，丧失了统筹规划的最初意义。

二是，建议各区政府通过试点项目的探索，优化和统一利益分配模式，为后续类似项目提供可借鉴的经验，缩短规划编制时间，提高更新效率。

总体来说，规划统筹的过程即政府与国企利益分配的过程，需要双方积极配合，以共赢为导向，落实上位要求，寻求相互的利益平衡点。

参考文献

[1] 陈军. 北京工业发展30年: 搬迁、调整、更新[J]. 北京规划建设, 2009(1): 49-52.

[2] 陈向玲, 陈绍增, 黄敏. 存量土地盘活利用机制研究——基于北京市属国有企业土地利用的分析思考[J]. 中国房地产估价与经纪, 2015(4): 67-71.

[3] 陈易. 转型期中国城市更新的空间治理研究: 机制与模式[D]. 南京: 南京大学, 2016.

[4] 戴小平, 许良华, 汤子雄, 等. 政府统筹、连片开发——深圳市片区统筹城市更新规划探索与思路创新[J]. 城市规划, 2021, 45(9): 62-69.

[5] 邓堪强, 胡珊, 刘晓妮. 广州市属国有企业旧厂更新中的开发权转移机制研究[J]. 规划师, 2020, 36(15): 73-78.

[6] 冯俊遥, 黎玉玲, 郑焓. 存量时代下的国企用地整备路径研究——以广州市为例[C]//中国城市规划学会, 成都市人民政府. 面向高质量发展的空间治理——2020中国城市规划年会论文集(02城市更新). 北京: 中国建筑工业出版社, 2021: 154-164.

[7] 李晋轩, 曾鹏. 改革开放后存量工业用地更新相关政策的演进——以天津市为例[C]//面向高质量发展的空间治理——2020中国城市规划年会论文集(02城市更新), 北京: 中国建筑工业出版社, 2021: 343-357.

[8] 梁颖, 曾鹏. 北京存量工业用地更新的增值收益分配机制演进[J]. 城市规划学刊, 2023(1): 67-71.

[9] 潘晓栋, 尹俊, 顾姝, 等. 产权制度视角下上海存量工业用地更新的机制演进——以静安区为例[J]. 城市规划学刊, 2022(S2): 174-178.

[10] 沈昊婧, 王金燕, 陈春. 城市存量工业用地更新中利益主体协同策略研究[J]. 现代管理科学, 2022(2): 42-49.

[11] 谭杪萌, 杨安琪. 北京旧城工业用地变迁65年初探(1949—2014)[C]//中国城市规划学会, 沈阳市人民政府. 规划60年: 成就与挑战——2016中国城市规划年会论文集(03城市规划历史与理论), 2016: 314-325.

[12] 唐婧娴. 城市更新治理模式政策利弊及原因分析——基于广州、深圳、佛山三地城市更新制度的比较[J]. 规划师, 2016, 32(5): 47-53.

[13] 唐燕, 唐婧娴, 杨东. 老旧工业用地更新——制度困境与变革创新[J]. 城市环境设计, 2016(4): 390-395.

[14] 唐燕, 殷小勇, 刘思璐. 我国城市更新制度供给与动力再造[J]. 城市与区域规划研究, 2022, 14(1): 1-9.

[15] 王达峰. 创新推动国有资产深入转型——探索上海国有企业存量房地资产盘活更新[J]. 上海房地, 2022(10): 6-10.

[16] 曾鹏, 李晋轩. 存量工业用地更新的政策作用机制与优化路径研究[J]. 现代城市研究, 2020(7): 67-74.

[17] 曾鹏, 李晋轩. 城市更新的价值重构与路径选择[J]. 城市与区域规划研究, 2022, 14(1): 35-45.

[18] 祝颖盈, 马文晶. 城镇存量建设用地的识别与更新研究——以浮梁县为例[J]. 城市与区域规划研究, 2022, 14(1): 46-60.

[欢迎引用]

齐轶昳, 谢骞. 北京市国企存量用地更新历程与模式梳理及统筹更新探索[J]. 城市与区域规划研究, 2024, 17(1): 196-207.

QI Y Y, XIE Q. Analysis of the history and mode of stock land renewal of state-owned enterprises in Beijing and exploration on the integrated renewal model[J]. Journal of Urban and Regional Planning, 2024, 17(1): 196-207.

邻里环境对超重和肥胖的影响研究综述

曾祥鸣　盛明洁

A Review of Research on the Impact of Neighborhood Environment on the Risk of Overweight and Obesity

ZENG Xiangming, SHENG Mingjie
(School of Architecture, Tianjin University, Tianjin 300072, China)

Abstract This paper systematically reviews the latest empirical studies on the impact of neighborhood environment on the risk of overweight and obesity in recent years at home and abroad. The results show that high-level resources of neighborhood physical activity will help to promote physical activity, reduce psychological stress and sleep disorders, and thus reduce the risk of overweight and obesity. Neighborhood walkability and food store distribution can affect the risk of overweight and obesity through such aspects as physical activity, eating habits and psychological stress. Neighborhood socio-economic environment influences physical activity, dietary behavior, health awareness, sleep and stress, which may in turn contribute to the risk of overweight and obesity. Other neighborhood environmental factors, such as traffic noise, air pollution, and the distribution of public transportation stations, can influence residents' weight mainly through physical activity, sleep, and stress. Future studies should focus on the "threshold effect" of different built environments and differentiated impact mechanisms under different socio-economic situations, pay attention to the needs of vulnerable groups, and analyze the complex interweaving effects of multiple types of neighborhood environmental factors.

Keywords overweight and obesity; neighborhood environment; influence mechanism; review

作者简介
曾祥鸣、盛明洁（通讯作者），天津大学建筑学院。

摘　要　文章系统梳理了国内外邻里环境对超重和肥胖风险影响的最新实证研究，发现：高水平的邻里体力活动资源将促进体力活动，减少心理压力和睡眠障碍，进而降低超重和肥胖风险；邻里可步行性和食品商店分布可通过体力活动、饮食行为和心理压力，影响超重和肥胖风险；邻里社会-经济环境将影响体力活动、饮食行为、健康意识、睡眠和压力，进而影响超重和肥胖风险；邻里交通噪声、空气污染和公共交通站点分布主要通过体力活动、睡眠和压力影响超重和肥胖风险。未来研究应关注不同建成环境的"阈值作用"、不同社会经济情境的差异化影响，重视弱势群体需求，解析多类邻里环境要素的交织作用。

关键词　超重和肥胖；邻里环境；影响机制；综述

1　引言

超重和肥胖（overweight and obesity）指"可损害健康的异常或过量脂肪累积"，可诱发高血压、糖尿病等一系列慢性疾病，被世界卫生组织列为导致死亡的第五大风险因素。[①]1975—2016 年，全球成年人超重和肥胖率由 24.5% 跃升至 52.3%。[②]伴随着中国快速城镇化，居民正由营养不足、体力密集型生活方式转向高油高脂饮食和久坐型生活方式（Gong *et al.*，2012），致使超重和肥胖率快速上升。2014 年中国成年人肥胖总数已超过美国，位居世界首位（Cesare *et al.*，2016）；2020 年中国成年人超重和肥胖率已超过 50%，正式步入"肥胖时代"。[③]

超重和肥胖的产生是体内能量摄取与消耗异常的结果（骆文锦等，2019）。虽然许多超重和肥胖的成因可以通过个体基因解释，然而基因库中基因频率的定向改变通常是渐进的（何志琴，2003），不足以解释近年来超重和肥胖的快速流行。许多研究提出，近一个世纪环境的巨变，通过改变个体的行为习惯，导致了超重和肥胖的高水平流行（孙斌栋等，2016）。2000 年世界卫生组织发布《肥胖：预防和管理全球流行病》，明确指出导致近年来超重和肥胖率快速增长的主要原因是环境变化（World Health Organization，2000）。因此，需特别关注环境因素对超重和肥胖的影响。

关注环境影响超重和肥胖的研究多采用社会生态模型，认为个体行为受到生物学和环境要素的共同作用并作用于机体能量收支，最终影响个体体重（盛明洁等，2022）。社会生态模型突破了以往聚焦个体因素的局限，转而关注人与多层次环境因素的交互作用。相关实证研究逐渐揭示出建成环境（Economos *et al.*，2013）、社会经济环境（Cummins *et al.*，2005）、生态环境（Zhang *et al.*，2010）、政治制度（Díez *et al.*，2018）、文化环境（Swinburn *et al.*，1999）等对超重和肥胖的影响。在不同尺度的城市环境中，邻里作为个体基本日常生活场所，对居民生活具有重要影响，对居民健康的影响已得到广泛验证（苏玲玲、周素红，2021；张舒怡等，2019），提供良好的邻里环境也是控制超重和肥胖流行的关键（杨文越、甄新瑜，2022）。

国内外研究中对于“邻里”尚无统一定义。邻里通常指居住的基本单位，以个体间的面对面交往为基础而形成（许学强等，1996）。当前针对邻里环境影响超重和肥胖的一部分实证研究以居住地所在街区及普查区（Paulitsch and Dumith，2021）或 200—500 米（Daniels *et al.*，2021；Ghenadenik *et al.*，2018；Walker *et al.*，2020；Zhou *et al.*，2021）、500—800 米（Gao *et al.*，2022；He *et al.*，2022；Zhang *et al.*，2019）、800 米及以上（Koohsari *et al.*，2019；Nichani *et al.*，2021）半径的缓冲区为范围开展，另一部分则主要以这些区域的几何中心或调查对象居住地为中心，基于 5—10 分钟（Polsky *et al.*，2016）、10 分钟及以上（Mason *et al.*，2020）等出行时间确定的街道网络覆盖区域开展研究。据此，本文参考以上实证研究采用的邻里空间范围，系统梳理了国内外各类邻里环境影响超重和肥胖风险的实证研究并就未来研究的重点进行讨论，以期为我国相关研究提供借鉴，为健康城市规划策略提供支撑。

2 数据来源与研究热点

2.1 文献筛选与发文数量

本文参考 PRISMA 原则展开系统综述，主要基于科学引文索引（Web of Science）和中国知网数据库检索。截至 2023 年 4 月，通过在 Web of Science 检索（检索式：TS=((obesity OR overweight) AND (urban OR city OR cities OR neighborhood OR neighbourhood OR (built AND environment)))），排除专

利、信函等类别，筛选保留得到“论文类”文献29 115篇，默认检索结果按相关度排序，考虑工作量可行性，对相关度前10%的文献进行审计，经文献排除、排除文献的重阅选回、文献内容评估，纳入针对或包含了系统探析邻里环境影响超重或肥胖主题的实证研究，最终确定325篇外文文献。同期在中国知网检索（关键词：超重和肥胖、城市/邻里/社区/建成环境），限定高水平刊物（SCI、EI、北大核心、CSSCI、CSCD、AMI），采用前述工作流程得到33篇中文文献。在本轮检索中，已排除数据库中的重复文献，外文文献占95.98%。

近20年来，邻里环境与超重和肥胖的相关研究呈现出快速增长趋势，主要集中于欧美国家，我国研究起步较晚，成果数量较少（图1、图2）。

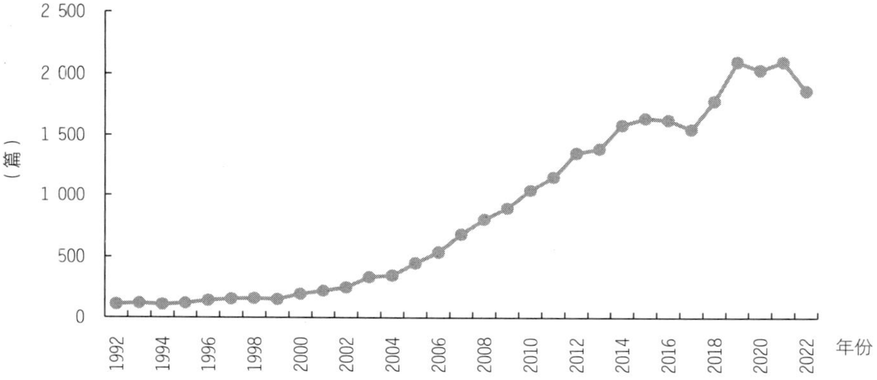

图1 国外邻里环境与超重和肥胖相关研究年度发文量

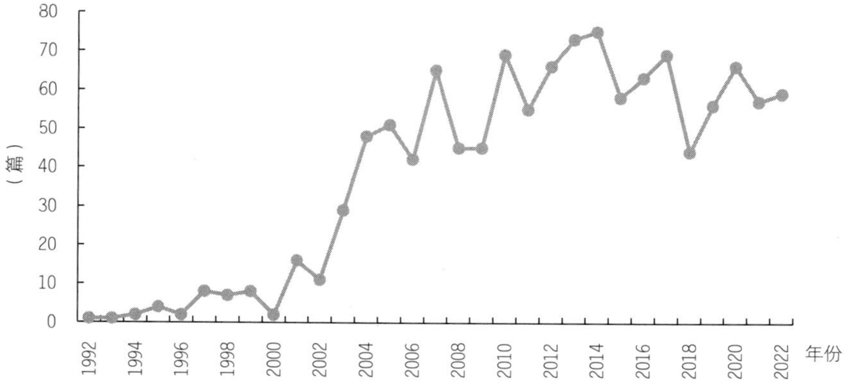

图2 国内邻里环境与超重和肥胖相关研究年度发文量

2.2 研究热点

使用 CiteSpace 和中国知网可视化分析工具进行共词分析，得到国外研究热点主要包括：BMI[④]、体力活动、建成环境、健康、超重和肥胖（图 3）；国内研究热点主要包括：肥胖、超重、影响因素、肥胖症、体重指数、患病率、青少年等（图 4）。可以看出：国内研究较多关注超重和肥胖结果，较少对环境要素开展细致的分类研究——这与国内研究多集中于公共卫生和流行病学学科相关。相较之下，国外学界已针对影响超重和肥胖的具体行为展开了不同环境要素研究——以体力活动为例，分别就土地利用、形态、城市蔓延等细分环境指标进行了实证研究。同时，国外研究已经纳入社会经济指标，关注到超重和肥胖的不平等问题。

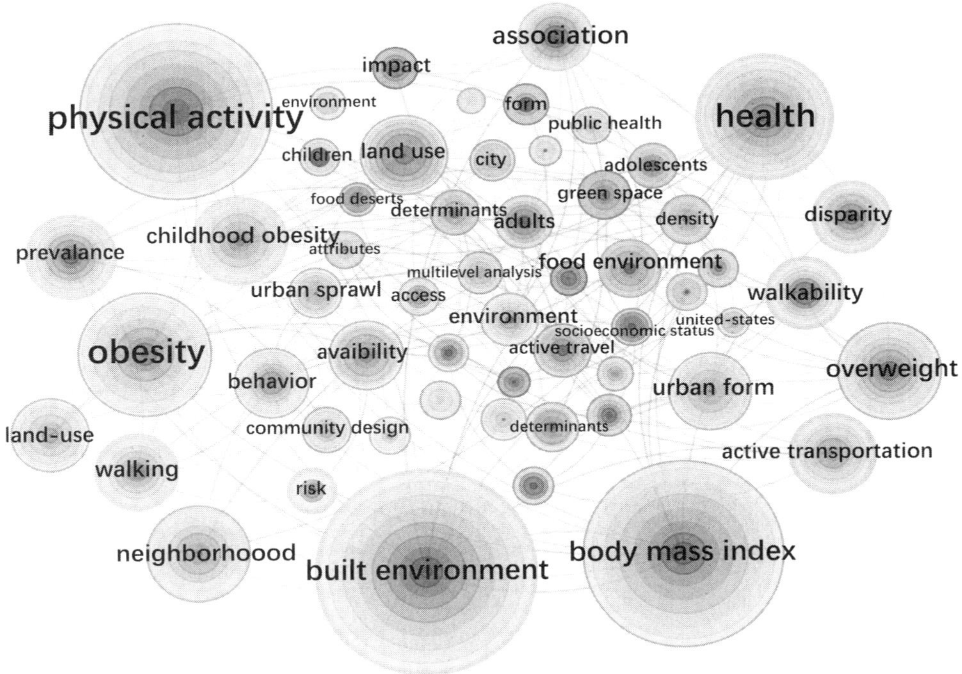

图 3　国外研究关键词共现图谱

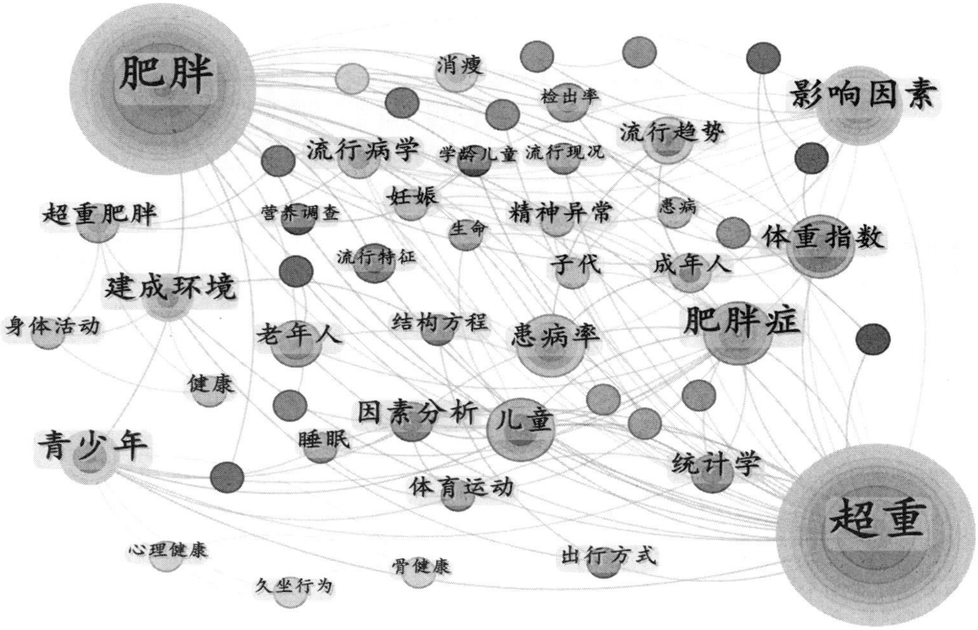

图4 国内研究关键词共现图谱

通过对国内外文献的系统梳理，本文总结出邻里层次的环境要素对超重和肥胖的影响机制。

3 邻里体力活动资源分布的影响

邻里体力活动设施的密度越高、可达性越高，则居民从事休闲型体力活动的概率越大，越有利于降低超重和肥胖风险。密度和可达性方面，肖等基于上海的研究发现，邻里健身房的高密度、高可达性可极大增加老年人休闲性体力活动的时间，从而降低 BMI（Xiao *et al.*，2022）。高璐璐等对中国居民研究指出，由于邻里健身设施为居民提供体力活动机会，增加健身设施的密度可显著降低超重和肥胖风险（高璐璐等，2020）。亦有研究指出体力活动设施的影响受其他环境因素影响。梅森等基于英国的研究发现，体力活动设施对体重的“保护程度”因邻里环境而不同——居住在邻里绿地较少的居民，体力活动设施的存在对于降低 BMI 的效果更显著；而居住地周边有更多外卖店的居民，体力活动设施的效果减弱，可能是由于过多消费外卖而导致体重增加（Mason *et al.*，2020）。此外，体力活动设施的存在并不意味着实际使用，例如当管理水平低下时，对居民的吸引力明显降低，就达不到对超重和肥胖的预防作用（Choi and Yoon，2020）。

邻里蓝绿空间面积越大、可达性越高，则居民越倾向于在其中进行休闲性体力活动（王世福等，

2018），越有利于降低超重和肥胖风险。莫利纳-加西亚等对西班牙儿童研究发现，在居住地 250 米和 500 米缓冲区内，公园面积与 BMI 均呈显著负相关性（Molina-García *et al.*，2021）。除面积和可达性因素外，植被类型、绿化水平等因素对超重和肥胖风险也存在显著影响。肖等基于中国成年人的研究指出，相较草坪等植被，行道树的存在对邻里绿化降低超重和肥胖风险的贡献更大，由于空气污染的减少，可鼓励居民更多参与体力活动（Xiao *et al.*，2021）。阿尔梅达等基于巴西的研究指出，邻里树木覆盖可为居民提供遮荫、降低温度、减少空气污染，高水平邻里绿化可减少噪声、增加邻里社会凝聚力、鼓励休闲性体力活动并预防睡眠障碍、降低心理压力，有利于降低肥胖风险（Almeida *et al.*，2021）。丹尼尔斯等对美国少年儿童研究发现，邻里绿化的增加与 BMI 降低有关，可能由于降低温度和净化空气鼓励了休闲性体力活动（Daniels *et al.*，2021）。此外，邻里绿化形式也可影响居民体重健康。杨文越和甄新瑜基于广州的研究指出，新建邻里花园、楼间及街道绿地等可促进体力活动，进而降低居民肥胖风险，不同形式绿化对 BMI 降低的影响程度不同（杨文越、甄新瑜，2022）。

邻里开放空间和游戏场地的密度越高、可达性越高，则居民超重和肥胖风险越低，对未成年人的影响尤为显著，休闲性体力活动、心理压力在其中具有中介作用。舒勒等基于德国的研究指出，由于缺少邻里游戏场地而产生的心理压力可能增加超重风险（Schüle *et al.*，2016）。密度和可达性方面，阿尔珀纳尔对土耳其青少年研究指出，更多邻里开放空间通过增加休闲性体力活动时间，进而降低青少年 BMI（Akpınar，2019）。莫利纳-加西亚等对西班牙儿童研究指出，游戏场地良好的可达性可通过鼓励体力活动降低居民 BMI（Molina-García *et al.*，2021）。当然，亦有研究发现居住地邻近足球场等开放空间的居民 BMI 反而较高，可能一方面由于该类开放空间的特殊性，居民到访主要为观看比赛等久坐行为而非直接进行体力活动；另一方面可能由于肥胖居民更倾向于进入开放空间进行体力活动，从而影响结论（Rossi *et al.*，2018）。

4 邻里可步行性与食品商店分布的影响

邻里可步行性[5]与食品商店分布[6]对居民超重和肥胖风险均存在显著影响，其影响机制体现出一定的共性，主要通过体力活动、心理压力、饮食行为等中介机制实现。

体力活动是邻里可步行性和食品商店分布影响超重和肥胖风险的主要中介因素之一。关于邻里可步行性的影响：人口密度方面，高密度意味着有更多高可达性目的地，则居民将倾向于非机动化出行，进而降低超重和肥胖风险。库赫萨里等对日本老年居民研究指出，高邻里人口密度可降低居民 BMI，高水平体力活动在 800 米（12.0%）和 1 600 米（11.7%）缓冲区内均存在中介作用（Koohsari *et al.*，2019）。姚夏劼等基于上海远郊的研究指出，增加中低密度邻里的人口密度可鼓励城镇居民非机动化出行，进而降低超重和肥胖风险（姚夏劼等，2022）。然而，孙等基于西安的研究发现，邻里人口密度增加意味着更大的邻里交通量、更便捷的外卖服务，反而将减少交通性体力活动，增加居民 BMI（Sun *et al.*，2020），孙斌栋、尹春（2018）基于上海的研究得出了相似的结论。街道网络特征方面，科克伦等基于10个国家的研究指出，密集的交叉口提供了到访目的地的更直接路线，有利于鼓励步行，降低男性超重和肥胖风险（Cochrane *et al.*，2019）。杨文越和甄新瑜基于广州的研究指出，增加街道连通性和交叉口密度有利于鼓励居民非机动化通勤，从而降低肥胖风险（杨文越、甄新瑜，2022）。土地利用混合度方面，一般认为高土地利用混合度的邻里可通过增加非机动化出行，降低超重和肥胖风险。张等基于美国的研究指出，高邻里土地利用混合度可通过增加步行频率降低肥胖风险（Zhang *et al.*，2019）。孙等基于上海的研究发现，邻里混合用地增加可增加潜在目的地数量和可达性，通过鼓励非机动化出行降低超重风险（Sun *et al.*，2022）。步行线路特征方面，步行友好的街道设计和街道空间吸引力等良好的步行线路特征可增加交通性与休闲性体力活动，降低超重和肥胖风险。格纳迪尼克等对加拿大儿童研究指出，宽阔的人行道、人行横道信号灯的存在可通过鼓励步行进而降低BMI（Ghenadenik *et al.*，2018）。同时，关于邻里食品商店分布的影响：各类食品商店密集分布可通过鼓励非机动化出行，降低超重和肥胖风险。周等对湛江儿童的研究指出，廉价不健康食品商店更常分布在交叉口密集的邻里小路上，可鼓励儿童交通性体力活动（Zhou *et al.*，2021）。肖等基于上海的研究发现，邻里快餐店高可达性通过增加老年人体力活动的持续时间，进而降低BMI（Xiao *et al.*，2022）。亦有研究指出食品商店作为社交场所，可通过增加久坐行为而增加居民体重。赵玉花等对温州老年居民研究发现，老年人倾向于在居住地附近的便利店购买预制食品，并进行久坐式交流，增加能量摄入的同时减少体力活动能耗，从而增加超重和肥胖风险（赵玉花等，2023）。

心理压力对居民体重健康的影响也得到了广泛证实。街道网络特征方面，张等对美国墨西哥裔成年居民的研究指出，高街道连通性将增加BMI，可能是由于缺少安全的人行道，加之较低邻里社会经济水平和高犯罪率，居民感到不安全，由此减少非机动化出行（Zhang *et al.*，2019）。步行线路特征方面，高等基于上海的研究指出，邻里街道天空景观指数较高有利于降低女性BMI，可能由于空间宽阔的特征有利于缓解女性的心理压力（Gao *et al.*，2022）。何等基于武汉的研究发现，绿道减少体重的机制对各性别人群不同——男性通过休闲性体力活动降低BMI，女性则通过与具有吸引力的自然特征互动缓解心理压力而降低BMI（He *et al.*，2022）。

此外，饮食行为亦是影响超重和肥胖风险的重要中介因素。健康食品商店方面，保利奇和迪迈特基于巴西的研究发现，居住地邻近全服务餐厅有利于降低超重和肥胖风险，居住地邻近水果店的居民超重风险较低，邻近便利店将增加超重和肥胖风险（Paulitsch and Dumith，2021）。孙等基于上海的研究指出，超市为居民提供了蔬果等健康食品，减少邻里超市可增加超重风险（Sun *et al.*，2022）。亦有基于美国的研究发现更多全服务餐厅和超市等食品商店可增加超重和肥胖风险，一方面由于全服务餐厅的菜单包含部分高能量食品选择，另一方面超市提供的不健康食品更廉价，从而鼓励居民购买，导致能量摄入增加（Epstein *et al.*，2012；Walker *et al.*，2020）。不健康食品商店方面，波利斯基等基于加拿大的研究发现，由于同业集聚竞争降低食品价格、增加不健康食品摄入，邻里快餐店比例与居民超重风险显著正相关（Polsky *et al.*，2016）。亦有研究指出快餐店较多反而可降低居民BMI，主要由于频繁往返增加交通性体力活动能耗，同时部分快餐店转向提供健康食品，可减少能量摄入（Walker *et al.*，2020；Xiao *et al.*，2022）。同时，饮食行为在邻里可步行性维度同样存在显著影响。土地利用混合度方面，尼恰尼等基于加拿大的研究发现，更多邻里商业目的地可通过提供健康饮食和体力活动机会，进而降低超重风险（Nichani *et al.*，2021）。然而，赵玉花等对温州老年居民的研究发现，土地利用多样化会缩减步行时间，加之便捷的公共服务设施意味着更易获取不健康食品，将导致老年人体重增加（赵玉花等，2023）。街道网络特征方面，安扎-拉米雷斯等对拉丁美洲等发展中国家的研究指出，邻里交叉口密度更高的居民 BMI 更高，可能是由于该类邻里存在更多不健康食品商店（Anza-Ramirez *et al.*，2022）。

5 邻里社会-经济环境的影响

邻里社会凝聚力可通过影响居民心理压力，直接影响超重和肥胖风险；或影响居民健康意识，通过体力活动、饮食和就医等行为，间接影响超重和肥胖风险。伯德特和黑尔基于美国的研究指出，对邻里的负面态度将增加居民心理压力而导致肥胖，一方面通过激素水平的改变直接影响，另一方面通过暴饮暴食间接影响（Burdette and Hill，2008）。麦克蒂克等对美国女孩研究发现，相较白人女孩，有乐于助人邻居的非裔女孩 BMI 年增长更低，揭示出社会凝聚力对不同族裔群体的影响不同（McTigue *et al.*，2015）。赵玉花等对温州老年居民研究指出，老年人通过获取邻里传播的就医预防、健康饮食和运动策略等知识，可间接降低中心型肥胖风险（赵玉花等，2023）。

邻里安全主要包括邻里交通安全、犯罪和安全感等。邻里交通安全感低（例如居住地邻近主要交通、交通流量大、交通事故多等）将直接增加居民心理压力，或间接减少非机动化出行，增加超重和肥胖风险。德·布尔代奥德胡伊等基于 12 个国家的研究发现，降低交通速度和交通量，可增加体力活动从而降低 BMI（De Bourdeaudhuij *et al.*，2015）。舒勒等基于德国的研究指出，由于卡车路过频率高、交通拥堵和居住地邻近主干道而产生的心理压力可能增加超重风险（Schüle *et al.*，2016）。何晓龙等对澳门学龄儿童的研究指出，居住地周边交通安全性高将鼓励休闲性体力活动，进而降低女童超重和肥胖风险（何晓龙等，2016）。博特拉等对澳大利亚儿童的研究发现，邻里交通流量大将通过减少休闲性体力活动，进而增加儿童体重（Putra *et al.*，2022）。邻里犯罪和由此导致的不安全感将引发心理压力和睡眠障碍，一方面直接导致体重增加，另一方面通过减少户外体力活动，间接增加超重和肥胖风险。布朗等基于美国的研究发现，因邻里犯罪率高而产生的不安全感将通过阻碍交通性和休闲性体力活动，进而增加肥胖风险（Brown *et al.*，2014）。多尔卡莫等对葡萄牙儿童的研究指出，邻里不安全而增加学龄儿童的看电视时间可导致 BMI 增加（Do Carmo *et al.*，2020）。丹尼斯等对美国少年儿童的研究发现，高犯罪率邻里的儿童可能会因遭受心理创伤，导致睡眠障碍和其他压力相关症状，从而增加 BMI（Daniels *et al.*，2021）。

邻里社会经济水平一方面通过影响邻里体力活动资源、可步行性以及食品商店分布等建成环境因素，作用于体力活动和饮食行为，进而影响居民体重。穆罕默德基于美国的研究发现，低社会经济水平邻里体力活动资源缺乏维护、可步行性下降，出现公共活动空间脏乱、人行道破坏等情况，将阻碍居民步行意愿，增加超重和肥胖风险（Mohamed，2018）。陈等基于美国的研究指出，较高 BMI 更可能聚集于社会经济弱势和少数族裔邻里，可能是由于存在更高比例的不健康食品商店，增加了居民能量摄入（Chen *et al.*，2019）。另一方面，低邻里社会经济水平可导致负面的邻里名声，使得居民心理压力增加，进而增加超重和肥胖风险。贝里等基于加拿大的研究指出，低收入邻里居民 BMI 较高，可能是由于邻里安全性问题突出、犯罪率高、吸引力低等，这些现象将增加居民心理压力（Berry *et al.*，2010）。此外，高社会经济水平邻里通常居民健康意识较强。例如，朗德尔等基于美国的研究发现，高收入邻里易使其居民（特别是女性）对超重和肥胖产生耻辱感，通过选择健康饮食和体力活动而降低 BMI；高学历水平的邻里更易使其居民了解超重和肥胖风险、选择健康食品并花费更多闲暇时间用于体力活动，有利于降低 BMI（Rundle *et al.*，2008）。

6　其他邻里环境因素的影响

交通噪声可通过增加压力荷尔蒙和睡眠剥夺，空气污染可通过改变机体代谢或减少体力活动，直接或间接增加超重和肥胖风险。伯德特和黑尔基于美国的研究指出，邻里环境嘈杂将通过增加居民心理压力，进而导致肥胖（Burdette and Hill，2008）。德邦特等对西班牙儿童的研究指出，邻里交通噪声可导致压力荷尔蒙与睡眠剥夺，从而直接增加超重和肥胖风险（De Bont *et al.*，2021）。黄等基于辽宁省的研究发现，由于邻里绿化减少空气污染使机体代谢改变，可部分解释肥胖风险的降低（Huang *et al.*，2020）。李等基于美国的研究指出，糟糕的邻里空气质量与居民非机动化出行意愿减少相关，进而导致更高的肥胖风险（Li *et al.*，2022）。

公共交通站点分布将影响居民交通性体力活动，进而影响超重和肥胖风险，但可能存在阈值。姚夏劼等基于上海远郊的研究指出，公交站可达性低，居民则更多采用机动化出行方式，将增加超重风险（姚夏劼等，2022）。但同时，孙斌栋等基于中国多省的研究发现，适当远离公交站可能增加步行意愿，对降低超重风险存在一定的正向作用（孙斌栋等，2016）。类似地，科克伦等基于 10 个国家的研究指出，居住地适当远离公交站可通过增加往返交通性体力活动能耗，降低女性超重和肥胖风险；而密集的公交站有利于通过鼓励非机动化出行减少男性体重（Cochrane *et al.*，2019）。此外，对美国青少年的研究发现，密集的邻里公交站将增加 BMI，可能由于公共交通站点的高犯罪率使白人感到不安全，因而减少乘坐公交并转向机动化出行（Duncan *et al.*，2012）。

7　总结与讨论

通过对国内外文献的系统梳理，本文总结出邻里层次的环境要素主要通过影响个体的交通性/休闲性体力活动、饮食行为、健康意识、心理压力和睡眠障碍等，进而影响机体能量平衡和激素水平⑦，从而对超重和肥胖风险产生影响（图 5）。其中，高水平的邻里体力活动资源将促进体力活动，减少心理压力和睡眠障碍，进而降低超重和肥胖风险；邻里可步行性和食品商店分布可通过体力活动、饮食行为与心理压力，影响超重和肥胖风险；邻里社会-经济环境将对体力活动、饮食行为、健康意识、睡眠和压力等产生影响，进而影响超重和肥胖风险；其他邻里环境因素主要通过体力活动、睡眠和压力影响居民体重。

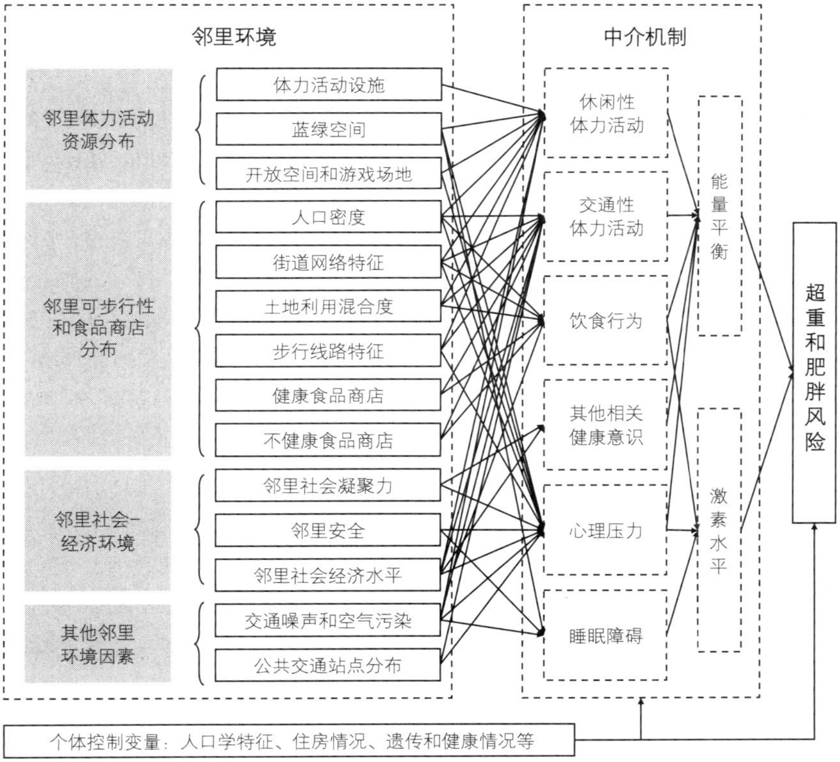

图 5　邻里环境影响超重和肥胖的机制

值得注意的是：第一，邻里可步行性等环境影响要素对超重和肥胖同时存在正、负影响，并且存在作用阈值。孙斌栋等基于中国多省的研究发现，增加邻里人口密度虽可增加非机动化出行，但仍将增加超重风险——这主要由于高密度背景下，进一步增加密度对出行模式的改变是有限的，反而会因目的地距离缩短而减少交通性体力活动能耗；同时，高密度邻里带来的心理压力、大量餐饮店也将增加超重风险（孙斌栋等，2016）。萨尔卡等基于英国的研究指出，邻里户密度小于阈值（n=1 800 户/平方千米）时，密度与 BMI 呈正相关，大于阈值时则呈负相关。对此的解释为密度小于阈值时多为蔓延的郊区邻里，居民通常在私人户外花园中运动，增加密度将减少休闲性体力活动；而密度大于阈值对应着紧凑的城市中心邻里，高密度将增加交通性体力活动（Sarkar *et al.*，2017）。既有研究揭示中国城市中心区的密度显著高于西方城市，过于便捷的服务设施、丰富的餐饮选择和更易获取的外卖服务，将导致居民步行能耗减少、不健康食品摄取增加，超重和肥胖风险增加（Sun *et al.*，2020）。邻里业态、交通方式等建成环境因素及其导致的个体心理行为等存在着明显差异，尚无关于阈值作用的一致性结论。第二，在不同社会经济情境下，邻里环境对超重和肥胖存在差异化作用路径。一方面，邻里环境要素对超重和肥胖的影响受社会经济环境的调节。例如，密集连通的邻里街道主要通过鼓励非机动化出行降低居民体重，但在低收入和少数族裔邻里，还可增加邻里犯罪（Zhang *et al.*，2019）和不健康食品商店数量（Chen *et al.*，2019），导致超重和肥胖。另一方面，部分环境要素仅在特定邻里中具有显著影响。例如，犯罪频发导致的体力活动减少（Do Carmo *et al.*，2020）、心理压力增加（Daniels *et al.*，2021）等多见于低社会经济水平邻里和少数族裔邻里。第三，邻里环境对老年人、女性、少数族裔等群体超重和肥胖影响的差异性，需给以特别关注。例如，邻里体力活动资源以及邻里安全，对未成年人影响尤为显著（Putra *et al.*，2022），老年人（Koohsari *et al.*，2019）、弱势群体（McTigue *et al.*，2015）对邻里环境的影响较为敏感（Xiao *et al.*，2022）；由于不健康食品价格相对低廉、具有较强可负担性，更易增加低社会经济水平居民的超重和肥胖风险（盛明洁等，2022）；邻里安全对女性的心理压力影响较大（何晓龙等，2016），其对空间宽阔、步行安全等安全感受更加敏感（Gao *et al.*，2022），更加倾向于通过与自然的多样化互动以减少心理压力（He *et al.*，2022），女性也通常更易受到邻里社会环境的影响、因超重和肥胖而产生羞耻感（Rundle *et al.*，2008）。第四，多类邻里环境要素对居民超重和肥胖风险存在复杂交织作用。例如，城市中心高人口密度（Sun *et al.*，2020）、高土地利用混合度（赵玉花等，2023）和密集连通的街道网络（Anza-Ramirez *et al.*，2022）有利于鼓励体力活动，理应降低居民体重，但由于存在更密集的廉价不健康食品商店并鼓励居民外出就餐，较高能量摄入将抵消交通性体力活动能耗，反而不利于控制超重和肥胖；与此同时，人口密度高、交叉口密集的邻里往往与高犯罪率相关联（Zhang *et al.*，2019），由此产生的心理压力和更少非机动化出行均可增加体重。由于各环境要素的共同作用，邻里环境对超重和肥胖风险的最终影响呈现不确定性（Mason *et al.*，2020），特定类型的邻里是否有利于控制超重和肥胖无法一概而论。

我国正处于城市环境急剧变化、超重和肥胖高水平流行的阶段。系统分析邻里环境对超重和肥胖的影响，有利于做出具有预见性的城市干预决策。面向超重和肥胖控制目标，在城市规划设计中，建议分别针对邻里体力活动资源分布、邻里可步行性和食品商店分布、邻里社会-经济环境、其他邻里环境因素等环境维度中的特定邻里环境要素，根据其对超重和肥胖的潜在影响，开展邻里体重健康风险综合评估，从而识别邻里类型，确定各类邻里环境要素的优化重点与方向，并基于邻里单元编制健康城市行动方案，有序推进邻里环境的优化提升。

致谢

本文的研究工作得到天津大学科技创新领军人才培育“攀登计划”项目的资助，研究各个阶段得到多位专家学者的建议，期刊编辑与匿名评阅人在评审中也提出多条意见，恕不一一列出，在此一并表示感谢。

注释

① 详情可参见世界卫生组织官网（https://www.who.int/topics/obesity/zh/）。

② RITCHIE H, ROSER M. Obesity. Our world in data[EB/OL]. (2017)[2023-07-22]. https://ourworldindata.org/obesity#citation.

③ 详情可参见《中国居民营养与慢性病状况报告（2020 年）》。

④ 身体质量指数（body mass index，BMI），国际上常用以判定超重和肥胖，计算方式为：BMI=体重(kg)/身高(m)^2（单位：kg/m^2）。根据世界卫生组织（2002），亚洲成年人 BMI 在 25—30 为超重，≥30 为肥胖。

⑤ 可步行性指出发地和目的地之间的空间邻近性及两点间步行的便捷性和舒适性，实证研究主要基于“5Ds”理论，即密度（density）、土地利用多样性（land-use diversity）、步行友好设计（pedestrian-friendly design）、距离（distance to transit）、目的地可达性（destination accessibility），考察人口密度、街道网络特征、土地利用混合度、步行线路特征等可步行性特征对超重和肥胖的影响。

⑥ 食品商店分布对超重和肥胖影响的研究起源于美国等西方发达国家，实证研究多将食品商店分为两类：能提供可负担新鲜蔬果等健康食品的“健康食品商店”，例如全服务餐厅（full-service restaurant）、超市和大型杂货店、蔬果店和农贸市场等，以及提供价格低廉的预制食品或高糖高脂快餐的“不健康食品商店”，例如有限服务餐厅（limited-service restaurant）、便利店和小型杂货店等。

⑦ 通过饮食等外源性激素摄入或因环境压力源刺激产生感知情绪反应，通过降低下丘脑—垂体—肾上腺轴的反应速度，延缓皮质醇释放，将更多糖类储存为脂肪，从而引发超重和肥胖。

参考文献

[1] AKPINAR A. Green exercise: how are characteristics of urban green spaces associated with adolescents' physical activity and health[J]. International Journal of Environmental Research and Public Health, 2019, 16(21): 4281.

[2] ALMEIDA L F F, BARRETO S M, DE SOUZA R C F, *et al*. Neighborhood greenspace and cardiometabolic risk factors: cross-sectional and longitudinal analysis in ELSA-Brasil participants[J]. Health and Place, 2021, 72: 102699.

[3] ANZA-RAMIREZ C, LAZO M, ZAFRA-TANAKA J H, *et al*. The urban built environment and adult BMI, obesity, and diabetes in Latin American cities[J]. Nature Communications, 2022, 13: 7977.

[4] BERRY T R, SPENCE J C, BLANCHARD C, *et al*. Changes in BMI over 6 years: the role of demographic and neighborhood characteristics[J]. International Journal of Obesity, 2010, 34(8): 1275-1283.

[5] BROWN B B, WERNER C M, SMITH K R, *et al*. Physical activity mediates the relationship between perceived crime safety and obesity[J]. Preventive Medicine, 2014, 66: 140-144.

[6] BURDETTE A M, HILL T D. An examination of processes linking perceived neighborhood disorder and

obesity[J]. Social Science and Medicine, 2008, 67: 38-46.

[7] CESARE M D, BENTHAM J, STEVENS G A, *et al*. Trends in adult body-mass index in 200 countries from 1975 to 2014: a pooled analysis of 1698 population-based measurement studies with 19.2 million participants[J]. Lancet, 2016, 387(10026): 1377-1396.

[8] CHEN M, CREGER T, HOWARD V, *et al*. Association of community food environment and obesity among US adults: a geographical information system analysis[J]. Journal of Epidemiology and Community Health, 2019, 73(2): 148-155.

[9] CHOI Y, YOON H. Do the walkability and urban leisure amenities of neighborhoods affect the body mass index of individuals: based on a case study in Seoul, South Korea[J]. International Journal of Environmental Research and Public Health, 2020, 17(6): 2060.

[10] COCHRANE T, YU Y, DAVEY R, *et al*. Associations of built environment and proximity of food outlets with weight status: analysis from 14 cities in 10 countries[J]. Preventive Medicine, 2019, 129: 105874.

[11] CUMMINS S, PETTICREW M, HIGGINS C, *et al*. Large scale food retailing as an intervention for diet and health: quasi-experimental evaluation of a natural experiment[J]. Journal of Epidemiology and Community Health, 2005, 59(12): 1035-1040.

[12] DANIELS K, LÊ-SCHERBAN F, AUCHINCLOSS A H, *et al*. Longitudinal associations of neighborhood environment features with pediatric body mass index[J]. Health and Place, 2021, 71: 102656.

[13] DE BONT J, MÁRQUEZ S, FERNÁNDEZ-BARRÉS S, *et al*. Urban environment and obesity and weight-related behaviours in primary school children[J]. Environment International, 2021, 155: 106700.

[14] DE BOURDEAUDHUIJ I, VAN DYCK D, SALVO D, *et al*. International study of perceived neighbourhood environmental attributes and body mass index: IPEN adult study in 12 countries[J]. International Journal of Behavioral Nutrition and Physical Activity, 2015, 12: 62.

[15] DÍEZ J, GULLÓN P, SANDÍN VÁZQUEZ M, *et al*. A community-driven approach to generate urban policy recommendations for obesity prevention[J]. International Journal of Environmental Research and Public Health, 2018, 15(4): 635-649.

[16] DO CARMO A S, RODRIGUES D, NOGUEIRA H, *et al*. Influence of parental perceived environment on physical activity, TV viewing, active play and body mass index among Portuguese children: a mediation analysis[J]. American Journal of Human Biology, 2020, 32(6): e23400.

[17] DUNCAN D T, CASTRO M C, GORTMAKER S L, *et al*. Racial differences in the built environment-body mass index relationship: a geospatial analysis of adolescents in urban neighborhoods[J]. International Journal of Health Geographics, 2012, 11: 11.

[18] ECONOMOS C D, HYATT R R, MUST A, *et al*. Shape up Somerville two-year results: a community-based environmental change intervention sustains weight reduction in children[J]. Preventive Medicine, 2013, 57(4): 322-327.

[19] EPSTEIN L H, RAJA S, DANIEL T O, *et al*. The built environment moderates effects of family-based childhood obesity treatment over 2 years[J]. Annals of Behavioral Medicine, 2012, 44(2): 248-258.

[20] GAO H, XU Z, CHEN Y, *et al*. Walking environment and obesity: a gender-specific association study in

Shanghai[J]. International Journal of Environmental Research and Public Health, 2022, 19(4): 2056.
[21] GHENADENIK A E, KAKINAMI L, VAN HULST A, *et al*. Neighbourhoods and obesity: a prospective study of characteristics of the built environment and their association with adiposity outcomes in children in Montreal, Canada[J]. Preventive Medicine, 2018, 111: 35-40.
[22] GONG P, LIANG S, CARLTON E J, *et al*. Urbanisation and health in China[J]. Lancet, 2012, 379(9818): 843-852.
[23] HE D, LU Y, XIE B, *et al*. How greenway exposure reduces body weight: a natural experiment in China[J]. Landscape and Urban Planning, 2022, 226: 104502.
[24] HUANG W, YANG B, YU H, *et al*. Association between community greenness and obesity in urban-dwelling Chinese adults[J]. Science of the Total Environment, 2020, 702: 135040.
[25] KOOHSARI M J, KACZYNSKI A T, NAKAYA T, *et al*. Walkable urban design attributes and Japanese older adults' body mass index: mediation effects of physical activity and sedentary behavior[J]. American Journal of Health Promotion, 2019, 33(5): 764-767.
[26] LI X, HU Q, LIU J, *et al*. Pathway analysis of relationships among community development, active travel behavior, body mass index, and self-rated health[J]. International Journal of Sustainable Transportation, 2022, 16(4): 340-356.
[27] MASON K E, PEARCE N, CUMMINS S. Do neighbourhood characteristics act together to influence BMI: a cross-sectional study of urban parks and takeaway/fast-food stores as modifiers of the effect of physical activity facilities[J]. Social Science and Medicine, 2020, 261: 113242.
[28] MCTIGUE K M, COHEN E D, MOORE C G, *et al*. Urban neighborhood features and longitudinal weight development in girls[J]. American Journal of Preventive Medicine, 2015, 49(6): 902-911.
[29] MOHAMED R. Resident perceptions of neighborhood conditions, food access, transportation usage, and obesity in a rapidly changing central city[J]. International Journal of Environmental Research and Public Health, 2018, 15(6): 1201.
[30] MOLINA-GARCÍA J, MENESCARDI C, ESTEVAN I, *et al*. Associations between park and playground availability and proximity and children's physical activity and body mass index: the BEACH Study[J]. International Journal of Environmental Research and Public Health, 2021, 19: 250.
[31] NICHANI V, KOOHSARI M J, OKA K, *et al*. Associations between the traditional and novel neighbourhood built environment metrics and weight status among Canadian men and women[J]. Canadian Journal of Public Health, 2021, 112: 166-174.
[32] PAULITSCH R G, DUMITH S C. Is food environment associated with body mass index, overweight and obesity: a study with adults and elderly subjects from southern Brazil[J]. Preventive Medicine Reports, 2021, 21: 101313.
[33] POLSKY J Y, MOINEDDIN R, DUNN J R, *et al*. Absolute and relative densities of fast-food versus other restaurants in relation to weight status: does restaurant mix matter[J]. Preventive Medicine, 2016, 82: 28-34.
[34] PUTRA I, ASTELL-BURT T, FENG X. Association between built environments and weight status: evidence from longitudinal data of 9589 Australian children[J]. International Journal of Obesity, 2022, 46(8): 1534-1543.
[35] ROSSI C E, CORREA E N, NEVES J D, *et al*. Body mass index and association with use of and distance from

places for physical activity and active leisure among schoolchildren in Brazil: cross-sectional study[J]. Sao Paulo Medical Journal, 2018, 136(3): 228-236.

[36] RUNDLE A, FIELD S, PARK Y, *et al*. Personal and neighborhood socioeconomic status and indices of neighborhood walkability predict body mass index in New York City[J]. Social Science and Medicine, 2008, 67(12): 1951-1958.

[37] SARKAR C, WEBSTER C, GALLACHER J. Association between adiposity outcomes and residential density: a full-data, cross-sectional analysis of 419562 UK biobank adult participants[J]. Lancet Planetary Health, 2017, 1(7): e277-e288.

[38] SCHÜLE S A, FROMME H, BOLTE G. Built and socioeconomic neighbourhood environments and overweight in preschool aged children: a multilevel study to disentangle individual and contextual relationships[J]. Environmental Research, 2016, 150: 328-336.

[39] SUN B, YAO X, YIN C. The built environment and overweight in Shanghai: examining differences in urban and rural contexts[J]. Habitat International, 2022, 129: 102686.

[40] SUN Y, HE C, ZHANG X, *et al*. Association of built environment with physical activity and physical fitness in men and women living inside the city wall of Xi'an, China[J]. International Journal of Environmental Research and Public Health, 2020, 17(14): 4940.

[41] SWINBURN B, EGGER G, RAZA F. Dissecting obesogenic environments: the development and application of a framework for identifying and prioritizing environmental interventions for obesity[J]. Preventive Medicine, 1999, 29(6): 563-570.

[42] WALKER B B, SHASHANK A, GASEVIC D, *et al*. The local food environment and obesity: evidence from three cities[J]. Obesity, 2020, 28: 40-45.

[43] WORLD HEALTH ORGANIZATION. Obesity: preventing and managing the global epidemic[EB/OL]. (2000-01-01)[2023-07-22]. https://apps.who.int/iris/handle/10665/42330.

[44] XIAO X, WANG R, KNIBBS L, *et al*. Street view greenness is associated with lower risk of obesity in adults: findings from the 33 Chinese community health study[J]. Environmental Research, 2021, 200: 111434.

[45] XIAO Y, CHEN S, MIAO S, *et al*. Exploring the mediating effect of physical activities on built environment and obesity for elderly people: evidence from Shanghai, China[J]. Frontiers in Public Health, 2022, 10: 853292.

[46] ZHANG J, MAUZERALL D L, ZHU T, *et al*. Environmental health in China: progress towards clean air and safe water[J]. Lancet, 2010, 375(9720): 1110-1119.

[47] ZHANG X, ZHAO H, CHOW W, *et al*. Associations between the built environment and body mass index in the Mexican American Mano a Mano Cohort[J]. Science of the Total Environment, 2019, 654: 456-462.

[48] ZHOU P, LI R, LIU K. The neighborhood food environment and the onset of childhood obesity: a retrospective time-trend study in a mid-sized city in China[J]. Frontiers in Public Health, 2021, 9: 688767.

[49] 高璐璐，张宇航，方莹，等. 社区游憩设施密度对居民 BMI 的影响研究[J]. 现代城市研究, 2020(5): 32-37.

[50] 何晓龙，翁锡全，林文弢，等. 中国澳门地区 4—6 年级学童超重/肥胖与步行及住所周边环境因素的关系[J]. 中国体育科技, 2016, 52(5): 104-111.

[51] 何志琴. 简介基因频率[J]. 生物学教学, 2003(11): 53.

[52] 骆文锦，陈香均，马林强，等. 肥胖动物模型的研究及应用[J]. 中国比较医学杂志, 2019, 29(10): 16-21.
[53] 盛明洁，蒋文，薛司徒. 面向中国城市的致胖环境识别、评价和规划干预框架[J]. 城市发展研究，2022，29(4): 49-56+69.
[54] 苏玲玲，周素红. 居住迁移背景下邻里环境对幸福感的影响——不同生命历程阶段的差异[J]. 地理科学进展，2021, 40(8): 1344-1354.
[55] 孙斌栋，阎宏，张婷麟. 社区建成环境对健康的影响——基于居民个体超重的实证研究[J]. 地理学报，2016, 71(10): 1721-1730.
[56]孙斌栋，尹春. 建成环境对居民健康的影响——来自拆迁安置房居民的证据[J]. 城市与区域规划研究，2018, 10(4): 48-58.
[57]王世福，刘明欣，邓昭华，等. 健康绩效导向的中国城市绿色空间转型策略[J]. 城市与区域规划研究，2018, 10(4): 16-34.
[58] 许学强，周一星，宁越敏. 城市地理学[M]. 北京：高等教育出版社, 1996.
[59] 杨文越，甄新瑜. 多尺度步行环境对居民肥胖的影响机理——以广州为例[J]. 地理科学, 2022, 42(5): 938-950.
[60] 姚夏劼，尹春，孙斌栋. 城市远郊建成环境与居民超重问题研究——以上海崇明岛为例[J]. 城市发展研究，2022, 29(9): 15-22.
[61] 张舒怡，林赛南，李志刚，等. 邻里环境感知对中国城市居民自评健康影响研究——以武汉市为例[J]. 人文地理, 2019, 34(2): 32-40.
[62] 赵玉花，方涛，杜苗，等. 社区建成环境与老年居民肥胖的关联[J]. 环境与职业医学, 2023, 40(2): 176-183.

[欢迎引用]
曾祥鸣，盛明洁. 邻里环境对超重和肥胖的影响研究综述[J]. 城市与区域规划研究, 2025, 17(1): 208-223.
ZENG X M, SHENG M J. A review of research on the impact of neighborhood environment on the risk of overweight and obesity[J]. Journal of Urban and Regional Planning, 2025, 17(1): 208-223.

空间生产理论前传
——列斐伏尔的《都市革命》释读

杨宇振

Prequel to the Theory of Production of Space: An Interpretation of Lefebvre's *The Urban Revolution*

YANG Yuzhen
(School of Architecture and Urban Planning, Chongqing University, Chongqing 400030, China; Key Laboratory of New Technology for Construction of Cities in Mountain Area, Chongqing 400030, China)

Abstract During the critical period of social transformation in the 1970s, Henri Lefebvre hoped to promote a possible "urban revolution" through dialectical discussion of the "urban development issues", analysis of the relationship between industrialization and urbanization, criticism of old urban ideologies, and exploration of urban strategies. Using Lefebvre's "holistic reading" approach and referencing multiple important texts from similar periods, this article explores this pioneering work of modern urban and spatial research, and explores Lefebvre's critique of modern urban planning and architecture.

Keywords Lefebvre; urban revolution; production of space; the centrality of the city; urban planning and architecture

作者简介
杨宇振，重庆大学建筑城规学院，教育部山地城镇建设与新技术重点实验室。

摘　要　身处20世纪70年代社会转变的关键时期，列斐伏尔希望经由对“都市总问题”的辩证讨论，对工业化与城市化关系的分析、对旧城市意识形态的批判、对都市战略的探讨推进可能的“都市革命”。采用列斐伏尔提出的“总体阅读”方式，参照相近时期的多个重要文本，文章探析这一现代都市与空间研究的开创性著作，探讨列斐伏尔对现代城市规划与建筑学的批判。

关键词　列斐伏尔；都市革命；空间的生产；都市的中心性；城市规划与建筑学

都市和空间在亨利·列斐伏尔的哲学与社会学理论探讨中占有特殊位置。《都市革命》（1970）（列斐伏尔，2018）和《空间的生产》（1974）（列斐伏尔，2021）是列斐伏尔诸多与都市和空间相关论著中最突出的两本（图1）。相比较而言，《都市革命》更加具体和有开创性（它更关注都市问题），而《空间的生产》更抽象以及有思辨与整体性（它集中在空间议题，提出更完整的空间辩证分析方法）。但不管是哪一本书，列斐伏尔强调的是从总体角度认知空间与都市，认为新的生产关系组织了它的空间和时间，也生产它的社会关系。

作为现代都市研究的经典著作，《都市革命》影响了曼纽尔·卡斯特的《城市问题：一种马克思主义的方法》（1972）、戴维·哈维的《社会正义与城市》（1973）（哈维，2022）。尼尔·史密斯在《都市革命》的前言①中说它

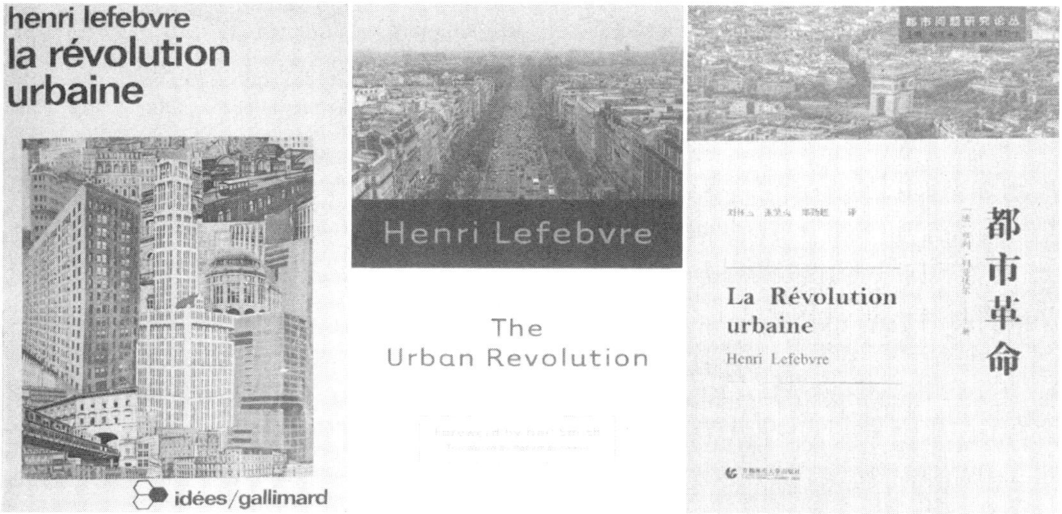

图 1 《都市革命》法文版（1970，左）、英文版（2003，中）、中文版（2020，右）封面

“过去是，现在仍然是开创性的分析工作（pathbreaking analytical work），不仅将城市研究与马克思主义理论联系起来，而且与社会理论和广义的哲学联系起来”（列斐伏尔，2018）。1973 年戴维·哈维则说：“在城市现象的研究中使用马克思的方法我们得到什么洞见和揭示？……唯一著作我能想得到的是列斐伏尔的（《马克思主义思想与城市》《都市革命》）。”（哈维，2022）身处 20 世纪 70 年代社会转变的关键时期，列斐伏尔希望经由对“都市总问题”（urban problematic）的辩证讨论，对工业化与城市化关系的分析、对旧城市意识形态的批判、对都市战略的探讨推进可能的“都市革命”。列斐伏尔提出，作为某种总体现象的都市，是否可能具有阐发新革命方向的潜能和可能性？这是他在《都市革命》中要探讨的内容。

列斐伏尔谈到，对于某一文本或理论阐释容易形成作者自我“圈地为牢”，以获取一种理论意义和自足性，这是普遍情况却是问题，因此应对之保持怀疑和警惕。对于《都市革命》的讨论需要列斐伏尔提出的“总体阅读”，他说要参照他在别处发表的“关于日常生活、空间、各种‘权利’（进入都市的权利、差异的权利）、（社会）生产关系的再生产等方面的文章”（列菲弗，2015），以获得更整体的认识。以《都市革命》为阅读分析文本和讨论对象，本文结合在 20 世纪 70 年代前后的《进入城市的权利》（1968）（Ekden *et al.*，2003）、《马克思的社会学》（1970）（列斐伏尔，2013）、《空间与政治》（1973）（列菲弗，2015）、《资本主义的幸存：生产关系的再生产》（1973）（列斐伏尔，2024）、《空间的生产》（1973）（列斐伏尔，2021）、《现代性与空间的生产》（列斐伏尔，2003）中选编的文章，以及日常生活批判三卷本（列斐伏尔，2018a，2018b，2018c）里的相关讨论，探析这一现代都市与空间研究的开创性著作。之所以将《都市革命》称为“空间生产理论前传”，是因为相对其他论著，它的理论论述更为系统、全面和相关。而《空间与政治》《资本主义的幸存》等是演讲稿或单篇论文汇编的论文集，尽管它们之中仍然有许多相关的论述，有助于从不同角度解释列斐伏尔庞杂和深奥的理念。

需要进一步说明的是，列斐伏尔在 20 世纪 70 年代的这些著作中，大量出现了都市、空间生产、日常生活、重复与差异等词汇——或者说，这些关键词是他关注的重点和理论载体。但如何来理解这些词之间的关系？列斐伏尔在《资本主义的幸存：生产关系的再生产》一书中有相对明确的解释（列斐伏尔，2024）。列斐伏尔要讨论的是新时期的新资本主义，有别于之前马克思讨论的自由竞争资本主义。他认为马克思更主要讨论的是生产资料的再生产，但是在新的时期新的阶段重心转变了（也是社会的根本矛盾转变了），不再是对生产的某一方面，比如物（商品）的生产或者他提出的"空间中的生产"，而是生产关系的再生产，进而"空间的生产"成为生产关系的再生产最重要的构成，而都市（作为一种进程、概念和空间）、空间的生产、日常生活都是生产关系再生产的不同维度的内容构成。或者说，都市、空间生产、日常生活在列斐伏尔的讨论中具有某种同构性，都是围绕生产关系的再生产展开——新时期的资本主义必须在生产关系的再生产层面，在都市、在日常生活、在空间中找到新的生存领域。他的办法，如后文提到的"传导法"，基于对过去各阶段及其内在问题和矛盾冲突的讨论，来探讨新时期的可能（想象、构想不能脱离现实，否则就成为空想）；而对于工业化时期城市的批判（它的表面同质性、碎片化和重复），目的在于探寻都市社会的差异性，或者说探寻一种不同于工业社会里被定位、规定的同质化状态的差异空间和生活方式。

1　什么是"都市革命"及其目的

列斐伏尔的《都市革命》中有一个需要回答的问题，那就是都市革命到底要革什么命？要达到什么目的？革命的要旨总是指向当下的、普遍的压迫性问题。从各种矛盾冲突中发现新的可能是列斐伏尔强调的辩证方法。都市社会首先是列斐伏尔提出的一种理论假设，它既是一种真实存在，同时也是一种未完成的社会进程和实践。列斐伏尔用零到百分之一百的带箭头轴线来表示都市社会的进程，同时也是时间和空间进程。在这条轴线上，先后经历政治城市、商业城市、工业城市，进而来到关键域（critical zone）。这个关键域在工业化进程中城市的"内爆-外爆"过程中产生。"内爆"指城市内部不断地集中化（包括物质的、人的、信息的、资本的等加速空间集中）以及由集中所产生的内在变化；"外爆"指集中化状态的向外爆裂，形成各种各样的碎片空间，列斐伏尔指出如郊区、卫星城等（在某些地方他称之为大城市的附属地、殖民地）。"内爆"与"外爆"是都市同时发生的动态进程；或者说，列斐伏尔把都市的形成（作为一种进程而不是结果）放置在一个动态的过程中分析，而不是作为一个封闭的系统来讨论。

1.1 “盲域”：未认识的都市社会

在城市转变的关键期，某种不被认识的社会情形出现了，这就是“都市社会”。在认识层面上，列斐伏尔称之为“盲域”。盲域在这里有两个概念：一是都市社会仍然在形成过程中，是不容易把握的社会形态，但也并非全然不可理解（也就涉及列斐伏尔对未知、假设对象的研究方法）；另一是列斐伏尔指出的，许多研究者和实践者没有认识到新社会形态的出现而仍然使用工业社会的认识论和眼光，只能看到局部而不能认识整体，以至于在理论上和实践上“盲瞎”了，看不到本质性问题和新事物。那什么是“都市革命”？列斐伏尔在书中有一段简短扼要的论述[②]：“我所说的‘都市革命’是指影响当代社会的变革，从增长和工业化问题占主导地位的时期（模式、计划、方案）到都市总问题占主导地位的时期，这是寻找都市社会特有的解决方案和模式成为首要任务。”（列斐伏尔，2018）——但这一表述并不足够清楚，它仅指明都市革命是从工业化占主导地位状态下的跃迁，但没有阐述什么是都市革命的具体内涵和对象。

列斐伏尔的“都市革命”是建立在马克思的资本主义社会批判基础上的发展。他指出，对于马克思主义思想的一种大胆解释，是把马克思的著作看作是对颠倒世界的揭露并寻找转正它的可能，也就是说，使得颠倒的世界重新用脚立地，即一种革命。列斐伏尔概括了马克思指出的需要颠覆的世界的社会特征：一是中间人（商人、代理人）占有大量财富而不是劳动者、知识和思想的生产者，通过占有生产者的劳动，中间人支配生产与流通过程；二是国家强化对社会的剥削，把自己置于社会之上；三是官僚建构为自身利益服务的手段并根据需要工具化使用知识与技术；四是结果与原因、目的和手段的反转，手段成了目的。四个方面构成马克思力图推翻的世界。列斐伏尔说，通过谋划的都市革命（planned urban revolution），以“都市”为理论载体，进一步发展了马克思主义的革命理念。列斐伏尔谈到，借助于一个充满转型的概念，“即从物的生产方式（即物的生产）到另一种生产方式（即空间的生产），才有可能在保留马克思主义关于生产力根本作用这一观点的同时，将这一观点从生产主义意识形态和数量增长的教条中解放出来。”（列斐伏尔，2021）

1.2 都市栖居成为本质和目标

什么是谋划的都市革命？列斐伏尔指出，同样需要一次颠倒和反转，在关键期使得工业和国家从属于都市、都市从属于栖居——也就是说，曾经被认为无足轻重的栖居具有最高层次的价值。列斐伏尔强调“栖居”的重要性，他说：“一直被认为并不重要的层次（即栖居），现在变成本质性的了”。（列斐伏尔，2018）尽管他在多处批评建筑师简化和抽象化社会关系，把图纸上的内容当作真实社会关系的映射，列斐伏尔仍然十分期待也认为建筑师在栖居层面起到关键作用。

列斐伏尔提出的都市革命，是在一个颠倒的世界中对个体层面“栖居”意义与价值的重新肯定并将其作为革命目标和终极意义——借用荷尔德林、海德格尔的“诗意地栖居”，列斐伏尔谈到“意味着把‘人类’与自然及其自身的本质关系、人类与‘存在’及其自身存在的关系置于栖居之中，并在栖居中得以实现和理解”（列斐伏尔，2018）。追求都市中人类的栖居需要革命性实践，需要破除和反转工业理性与实践建构的认识论和颠倒的世界，消解社会根本性的“隔离”和碎片化的断裂状态，为日常生活中自发的诗性提供可能（列斐伏尔，2018a，2018b）。这是一种进入城市的权利，是一个为权利而斗争的过程，戴维·哈维在《叛逆的城市》中引用列斐伏尔的论述，说“革命必然是城市的[③]，否则就完全没有革命”（哈维，2014）。

列斐伏尔谈到革命实践是“一个改变生产方式、生产和财产关系、观念和制度以及整个生活方式的革命。革命的实践将不连续性引进整个社会——历史进程”（列斐伏尔，2013）。沿着这一总体框架，列斐伏尔提出的“都市革命”指向对形而上学认识论的抵制和重构，对同质、裂化和抽象空间的思辨与批判，是对工业化、工业理性造成的各种隔离、分离的控诉，强调都市是“具体的抽象物”，是矛盾冲突和可能的革命实践场域，强调社会从数量的增长向质量发展转变。但列斐伏尔强调，都市社会并不是革命目标而是革命的手段，革命的目的是“诗意栖居”，是对一种日常生活总体性的回归。

2 形成中的都市社会：进程、问题与方法

经由历史回溯，列斐伏尔辨析农业与工业、政治城市与商业、工业城市之间的关系。在农业支配时期，商业活动是“异位空间”，是一种不同于农业空间的差异存在。但随历史进程，在某一个关键时期，整个事情的状况倒转过来，“现存生产关系的再生产停止了，也就是衰变和解体占了上风，也就是新的生产关系被生产出来，排斥并取代了旧的关系”（列菲弗，2015）。商业处在了支配性地位，而农业和农业的空间转变成被支配状态，农业生产在全球经济中已经丧失自主权，农业或乡村在商业和工业支配的时期，更大程度上转化为一种表征性的符号存在，而商业给了城市新的功能、结构和形式。列斐伏尔进一步分析现代城市的二重性，拒绝仅仅从内部要素认识城市。城市是远端距离和近端距离的中介，国家秩序与地方秩序之间的中介。因此，城市具有远近关系共构的二重性，既作为更大范畴的整体中的一部分，同时又具有城市内部的众多关联性特征。

2.1 都市空间的辩证二重性

列斐伏尔指出，任何一个学科，仅是从城市内部的各要素去把握城市状态，无论是描述性或者是实证性，都难以把握城市的总体状态。列斐伏尔进一步辨析工业与城市之间的关系。他认为，工业其实是去城市化的，是非城市化的，是经由将城市中原来的各种要素分隔化、孤立化和过度发展进而改变原来城市的。他认为，基于农业生产的政治城市的时空是轮回的、周期性的，但基于工业生产的城市的时空是同质、统一、抽象的，是一种普遍秩序进而导致虚空和“普遍是萎靡不振的”（列斐伏尔，2018）。在这一进程中，人类为自身生产出一个由石头、钢铁和玻璃构造的第二自然——工业城市，在人与自然之间存在一个巨大介质。列斐伏尔问，为什么在18世纪末19世纪初会出现自然拜物教？那

是因为在工业化进程中自然正在死亡，而与自然相关的符号正在被不断生产出来，作为对失望的一种弥补。自然的再现只能迎合都市现实，自然在重新使用过程中改变了它们的意义，列斐伏尔说“自然沦落为伤感的、忧郁的媒介、季节的装饰”（列斐伏尔，2018）。也正是在这个时候，城市里开始出现各种大大小小的公园，是这种自然符号生产的表征，是对消失自然的人工再造。

工业化进程到某阶段产生质变，就如上一个阶段农业最终从属于工业，到了这一关键阶段，工业将从属于都市，进而都市的总问题出现了。列斐伏尔问，都市在这里仅仅是上一个时期被认为的上层建筑吗？仅仅是经济增长的结果吗？或者处在边缘状态吗？列斐伏尔的回答是否定的。他认为都市本身既是生产力和生产关系的映射，同时反过头来也影响着它们的发展。列斐伏尔强调，工业发展带来的物质巨大丰富遮蔽了从工业到都市发展的不连续性。但是在都市社会中问题的构成产生全新转换。工业社会的贫乏和丰富的基本关系在都市社会发生倒转。过去匮乏的物资（如面包）在都市社会中得到前所未有的改进，到处都是物的、商品的堆积；但过去丰富的，如阳光、自然、干净的水等，在都市社会中变得十分匮乏。也就是说，越是物的丰饶、商品的丰盛，城市却越不适合人类居住，因为越来越多“集体物”的严重匮乏（1970 年列斐伏尔很有远见地说，很快就会有灌装的干净空气销售）。如果说，关于社会匮乏的基本问题是政治经济学理论研究的核心，那么都市社会与工业社会根本性不同的匮乏，难道不应产生新的理论范式吗？这一问题在很大程度上是列斐伏尔立论的基础。列斐伏尔指出，不再是工业社会时期商品的私人拥有是核心问题（马克思在《资本论》中讨论的问题），在都市社会中，是某种集体权利，某种共享共治的集体权利成为关键性议题。

2.2 都市中心性、空间的定位与隔离

都市问题分析需要建立在工业社会之上。列斐伏尔谈到工业社会的三种基本规划：一是物资生产的规划；二是财务规划；三是基于时间和空间效率的规划。不管是哪一种，都是定量性规划，把社会按照数量化管理的规划。工业理性规划带来的是社会要素的隔离和定位化，根据生产需要的社会要素空间配置化，进而导致社会裂化。这是支配性的城市意识形态，也正是列斐伏尔在《都市革命》《空间与政治》《空间的生产》中批判的对象。

列斐伏尔指出，在工业化城市发展的进程中有两种批判：一种是右翼的批判，更多指向怀旧、保守、小社群的发展模式；另一种是如苏联对大城市作为资产阶级剥削无产阶级空间的批判，但这类批判多基于道德批判而不面对现实，不能解决问题。列斐伏尔说，无论是资本主义城市还是社会主义城市，都不能回避都市问题。他谈到，都市中心性是资本主义生产方式的本质，却少有人认识。都市中心性是资本积累和生产剩余价值的关键所在（显现列斐伏尔的深远洞见，启发了戴维·哈维对资本循环三个回路的论述）。列斐伏尔认为，都市社会的核心问题不是工业社会生产资料私有带来的阶级斗争问题（尽管它仍然存在，同时转变为各种形式并在差异空间生产中具有重要作用，这部分特别可见列斐伏尔在《资本主义的幸存》的导论和前三章中的讨论），而是都市中心性带来的“中心-边缘”问题，

空间殖民化的问题，各种决策、信息都是由都市中心发生，进而产生各种社会和空间的矛盾与问题。

什么是都市中心性？这是理解列斐伏尔提出的都市概念的关键问题。列斐伏尔指出，都市带来物、人员、信息等的集中，进而经由集中创造了一切。或者说，集中带来的邻近性、交互性创造出无数可能，都市集合历史过程中建立起来和被分隔开来的要素——它只要求集中，集中就是它的本质，但它对于被集中是什么事物并不关心。这种集中性和中心性是一种辩证的中心性：被集中的事物一方面产生着新状态，另一方面又被生产出来的总体状态制约，在形成都市的过程中同时被都市塑造，每一个被集中的物都处在变化的关系之中，既相互排他又相互包容，进而创造了一种都市情境，都市在这一过程中成为具体的抽象物。或者说，每一个被集中的物都处在差异关系当中。同时有着各种不同的中心性，有信息中心、商品中心、权力中心等；中心之间相互作用共构都市中心性。同时，拥有权力、财富的社会群体构造着自身的中心性，无产阶级却往往只能被排除出都市，或者说，无产阶级不能生产出自身的空间。因此，呼唤进入都市的权利同时也是呼唤被排挤的无产阶级、市民为自身权利斗争。列斐伏尔在多处谈论到“中心-外围”的矛盾，但认为这一矛盾不是根本性的冲突，它从属于更深层次的冲突，也就是空间的碎片化和知识的碎片化，它们共构了一种在强权约束下表面的一致性和内在的高度分裂。它的表征是各种隔离和同质化。

列斐伏尔说，工业城市中普遍的“隔离”、同质化就是都市社会中致命的问题，分离与隔离组成极权主义秩序，瓦解具体的总体性，瓦解和分裂都市；它区分要素、定位要素，使得要素具有某种被定义的社会属性，不能自由流动，由此而扼杀了都市。列斐伏尔指出，比如《雅典宪章》对工作、生活、游憩、交通等的严格区分，就是典型的空间分隔；又如在政府规划的高层公租房中的住户，就是最典型被空间定位（从社会空间到物质空间）的例子。列斐伏尔问，如果替换另外的目标（不是哪些数量化的目标），如体面、幸福，规划怎么能够积极回应这些问题目前没有太多办法。都市中心性呼吁消除城市的隔离、空间在属性上的单一划分，呼唤产生邻近性的相遇、沟通和交流，进而产生新的可能。因此列斐伏尔提出“空间的流动化”[④]——“每个地方变成多功能的、多价的、超功能的、伴随着连续不断的功能转换”（列斐伏尔，2018）——因之与主体的需求、构想和行动相关，这种“空间的流动化”创造瞬时的都市情境，成为生产差异空间的重要策略。[⑤]

2.3 认识都市总体性的方法

碎片化的学科难以认识都市总体性，那么用什么方法才可能认识都市和都市现象？列斐伏尔指出，否定性方法优于描述性、实证性的方法。他说，“批判性环节——即对既定知识（认识）的批判——才是最根本的事情”。他同时也提出了“传导法”（transduction），在理论和实践之间、在历史与现实之间、在宏大与微观之间来回运动（认识矛盾的辩证运动），去寻找认识事物真相的可能。[⑥]他认为各学科之间的协调、平庸的妥协、加总不能构造出都市的总体，因为总存在学科不可企及的剩余。否定性、批判性的方法是对基本问题的审视，进而具有趋向总体性的可能。在反对工业城市和社会的同质性、逻辑性基础上，列斐伏尔提出都市社会的差异性（在《空间的生产》一书中提出“差异空间”）、鲜活的具体性作为发展目标。列斐伏尔用索绪尔的现代语言学角度来解释都市总体性与都市中事件和行为间的关系。他说，什么是都市总体性？它存在于每一刻的行动当中，是一种不在场的在场。他问，都市中的对立，中心与边缘、开放与封闭、高与低——能够建立起都市范式或语法吗？因此他把都市的总体性类比于语言，而把都市中的物或行动类比于言语。他也提出都市的纵聚合与横组合，提出都市空间表格、都市词法，但没有深入探讨和分析。[7]

列斐伏尔提出都市现象分析的共时性层次，即 G-M-P 层次（整体性-混合性-私人性），对应于“国家-都市-个人”的层次。G 层次是国家操作的制度性空间，是普遍性、抽象空间，具有一种阶级逻辑，它强化决策的中心并将都市变成权力枢纽；同时它利用和处理地区间的不均衡发展来获得自身的合法性（比如选取某些地方给予特定政策鼓励和刺激经济发展，选取另外的一些地方作为“回归自然”之地并给予经济上的补贴）。国家的、整体性的层次对于都市具有压迫和强制性，但同时也是关键性的。一些政治和规划分析视野太过于狭隘，只从内部检讨都市问题，把都市问题认为是市政问题（如住房与基础设施），而不是全球和国家问题，也就失去可能的有效策略。

M 层次是都市层次，中介的层次，因此也是在社会实践中可以具体操作和斗争的领域，是革命的可能领域。都市处于中间状态而具有两重属性，也就是属于向上层次（G）和属于向内部、向下一层次（P）的属性；然而它的关键不分别在各自属性，而在于两者间相互关系——决定了都市实践的总体状态。但这一层次是手段而不是目的，根本目的存在于个体（P）层次中人的生存状态。

P 层次的讨论，列斐伏尔首先辨析“定居”与“栖居”并指向对“定居”的批判，认为它是一个粗陋和滑稽的伪概念，把人类减缩到“吃、睡和再生产”的基本动物性功能；作为意识形态和实践的“定居”，压制了都市生活的基本特征，扼杀了都市生活的多样化。某种程度上，“栖居”对“定居”的颠覆，是在最基础层面的都市革命，它要求生产出一种前所未有的空间形式。列斐伏尔把“栖居”与人类自我的完善、提升、丰富性和可能性连接起来，他提出一个基本问题，即“我们如何建立一种‘栖居’，使它可以创造形式并且避免贫困？[8]我们如何建立一种可以让青年成长起来的保护壳并避免它过早关闭起来？……这些问题已经预设了一种颠覆性的思想，去颠覆成人的‘模型’，去推翻父亲的神话，罢黜作为‘终结’的成熟”（列斐伏尔，2018）。如前述，列斐伏尔高度重视“栖居”，他反对笛卡尔主义式的思维方式，反对把微小层次看成简单，把宏大看成复杂。他说：“栖居不应当再被视为剩余物，被视为所谓‘高级’层次的痕迹或结果。它应当而且已经可以被视为起源或基础，被视为基本的功能性和超功能性。在理论和实践上，我们致力于颠覆这种处境，使意义颠倒过来，让原来似乎处于从属地位的东西置于或重新置于我们的眼前。总体的、逻辑的和策略的统治地位依然是我们推翻的‘颠倒的世界’的一部分。”（列斐伏尔，2018）最后列斐伏尔提出，“实质上‘人类’既是未完成的也是充满矛盾的。我们如何通过建筑设计和都市规划来表达这种‘人类’的境况呢？”（列斐伏尔，2018）

还有一点是列斐伏尔在《空间的生产》中的“空间三元辩证法”，它既是方法论也是空间的认识论（杨宇振，2024a）。在《空间与政治》《都市革命》中，列斐伏尔已经有相关的论述但并不完整。列斐伏尔认为需要从总体来认识空间，而现有的各种学科事实上破碎化了空间（根据学科各自分割了相应的空间），使得总体性的空间不能显现出来（在新的时期，“都市”就是总体性空间的依托；都市不具有明确的边界，受到都市生产方式影响的乡村地区都是都市的空间范围，它们共构了新时期的都市总体），进而也就不能提出有效的、抵抗资本主义的空间策略。“空间三元辩证法”突破了物质和精神的两分，强调社会空间的作用，提出空间表征、空间实践和表征性空间的三者间的辩证作用，对于列斐伏尔而言，某种程度上，他结合当时具体的社会现实，批判空间表征（在抽象的、概念的层面上起作用，包括意识形态）的支配性，转而强调表征性空间（人的存在、欲望和梦想等）的价值——当然，作为一位哲学家，他并非只关注其中的一方面（正如他在多本书中对只强调一方面的学者或行动者的批判），不放弃总体的分析。但是作为个体，作为生活在矛盾冲突和各种问题的现实世界中的人，以及作为一个寻找乌托邦可能（也可以称之寻找不同于资本主义道路可能性）的实践者，列斐伏尔强调日常生活中“具体”的经验、感知、梦想、欲望等的价值。

3 对现代城市规划与建筑学的批判

列斐伏尔认为，资本主义通过对城、乡要素的整合，生产出它自己的空间，这是一个持续推进的时空过程；它改变城乡关系，同时强化和极化城市在整个空间中的地位。资本主义把农业转变为它的生产体系中的一部分（农业失去了原来的支配地位），把工业植入城市而改变原有城市，进而城市化成为新时期资本主义续存的关键。列斐伏尔说：“资本主义中的社会关系，也就是剥削和统治的关系，是通过整个空间并在整个空间中，通过工具性空间并在工具性空间中得到维持的。”（列菲弗，2015）

3.1 抽象乌托邦与具体乌托邦：对立与统一

列斐伏尔谈到，在空间生产的过程中，不同的社会参与者瓜分了空间，使得空间支离破碎，在这一进程中规划师在抽象的宏观尺度中工作，而建筑师在具体的微观层面上工作，两者之间不能共通进而造成了对立和矛盾（列菲弗，2015）。在另外的一处，列斐伏尔辨析抽象乌托邦和具体乌托邦的对立与统一，某种程度上可以对应于城市规划与建筑学的关系。他谈到抽象乌托邦往往表现为城市乌托邦的形式，而具体乌托邦则为建筑乌托邦的形式。但抽象乌托邦“善于打着具体乌托邦的幌子，并装扮成具体乌托邦的样子”（列斐伏尔，2019），它的主要持有人是一些官僚，关注的是“各种需求、服务和交通，还有城市各个分支体系以及城市这个复杂的体系本身。他们希望将这个难题的方方面面都补缀起来，打造出一个完美无缺的城市体系”（列斐伏尔，2019）——空间规划、城市规划是抽象乌托邦的必要工具；也就是说，抽象乌托邦更在国家意识层面操作，通过各种理性、法律和规则等构造一个统一性的、透明性的城市与国家空间；而具体乌托邦，列斐伏尔谈到，它的目的恰恰与抽象乌托邦相反，它的战略假设“否定日常生活、否定交换经济。他们对国家和权威政治也持否定的态度。具体乌托邦源于对快乐的追求，它希望构想出一种新空间，这种新的空间只有通过建筑作品才能实现”（列斐伏尔，2019）——它更强调日常空间的具体性和感性体验的价值。抽象乌托邦有可能与具体乌托邦结合一起以消除空间的分割吗？或者更具体一点，在抽象层面运作的城市规划有可能和在日常空间中实践的建筑学更加紧密地联系在一起吗？——以尽可能消除空间的分割。列斐伏尔没有给出答案，但他提出了问题和方向；他认为需要消除分割，就需要在宏观和微观、远端秩序与近端秩序之间找到结合点，进而作为远端距离和近端距离中介，国家秩序与地方秩序之间中介的都市在革命性实践中就具有极为重要的作用。

3.2 资本主义空间工具：分裂的城市规划

在列斐伏尔的讨论中，规划师与建筑师（的意识形态、社会实践）是资本主义工具性空间的构成。然而绝大多数专业者没有意识到这一点，进而就难以产生批判性和抵抗力量。列斐伏尔谈到，规划师往往带有一种“官方的”能力（列斐伏尔，2018），但本质上他无法清晰定位自身。城市规划、建筑学自认为是艺术、技术、科学、知性的综合，但一面对现实，这种整体性幻象四分五裂；城市规划裂分成人道主义的规划、国家和技术官僚的规划和开发商的规划，实践中受到利润逻辑、交换逻辑、商品世界的逻辑、阶级逻辑等的支配。规划师某种程度上是妥协者和犬儒主义者，只能在不同的利益博弈中间寻找存在点。

作为“官方的”空间工具，规划师在宏观层面上工作，将空间在不同层次上分割、隔离、连接和交易，将空间看成是中性、客观、数量化的，再分配上目的和欲望（作为一种技术性操作 ），列斐伏尔说，“活动、欲望、对象、地点之间存在一些局部性的联系，而关于这些联系的理论，促成了一系列规划。”列斐伏尔不认为城市规划、建筑学有自足的认识论，同时也批判城市规划和建筑学是社会关系的过滤器与压缩器，“对内容进行筛选，将某些‘真实’去除，并用自己的方式来填补文本的空白……它有抹去社会要求的危险”（列菲弗，2015）。他认为城市规划与建筑学只不过是一种与医学类似的、需要多方面知识与技术的实践，但在发展过程中陷入专门化的狭隘，由于不断分割实践的领地而陷入深度困境。他认为规划师与建筑师不能承担起综合的责任，谈到“专门技能的帝国主义、制图与制图师的帝国主义，再好也好不过经济学家、人口学家或社会学家的帝国主义”（列斐伏尔，2018）。列斐伏尔说城市规划最多只能和普通的政治经济学相比，它们对批判性观点缺乏兴趣，提出的方案中常包含有策略性因素，也就是“可操作”的事物——但这些方案往往缺乏可行性和被闲置或废弃（列斐伏尔，2018），它们往往只是出于某种程序性的需要（关注形式而不确实关注内容），进而也就只能“墙上挂挂”。

列斐伏尔批判城市规划与建筑学通过对社会关系的解码和重新编码生产出压迫性空间。他认为，规划师仍然使用工业理性、企业理性来处理转变中的状况，缺乏对都市本质的认识，“由于缺少一种合适的方法论（辩证法），都市规划专家的理论，无法解释都市化和工业化进程的二重性，即其极端复杂性和冲突性的特征”（列斐伏尔，2018）。他批评规划师往往使用实证和逻辑而不是辩证的方法来处理空间，进而机械切割了社会空间。列斐伏尔在多处指出都市空间的生产性消费以及作为一种“间质性组织”对于资本主义在新时期的重要性，已经超出工业企业的重要性，而规划师对之缺乏必要认识。对于建筑师，列斐伏尔说，“无论想与不想，建筑师都是根据财政的制约条件（薪水和酬劳）以及规划和价值从事建筑的，这些规范和价值也就是阶级标准，它导致了隔离，甚至当愿望要带来整合与互动时也是如此……它无意识地让使用服从于交换并让使用价值服从于交换价值。”（列斐伏尔，2018）进而，列斐伏尔认为需要一种新的认识论，从经济增长转向社会的发展，从“隔离”的生产转向融合与综合，从政治经济学转向空间政治经济学，从均质、等级化的空间生产转向差异空间的生产，这些根本性转变对城市规划和建筑学提出严峻挑战，需要从物质空间的生产转向社会空间生产。

3.3 空间形式与社会进程：戴维·哈维的论述

戴维·哈维对城市规划和建筑学的批判与列斐伏尔的观点相近但更具体和客观，值得略作引申讨论。哈维首先称赞规划师、建筑师在人类的空间实践中对乌托邦理想的追求，“建筑师塑造空间，除了赋予它们社会效用，还给予它们人的意义和审美/象征意义。建筑师塑造和保持着长期的社会记忆，并努力给予个体和集体的渴望及欲望以具体形式。建筑师努力为新的可能性、未来的社会生活形式打开空间”（哈维，2006）。因此他在讨论“辩证时空乌托邦”时（对替代性社会方案的想象，某种程度上与列斐伏尔提出的“都市社会”有共性，是对既有资本主义状况的颠覆，但内涵指向有所不同），使用“反叛的建筑师”来作为抵抗资本主义的象征主体。

但哈维同时批判城市规划有“依靠图纸设计特别是通过地图设计的传统（如果有的话，可以说是一种臭名远扬的自我欺骗工具）……沉浸在人类空间组织的细枝末节中……很少或者完全没有利用……普遍理论。他仅根据想象就对空间形式设计和经济社会因子进行直观评估，借此在规划地图上将土地描红画绿”（哈维，2022）。借用梅尔文·韦伯、甘博和雅各布斯的批评性论述，哈维认为规划师、建筑师需要深度认识社会进程，避免用教条掩盖隐藏在复杂社会组织中的秩序。哈维进一步谈论到，对于规划师、建筑师而言，有一种“空间环境决定论”的假说（类似地，在列斐伏尔的讨论中提出的是“空间拜物教”），有一个信条是“通过控制城市空间环境促成新社会秩序”（哈维，2022），“空间形式能够以多种方式被塑造以产生不同的象征意义”（哈维，2022），他承认空间内含有大量的社会秩序信息，然而这一信条十分值得质疑，因为“空间形式、符号意义和空间行为的互动非常复杂”（哈维，2022），“社会空间是复杂的 、非同质的、可能非连续的，且迥异于工程师和规划师通常用的物理空间”（哈维，2022）。但哈维也同时承认改变物理的空间结构将对社会进程带来各种变化（批判性肯定了规划师与建筑师的作用和某种能动性），由此需要在空间环境论和社会决定论之上建立更加整合的理论论述，“将城市视为一个空间形式和社会进程持续互动的复杂动力系统”（哈维，2022）。

哈维在多处引用马克思的“不是人们的意识决定人们的存在，相反，是人们的社会存在决定了人们的意识”——哈维一方面同意马克思的论断，另一方面，他提出问题，如果完全是这样，那么那些具有乌托邦理想的概念和意识怎么才能改变人们的社会存在？（否则就完全没有希望）怎么才可能产生替代性的方案？因此哈维仍然十分强调（规划师、建筑师）空间形式想象（作为一种乌托邦的构成）的重要性（尽管这一乌托邦可能不能成立甚至有害，但仍然具有其必要性），它比完全臣服在现有的资本主义体系下更具有革命性和创造新可能的潜力；但存在的问题是，如何将乌托邦的构想与具体的社会进程、具体的社会矛盾和冲突相结合，就成为一个极为重要的议题。从这一角度，事实上哈维讨论了一种切入社会矛盾冲突的新空间形式，这也是列斐伏尔讨论的空间的生产和都市革命（作为新空间革命的载体）。

4 空间生产理论前传：批判与问题

列斐伏尔在本书中的一个脚注里谈到，需要进一步发展都市空间理论[⑨]——因此也可以说，列斐伏尔在 1970 年写该书时已经谋划和构想空间研究，《都市革命》是空间理论的前传构成。《空间与政治》是他在各处演讲的文章集成，有思想火花但文章之间缺乏逻辑关联，不是一本完整意义上的著作。进一步的探讨就是 1974 年出版的《空间的生产》，其中的基本问题源发于《都市革命》中的诸多追问。

1970 年《都市革命》出版后，引起激烈讨论和批评之处的是对资本主义社会发展形势的判断、工业化与城市化的关系争论。列斐伏尔在多处明确提出都市是形成剩余价值和社会（生产）关系的重点而不是工业化。他说人们都在问“是否应该把生产的单位、企业作为理论分析的基础和社会实践基础。我相信，企业不再是形成财富、剩余价值、社会生产关系、作为总体的生产方式的中心地点”（列菲弗，2015）。戴维·哈维批评列斐伏尔的这一观点，认为在当时工业化仍然处于支配地位（列菲弗，2015）；而卡斯特批评列斐伏尔是马克思主义的城市分析而不是城市的马克思主义分析（Merrifield，2006）。

哈维的批判显然失去焦点——列斐伏尔明确提出都市社会是进程而非现状。他说，不能把趋势当现实，而对于趋势的判断是理论建构的必要和指导现实的必要。列斐伏尔提出：“我们能够说在既定的整体框架中，与工业化相关的现象已经完全被都市现象代替了吗？我们能够说前者现在已经从属于后者了吗？在我看来，并非如此。我们不应当把趋势与现实混为一谈。”（列斐伏尔，2018）他在另外一处谈到，工业革命和都市革命是硬币的两面，是同一世界剧烈转变过程的两面，而都市革命的重要性已经加强以至于不再从属于第一个方面，“这并不意味着第一个方面突然不再起任何重要作用或不再具有现实性。政治形势分析，它的‘真实性’与琐碎的和最常使用的‘真实性’一词毫无关系，而是建立在真实、可能与不可能三者之间的辩证关系基础上的，从而使看似不可能的成为可能”（列斐伏尔，2018）。列斐伏尔在多本著作中反复强调乌托邦和想象力的重要性。尼尔·史密斯也谈到，列斐伏尔的力量之一，在于他不屈不挠地认为另外一种世界是可能的（列斐伏尔，2018），特别是在 20 世纪 80 年代英国首相撒切尔夫人提出“别无选择”的新自由主义之路时（泰勒，2006）。紧接着第一个问题，列斐伏尔并未脱离马克思主义的分析，卡斯特的批评同样失去目标——不能把都市和马克思的资本主义批判分离开，都市是资本主义续存的关键。利润逻辑、交换逻辑、国家逻辑、阶级的逻辑是列斐伏尔都市讨论的关键议题。列斐伏尔在《马克思的社会学》中说，“马克思的思想不是自我封闭的；它同时对知识和发现，对实践和政治活动，对理论的进步和深化保持开放”（列斐伏尔，2013）。他明确提出，都市革命“补充了马克思主义关于在工业组织体系中进行革命的理想而使其完整”（列斐伏尔，2018）。

一个关键性问题是，哈维在《社会正义与城市》中提出“理解剩余价值的流通其实就是理解社会运转的方式”（哈维，2022）。在关键转型时期，是空间的匮乏和稀缺，而不是商品的匮乏构成根本性问题。都市和都市空间成为剥削的领域，进而成为一个革命的场域。哈维说：“城市，作为‘文明的工厂’，建立于少数人对多数人剥削的基础之上。基于剥削的城市化是历史的遗产。真正人性化的城市化尚未形成，仍待革命的理论绘制路线图，实现从基于剥削的城市化转变为合适人类的城市化。要实现这种转型，还得靠革命实践。”（哈维，2022）然而核心困境在于，今天的世界高度不均衡发展，多种生产方式在全球范围内并存，共构高度复杂的世界。如果说，在20世纪70年代列斐伏尔基于西欧北美的状况（尤其是基于战后法国国家官僚主义、国家干涉主义的城市），提出工业资本主义（以工厂、企业为中心，以生产资料的扩大再生产为重点）向都市资本主义转变（以都市为中心，以生产关系的再生产为重点），半个多世纪后，全球都市化的状况与趋势显然强化了，同时列斐伏尔提出的“进入都市的权利”问题更加突出和矛盾激化。

在许多研究者和当时同事、学生的眼里，列斐伏尔是一位对社会变化有着高度敏感性和思辨性的人，他的研究是直视现实社会矛盾和问题的产物。假如列斐伏尔今天还活着，他会如何判断当下的关键性矛盾？在当下多种生产方式并存的状态下，在全球都市化进程中，剩余价值的流通产生了崭新的变化，金融资本主义与信息资本主义正在大行其道，呈现前所未有的社会支配和霸权状况。很显然，这对列斐伏尔的都市与空间理论提出新挑战，都市处在远端距离与近端距离的中介状态仍然存在，都市的中心性、集中性、邻近性仍然必要和存在，但基本关系已经被信息网络社会的兴起破坏——远近距离在信息的快速传播和网络社会中失去了原来的意义和价值（杨宇振，2004b）。今天的主要矛盾和根本问题是否还是空间稀缺值得进一步探讨（尽管它仍然作为基本的问题持续存在）。某种程度上，时间在剩余价值流通中（以信息的流通为载体）产生更重要作用（资本以前所未有的速度周转，它并不太需要考虑空间问题）。同时以信息为形式与内容的抽象时空呈现霸权状态。另外的一个问题，随着经济全球化，什么是分析资本主义生产的基本空间单元？都市的在全球经济、地方社会和观念生产各层面的作用仍然重要，但一些国际性与地区性问题却十分需要从国家的角度，在列斐伏尔批判的G层面进入而难以只限在都市，在M层面解决。这也是为什么1974年后列斐伏尔放弃了对都市和空间的进一步研究，随后转向时间、转向国家的讨论（出版了多达1 600页的《论国家》）。但经由《都市革命》发表后的半个多世纪，一个不可否认的现象是，都市的全球化已经是普遍现象，都市在全球的经济、文化、社会生产起到不可忽视的作用，对于日常生活的形态、节奏起到前所未有的作用。从这两个角度，如何在列斐伏尔启发的开创性都市与空间研究的基础上，开放性探讨新的理论和可能，探究鲜活世界的去异化，如何建立一种合宜的“栖居”——对城市规划和建筑学提出了新的也是回归性的要求，成为一个急迫的问题。

注释

① 遗憾这个精彩和精要的前言在中文版中没有被翻译过来。

② 以下这句用的是英文版本的译稿（标注的页码也是英文版的页码），和中文版内容略有不同。笔者翻译。

③ 这里需要对“都市”和“城市”略作解释。在列斐伏尔的讨论中，都市（urban）是在历史时期（包括工业化时期）的城市（city or town）基础上发展起来（或者说，是在破坏之前历史城市的基础上发展起来的）。它不同于之前的城市，不是一个完成的体系或实体，是一个进程，实践的是都市理性而不是工业理性，它是空间生产的主要对象，对比于之前城市作为空间中的生产的对象。在一些文献中，往往混用 urban 和 city，但如果用列斐伏尔的概念来认识，两者有较大的区别。哈维在这里的讨论更多指向的是列斐伏尔概念里的“都市”，而不是旧时的城市。

④ 列斐伏尔在具体空间的策略上受到情景主义国际（SI）的影响，特别是其中的德波和康斯坦特。这方面因笔者已经另外有文章进行讨论，本文不进一步展开，可见：杨宇振. 危机中的空间生产——列斐伏尔、康斯坦特与总体都市主义[J/OL]. 国际城市规划, 1-12[2024-10-24]. https://doi.org/10.19830/j.upi.2022.361.

⑤ 某种程度上，列斐伏尔的这个观点对当代建筑的创新有着关键性的启示，建筑不再是之前有着明确的功能定义，如交通建筑、医疗建筑、商业建筑等，而是在某种特定功能的定向下有更多的不确定性，以包容和激励更多的社会活动的产生。

⑥ 列斐伏尔提出的“回溯-前进”法就是传导法的一种。

⑦ 即便是在《空间与政治》《空间的生产》中也未见延续性的讨论。

⑧ 这里的贫困不单指钱财上的贫困，更多是指人生状态的单调、无聊和贫困。

⑨ 见《都市革命》英文版第 133 页、中文版第 152 页的注脚。

参考文献

[1] DAVID H. Social justice and city[M]. Baltimore, MD: John Hopkins, 1973.
[2] EKDEN S, LEBAS E, KOFMAN E(eds.). Lefebvre H. key writings[M]. London: Continuum, 2003.
[3] EKDEN S. Understanding Henri Lefebvre: theory and the possible[M]. London: Continuum, 2004.
[4] LEFEBVRE H. The production of space[M]. Oxford: Blackwell, 1991.
[5] LEFEBVRE H. Toward an architecture of enjoyment[M]. London: Minnesota, 2014.
[6] CASTELLS M. The urban questions: a maraist approach[M]. MIT Press, 1979.
[7] MERRIFIELD A. Henri Lefebvre: a critical introduction[M]. Routledge, 2006: xix-xx.
[8] TAYLOR N. Urban planning theory since 1945[M]. 1998.
[9] 大卫・哈维. 希望的空间[M]. 胡大平, 译. 南京: 南京大学出版社, 2006.
[10] 戴维・哈维. 叛逆的城市[M]. 叶齐茂, 倪晓晖, 译. 北京: 商务印书馆, 2014.
[11] 戴维・哈维. 社会正义与城市[M]. 叶超, 等, 译. 北京: 商务印书馆, 2022.
[12] 亨利・列斐伏尔. 空间的生产[M]. 刘怀玉, 译. 北京: 商务图书馆, 2021.

[13] 亨利・列菲弗. 空间与政治[M]. 李春, 译. 上海: 上海人民出版社, 2015.
[14] 亨利・列斐伏尔. 都市革命[M]. 刘怀玉, 张笑夷, 郑劲超, 译. 北京: 首都师范大学出版社, 2018.
[15] 亨利・列斐伏尔. 马克思的社会学[M]. 谢永康, 毛林林, 译. 北京: 北京师范大学出版集团, 2013.
[16] 亨利・列斐伏尔. 资本主义的幸存: 生产关系的再生产[M]. 米兰, 译. 上海: 上海社会科学院出版社, 2024.
[17] 亨利・列斐伏尔. 走向享乐的建筑[M]//汪民安, 郭晓彦, 主编. 建筑、空间与哲学. 南京: 江苏人民出版社, 2019: 14.
[18] 列斐伏尔. 空间: 社会产物与使用价值[M]//包亚明, 主编. 现代性与空间的生产. 上海: 上海教育出版社, 2003: 57.
[19] 列斐伏尔. 日常生活批判. 第一卷[M]. 叶齐茂, 倪晓晖, 译. 北京: 社会科学文献出版社, 2018a.
[20] 列斐伏尔. 日常生活批判. 第二卷[M]. 叶齐茂, 倪晓晖, 译. 北京: 社会科学文献出版社, 2018b.
[21] 列斐伏尔. 日常生活批判. 第三卷[M]. 叶齐茂, 倪晓晖, 译. 北京: 社会科学文献出版社, 2018c.
[22] 尼格尔・泰勒. 1945 年后西方城市规划理论的流变[M]. 李白玉, 陈贞, 译. 北京: 中国建筑工业出版社, 2006.
[23] 武廷海, 杨保军, 张城国. 中国新城: 1979-2009[J]. 城市与区域规划研究, 2011, 4(2): 19-43.
[24] 杨宇振. 超越分割: 列斐伏尔的"空间三元辩证法"解读和探析[J]. 城市学报, 2024(2): 113-118.
[25] 杨宇振. 至深孤独: 信息技术、日常生活与列斐伏尔的批判——兼谈信息时代的空间与规划[J]. 城市规划, 2024, 48(12): 10-16+52.

[欢迎引用]
杨宇振. 空间生产理论前传——列斐伏尔的《都市革命》释读[J]. 城市与区域规划研究, 2025, 17(1): 224-238.
YANG Y Z. Prequel to the theory of production of space: an interpretation of Lefebvre's *The Urban Revolution*[J]. Journal of Urban and Regional Planning, 2025, 17(1): 224-238.

《城市与区域规划研究》征稿简则

本刊栏目设置

本刊设有 7 个固定栏目，分别是：

1. **主编导读**。介绍本期主题、编辑思路、文章要点、下期主题安排。
2. **特约专稿**。发表由知名学者撰写的城市与区域规划理论论文，每期 1—2 篇，字数不限。
3. **学术文章**。城市与区域规划理论、方法、案例分析等研究成果。每期 6 篇左右，字数不限。
4. **国际快线（前沿）**。国外城市与区域规划最新成果、研究前沿综述。每期 1—2 篇，字数约 20 000 字。
5. **经典集萃**。介绍有长期影响、实用价值的古今中外经典城市与区域规划论著。每期 1—2 篇，字数不限，可连载。
6. **研究生论坛**。国内重点院校研究生研究成果、前沿综述。每期 3 篇左右，每篇字数 6 000—8 000 字。
7. **书评专栏**。国内外城市与区域规划著作书评。每期 3—6 篇，字数不限。

根据主题设置灵活栏目，如：**人物专访、学术随笔、规划争鸣、规划研究方法**等。

用稿制度

本刊收到稿件后，将对每份稿件登记、编号及组织专家匿名评审，刊登与否由编委会最后审定。如无特殊情况，本刊将会在 3 个月内告知录用结果。在此之前，请勿一稿多投。来稿文责自负，凡向本刊投稿者，即视为同意本刊将稿件以纸质图书版本以及包括但不限于光盘版、网络版等数字出版形式出版。稿件发表后，本刊会向作者支付一次性稿酬并赠样书 2 册。

投稿要求

本刊投稿以中文为主（海外学者可用英文投稿），但必须是未发表的稿件。英文稿件如果录用，本刊可以负责翻译，由作者审查定稿。除海外学者外，稿件一般使用中文。作者投稿用电子文件，通过采编系统在线投稿，采编系统网址：**http://cqgh. cbpt. cnki. net/**，或电子文件 **E-mail 至 urp@tsinghua. edu. cn**。

1. 文章应符合科学论文格式。主体包括：①科学问题；②国内外研究综述；③研究理论框架；④数据与资料采集；⑤分析与研究；⑥科学发现或发明；⑦结论与讨论。

2. 稿件的第一页应提供以下信息：①文章标题、作者姓名、单位及通讯地址和电子邮件；②英文标题、作者姓名的英文和作者单位的英文名称。稿件的第二页应提供以下信息：①200 字以内的中文摘要；②3—5 个中文关键词；③100 个单词以内的英文摘要；④3—5 个英文关键词。

3. 文章正文中的标题、插图、表格、符号、脚注等，必须分别连续编号。一级标题用“1”“2”“3”……编号；二级标题用“1.1”“1.2”“1.3”……编号；三级标题用“1.1.1”“1.1.2”“1.1.3”……编号，标题后不用标点符号。

4. 插图要求：500dpi，14cm×18cm，黑白位图或 EPS 矢量图，由于刊物为黑白印制，最好提供黑白线条图。图表一律通栏排（图：标题在下；表：标题在上）。

5. 参考文献格式要求如下：

（1）参考文献首先按文种集中，可分为英文、中文、西文等。然后按著者人名首字母排序，中文文献可按著者汉语拼音顺序排列。参考文献在文中需用括号表示著者和出版年信息，例如（王玲，1983），著录根据《信息与文献 参考文献著录规则》（GB/T 7714—2015）国家标准的规定执行。

（2）请标注文后参考文献类型标识码和文献载体代码。

- 文献类型/类型标识
  专著/M；论文集/C；报纸文章/N；期刊文章/J；学位论文/D；报告/R
- 电子参考文献类型标识
  数据库/DB；计算机程序/CP；电子公告/EP
- 文献载体/载体代码标识
  磁带/MT；磁盘/DK；光盘/CD；联机网/OL

（3）参考文献写法列举如下：

［1］刘国钧，陈绍业，王凤翥. 图书馆目录[M]. 北京：高等教育出版社，1957: 15-18.

［2］辛希孟. 信息技术与信息服务国际研讨会论文集: A 集[C]. 北京：中国社会科学出版社，1994.

［3］张筑生. 微分半动力系统的不变集[D]. 北京: 北京大学数学系数学研究所, 1983.
［4］冯西桥. 核反应堆压力管道与压力容器的 LBB 分析[R]. 北京: 清华大学核能技术设计研究院, 1997.
［5］金显贺, 王昌长, 王忠东, 等. 一种用于在线检测局部放电的数字滤波技术[J]. 清华大学学报(自然科学版), 1993, 33(4): 62-67.
［6］钟文发. 非线性规划在可燃毒物配置中的应用[C]//赵玮. 运筹学的理论与应用——中国运筹学会第五届大会论文集. 西安: 西安电子科技大学出版社, 1996: 468-471.
［7］谢希德. 创造学习的新思路[N]. 人民日报, 1998-12-25(10).
［8］王明亮. 关于中国学术期刊标准化数据库系统工程的进展[EB/OL]. (1998-08-16)[1998-10-04]. http://www.cajcd.edu.cn/pub/wml.txt/980810-2.html.
［9］PEEBLES P Z, Jr. Probability, random variable, and random signal principles[M]. 4th ed. New York: McGraw Hill, 2001.
［10］KANAMORI H. Shaking without quaking[J]. Science, 1998, 279(5359): 2063-2064.
6. 所有英文人名、地名应有规范译名，并在第一次出现时用括号标注原名。

编辑部联系方式

地址：北京市海淀区清河嘉园东区甲 1 号楼东塔 19 层《城市与区域规划研究》编辑部
邮编：100085
电话：010-82819491

著作权使用声明

《城市与区域规划研究》征订

订阅方式

1. 请填写“征订单”并电邮或邮寄至以下地址：

   联系人：单苓君

   电　话：（010） 82819491

   电　邮：urp@tsinghua. edu. cn

   地　址：北京市海淀区清河嘉园东区甲 1 号楼东塔 19 层

   　　　　《城市与区域规划研究》编辑部

   邮　编：100085

2. 汇款

   ① 邮局汇款：地址同上

   　　　　　　收款人姓名：北京清华同衡规划设计研究院有限公司

   ② 银行转账：户　名：北京清华同衡规划设计研究院有限公司

   　　　　　　开户行：招商银行北京清华园支行

   　　　　　　账　号：866780350110001

《城市与区域规划研究》征订单

每期定价	人民币 86 元（含邮费）				
订户名称				联系人	
详细地址				邮编	
电子邮箱		电话		手机	
订阅	年　期至	年　期		份数	
是否需要发票	□是　发票抬头				□否
汇款方式	□银行	□邮局		汇款日期	
合计金额	人民币（大写）				
注：订刊款汇出后请详细填写以上内容，并将征订单和汇款底单发邮件到 urp@tsinghua. edu. cn。					